상담이론과 실제

상담이론과 실제

개정판

정서영·김보기·박정화·박종란·이명옥
이영만·임후남·전경희·한화진 공저

圖書出版 하나醫學社

| 개정판에 즈음하여 |

최근 한국 사회는 격동의 시대를 맞이하고 있다. 특히, 이데올로기의 대립에서 수준별 대결 구도로의 변경, 세대 간 직업선택의 충돌, 성평등문제, 황혼이혼의 증가, 청년실업문제 등 새로운 쟁점들이 부상하고 있다. 아직도 첨예한 사회문제들인 아동학대나 노인학대, 청소년 일탈, 중년위기, 노인 빈곤, 사회적 약자 문제 등은 어느새 고루한 상담 주제가 되어버린 느낌이다. 이러한 추세로 인해 상담 수요는 엄청나게 증가하고 있는 실정이다.

이 책은 독자 여러분의 성원에 힘입어 개정판에 현재와 같은 상담 분위기에 알맞은 이론적 논거를 제공하고자 노력하였음을 밝히고자 한다. 이에, 각 이론 주창자에 대한 보다 세밀한 서술을 하였는데, 이는 학습에 앞서 이론가에 대한 이해가 선행되어야 하기 때문이다. 어떤 학자들은 우리가 평생 연구해도 힘들 정도의 엄청난 업적이 있는 경우가 많다. 사실 이러한 학자들을 한두 페이지에 걸쳐 그들의 학문세계를 섭렵한다는 것은 어찌 보면 무모한 도전일 수 있다. 독자 여러분의 관심도에 따라 다르겠지만 좀 더 세밀한 연구가 필요한 부분이라고 본다.

이 책의 구성은 다음과 같다.

<학습개요>

상담이란 기본적으로 인간 문제를 해결하는 데 사용되는 학문이며 실제적인 활동이다. 상담은 이론과 실제를 분리할 수 없으며 현장 상황에 민감하게 작용해야 한다. 따라서, 기본적인 상담이론과 각 이론에 맞는 적용, 그리고 실제가 융합되어야 비로소 올바른 상담이 될 수 있다. 본서는 이러한 점에 착안하여 서술하고자 한다.

<학습목표>

1. 각 이론가에 관한 심층 연구
2. 상담의 이론과 적용의 상호 연계성
3. 상담의 실제에 따른 상황 설정

<학습내용>

제1부 상담의 기초

1장 | 상담의 기초

제2부 상담의 이론과 적용

2장 | 정신분석 상담 　3장 | 개인심리 상담 　4장 | 행동주의 상담

5장 | 인간중심 상담 　6장 | 인지치료 상담 　7장 | 게슈탈트 상담

8장 | 교류분석 상담

제3부 상담의 실제

9장 | 가족상담 　10장 | 단기상담 　11장 | 노인상담

12장 | 집단상담 　13장 | 진로상담

개정판임에도 불구하고, 또다시 부족함이 밀려온다. 초판보다는 좀 더 많은 내용을 담고, 학습의 편의성을 높이는 편집을 하다 보니, 책 부피만 커져 책값 상승으로 독자 여러분께 부담 지우는 모양새가 되어버려 송구함이 앞선다. 다시 한번 독자 여러분들의 양해를 부탁드리며, 공동 저자들로서는 개정판으로 인한 엄청난 부담감 속에서 집필에 임했음을 밝히고자 한다. 개정판을 허락해 주신 하나의학사 소정영 사장님과 임직원 여러분께 진심으로 감사드린다.

2020년 3월

공동 저자 대표 **정 서 영**

| 머리말 |

현대산업사회의 급격한 발전과 정보화 · 국제화 · 지식기반사회에 따른 첨단사회의 등장은 정치 · 경제 · 사회· 문화 등 모든 분야에서 새로운 질서가 요구되고 있다. 즉, 이제는 과거와 같은 방식으로 사회문제를 해결하기가 매우 어려운 상황에 처해 있다. 모든 문제해결은 소통에서부터 출발한다. 그 소통은 학문적으로 '상담학'에 다다른다. 상담을 통하여 다양한 변화에 능동적으로 대처하기 위한 활로를 찾아야 하는 현실이다.

현대사회를 '상담의 시대'라고 표현할 수 있다. 우리 주변에 산재하고 있는 가정, 학교, 지역사회, 공공기관, 병원, 소년원, 재활원 등 다양한 환경 속에서 적극적인 상담활동이 이루어지고 있다.

오늘날 상담은 특정 계층의 전유물이 아니다. 상담은 상담학 전공자에게만 제공되지 않는다. 상담은 이 시대를 살아가는 모든 계층에게 일반화되어 가고 있다. 따라서, 상담은 누구나 접해야만 하는 분야가 되고 있다.

이러한 현실적 상황을 고려하여 본서는 상담학 전공자에게는 물론이요, 상담학을 학습하기 원하는 일반인에게도 용이하도록 구성하였다. 그렇다고 전혀 관련 지식이 없는 경우에도 해당된다는 뜻은 결코 아니다. 즉, 상담학은 태생적으로 심리학을 무시하고 존재할 수 없다. 그러한 까닭으로 이 책은 심리학의 도입을 먼저 말하고, 이에 대한 상담학의 견해에서 이론과 실제를 동시에 접목하고 있다. 그러므로 이 책은 심리학의 기초가 없는 경우에도 상담학을 학습할 수 있도록 배려하고 있다. 이는 일부 학습자가 왜 상담학에 심리학이 존재하는가 하고 의문을 품을 수 있기에 설명하는 것이다.

이 책의 구성은 다음과 같다.

1장. 상담학의 기초	2장. 정신분석 상담	3장. 개인심리 상담
4장. 행동주의 상담	5장. 인간중심 상담	6장. 인지치료 상담
7장. 게슈탈트 상담	8장. 교류분석 상담	9장. 가족상담
10장. 단기상담	11장. 생애주기 상담	12장. 집단상담
13장. 진로상담		

이 책이 나오기까지 공동 저자들로서는 말할 수 없는 고통의 여정이었지만, 이제 탈고를 하고 보니 부족함에 학습자 여러분께 두려움이 앞선다. 어떠한 질책도 겸허히 수용하겠음을 밝히면서 감사의 말씀을 드리고자 한다. 이 책이 출판되기까지 수고를 아끼지 않으신 임직원 여러분께 진심으로 감사의 말씀을 드린다.

2017년 9월

관악산 서재에서

공동 저자 대표 **정 서 영**

| 차례 |

개정판에 즈음하여 … 05

머리말 … 07

제1부 상담의 기초 … 15

CHAPTER 01 상담의 기초

1. 상담의 개념 … 18
2. 상담의 진행과정 … 23
3. 상담자의 이해 … 27

제2부 상담의 이론과 적용 … 39

CHAPTER 02 정신분석 상담

1. 정신분석 상담의 개요 … 42
2. 프로이트의 생애 … 47
3. 인간관 … 50
4. 주요 개념과 특성 … 51
5. 정신분석 상담의 과정 … 67
6. 정신분석 상담의 기법 … 70
7. 정신분석 상담에 대한 평가 … 77

CHAPTER 03 개인심리 상담

1. 개인심리 상담의 개요 … 80
2. 아들러의 생애 … 85
3. 인간관 … 88
4. 주요 개념과 특성 … 90
5. 개인심리 상담의 과정 … 97
6. 개인심리 상담의 기법 … 105
7. 개인심리 상담에 대한 평가 … 112

CHAPTER 04 행동주의 상담

1. 행동주의 상담의 개요 … 116
2. 주요 학자의 생애: 파블로프, 스키너 … 121
3. 인간관 … 125
4. 주요 개념과 특성 … 127
5. 행동주의 상담의 과정 … 149
6. 행동주의 상담의 기법 … 155
7. 행동주의 상담에 대한 평가 … 168

CHAPTER 05 인간중심 상담

1. 인간중심 상담의 개요 … 172
2. 로저스의 생애 … 177
3. 인간관 … 180
4. 주요 개념과 특성 … 183
5. 인간중심 상담의 과정 … 192
6. 인간중심 상담의 기법 … 197
7. 인간중심 상담에 대한 평가 … 201

CHAPTER 06

인지치료 상담

1. 인지치료 상담의 개요 … 204
2. 벡의 생애 … 208
3. 인간관 … 210
4. 주요 개념과 특성 … 211
5. 인지치료 상담의 과정 … 217
6. 인지치료 상담의 기법 … 220
7. 인지치료 상담에 대한 평가 … 223

CHAPTER 07

게슈탈트 상담

1. 게슈탈트 상담의 개요 … 226
2. 펄스의 생애 … 228
3. 인간관 … 230
4. 주요 개념과 특성 … 231
5. 게슈탈트 상담의 과정 … 240
6. 게슈탈트 상담의 기법 … 246
7. 게슈탈트 상담에 대한 평가 … 251

CHAPTER 08

교류분석 상담

1. 교류분석 상담의 개요 … 256
2. 번의 생애 … 258
3. 인간관 … 260
4. 주요 개념과 특성 … 262
5. 교류분석 상담의 과정 … 276
6. 교류분석 상담의 기법 … 281
7. 교류분석 상담에 대한 평가 … 285

제3부 상담의 실제 … 289

CHAPTER 09
가족상담
1. 가족상담의 개념 … 292
2. 가족상담자의 자질과 역할 … 298
3. 가족상담의 접근방법 … 301
4. 가족상담의 과정 … 305
5. 가족상담의 기법 … 318

CHAPTER 10
단기상담
1. 단기상담의 개념 … 330
2. 내담자의 유형 … 334
3. 단기상담의 모델 … 337
4. 단기상담의 과정 … 341
5. 단기상담의 기법 … 349

CHAPTER 11
노인상담
1. 노인상담의 개념 … 354
2. 노인상담의 과정 … 366
3. 노인상담의 의사소통기술 … 371
4. 노인상담의 기법 … 373

CHAPTER 12

집단상담

1. 집단상담의 개념 … 382
2. 집단상담자의 자질과 역할 … 391
3. 집단상담의 목표 … 399
4. 집단상담의 과정 … 400
5. 집단상담의 기법 … 402
6. 집단상담에 대한 평가 … 405

CHAPTER 13

진로상담

1. 진로상담의 개념 … 410
2. 진로상담의 목표 … 421
3. 진로상담의 유형 … 425
4. 진로상담의 과정 … 427
5. 진로상담의 기법 … 429

참고 문헌 … 433

찾아보기 … 447

제1부

상담의 기초

1장 상담의 기초

CHAPTER

01

상담의 기초

개요

상담의 궁극적 목표는 내담자의 행동변화이며, 이를 위해서는 두 사람의 인간관계를 바탕으로 상담사가 내담자의 심리적인 문제나 고민에 대해 전문적인 도움을 주게 된다. 상담사는 어떤 문제나 증상이든 정신적·심리적 도움을 필요로 하는 사람에게 심리학적 인간 이해에 기초하여 전문적인 도움을 주는 역할을 하게 된다. 본 장에서는 상담의 기본적인 이론에 대하여 논의하고자 한다.

학습목표

- 상담에 대한 기본적 지식 습득
- 타 학문과의 연계성
- 상담자로서의 자세

학습내용

1. 상담의 개념
2. 상담의 진행과정
3. 상담자의 이해

1. 상담의 개념

1) 상담의 정의

우리나라에 '상담'이라는 학문이 들어오게 된 것은 1950년 초 미국교육사절단이 방문하여 상담, 심리검사, 생활지도 등을 소개하면서부터였다. 그러나 그 이후에도 상담이라는 활동이 생소하여 그냥 '카운슬링'이라는 원어 발음 그대로 통용되었다(유영달, 2017: 17).

상담이란 라틴어의 *consulere*로서 '문의하다, 충고하다, 권고하다, 고려하다, 반성하다, 숙고하다, 조언을 받다, 조언을 구하다' 등의 뜻이 포함되어 있다. 즉, 상담은 충고, 권고, 고려, 반성, 심사, 숙고, 조언 등의 활동을 의미한다.

상담이라는 뜻의 영어 'counseling'이라는 단어는 최근 들어 일반적으로 사용되고 있는 용어이지만, 이 영역의 학문적 역사는 이미 1900년대 미국에서 시작되었다. 카운슬링이라는 행위를 하는 사람을 'counselor'라고 부르며, 카운슬러의 도움을 받는 사람을 'client' 또는 'counselee'라고 부른다. 통상적으로 카운슬링을 '상담', 카운슬러는 '상담사' 또는 상담자, 클라이언트는 '내담자'라는 표현을 사용한다. 내담자의 문제나 증상의 개선을 위해 도움을 주는 행위를 소위 '상담'counseling이나 '심리치료'therapy라는 용어로 표현하고 있으며, 이 두 용어를 구분하지 않고 혼용하고 있다. 즉, '인지치료'Cognitive Therapy를 '인지상담'이라고 하는 경우이다. 코리(Corey, 2016)는 '심리상담'과 '심리치료'를 동일어로 사용하고 있다. 그 이유는, 상담의 목표인 행동 변화는 '회복되다'와 '성장하다'의 두 가지 의미를 담고 있어, 상담의 개념은 더욱 성숙한 인격적 성장을 지향하는 개발적 상담의 측면만이 아니라, '회복되다'의 표현에서 알 수 있듯이 부적응행동의 개선이라는 치료적인 측면도 포함하고 있기 때문이다. 사실 오늘날 이들 용어는 심리적 지원에 대한 이론 및 방법을 나타내는 표현일 뿐 거의 구분하지 않고 사용하고 있다. 물론 각각은 서로 기원이 다르며, 다른 뉘앙스를 주기도 한다(현정환, 2019: 19).

상담이 무엇인가에 대한 질문은 항상 있었고, 앞으로도 계속 있을 것이다. 상담에 대한 간결하고 명확한 정의, 상담이 무엇인지에 대해 분명한 대답을 하기란 쉽지 않다. 대답이 쉽지 않다는 사실은 여러 가지 이유가 있겠지만, 무엇보다 상담에서 다루는 문제가 복잡한 인간의 문제이고, 문제해결에 있어서 해결방법이 다양하기 때문이며, 또한 상담의 본질에 관해 전문가들이 다양한 견해를 제시하기 때문이다. 따라서, 상담이 무엇이냐에 관한 물음에 상담전문가들은 다양한 대답을 내놓는다. 그러나 상담전문가들이 상담에 관해 나름대로 다양한 정의를 내린다고 하더라도 근본에서는 서로 일치하는 모습을 보인다(임상록 외, 2012: 14).

상담에 대한 정의는 다양하지만, 일반적으로 다음과 같은 내용을 공통적으로 담고 있다. 즉, 상담이란 언어 및 비언어적 커뮤니케이션을 통해 내담자의 행동 변화를 목적으로 한 인간관계이다. 이 정의에서 알 수 있듯이 상담의 궁극적 목표는 내담자의 행동변화이며, 이를 위해서는 두 사람의 인간관계를 바탕으로 상담사가 내담자의 심리적인 문제나 고민에 대해 전문적인 도움을 주게 된다. 상담사는 어떤 문제나 증상이든 정신적·심리적 도움이 필요한 사람에게 심리학적 인간이해에 기초하여 전문적인 도움을 주는 역할을 하게 된다. 상담에 대한 정의는 많지만, 대체로 다음과 같다.

김춘경 외(2016: 17)는 상담이란 도움을 필요로 하는 내담자와 도움을 주는 전문적인 상담자 간의 관계 형성을 통해 내담자의 자기 이해, 문제 예방과 해결, 삶의 질 향상 등 바람직한 인간적 성장과 변화를 조력하는 과정이라고 정의한다.

김충기·강봉규(2003)는 상담이란 인간을 다루는 학문으로써 인간이 최대한의 발달과 복지를 이룩하도록 돕는 것이기에 상담은 심리학, 사회학, 문화인류학, 교육학, 경제학, 정치학 및 종교와 철학 등 여러 학문 분야로부터의 다양한 지식을 망라한 통합적인 바탕 위에 형성·발전도 하나의 다학문적interdisciplinary 전문직이라고 할 수 있다. 따라서, 근본적으로 인간을 다루는 현명한 방법임에는 틀림없다고 정의한다.

쉘쩌와 스톤Shertzer & Stone, 1968은 상담이란 자기와 환경에 대한 의미 있는 이해를 촉진하고, 장래 활동의 목표나 가치관을 확립해서 명료화하도록 하는 상호작용의 과정이라고 하여 자신과 환경에 대한 의미 있는 학습을 제시하고 있다.

브라머Brammer, 1989는 상담을 일상생활에 있어서 위기사태 또는 문제사태에 임하였을 때 현명한 선택, 적응, 해결을 하도록 조력하는 과정이라고 정의한다.

상담전문가들의 상담에 대한 정의를 살펴보면, 대부분 상담자와 내담자 그리고 상담 관계에 대한 언급이 포함되어 있다. 상담전문가들은 상담에 대한 정의를 내릴 때 상담에 있어 중요한 이 세 가지 요소에 대해 언급을 한다. 상담의 주요 구성 요소로 다음과 같은 세 가지를 들 수 있다(이장호 외, 2009: 18).

첫째, 도움을 받는 사람

둘째, 도움을 주는 사람

셋째, 도움을 받는 사람과 주는 사람 간의 관계

이때 도움을 구하는 사람을 '내담자'라 하고, 도움을 주는 사람을 '상담자'라 하며, 이 두 사람 간의 관계를 '상담 관계'라 한다. 이러한 세 가지 구성 요소는 대부분의 상담에서 관찰할 수 있다. 즉, 상담이론이나 상담 대상 또는 상담 상황의 차이에도 불구하고 이 세 가지 요소는 거의 모든 상담에 공통으로 존재한다.

이러한 상담의 세 가지 개념은 각자 나름대로의 개념적 특징에도 불구하고 내용상 전반적으로 일치한다. 즉, 상담의 세 요소인 상담자와 내담자 그리고 상담 관계에 대한 언급이 있고 또한 이것을 중심으로 정의를 내렸다.

상담에 대한 위의 세 가지 개념과 다른 학자들이 언급한 상담에 대한 정의를 바탕으로 종합적인 정의를 내리면, 상담이란 전문적 훈련을 받은 상담자와 도움을 필요로 하는 내담자가 촉진적인 상담 관계를 통하여 내담자 자신의 문제를 이해하고 해결해 나가는 한편, 이러한 일련의 과정을 통해 내담자의 인간적 성장과 삶의 질을 높이기 위해 서로 도와주고 함께 노력하는 하나의 학습 과정이라고 할 수 있겠다.

2) 상담의 목적

상담은 심리적 문제나 증상을 가진 사람에 대한 심리적 지원이라고 하는 목적이 있다. 문제나 증상을 가진 사람, 즉 내담자는 자신의 문제를 해결하고 증상이 사라지기를 바라는 마음에서 상담사에게 도움을 요청한다. 내담자는 현재 상태에서 바람직한 방향으로 변화된 모습을 원하고 있으며, 그 변화를 도와주는 방법이 상담이다. 따라서, 어떤 유형의 상담일지라도 상담의 공통 목적은 상담사와 내담자의 관계에서 내담자에게 건강한 심리적 변화가 일어날 수 있도록 도와주는 데 있다(현정환, 2019: 19).

상담에서 심리적 문제나 증상의 해결 또는 소멸은 주로 내담자 자신의 행동, 정서, 인지(사고방식), 환경 등의 변화에 의해 달성된다고 본다. 여기서 상담사의 역할은 어디까지나 내담자 본인이 희망하는 자신의 모습이 될 수 있도록 변화를 지원하면서 내담자가 더욱 안정된 생활을 하는 데 어려움이 없도록 하는 데 있다.

3) 상담의 필요성

현대사회는 이른바 산업화, 기계화, 도시화, 정보화, 세계화로 특징 지어지고 있으며, 오늘의 지식산업사회knowledge-based society를 살아가고 있는 우리 모두에게는 삶의 복잡성, 장래에 대한 불확실성, 가치관의 혼란, 부정과 비리가 판치는 세상, 의사결정과 선택의 곤란성, 취업의 곤란과 실직의 문제, 결혼 또는 이혼 및 가정의 문제, 한층 복잡하고도 심각해진 입시 위주의 교육의 문제, 피상적인 인간관계에 다른 소외감과 고독의 문제, 세대 간의 갈등과 격차, 성 문제, 빈부의 격차로 인한 상대적 박탈감, 출세주의에 따른 일류병 등 옛사람들이 전혀 상상도 경험도 하지 못한 여러 가지 문제들에 직면하게 됨으로써 한층 더 고조된 심적 불안과 긴장, 크나큰 정신적 고통을 겪고 있다. 다시 말해서 현대인들이 경험하게 되는 위와 같은 문제들은 그 양 또는 질에 있어서 그 심각성이 날로 더해가고 있는 것이 사실이다.

수많은 현대인은 그들이 일상생활에서 직면하는 어려운 문제들을 자신의 힘으로나 부모, 교사, 동료, 친척들과 같은 비전문가의 상식적인 도움으로는 도저히 감당할 수 없는 문제가 산더미처럼 쌓여 있어서, 이러한 문제를 원만하게 해결하고 선택하며 적응하려면 무엇보다도 상담전문가의 도움이 필요하다는 사실을 깨닫게 되었다. 더욱이 사회가 급변하고 산업발전의 속도가 빨라질수록 이에 적극적인 대처가 필요한 데, 이것이 바로 상담의 필요성을 제기하게 된다.

인간의 행동은 목표 지향적이다. 즉, 동기 지어진 행동은 어떤 목적을 향하여 방향 지어지게 마련이다. 그러나 때로는 바라는 목표에 도달하지 못하고 실패할 수도 있다. 이럴 때 우리는 욕구불만이나 욕구좌절 또는 갈등상태에 빠져 불안이나 심리적인 긴장상태를 경험하고 고민에 직면하며 때로는 비관, 나아가서는 자살에까지 이르게 되는 경우를 흔히 볼 수 있다. 이러한 심적 긴장이나 불안, 부적응, 비관 등을 해소하기 위해서는 합리적으로 생산적인 방법을 동원하며, 당면한 문제를 극복하기 위해서는 상담전문가의 도움이 필요하게 된다(김충기·강봉규, 2003: 11-13).

2. 상담의 진행과정

상담은 상담자와 내담자가 만나서 대화하는 것으로 이루어진다. 상담자와 내담자가 만나서 대화하는 것을 '면접' 또는 '면접상담'이라고 하는데, 이 만남은 내담자 문제의 심각성, 진행방법, 상황 등에 따라 진행이 길거나 짧아진다. 짧은 면접상담은 4~6회에 그치기도 하지만 대개 10회 이상은 넘긴다. 내담자의 문제가 심각한 경우 몇 년씩 장기간에 걸쳐 상담이 진행되기도 한다.

상담의 진행과정은 상담자와 내담자가 처음 만난 이후부터 상담이 끝날 때까지의 전체 과정을 말한다. 그리고 그 흐름에 따라 초반부, 중반부, 후반부로 구분하기도 하지만 상담의 과정은 발전적으로 변화하기 때문에 보통 초기단계, 중기단계, 종결단계로 나눈다. 각 단계에는 성공적인 상담을 위해 해결해야 할 과제가 주어지는데, 각 단계별 과제가 순조롭게 해결되어야만 기대한 상담 결과를 얻을 수 있다. 각 단계는 다음과 같다.

1) 초기단계: 상담의 기틀 잡기

초기단계란 상담을 시작하는 단계로서 처음 몇 회의 만남으로 이루어진다. 이 단계는 무엇보다 상담과정 전체의 기반을 만드는 중요한 단계인데, 상담자의 기획력과 전문성이 요구된다. 초기단계에 있어서 상담기반이 튼튼한지 아닌지의 여부는 전체 상담과정에 매우 많은 영향을 미친다. 따라서, 제대로 된 상담기반을 만들기 위해 해결해야 할 과제는 다음과 같다(임상록 외, 2012: 24-25).

첫째, 안정된 상담 관계 형성이다. 상담자와는 달리, 내담자는 상담 상황에 생소한 경우가 많다. 상담이 어떻게 진행되는지, 무엇을 해야 하는지, 상담자를 어디까지 신뢰할 수 있는지 등 모르는 것이 많다. 내담자가 상담에 빨리 적응하기 위해서는 상담자의 사려 깊은 안내가 선행되어야 한다. 그리고 상담에 대한 안내는 상담의 초기과정에서 안정된 상담 관계를 형성하는 데 필요하다. 문제를 해결하고자 하는 상담자와 내담자의 관계, 즉 상담 관계는 상담의 진행과 성공 여부와 밀접한 관계가 있다. 상담 관계가 안정적으로 되려면 촉진적인 상담 관계를 형성해야 한다. 촉진적인 상담 관계는 상담자가 내담자로 하여금 상담에 자발적이고 적극적으로 참여할 수 있도록 이해하고 배려하며, 진솔한 태도를 보이고 내담자 중심으로 상담을 진행할 때 비로소 가능하다.

둘째, 상담목표와 상담방법 및 진행에 대한 합의가 있어야 한다. 전문적 상담은 일반 대화나 면접과는 달리 목표를 설정하고 계획에 의해서 진행된다. 상담의 초기단계에서 목표를 정하고, 이 목표를 이루기 위해 계획을 세워 상담을 진행하는 것은 상담의 기본이다. 상담의 목표를 설정할 때는 상담자가 일방적으로 하는 것이 아니라, 내담자와 대화로써 합의해야 한다. 그리고 상담계획에는 다양한 내용이 포함되어야 하는데, 주요 내용은 내담자가 지켜야 할 사항, 상담의 기본적인 진행방식, 상담기간 및 상담시간 등이다. 상담이 유료일 경우 이 부분에 대한 안내도 반드시 필요하다.

셋째, 내담자 문제의 본질을 이해해야 한다. 의사가 자기의 환자를 치료하고자 할 때 먼저 환자에 대한 체계적인 진단이 시작된다. 왜냐하면, 환자가 가지고 있는 병의 원인과 증상에 대한 확실한 진단이 선행되지 않는다면 치료 또한 가능하지 않기 때문이다. 상담 또한 마찬가지이다. 상담자가 내담자의 문제에 대한 본질적인 이해 없이는 상담의 효과를 장담할 수 없다. 내담자 문제에 대한 본질적인 이해를 위해서 상담자는 먼저 내담자에게 무엇이 문제인지 직접 확인해야 한다. 예를 들어, 내담자가 지금 어떠한 상황에 있는지, 무엇 때문에 힘들거나 괴로워하는지 등을 물어본다. 이때 상담자가 유의해야 할 것은 문제파악을 위해 내담자에게 강요하거나 심리적 부담을 줘서는 안 된다. 내담자가 스스로 자신의 문제를 이야기할 수 있도록 분위기를 만들고 대화로 풀어가는 일이 바람직하다.

2) 중기단계: 문제해결하기

상담의 중기단계는 초기단계가 끝날 무렵부터 상담의 목표가 어느 정도 달성되기까지의 전체과정을 말한다. 중기단계의 가장 큰 특징은 초기단계에서 설정된 상담목표를 해결하기 위한 구체적인 상담 작업이 행해진다는 데 있다. 즉, 초기단계에서 잡힌 탄탄한 기틀을 바탕으로 내담자가 가진 문제에 대한 본격적인 해결 시도가 행해진다. 이런 의미에서 상담의 중기단계는 '문제해결단계'라고도 부른다. 이는 상담의 핵심적 단계가 된다(이장호 외, 2009: 196).

초기단계에서 촉진적인 상담 관계가 형성되면 이제 문제해결을 위한 단계에 들어간다. 이 단계는 상담의 핵심적인 단계로서 초기단계에서 설정된 상담의 구체적 목표들을 달성하기 위해 본격적인 개입이 시작된다. 문제해결을 위해 다양한 상담기법이 적용되는 단계이며, 내담자의 자발적인 참여와 문제해결에 대한 열정이 요구된다. 구체적으로 어떤 상담기법을 사용할지의 여부는 내담자가 가진 문제의 유형이나 문제의 심각성에 달려 있다. 만남의 횟수가 많아지고 상담에 몰입하게 되면 경우에 따라 내담자의 저항이 나타날 수도 있는데, 이러한 저항의 극복이 중기단계에서 반드시 해결해야 할 과제 가운데 하나이다. 이 과정을 통해 상담의 목표가 상당부분 달성되면 종결단계로 들어가게 된다.

3) 종결단계

문제해결단계인 중기단계에서 문제의 해결과정을 경험하게 되면 상담은 종결로 향한다. 그러나 상담을 통해 문제해결이 되었더라도 바로 끝나는 것이 아니다. 종결을 위한 준비과정이 필요하다. 그 이유는, 일단 문제가 해결되었다 하더라도 내담자가 일상생활에서 다시 문제 상황을 경험할 수도 있고, 이로 인해 새로이 어려움을 겪을 수 있다. 따라서, 문제해결 후 일상생활에의 재적응을 위해 내담자가 문제에 대한 면역력을 가질 수 있도록 상담자와 내담자는 준비해야 한다. 준비해야 할 내용은 다음과 같다(임상록 외, 2012: 26-27).

(1) 상담 종결에 대한 내담자의 불안 다루기

상담의 마지막 단계에서 내담자는 대부분 상담을 통한 자신의 변화를 안다. 그러나 막상 상담을 종결할 상황이 오면 내담자는 불안감을 느낀다. 왜냐하면, 상담자의 도움 없이 혼자 일상생활에서 문제해결을 해야 한다는 것이 어렵게 여겨지기 때문이다. 따라서, 상담자는 상담을 완전히 종결하기 전 이러한 불안을 최소화하는 노력을 내담자와 더불어 해야 한다.

(2) 상담자에 대한 내담자의 의존성 극복

내담자의 상담자에 대한 의존성은 상담의 종결과정에서 해결하여야 할 과제이다. 상담은 내담자가 자신의 문제를 상담자와 함께 해결해 가는 과정이라고 할 수 있다. 그런데 이 과정에서 내담자는 상담자에게 많은 부분을 어쩔 수 없이 의존하게 된다. 이러한 의존성은 상담이 진행되는 동안은 필연적일 수도 있지만, 문제가 거의 해결된 단계에서는 서서히 극복해야 한다. 상담자가 지속해서 평생 내담자를 책임질 수는 없는 일이다. 이런 의미에서 볼 때, 내담자가 하나의 독립된 인간으로서 일상생활에서 제대로 살아가는 데 있어 의존성은 장애요소가 된다.

(3) 성과다지기 및 면역력 쌓기

종결단계에서는 문제해결단계에서 달성한 상담의 성과를 다시 한번 상기하고 그 성과를 다짐으로써 앞으로 내담자 혼자의 힘으로 문제를 해결해 나갈 수 있도록 준비하여야 한다. 지금까지 문제해결을 위해 시도했던 여러 가지 수단과 방법을 재음미하고, 이러한 경험을 앞으로 어떻게 활용할 것인지 상담자와 내담자가 서로 상의를 해야 한다. 그리고 앞으로 다가올 문제 상황을 미리 예견하고 이 문제에 어떻게 대처하는 것이 현명한지에 대하여 함께 고민해 봄으로써 내담자의 면역력을 강화해 주는 일이 바람직하다.

(4) 가능한 증상의 재발에 대한 준비

문제해결단계에서 문제가 해결되거나 증상이 해소되었다고 해도 일상생활에서 다시 이전의 것과 유사한 문제를 만나거나 동일한 증상을 경험할 수가 있다. 이러한 경우를 대비해서 상담자는 내담자에게 상담 종결 이후에도 상담을 통해 도움을 준다는 약속이 필요하다. 이러한 약속은 내담자를 안심시키는 한편, 가능한 증상의 재발에 대한 준비가 된다.

3. 상담자의 이해

1) 상담자의 기능

일반인이 상담에 대한 약간의 지식과 경험을 가지고 행하는 일반상담과 달리 상담자에 의해 진행되는 전문상담은 상담자의 전문성이 요구된다. 상담자의 전문성은 상담자로서의 자격, 전문지식, 풍부한 상담경험 등이다. 상담자는 전문상담자로서 활동하기 위해 요구되는 정규교육과정을 이수함으로써 상담이론과 방법에 관한 체계적인 지식을 가지고 있어야 한다. 그러나 정규교육과정을 통한 상담이론과 방법에 관한 체계적인 지식 자체만으로는 바람직한 상담 효과나 결과를 기대하기 어렵다. 바람직한 상담 효과나 결과를 기대하기 위해서는 풍부한 상담실습과 훈련지도 과정을 거쳐 상담이론과 방법에 관한 지식을 내면화한 상담자가 되어야 한다. 예를 들어, 마치 의사가 의학에 관한 지식만으로 환자를 제대로 치료하기가 어렵고, 여기에 경험과 정성이 들어가야 치료의 효과를 볼 수 있는 것과 같다(김청자·정진선, 2006: 245).

상담자에게 있어서 전문성이 매우 중요하지만, 이에 못지않게 상담자로서의 자질도 필요하다. 상담자로서의 자질은 다양하지만, 무엇보다 강조되는 자질은 진솔성, 무조건적 긍정적 존중, 공감적 이해 등이다. 이 세 가지 자질은 원래 인간 중심적 이론의 주요 부분을 이루고 있으나, 모든 상담 장면에서 일반적으로 수용되는 내용이기도 하다.

진솔성은 일치성이라고도 하며, 진실하고 솔직하다는 뜻이다. 이는 상담자가 내담자를 대할 때에 표면적이거나 대화 내용의 왜곡 또는 가식이나 겉치레가 없는 것을 말한다. 무조건적 긍정적 존중은 말 그대로 상담자가 내담자를 한 인간으로서 조건 없이 긍정적으로 대한다는 것이다. 즉, 상담자가 내담자를 자기 자신의 가치 기준에 따라 판단하거나 평가하지 않고, 그의 사회적 출신이나 경제적 상황에 구애받지 않고 한 인간으로서 존중한다는 의미이다.

공감적 이해는 상담자와 내담자의 마음과 마음을 이어주는 소통의 가교로서 상담자가 기본적으로 갖추어야 할 기본 자질이자 덕목이다. 공감적 이해는 내담자의 내면에서 일어나고 있는 심리적 변화와 느끼는 감정을 상담자가 민감하고 정확하게 이해하는 것을 의미한다. 상담자와 내담자가 몸은 서로 다르지만 느끼는 감정은 서로 하나인 것처럼, 상담자가 내담자를 감정적으로 깊이 공감한다는 것이다. 상담자가 공감적 이해를 잘하기 위해서는 내담자의 입장에서 생각하고 판단하며 느끼는 행위가 필요하다. 따라서, 상담자는 상담 장면에서 늘 상대방의 입장이 되려는 노력이 있어야 한다(임상록 외, 2012: 16-17).

상담자는 상담 관계 속에서 상담과정 전체를 이끌어가야 할 주도적 역할을 해야 한다. 상담자는 상담이라는 항해를 하면서 내담자라는 배를 이끌어가고 있는 선장에 비유할 수 있을 것이다. 상담자는 결국 내담자가 상담이라는 항해를 성공적으로 마쳐서 궁극적으로 자신의 인생 항해를 잘할 수 있도록 촉진하는 역할을 해야 할 것이다. 상담자의 기능과 역할은 다음과 같다(박경애 외, 2011: 17).

① 자신의 문제를 바로 볼 수 있는 지혜를 길러준다.

② 자신의 문제를 해결하고 고통에서 벗어나고자 하는 의지를 길러주고 격려한다.

③ 좌절과 절망 속에 일어설 수 있는 희망을 불러일으킨다.

④ 존재의 용기를 불어넣는다.

⑤ 자신의 인생을 스스로 관리하고 책임질 수 있는 경영능력을 키워준다.

2) 상담자의 태도

상담은 매우 친밀한 형태의 학습이다. 그래서 상담은 상담 관계에서 기꺼이 진실한 사람이 되고자 하는 상담자를 요구한다. 내담자는 다른 곳이 아닌 사람과 사람이 맺는 관계의 맥락에서 성장을 경험한다. 만약 상담자가 전문가의 역할이라는 안전한 방패 뒤에 숨어있다면 내담자 역시 상담자로부터 숨게 될 것이다. 상담자가 기술적인 전문성만 가지려고 노력하고, 자신의 생생한 반응이나 자기를 상담과정에서 배제한다면, 상담은 비효과적인 결과를 초래할 것이다. 상담자의 진실성은 내담자와의 관계에서 의미 있는 효과를 창출한다. 만약 상담자가 자신의 삶을 돌아보고 원하는 방향으로 변화하기 원한다면, 자신을 내담자에게 진실하게 드러내고 반응하는 방법을 통해 그 변화 과정에 대한 모범을 보일 수 있다. 상담자가 만약 진실하지 않다면, 내담자와 작업동맹 관계를 형성하기 어렵다. 상담자가 자기를 개방함으로써 내담자에게 진실해지는 모범을 보인다면, 내담자 역시 상담자에게 정직해지려고 할 것이다(Corey, 2016).

일반적으로 상담을 하는 사람들은 다른 사람의 복지와 행복을 위하고 문제를 해결해 주고 싶어 하는 동기가 강한 편이다. 그래서 다른 사람을 도와주게 되면 상당한 기쁨과 보람을 느끼리라고 미리 기대하는 경우가 많은데, 이러한 기대가 항상 충족되는 것은 아니다. 어떤 사람들은 남의 이야기를 잘 듣고 남의 마음을 잘 알아차리는 이가 상담도 잘하리라 생각하기도 한다. 또 어떤 사람들은 자신의 정서적 문제도 해결하려는 노력의 목적으로 상담자가 되기를 지망하는 때도 있다.

이처럼 상담을 하기 전에 갖는 태도나 타인에게 받는 평가가 상담하는 데 반드시 도움이 된다는 보장은 없다. 남에게 도움을 주고자 하거나 좋은 평가를 받고자 하는 욕구, 남에게 영향을 끼치고 지배하고자 하는 욕구가 너무 강하면 내담자의 마음을 이해하거나 적절한 반응을 보일 수 없다. 예를 들어, 지나치게 남을 돕고자 하면 내담자 스스로 자신의 문제를 탐색하고 결정하는 기회를 막아 버림으로써 내담자의 의존심을 강화하는 오류를 범할 수 있다. 또한 내담자가 긍정적인 방향으로 빨리 변하지 않으면 지나치게 실망하고 그 좌절감을 자신이나 내담자에게 돌리기가 쉽다. 반면에, 어떤 이유로 내담자가 큰 도움을 받은 것처럼 말하거나 행동하면 자신의 상담가적 자질에 지나친 자만심을 가질 수도 있어 앞으로의 전문적인 발전에 큰 장애가 될 수 있다.

자신이 과거에 경험한 사실이나 지식을 토대로 해서 내담자의 감정과 문제를 알고 있다고 미리 짐작하는 경우도 많은데, 이러한 짐작은 대부분 들어맞지 않는다고 보는 것이 안전하다. 그렇지 않다면 내담자의 고유한 갈등이나 당면 문제의 다양한 측면을 이해하지 못한 채 자신의 경험과 지식을 토대로 쉽게 판단해 버리고 성급하게 조언을 하게 되기 때문이다. 내담자의 어떤 행동이나 특징을 상담자 자신의 일상적인 경험이나 판단에 비추어 너무 중요하게 생각하거나 반대로 대수롭지 않게 여기면 내담자를 정확하게 이해하지 못하게 되어 결과적으로 내담자를 도와주지 못하게 된다.

상담이란 일상생활에서 이루어지는 대화나 우정 어린 면담 같은, 인간관계에서의 여러 상황을 부분적으로 포함할 수 있다. 그래서 친구와 주고받는 대화와 상담이 별 차이가 없을 것으로 생각하는 사람들도 있다. 그러나 상담에서는 친구 관계와 달리 친숙하지 못한 상태에서 면접이 시작된다. 또한 어느 한 쪽이 다른 쪽을 도와주는 전문적이고 특수한 관계 위에서 대화가 이루어진다. 따라서, 친구 사이에서는 상대방의 문제에 대해 농담을 해도 별 상관이 없지만, 상담에서는 그러한 농담조차 심각하고 부정적인 영향을 미칠 수 있다(정서영 외, 2018: 21).

친구 사이에서는 흔히 있을 수 있는 충고도 상담 관계에서는 내담자가 받아들이지 않고 저항하는 경우가 많다. 충고하는 것을 자기를 이해하기보다는 무언가 방향 제시, 그것도 자신에게 적합하지 않은 것으로 생각할 수 있기 때문이다. 게다가 아무리 적절한 충고라고 해도 상담 목적에 꼭 부합된다고는 볼 수 없다. 이와 같이 상담에 임할 때 자기 나름대로의 경험이나 지식만을 바탕으로 내담자에게 반응해서는 안 된다. 또한 친구 사이처럼 스스럼없는 이야기가 내담자에게 반드시 좋은 영향을 미치지는 않는다는 것을 기억해야 한다.

면접에 임하는 상담자는 상당한 긴장과 불안을 갖게 된다. 이 긴장과 불안은 대부분 내담자에게 어떻게 반응해야 하고 내담자의 문제를 어떻게 해결해 나가야 하는지 막연하기 때문에 생긴다. 예를 들어, 내담자가 자신의 진로에 대해 여러 가지 고민과 갈등을 호소해 왔을 때 필요하다고 생각되는 조언과 정보를 제공해 주었으나,

내담자가 여전히 고민 있는 표정을 보이는 경우가 있다. 이때 상담자는 달리 적절한 말을 할 수도 없는 상황에서 마음속으로 긴장과 불안을 느끼게 된다. 이와 같은 면접상황은 상담을 처음 하는 사람들이 흔히 경험하게 된다. 내담자의 문제가 무엇이든 그의 이야기를 다 듣고 필요한 대답과 반응을 보여 주었는데 상대방이 아무런 반응 없이 여전히 난색을 지을 때, 상담자는 자신을 무능하게 여기거나 내담자 측에서 자신을 무능하게 여기지 않을까 하는 두려움을 느끼게 된다. 사실 면접기술이 아직 부족하고 내담자의 문제를 정확하게 평가하기 어려운 것은 상담의 초심자로서 극히 당연한 일이다. 그러나 상담자로서 충분한 역할을 못 해내고 있다는 불안감과 내담자의 문제를 아직 분명하게 파악하지 못했다는 모호한 감정 때문에 흔히 자신의 입장에 대해 초조감과 자책감을 갖게 된다.

이러한 긴장의 순간에 상담 초심자들은 흔히 의젓한 상담자 역할을 하려고 애쓰거나 불필요할 정도로 인간적인 모습을 보이려고 애쓰는 두 가지 양상을 보인다. 이것은 내담자가 혹시 자신을 무능하다고 보지 않을까 하는 공포감과 상담자로서 뭔가 확실한 태도를 보여야 한다는 잘못된 인식에서 출발한 것이다. 그러나 상담자라고 해서 모든 상황에서 반드시 완전한 능력을 보일 수는 없을뿐더러 내담자에게 어떻게 보여야 한다는 일반적인 법칙이나 모형은 더더욱 없다. 그런데도 처음 상담을 시작하는 사람들은 내담자가 던지는 모든 질문에 다 대답하지 않거나 대답하지 못해도 괜찮다는 사실을 잘 이해하지 못한다. 내담자의 요구나 기대에 대해 즉각적이고 원하는 대로 반응하지 않아도 된다는 사실을 받아들이기 어려워한다. 바꿔 말하면, 내담자가 제시한 문제에 대해 상담자가 어느 정도 생각할 여유를 가지는 것은 당연하며, 경우에 따라서는 상담의 효과를 위해서 답변을 일부러 늦출 수도 있다. 예컨대, 지나치게 의존적인 내담자나 또는 해결 불가능한 문제를 제기하면서 타인에게 무력감을 불러일으키는 내담자에게는 원하는 답 대신 내담자의 그러한 행동 자체와 그에 대한 상담자의 느낌을 나누는 것이 훨씬 유익하다. 만성적인 부적응적 대인관계 형태를 보인 내담자에게 상담자가 무력감, 죄책감, 분노, 두려움 등을 느끼는 것은 아주 흔하고 자연스러운 일이며, 이 모든 상담자의 느낌은 내담자를 깊이 이해하고 공감하기 위한 아주 소중한 단서가 된다.

상담자에게는 상대방에게 나쁜 인상을 주지 않을까 하는 두려움과 관련된 것으로 내담자들을 혹시 놓치지 않을까 하는 불안감이 있다. 그래서 상담을 만족스럽게 진행하기도 전에 내담자가 도중하차, 즉 조기 종결하였다는 사실에 대해 큰 실망감과 좌절감을 느낄 수도 있다. 그러나 내담자가 상담을 종결하는 이유에는 상담자와 관련된 변인 이외에도 여러 가지가 있을 수 있다. 유료 상담이면 경제적인 문제로 더 지속하기 어려워지거나, 이사를 하거나, 시간상 어려움이 생기는 경우도 많다. 또 어느 정도 효과를 보았으므로 앞으로는 혼자 힘으로 문제를 해결해 보겠다는 결심에서 나타나지 않을 수도 있다. 물론 이 모든 경우에도 합의로 끝내도록 사전에 내담자를 충분히 이해시킬 필요는 있다.

일부 상담자는 상담의 효과가 빨리 나타나지 않는다고 불안해하는 경우도 많다. 그러나 상담의 효과는 그렇게 간단하고 분명하게 나타나는 것이 아니다. 매주 한 시간씩 6개월을 상담한 경우라 할지라도 물리적인 시간으로만 따지면 약 하루 정도의 시간이 흘렀을 뿐이다. 상담을 무계획적으로 하거나 무한정해도 괜찮다는 것은 물론 아니지만, 지나치게 높고 비현실적인 기준으로 자신을 몰아붙이는 것은 분명 상담자와 내담자 모두에게 유익하지 않다. 반면에, 상담의 진전이 없는 이유를 내담자에게 전가하여 '내담자의 정신병리가 너무 깊다', '내담자가 성의가 없다'라는 식으로 투사하는 것도 큰 문제가 된다. 따라서, 상담자는 슈퍼비전 선임 상담자를 통해 체계적이며 전문적인 상담의 슈퍼비전(실습지도, 사례지도 등)을 받는 것이 꼭 필요하다(임상록 외, 2012: 144-148).

그러므로 상담을 처음 시작하는 초심 상담자들이 갖기 쉬운 동기, 기대, 불안감 등 여러 문제들은 상담을 진행하는 동안에 자주 부딪히게 되는데, 이는 경험과 학습을 통해 교육상담과 슈퍼비전을 통해 정리하고 해결해야 할 것이다.

3) 상담자의 책임

(1) 전문적인 책임

상담에서는 이론이나 기법도 물론 중요하지만, 윤리적인 문제를 결코 소홀히 해서는 안 된다. 왜냐하면, 내담자와 접촉하는 순간부터 상담자는 내담자를 어떻게 대하고 내담자의 복지를 위해 어떤 행동을 취해야 하는가 하는 윤리적인 문제가 대두되기 때문이다. 예컨대, 첫 면접에서는 내담자가 말하는 내용이나 사적인 정보를 어떻게 지켜줄 것인가를 충분히 검토해야 한다. 내담자의 사적 정보와 경험 내용에 대해 비밀을 보장하는 것은 상담자의 윤리적인 책임 가운데 매우 중요하다. 그 밖에 내담자에 대해 어떤 행동을 해야 하고 해서는 안 되는지, 소속한 기관에 대한 책임, 상담 노력에 대한 가치 판단 등 많은 문제가 있다. 상담자는 상담심리사 윤리강령을 숙지하고 이를 상담 현장에서 실천하도록 노력하여야 한다.

전문적인 책임에 대해 강조할 사항으로는, 우선 상담을 처음 시작하거나 경험이 없는 상담자들은 자신의 상담기법에 한계가 있고 완전하지 못하다는 사실을 바로 인식해야 한다. 상담 경험이 풍부한 상담자라 할지라도 자신의 한계를 항상 인식하고 겸손한 태도를 보여야 하는데, 상담의 초심자라면 더욱더 그래야만 한다. 충분하지 못한 기법이나 경험은 실제 상담 경험을 통하거나 지도 전문가와 선임 상담자의 자문과 조언을 통하여 차츰 보완할 수 있다. 상담자가 되려는 사람들은 전공 분야의 공부를 체계적으로 마치고 공인된 자격을 얻기까지, 또한 그 후로도 상당 기간 선임 전문가에게 슈퍼비전을 받을 책임이 있다. 이는 상담자 자신을 보호할 뿐만 아니라, 내담자의 복지를 지켜주기 위해서도 반드시 필요하다(양명숙 외, 2013: 26-27).

그 밖에 상담에 관한 충분한 기록을 만들어 두는 것도 상담자의 전문적인 책임에 포함되는 일이다. 면담 후 기록을 남겨 두지 않으면 상담을 효과적으로 진행하는 데 큰 지장이 생긴다. 또한 슈퍼비전을 받을 때도 자료가 매우 부실해진다. 내담자를 불가피하게 다른 상담자에게 의뢰해야 하는 경우나, 아주 드물지만 법적인 문제가 생기는 경우에 대비해서라도 체계적이고 성실한 기록은 반드시 필요하다.

(2) 비밀의 보장

내담자가 구체적으로 말을 하든 안 하든 자신이 이야기하는 내용이 어느 정도로 비밀이 보장되는가에 대해 관심을 갖는 것은 당연하다. 그러므로 상담자는 내담자가 비록 묻지 않더라도 면접 중에 이야기되는 내용은 철저히 비밀이 보장된다는 것을 먼저 설명하고 확인해 두어야 할 필요가 있다. 내담자는 자신의 인격에 손상이 되는 내용, 사적인 이야기와 가족 이야기 또는 자신이 저지른 행동 등에 관한 이야기를 하고 싶어도 비밀의 보장에 대한 확신이 없으므로 주저하는 경우가 많다. 비밀보장의 책임은 내담자의 양해나 승인 없이는 면담 중에 알게 된 내용을 공개하지 않는다는 것을 의미한다. 비밀보장에 있어서 '어떨 때 어느 정도로 또는 어떠한 형식으로 비밀보장이 이루어져야 하는가'는 내담자 문제의 내용에 따라 상세히 결정되어야 한다(김충기·강봉규, 2003: 91).

일반적인 원칙으로는 특별한 경우를 제외하고는 내담자의 부모, 배우자, 동료 등 그 누구에게도 면접의 내용을 공개하지 않는다. 그렇다면 공개할 수 있는 특별한 경우란 어떤 경우인가? 예컨대, 아동학대의 사례를 보면 상담 중에 교환된 내용은 누설하지 않는 것이 원칙이다. 그러나 아동의 복지를 위해, 아동 스스로는 해결해 나갈 능력이 없다고 판단되었을 때, 그리고 아동의 부모가 상담자의 조언이나 설득에 응하지 않을 때는 사법당국이나 관련 기관에 통보할 수 있다. 또한 내담자가 자신에게 해를 끼칠 때, 자살이나 방화 또는 살인과 같이 타인에게 해를 끼칠 수 있는 행동이 임박했다고 판단될 때에는 먼저 내담자에게 이러한 사실을 관련 기관이나 가정에 연락하지 않을 수 없다는 통보를 먼저 한 후에 당국이나 가정에 알려야 한다.

초심자들 중에는 내담자의 양해를 구하지 않고 면접 내용을 녹음하는 경우가 간혹 있다. 이렇게 상담자가 내담자의 양해를 얻지 않고 녹음을 하는 행위는 상담자로서 전문적인 윤리를 지키지 않는 것이 된다. 내담자가 원하지 않을 때에는 훈련이나 연구 목적상 아무리 필요하다고 해도 녹음을 하지 말아야 한다.

상담을 공부하는 과정에서는 특별한 경우를 제외하고는 모든 면접을 녹음해 두는 것이 바람직하다. 그것을 다시 들어보고 상담의 내용을 반성하며 확인하거나 사례 지도를 받는 것이 필요하기 때문이다. 그러나 상담 시작부터 무조건 녹음하기보다는 첫 면접에서 녹음해야 하는 이유와 녹음테이프가 어느 정도 보관이 철저하게 이루어지는지, 그리고 원한다면 내담자가 그것을 가져갈 수도 있고 지워 버릴 수도 있다는 사실 등을 먼저 설명해 주는 것이 필요하다. 처음부터 꼭 필요한 경우가 아니라면 두 번째나 세 번째 면접에서 다시 이야기를 꺼내 내담자가 쉽게 양해해 줄 수 있도록 시간적 여유를 주는 것이 좋다. 어떤 경우라도 녹음하는 취지와 녹음한다는 사실에 대해 내담자가 어떻게 느끼고 받아들이는지 충분히 의견을 교환하는 것이 중요하다(임상록 외, 2012: 148-151).

(3) 상담자와 내담자와의 관계

상담자와 내담자의 관계는 상담 관계로 이루어진다. 상담 관계에서 유의해야 할 부분은 무엇보다 이중관계와 성적 관계이다. 그 내용은 다음과 같다(임상록 외, 2012: 19-20).

첫째, 이중관계와 관련하여, 상담자는 내담자를 받아들일 때 매우 신중해야 한다. 특히, 가까운 친구나 친인척 등 자신의 주변 사람이 내담자가 되면 이중관계가 성립될 수 있고 이로 인해 객관적이고 전문적인 상담을 기대하기가 어렵다. 왜냐하면, 친구나 친인척을 대상으로 상담을 하게 되면 인간관계에 대한 생각이나 감정이 개입될 수 있어 내담자에 대한 객관성과 전문적인 판단에 예기치 못한 오류가 생길 수 있기 때문이다. 따라서, 부득이한 경우 외에는 다른 전문상담자에게 친구나 친인척을 내담자로 의뢰하는 것이 바람직하다.

둘째, 공적인 업무를 수행하는 공직자의 경우도 마찬가지겠지만, 특별한 경우나 부득이한 상황을 제외하고는 상담자가 내담자와 사적인 관계를 가져서는 안 된다. 그리고 내담자와의 관계에서 상담료 이외의 어떠한 금전적·물질적 거래가 있어서는 안 된다.

셋째, 상담자와 내담자의 성적 관계는 상담 관계에서 절대 금기사항이다. 상담자는 내담자와 이유를 불문하고 성적 관계를 가져서는 안 되며, 이전에 성적 관계가 있었던 사람을 내담자로 받아들이는 일 또한 있어서는 안 된다. 한국상담심리학회의 상담심리사 윤리강령 제4장 나항은 다음과 같이 더욱 더 엄격하게 성적 관계에 대하여 규정하고 있다.

> 상담심리사는 상담 관계가 종결된 이후 최소 2년 내에는 내담자와 성적 관계를 맺지 않는다. 상담 종결 이후 2년이 지난 후에 내담자와 성적 관계를 맺게 되는 경우에도 상담심리사는 이 관계가 착취적인 특성이 없다는 것을 철저하게 검증해야 한다.

넷째, 내담자의 사생활과 개인 비밀보호는 상담자가 본의 아니게 소홀히 다루는 경우가 있다. 그러나 내담자는 자신의 사생활을 보호받을 권리가 있으며 상담과정에서 언급된 개인 비밀은 상담 당사자들 이외의 제삼자에게 노출되어서는 안 된다. 또한 내담자에 관한 비밀이나 개인정보는 내담자의 동의 없이 공개되어서는 안 된다. 그러나 내담자에 관한 비밀이나 개인정보가 사람 생명 또는 사회의 안전을 위협하거나 위협할 가능성이 있는 경우에 한하여 내담자의 동의 없이 관련 전문인이나 사회에 알릴 수 있다.

다섯째, 상담자는 상담내용을 기록하고 보존하여야 한다. 상담내용을 경우에 따라 녹음을 할 수가 있는데, 이럴 때는 상담자가 녹음하기 전에 내담자의 동의를 구해야 한다. 상담내용은 면접기록, 녹음, 녹화 테이프, 심리검사지 등의 문서자료로 기록하고 보존되며, 상담자는 상담 초기에 이러한 내용을 내담자에게 알려주어야 한다.

표 1-1 심리학의 5대 관점 비교

상담자가 내담자에게	내담자가 상담자에게
공감적 이해	상담자는 내가 느끼고 있는 감정을 알고 있다고 인식함.
수용적 존중	상담자는 나를 존중하고 친절하며, 나 자신을 있는 그대로 수용하고, 나를 해치거나 위협적이지 않다고 인식함.
일치성(진실성)	상담자는 가짜이거나 그런 척 가장하지 않으며, 나에게 자신을 드러내는 사람이라고 인식함.
전문가적 자질	상담자는 내 문제를 도울 능력이 있는 사람이라고 인식함.

자료: 백지숙 외(2016: 116)

제2부

상담의 이론과 적용

2장 정신분석 상담 **3장** 개인심리 상담 **4장** 행동주의 상담 **5장** 인간중심 상담
6장 인지치료 상담 **7장** 게슈탈트 상담 **8장** 교류분석 상담

CHAPTER

02

정신분석 상담

개요

프로이트는 1896년에 '정신분석'Psychoanalysis이란 용어를 처음 사용하고, 자유연상기법을 환자의 치료에 본격적으로 도입하였다. 정신분석적 상담이론은 내담자가 겪는 심리적 문제의 의미와 원인을 보다 근본적이고도 심층적으로 이해할 수 있다. 이후에 생겨난 상담이론들 중 상당수는 정신분석에 뿌리를 둔 것이다. 본 장에서는 프로이트의 정신분석상담에 대해 논의하고자 한다.

학습목표

- 정신분석이론 습득
- 타 상담이론과의 비교 연구
- 프로이트에 대한 관심

학습내용

1. 정신분석 상담의 개요
2. 프로이트의 생애
3. 인간관
4. 주요 개념과 특성
5. 정신분석 상담의 과정
6. 정신분석 상담의 기법
7. 정신분석 상담에 대한 평가

1. 정신분석 상담의 개요

1) 프로이트의 정신분석이론

정신분석이론Psychoanalytic Theory은 20세기 서구 문명의 지적 충격이라고 할 수 있는 프로이트Sigmund Freud에 의해 최초로 개발된 성격발달이론이다. 정신분석이론이란 인간의 정신세계의 대부분을 차지하고 있는 무의식에 초점을 두어 무의식적인 성적·공격적 충동 때문에 발생하는 갈등을 파악하고 이를 분석한 이론이다. 프로이트 이론의 특징은 인간의 성격발달에서 성적 욕망을 강조했다는 것이다.

정신분석이론은 오스트리아 프로이트의 학설로 그의 이름을 따서 프로이트주의Freudism라고도 부른다. 그의 학설은 '자유연상법'이라는 방법을 사용한 신경증 치료기술로서, 또 인간 심리의 해명으로서 성립하였다. 자유연상법이란 꿈이나 말의 차이, 글의 차이 등의 현상을 포착하여 그때 마음속에 떠오르는 것을 계속해서 서술하는 것으로 의식되지 않고 심리 깊숙한 곳에 감추어져 억압되어 온 심리 활동을 읽어내고, 그에 기초하여 신경증의 치료법을 세우는 것을 말한다. 1896년 그는 이런 방식을 '정신분석'이라고 명명했다. 그는 노이로제neurosis의 치료에서 얻은 지식과 경륜을 꿈, 남 앞에서 빗나간 말을 하는 것, 농담이라는 형식으로 방출시키는 속마음 등을 연구하여 1900년 이후 자기 나름의 심리학 체계를 세우고 이를 정신분석이라고 불렀다. 자기의 학설이 처음부터 가설에서 출발한 것이고 과학적인 입증이 불가능한 것이어서 감히 정신분석학이라는 '학'을 넣지 못했던 것이다.

그의 심리학설은 '심층심리학'Depth Psychology이라고 하는데, 심리를 의식·전의식·무의식의 세 층으로 구별하고 그것에 따라 심리 현상을 설명하려고 하는 것이다. 그 방법은 생물학주의적이며, 기계론적인 기법이 특징이다. 심리의 기초를 본능에 두고 본능은 '불쾌'를 회피하고 '쾌'를 추구하는 것이라 보는데, 이것을 객관적으로 말하면 종 및 개체보존본능이라고 할 수 있다.

프로이트는 이 두 본능을 거론하고 있는데 그가 주로 논했던 것은 종족보존본능, 즉 성욕이었으며 그것을 이용하여 심리의 모든 것을 설명하려고 시도하였다. 그러나 성욕 그대로의 발현은 사회적 제약에 부딪혀 그 충족이 억압된다. 거기서 성욕이라는 본원적 욕구(이것을 이드Id 또한 에스Es라고 하며 그 발현 에너지를 리비도Libido라고 부른다)는 현실 생활에 적응하는 힘으로 '억압'된다.

이처럼 그는 무의식의 근저로부터 오는 성적 본능과 그것을 억압하는 힘을 기계론적으로 설명하고 있다. 본원적 욕구 에스와 그것을 받고 있는 자아, 그리고 자아가 자신을 제어하는 '초자아'가 있어, 이 초자아에 반하는 경우에 자책감이 생기고 여기로부터 우울함이나 열등감 등이 생기게 된다. 억압되어 있는 에스에 의한 욕구의 힘(콤플렉스)을 어떤 방법으로든 해방시키는 것에 신경증 요법의 의미가 있다.

2) 정신분석 상담의 개념

프로이트는 1896년에 '정신분석'Psychoanalysis이란 용어를 처음 사용하고, 자유연상 기법을 환자의 치료에 본격적으로 도입하였는데, 학자들은 이 시기를 정신분석의 공식적인 출발점으로 삼는다. 따라서, 정신분석은 이제 100년이 넘는 역사를 가진 셈이다. 이 100여 년 동안 정신분석은 인간을 이해하는 중요한 철학적 접근으로서, 그리고 인간의 심리적 문제를 이해하고 치유하는 유력한 상담의 방법으로서 확고한 위상을 굳혀 왔다. 정신분석의 등장으로 인간의 마음을 심층적으로 이해하는 것이 가능해졌다는 것이 학자들의 공통적인 견해다. 이후에 생겨난 상담이론들 중 상당수는 정신분석에 뿌리를 둔 것이다.

정신분석적 상담이론은 내담자가 겪는 심리적 문제의 의미와 원인을 보다 근본적이고도 심층적으로 이해할 수 있다는 점에서 타의 추종을 불허한다. 왜냐하면, 이는 심리적 문제를 이해하고 해결하는 데 있어서 출생에서 현재에 이르기까지 내담자가 걸어온 거의 모든 삶의 과정을 고려하기 때문이다. 이런 점에서 정신분석적 상담을 '뿌리치료'라 부르기도 한다. 겉으로 드러난 누렇게 뜬 잎사귀보다는 그러한 불량한 잎사귀를 만들어 낸 뿌리의 문제에 관심을 가지는 것, 즉 외현적인 심리적 문제보다는 그러한 문제를 낳은 근본적 원인을 찾아서 해소하는 것이 정신분석적 상담의 목표라고 할 수 있다(이장호 외, 2009: 58-59).

이러한 특징 때문에 정신분석적 상담은 장기적으로 진행되는 경향이 있다. 삶의 뿌리를 찾고 그것을 치유하는 데에는 그만큼의 노력과 시간이 뒤따라야 하기 때문이기도 하지만, 장기간의 투자를 통해 얻게 되는 성과는 매우 크다. 그것은 바로 삶의 방식에서의 근본적인 변화다. 자신이 어떠한 삶을 살아왔는지, 그것이 현재의 모습에 어떤 방식으로 영향을 미치게 되었는지를 깊고도 철저하게 이해하는 것, 그리고 더욱 성숙하게 살 수 있도록 자신의 성격을 근본적으로 변화시키는 것이 정신분석적 상담을 통해 얻게 되는 열매이다. 정신분석은 한편으로는 오늘날에도 여전히 가장 유력한 상담이론으로서 건재하며, 다른 한편으로는 더욱 새로운 상담이론이 등장할 수 있는 토대를 마련해 주었다.

정신분석을 상담에 적용하는 데는 두 가지 논의가 있다(김충기·강봉규, 2003: 86-87).

첫 번째 입장은, 치료기법으로서의 정신분석을 가능한 상담과정에 도입하여 내담자의 무의식 내용을 정면으로 분석함을 주안점으로 삼는 방식이다. 예를 들어, 일부 심리학자는 상당히 고도의 정신분석학적인 훈련을 받아 비의사인 분석자lay analysist로서 치료에 종사하고 있는 경우가 좋은 예이다. 그러나 일반적으로는 정신병리학적인 증상을 나타내는 내담자를 정신과 의사가 아닌 분석자가 장기간 분석치료하는 일은 경험이 풍부한 정신과 분석의사의 협의 지도 또는 개별지도 하에 그것도 의료기관 안에서 이루어지는 경우 이외는 바람직하지 않은 일로 인식되고 있다.

두 번째 입장은, 정신분석이론을 내담자의 성격을 이해·평가하기 위해 응용하는 입장이다. 이 입장에서는 정신분석이론을 보통의 상담과정에 많은 응용을 하는 것이어서 인간의 이해와 상담의 발전에 시사하는 바가 매우 많다. 예컨대, 학교에서 자주 교사에게 반항하며, 교칙을 위배하는 한 학생의 공격성도, 정신분석이론을 기본으로 여러 정보에 비추어 진단한 결과, 원래는 부친에 대한 적대감이 다른 권위자이기도 한 학교나 교사에게 전위displacement된 것인데, 그것이 학교 측의 거절과 처벌로 이어져 점점 악화되는 악순환을 되풀이한 것으로 생각될 수 있다. 이 경우, 학생의 문제행동의 무의식적인 측면이 학교 당국에 의해 이해하게 된다고 하면 학교 측의 태도는 학생을 이해하는 쪽으로 쉽게 달라질 것이며, 이에 따라 또한 그 학생의 태도나 행동도 어느 정도 변화될 것으로 생각될 수 있다.

3) 정신분석 상담의 목표

정신분석적 상담의 목표는 자아의 기능을 강화하여 심리적 증상과 관련된 정신적 갈등을 해소하는 데 있다. 즉, 강화된 자아의 힘으로 증상과 관련된 정신적인 원인을 해결함으로써 심리적 문제를 해소하는 것이다. 겉으로 드러난 문제만 해결하는 것이 아니라, 원인으로 작용하는 무의식적 갈등에 대한 해결을 시도한다는 점에서 정신분석은 일종의 뿌리치료이다. 이를 달리 이야기하면 의식의 범위를 확대하는 것이다. 자신도 모르는 채 자신의 감정, 행동, 생각 등에 영향을 미치는 무의식적 요소를 의식의 영역 밖으로 이끌어냄으로써 더 무의식이 왜곡된 방식으로 현실에 영향을 미치지 못하도록 한다.

정신분석의 목표는 단지 원인을 멈추게 함으로써 결과를 멈추는 것(즉, 원인이 되는 무의식적 갈등을 해소함으로써 심리적 증상을 치유하는 것)에 그치지 않는다. 정신분석에서 무의식을 의식화하는 작업은 어둠에 빛을 비추는 것에 비유된다. 자신에 대한 무지에서 벗어나 철저히 이해하는 것, 자신을 맹목적이고 비이성적인 본능적 충동에 휘말리도록 내버려 두지 않고 이성의 힘으로 다스리는 것, 바로 그것이 정신분석 상담이 지향하는 궁극적 목표이다(이장호, 2009: 80).

결국, 정신분석적 상담의 목표는 문제해결이나 새로운 행동을 학습하기보다는 깊이 있는 자기 통찰을 위해 과거의 억압된 세계를 깊이 탐색해 들어가는 것이며, 이를 의식화 시켜 적응적이고 문제 해결적인 자아의 기능을 강화하는 데 있다고 할 수 있다. 따라서, 상담자는 내담자가 자신의 과거 경험 그리고 감정을 드러내도록 도와주고 지금의 현재 상황에 미치는 영향에 대하여 스스로 깨닫게 한다. 그러한 결과로, 내담자가 자신에 대한 이해와 자각 그리고 전반적인 문제의 통찰을 통해 성장할 수 있도록 도와준다.

2. 프로이트의 생애

지그문트 프로이트

프로이트Sigmund Freud, 1856~1939는 1856년 5월 6일 모라비아Moravia, 체코 동부 지방에서 유대인으로 출생하였다. 그가 태어난 오스트리아-헝가리 제국에서 유대인에 대한 편견이 심했다. 그의 아버지는 세 번째 결혼한 아말리에Amalie와의 사이에서 프로이트를 낳았다. 그의 이복형은 어머니와 나이가 비슷했다. 이복형제들보다 어머니의 보살핌을 많이 받았고, 김나지움Gymnasium, 독일의 중등교육기관 7학년 내내 최우수 학생으로 총명했다. 빈대학교University of Vienna 의학부에 입학하여 폰 브뤼케Ernst Wilhelm von Brueke, 1819~1892 실험실에서 신경해부학neuroanatomy을 공부하였다. 졸업 후 얼마 동안 뇌의 해부학적 연구를 하였고, 코카인의 마취작용을 연구하여 우울증 치료제로 시도하였지만 결과는 좋지 못했다. 1885년 파리 살페트리에르Salpetriere 정신병원에서 샤르코Jean-Martin Charcot, 1825~1893의 지도 아래 히스테리hysteric 환자들을 관찰하였다. 1889년 여름에는 낭시Nancy, 프랑스 북동부의 베르넴과 레보 밑에서 최면술을 보게 되어, 인간의 마음에는 본인이 의식하지 못하는 과정, 즉 무의식이 존재한다는 것을 믿게 되었다.

이보다 앞서 브로이어J. Breuer는 히스테리 환자에게 최면술을 걸어 잊혀 가는 마음의 상처(심적 외상)를 상기시키면 히스테리가 치유된다는 사실을 발견하였다. 프로이트는 브로이어와 공동으로 그 치유의 방법을 연구하였고, 1893년 카타르시스katharsis, 정화법을 확립하였다. 그러나 얼마 후 이 치유법에 결함이 있음을 깨닫고 최면술 대신 자유연상법을 사용하여 히스테리를 치료하는 방법을 발견하였으며, 1896년 이 치료법에 '정신분석'이라는 이름을 붙였다. 이 말은 후에 그가 수립한 심리학의 체계까지도 지칭하는 말이 되었다(정서영 외, 2018: 48).

1900년 이후 그는 꿈·착각·말실수와 같은 정상심리에도 연구를 확대하여 심층심리학을 확립하였고, 1905년에는 유아성욕론을 수립하였다. 초기 그의 학설은 무시되었으나, 1902년경부터 점차 공명하는 사람들(슈테켈, 아들러, 융, 브로일러 등)이 나타났으며, 1908년에는 제1회 국제정신분석학회가 개최되어 잡지 〈정신병리학·정신분석학연구연보〉(1908~1914), 〈국제정신분석학잡지〉 등이 간행되었다. 또 1909년 클라크대학교 20주년 기념식에 초청되어 강연한 일은 정신분석을 미국에 보급하는 계기가 되었다. 제1차 세계대전 후 사변적 경향을 강화하여 원초아·자아·초자아와 같은 생각과 생의 본능인 에로스, 죽음의 본능인 타나토스Thanatos 등의 이론을 주장하였다. 1938년 오스트리아가 독일에 합병되자 나치스에 쫓겨 런던으로 망명하였고, 이듬해 암으로 세상을 떠났다. 그의 유골은 지금 런던의 골더스 그린Golders Green에 안장되었고, 그가 마지막 저서를 집필했던 마레스필드Maresfield 가든 20번지에는 프로이트 박물관이 세워졌다. 그곳에서 프로이트는 지금도 세계화시대를 맞이한 정신분석은 어떤 모습이어야 하는지, 세계는 어떠해야 하는지를 꿈꾸는 방문자를 맞으며, 그의 영향력을 과시하고 있다(강응섭, 2010: 30-31).

파시즘으로 열망하는 역동의 시대를 거슬러 살았던 그는, 나치즘의 시기를 보낸 유대인이었다. 그가 정신분석을 하게 된 두 가지 요소 역시 유대혈통과 특수했던 가족환경을 들었다. 그는 편견이나 선입관에서 벗어나는 법을 자신의 혈통을 통해 배웠고, 나이 차이가 많은 자신의 아버지와 어머니를 통해 심리학적 현상을 발견하게 되었다. 또한 그가 좋아했던 성경과 문학에 대한 해박한 지식은 그의 정신분석학적 텍스트에 큰 영향을 끼친다. '오이디푸스 콤플렉스'Oedipus complex나 '나르시시즘'narcissism 같은 이론은 문학작품이나 신화를 통해 설명되었으며, 그의 작품 곳곳에는 성경이 등장하게 되고 무의식 개념을 새로운 미학으로 인문학에 영향을 미치게 된다.

프로이트의 특징은 수많은 임상경험을 토대로 자신의 이론을 발전시킨다는 점이다. 당시에 유행하던 최면요법 대신, 그는 수많은 환자와의 면대면 대화를 통하여 그의 무의식이론체계의 핵심이 될 개념을 도출했고, 개별적인 치료가 아닌 보편적인 무의식이론으로 발전시켰다. 그는 미숙한 인간이 성인으로 성장해 가는 과정에서 무의식이 생성되며, 꿈과 환상은 기억 조각 사이의 공백을 메워주는 중요한 요소라는 확신을 가지고 있었다. 따라서, 과거를 객관적으로 복원하는 일은 불가능하며, 언제나 기억은 환상이나 욕망 때문에 왜곡된다는 결론을 얻게 되었다. 수많은 사례를 통하여 전개되고 있는 그의 논리는 책 속에 담겼다. 그리고 끊임없이 학문과 작용하며 나치가 현대에 부여했고 끔찍했던 보편성으로 부정되었던 개별성과 주관성을 존중하는 새로운 시각을 제공하게 되었다.

20세기의 사상가로 프로이트만큼 큰 영향을 끼친 인물은 없다고 평가되며, 심리학·정신의학에서뿐만 아니라, 사회학·사회심리학·문화인류학·교육학·범죄학·문예비평에도 큰 영향을 끼쳤다.

주요 저서에는 『히스테리 연구(*Studien über Hysterie*)』(1895), 『꿈의 해석(*Die Traumdeutung*)』(1900), 『일상생활의 정신병리학(*Zur Psychopathologie des Alltagslebens*)』(1902), 『성욕에 관한 세 편의 에세이(*Drei Abhandlungen zur Sexualtheorie*)』(1905), 『토템과 터부(*Totem und Tabu*)』(1913), 『정신분석입문(*Vorlesungen zur Einführung in die Psychoanalyse*)』(1916), 『쾌락 원칙을 넘어서(*Beyond The Pleasure Principle*)』(1920), 『새로운 정신분석입문(*Neue Folge der Vorlesungen zur Einführung in die Psychoanalyse*)』(1932), 『정신분석학 개요(*Abrißder Psychoanalyse*)』(1940) 등이 있다.

정신분석입문
(2012년 출판)

3. 인간관

프로이트는 인간을 비합리적이고 결정론적인 존재로 보고 있다. 인간을 비합리적 존재로 본 것은 개인이 현재보다 오히려 과거의 생활경험들 때문에 더 큰 영향을 받아 자신의 행위를 결정하고, 그에 따른 책임을 질 수 있는 주체자로서 행동하지 못한다고 보았기 때문이다. 결정론은 인간이 태어난 이후 5~6세 사이의 어린 시절에 경험한 무의식 속에 잠재해 있는 심리성적인 사건들에 의하여 결정된 존재로 보기 때문이다. 즉, 인간의 모든 사고, 감정, 행동은 무의식적인 성적 본능과 공격적 본능에 의해 결정된다고 보며, 인간은 이런 본능적 긴장을 해소하기 위해 행동을 한다고 보고 있다. 프로이트에 따르면, 인간이 나타나는 대부분의 행동은 근원적으로 성적인 충동에 의한 것이며, 그러한 충동이 사회적으로 수용될 수 있는 형태로 변형되어 나타난 것이다. 그는 인간의 마음을 움직이는 가장 중요한 동기를 성욕이라고 보았다.

정신분석이론에서는 인간은 두 개의 상반된 본능instinct을 강조한다. 삶의 본능life instinct과 죽음의 본능death instinct이 그것이다. 삶의 본능은 에로스Eros라고도 하며, 배고픔과 같이 삶을 유지해주는 것, 종족을 번식시키는 성과 같은 것 등을 말한다. 성에 대한 본능은 개인의 정신구조에서 상당히 중요한 역할을 하므로 프로이트는 이것이 영향력이 가장 큰 삶의 본능이라 생각했다. 성 본능에 내재된 리비도Libido, 라틴어의 '소망', '욕구'에서 유래라는 것인데, 이는 생존본능의 힘을 일컫는 것이 되었다. 그리고 다른 하나는 타나토스Thanatos라고 하는 죽음의 본능이다. 이것은 인간 모두가 가지고 있는 죽음과 파괴에 대한 경향을 말한다. 타나토스는 소리를 지르거나 욕을 함으로써, 또는 영화 관람이나 운동경기를 관람하면서 평상시에 조금씩 내면 밖으로 내보내야 한다고 프로이트는 말한다. 만약 그렇게 하지 않으면 댐 둑이 한방에 무너지듯, 한꺼번에 감정이 폭발하게 되어 폭력, 살인, 방화 등을 하게 되거나 사이코패스 같은 조현병(정신분열병)에 걸리게 된다는 것이다(이우언 외, 2017: 150-151). 원시적 본능의 파괴적 힘을 잘 다루지 못할 때에는 다음과 같은 것들이 있다(김계현 외, 2016: 178). 첫째, 현실적 제약을 무시할 정도로 본능적 욕구를 통제하지 못하는 경우다. 이때 개인은 매우 충동적으로 된다. 둘째, 본능적 욕구 자체를 부정하여 그것이 없는 것처럼 억압하는 경우다. 개인은 자신의 본능적 욕구가 드러날 것 같은 상황이 되면 불안해지면서 그러한 불안을 피하거나 그로부터 자신을 보호하려는 기제(방어기제)를 작동시킨다. 그런데 이 기제가 현실 적응에 도움이 되지 않거나 지나치게 경직되어 있을 때 그 사람은 심리사회적 문제를 경험한다. 따라서, 심리사회적으로 건강해지려면 성욕이나 공격성 같은 본능적 욕구를 과도하게 따르거나 완전히 부정할 것이 아니라, 자신에게 본능적 욕구가 있다는 사실을 인정하면서 적절한 수준에서 충족할 수 있어야 한다.

삶과 죽음의 본능은 서로 영향을 미치며, 서로 융합되어 있기도 하다. 예를 들어, 음식을 먹는 것은 배고픔을 해결하고자 하는 삶의 본능적 표현이지만, 음식물을 파괴하여 섭취한다는 점에서 죽음의 본능이다. 그리고 삶의 본능과 죽음의 본능이 병적으로 혼합되면 인간은 강간 또는 피학적 성행위, 수간 등 변태적 성행위를 하기도 하고, 성행위를 몰래 훔쳐보기 등과 같은 행동을 하게 된다.

4. 주요 개념과 특성

1) 지형학적 모형

우리 인간은 많은 층의 의식을 갖고 있다. 프로이트는 임상 초기 마음을 세 가지 영역으로 구분하는 지형학적 모형topographic model을 구상하였다. 즉, 프로이트는 눈에 보이지 않는 인간의 정신을 이해하기 위하여 인식의 수준을 가시화한 일종의 지도를 제시하였다.

일반적으로 정신분석학에서는 인간의 전체의식을 '의식', '전의식', '무의식'으로 나눈다. 의식은 각성 상태의 의식을 말하고, 전의식은 의식 바로 밑에 있어 보통 때는 인식되지 않지만 쉽게 끄집어낼 수 있는 생각들을 말한다. 전의식의 내용은 종종 백일몽이나 몽상에 빠져 있을 때 의식의 표면에 떠오르기도 한다. 이에 비해, 무의식은 잘 알려진 것처럼 의식에 의해 인식되지 않는 부분으로서 의식의 기저를 이루는 것으로 이해되어 왔다.

프로이트가 제시한 지형학적 모델은 그의 저서 『꿈의 해석』*Die Traumdeutung, 1900*에서 처음으로 제시되었다.

(1) 무의식

프로이트의 가장 큰 공헌은 무의식에 대한 인식이다. 무의식Unconscious은 우리가 자각하지 못하는 경험과 기억, 억압된 재료들, 의식 영역 밖의 욕구나 동기들로 구성되어 있으며 인간행동을 결정하는 주된 원인이 된다. 무의식에 대한 임상적인 증거는 꿈, 말실수, 망각, 자유연상이나 도출된 자료, 최면 암시, 정신적 증상의 상징적 내용 등이다. 또한 의식과 무의식 사이에 존재하는 전의식은 현재 의식하지는 못하지만 조금만 노력하여 회상하려고 마음을 집중하면 전의식에 저장된 기억이나 지각, 생각 등을 의식으로 전환할 수 있는 정신이다.

(2) 전의식

전의식Preconscious은 현재 의식되지는 않지만, 주의집중을 통해 지난 경험이나 생각이 의식의 상태로 돌아올 수 있는 상태를 의미한다. 전의식은 무의식과 의식을 연결하는 역할을 하는데 정신분석 치료에 의해 무의식 속에 잠재되었던 내용이 전의식으로 나오고 전의식 수준에서 다시 의식될 수 있다.

전의식은 의식과 무의식의 중간에 있는 자각으로서 꽤 쉽게 의식으로 가져올 수 있는 정신의 부분이다. 엄격히 말하면, 전의식은 무의식의 부분이지만 쉽게 거기에 저장된 기억, 지각, 생각이 의식으로 변화될 수 있는 의식의 아랫부분이다.

(3) 의식

의식Conscious은 개인이 현재 자각하고 있는 생각을 포함한다. 의식의 내용은 새로운 생각이 정신에 들어오고, 오래된 생각은 정신에서 물러나면서 계속적으로 변한다. 당신이 생각하여 현재 어떤 것을 얘기할 때, 당신은 아마도 의식의 일부분을 표현하고 있다고 할 수 있다. 프로이트는 우리가 자각하고 있는 의식은 빙산의 일각에 불과하다고 하여 우리가 자각하지 못한 부분이 많다는 것을 강조하였다.

2) 구조학적 모형

프로이트는 인간의 다양한 행동을 설명할 수 있는 좀 더 정교한 성격 이론을 개발하기 위해 끊임없이 노력했다. 그는 1923년에 발표한 『자아와 원초아』*The Ego and the Id*에서 마음의 지형학적 모델을 성격의 삼원구조이론으로 발전시켰다. 그는 원초아, 자아, 초자아라는 세 가지 심리적 구조를 제안했으며, 특히 자아의 기능을 중요하게 여겼다. 인간의 정신세계는 매우 충동적이고 비합리적인 마음, 현실을 인식하는 합리적인 마음, 도덕과 양심을 중시하는 마음 서로 충돌하고 타협하면서 외부세계와 상호작용한다고 하였다(이우언 외, 2017: 153).

인간의 정신이 원초아Id, 자아Ego, 초자아Superego의 세 가지 부분으로 되어 있다는 가설을 프로이트가 최초로 사용한 후, 지금은 정신 병리를 논할 때 이 생각의 방법이 필요불가결하게 되었다. 이것으로 인해 성격의 각각 다른 부분이 상충하는 역동도 잘 이해될 수 있고 또 구조도 설명이 되지만, 이를 구체적인 현실로 잘못 인식해서는 안 된다. 오히려 세 가지의 각기 다른 기능과 '힘의 할거'라고 하겠다.

프로이트는 구조학적 모형의 원초아, 자아, 초자아는 비록 세 부분이 밀접하게 상호작용하더라도 각 부분들은 그 자체의 특징들을 가지고 있다고 보았다. 구조에 따른 내용과 기능은 다음과 같다.

표 2-1 프로이트 학파의 정신구조에 대한 개념

구조	의식성	내용과 기능
원초아(Id)	무의식적	기본적인 충동(성과 공격), 결과와 관계없이 즉각적인 만족 추구, 이성과 논리는 통하지 않음. 즉각적·비합리적·충동적
자아(Ego)	현저하게 의식적	원초아의 충동과 초자아의 억제 사이를 중재하는 집행부, 현실을 검증, 공간과 시간을 합리적이고 논리적으로 고려함.
초자아 (Superego)	의식적 및 무의식적	이상과 도덕, 완전 추구, 부모로부터 내면화됨, 관찰한다·지시한다·비평한다·금한다, 만족에 대한 한계를 지움, 개인의 양심이 됨.

자료: 표갑수 외(2016: 172)

(1) 원초아

원초적 자아 또는 자아의 원초라는 뜻의 이 한자 조어는 프로이트에서는 '그것'이라는 독일어 3인칭 대명사인 'Es'이다. '그것'의 내용은 유전된, 신체조직에서 유래하는 충동들로서, 심리학적으로 중요한 것은 배고픔과 목마름 같은 생리적 욕구들보다는 성과 공격의 추동들이다. 현실과 접촉이 없으므로 진정하게 '심리적' 현실이라고 할 수 있는 원초아는 쾌락 원칙을 따르며 일차과정적으로 기능한다.

배고픈 아기가 마구 울다가 젖을 먹으면 웃는 것처럼, 충동들이 만들어내는 긴장이 해소될 때 즐거움과 행복이 느껴진다. 일차과정이란 욕구충족의 방식이면서 사고의 양식이다. 일차과정적 욕구충족은 즉각적인 대신 대상이나 방법이 유동적이다. 배고픈 아기는 엄마가 자기 앞에서 우유를 타고 있는데도 즉각적 충족을 요구하며 울어대지만, 엄마가 빈 젖꼭지(소위 '공갈 젖꼭지')를 물려주면 그친다. 자기 손가락을 빨며 울음을 그치기도 한다. 물론 빈 젖꼭지나 손가락에서 젖이 나오는 것이 아니므로 아기는 곧 다시 운다.

일차과정적 사고양식은 비합리적이고 시각적 심상에 의존하며 시간의 식이 없는 것이 특징이다. 꿈 사고가 바로 이러한 양식이다. 우리는 오줌이 마려울 때 꿈에서 화장실에 가지만(즉각적 욕구충족, 유동적 대상/방법) 결국은 방광이 터지기 전에 일어난다. 또 주로 시각적 심상들로 나타나며 과거와 현재가 뒤섞이는 꿈의 사고는 너무 비합리적이어서 '사고'라 하기도 어려울 지경이다. 일차과정적 사고는 자아가 무너진 정신병(조현병 등) 환자의 알아듣기 어려운 횡설수설에서도 볼 수 있다.

(2) 자아

라틴어 *ego*의 번역인 '자아'란 프로이트에서는 독일어 일인칭 대명사로 '나'를 말한다. '나'는 보고 들으며, 기억하고, 감정을 느끼며, 판단을 내린다. '나'는 수의적 운동을 맡는다는 점에서 성격의 '집행자'이다. 원초아로부터 자아가 분화되는 이유는 욕구충족과 긴장해소는 결국 바깥 세계에서 오는 또는 찾는 대상들을 통해서만 가능하기 때문이다. 자아는 너무 강한 자극들은 피하고 적당한 자극들을 찾아내며, 결국 바깥 세계를 유리한 쪽으로 변화시키기를 배운다(김보기 외, 2017: 173).

자아가 원초아를 위해서 봉사만 하는 것은 아니다. 현실을 상대하는 구조로 원초아의 겉껍질에서 분화된 자아는 점점 원초아에 대항하여 추동요구들을 지배한다. '나'는 '그것'의 요구들을 충족시켜야 할지 말지를 결정하고, 이 충족을 적당한 시간 및 상황으로 미루거나 아니면 그 흥분을 아예 억누른다. '그것'이 쾌락 원칙을 따르고 일차과정적으로 기능하는 것처럼. '나'는 현실원칙을 따르고 이차과정적으로 기능한다. 이차과정은 욕구충족을 뒤로 미룰 수 있으며 대신 특정한 대상과 방법을 고집한다. 이를 위해 자아는 언어적, 논리적으로 사고하고 추리할 수 있어야 한다(이차과정적 사고).

(3) 초자아

초자아란 프로이트에서 '윗-나', 즉 '나'의 위에 있는 존재이다. 인간의 아동기는 유난히 길며, 부모에 의존해 사는 기간이 길기 때문에 이 부모의 영향을 지속시키는 구조가 자아로부터 분화되어 독립하게 된다. 부모의 영향에는 물론 부모의 개성뿐 아니라, 부모가 이어가는 가족, 민족의 전통의 영향, 부모가 대표하는 당시의 사회적 환경의 요구들도 작용한다. 또한 아동이 커가면서 초자아는 부모의 대리인들, 즉 교육자, 공적인 모델들이 주는 영향도 받게 된다.

'윗-나'란 옳고 그름에 대한 부모의 규범들을 내면화한 것이다. 부모는 아이가 '착하게'행동할 때 칭찬하며, '못되게' 굴 때 비난한다. 부모가 좋아하는 행동들은 '자아이상'의 형태로, 부모가 싫어하는 행동들은 '양심'의 형태로 내면화된다. 초자아는 흔히 실제의 부모가 모범을 보여 준 것보다 더 엄격하게 우리 속에서 부모가 행사한 기능들을 계속하여 '나'를 감시하고 명령을 내리고 판결하고, 칭찬하거나 처벌을 위협한다. 초자아는 '나'를 실제 행위에 대해서 뿐만 아니라, 생각이나 의도만 가지고도 질책한다. 우리 자신이 의식하지 못하는 '나쁜' 생각에 대해 자신을 나쁜 놈이라고 비난하며 죄책감(양심의 가책)에 시달린다. 이 가책이란 사실은 부모의 애정 상실에 대한 두려움인 것이다.

(4) 원초아, 자아, 초자아의 관계

우리 내면의 이 세 구조는 각각 고정된 것이 아니라, 어느 것이 강해지면 다른 것이 약해지는 관계에 있다. 어린애같이 원하는 것은 즉시 가져야 하고 현실도, 도덕도 무시하는 사람이 있는가 하면, 현실 논리만 따지는 지극히 이성적이고 계산적인 사람이 있고, 옳고 그름만 따지며 욕망도, 자기 이익도 초월한 사람이 있는데, 이는 각각 원초아, 자아, 초자아가 다른 구조들에 비해 상대적으로 강한 경우들이 된다. 원초아와 자아만 기능하고 초자아는 발달하지 않은 사람을 생각해 보면, 사기꾼, 조직폭력배 두목 같은 유능한 범죄자가 생각난다.

세 구조의 세력 관계에는 발달적 변화도 있어서 사춘기와 갱년기같이 호르몬 변화가 클 때 원초아 추동들이 강해지면서 자아와 초자아 기능이 일시적으로 교란, 약화되기도 한다. 훨씬 짧은 시간범위에서 주기적이거나 일시적인 변화도 있다. 잠잘 때 자아의 기능이 약해져서 원초아적 일차과정이 우세해지는 것처럼, 술에 취하거나 몸이 아플 때 또는 외적 유혹(예컨대, 밤에 도승의 암자에 찾아온 황진이)이 있을 때도 평소의 세력균형이 일시적으로 흔들린다.

세 구조 중 대들보는 물론 '집행자' 자아이다. 자아는 우선 원초아의 무차별적 요구들을 상대하여 즉각적 긴장해소를 미루고 개체의 안전을 지켜야 한다. 원초아가 어린애처럼 막무가내로 보챈다면 초자아는 부모처럼, 흔히 실제의 부모보다 더 엄격하게 자아를 감시하고 옳고 그름을 따진다. 현실을 전혀 고려하지 않는 두 구조의 요구들을 자아는 현실 속에서의 행위를 통해 충족시켜야 하는데, 현실 세계는 현실 세계대로 나름의 제약과 요구들을 한다. 이를테면, 배고프다고 돈 없이 남의 물건을 가져가면 교도소가 기다리고 있고 부모가 쫓아낼지도 모른다.

원초아, 초자아, 현실의 요구들을 감당하기 어려울 때 자아는 불안으로 반응하는데, 위험의 출처에 따라 이를 각각 원초아 불안(신경증적 불안), 초자아 불안(죄책감), 현실 불안(공포)이라고 부른다. 불안은 위험이 있으므로 대책을 찾아야 한다는 신호이다. 현실 불안 또는 공포를 느낄 때 자아는 객관적 위험을 피하거나 공격할 가능성 등을 찾아내려 한다. 나머지 두 유형의 불안들에는 대처하기가 힘들다. '위험'이 무엇인지 보이지 않기 때문이다(한국심리학회, 2004: 426).

왜 어떤 사람은 유난히 초자아가 강하거나가 혹할 정도로 엄격한 것일까? 왜 어떤 사람은 이성의 접근을 받아들이지 못하는 것일까? 이러한 물음들은 '성격은 어떻게 발달하는가'라는 물음들이 된다.

3) 심리성적 발달단계

프로이트는 성격이 심리성적 발달단계Psychosexual Development에 따라 형성된다고 보았다. 심리성적 단계의 주요한 특징은 정신 에너지인 리비도가 신체 부위의 어디에 집중되느냐에 따라 다섯 단계로 구분된다. 이러한 다섯 단계는 구강기, 항문기, 남근기, 잠복기, 생식기이다. 인간이 출생하여 이러한 다섯 단계에 따라 성격을 형성하지만, 때로 어떤 사람은 지나친 좌절 혹은 만족 때문에 심리성적 발달단계의 어떤 단계에 머물러 있는 경우가 있다. 이렇게 리비도가 신체의 다른 부위로 이동하지 않는 것을 고착Fixation이라고 한다(노안영·강영신, 2011: 76). 여기서는 프로이트가 제안한 심리성적 발달단계의 주요한 특징을 살펴보고자 한다.

(1) 구강기

구강기Oral stage는 태어나서부터 18개월까지를 말한다. 이때 유아는 리비도가 입에 집중되어 있어 입으로 빨고, 삼키고, 깨무는 행위를 통해 쾌감을 느낀다. 따라서, 이때의 유아는 배가 고프지 않아도 손에 잡히는 모든 것을 입에 넣고 빤다. 보통 유아는 6개월이 되기 전까지는 대상부재Objectless의 상태로 자신의 욕구를 만족시켜주는 사람이 자신과 분리된 다른 사람이라는 생각을 하지 못한다. 즉, 욕구가 만족하지 못하면 두려워 울지만 그러한 욕구를 만족시켜 주는 사람이 바로 자신이라고 생각한다. 그러나 6개월이 지나면서 유아는 자신과 분리된 타인, 즉 어머니의 존재를 느끼고 자신의 욕구를 채워주는 대상으로 어머니가 존재한다는 것을 인지한다. 이때부터는 어머니가 보이지 않으면 불안해지고 또한 이유가 시작되면서 어머니에 대한 욕구불만을 가지는 따위의 최초 양가감정Ambivalence을 느낀다. 즉, 어머니에게 애정과 동시에 적대적인 태도를 갖는다는 것이다. 이 시기에 고착된 성인이 심리적 갈등에 처하면 퇴행하여 음식에 집착하거나 연필과 같은 사물을 물어뜯거나 구강기적 쾌감을 위해 흡연이나 음주에 몰두하는 행동을 보인다.

(2) 항문기

항문기Anal stage는 생후 18개월에서 3년까지를 말한다. 이때는 리비도가 항문에 집중되어 아동은 괄약근을 조절하면서 최후의 순간까지 배설을 참아 내장의 압력을 증가시켜 마지막 방출의 쾌감을 높이려 한다. 또한 이 시기에는 배설물에 흥미를 느껴 그것을 가지고 놀려고 한다. 그러나 이러한 행동은 양육자에 의해 강하게 통제되면서 아동은 배변훈련toilet training을 받는다. 이런 배변훈련이 지나치게 엄격할 경우 아동은 배변을 참게 되고, 이러한 행동이 일반화되면 항문적 보유Anal-retentive 성격이 되어 지나치게 인색하고 완고한 성격의 소유자가 될 수 있다고 한다.

항문기에 고착된 성격은 두 가지로 나타난다. 첫째, 항문기의 폭발적 성격으로 물건을 낭비하고 자신을 지저분하게 함으로써 반항하는 것이다. 둘째, 부모가 정한 규율에 지나치게 동조하여 발달한 성격인 항문기의 강박적 성격으로 깨끗하고 질서정연하며 정돈하고 싶은 욕구에 집착한다. 이 시기에 고착된 사람은 반동형성의 방어기제를 많이 사용하여 배변훈련을 시키는 부모와 권위적 인물에게 분노를 느끼지만 분노 대신에 철저한 복종을 표현한다.

(3) 남근기

남근기Phallic stage는 3세에서 6세까지를 말한다. 남아의 경우에는 오이디푸스 콤플렉스Oedipus Complex를 갖는 시기라 하고, 여아의 경우에는 엘렉트라 콤플렉스Electra Complex를 갖는 시기인데, 프로이트는 이 시기를 주로 오이디푸스 콤플렉스로 설명하였다. 이 시기는 리비도가 아동의 성기에 집중되어 자신의 성기를 남의 것과 비교하고 싶어 하고 남녀의 성기가 서로 다른 것에 많은 호기심을 갖는다.

이 시기에 남아는 갑자기 어머니에게 달려들어 키스하고 함께 자려는 행동을 보이고, 커서 어머니와 결혼할 것이라고 이야기하지만 이미 어머니가 아버지와 결혼하였다는 사실을 알고 실망한다. 어머니에 대한 애정을 구하는 경쟁자로서 아버지는 너무 크고 결국 아버지로부터 보복을 당할지 모른다는 '거세불안'Castration Anxiety을 느낀다.

특히, 여아들이 이미 거세당해 남성의 성기가 없다고 생각하면서 더 불안을 느끼고, 결국 어머니에 대한 근친상간적 욕구를 포기하면서 아버지를 동일시한다. 여아의 경우, 남아와 비교하여 자신에게 남성의 성기가 없음을 알면서 남근선망Penis Envy을 가지며, 이런 실망을 아버지에게서 보상받고자 아버지와 결혼하고자 한다. 하지만 그것이 현실적으로 불가능하다는 것을 알면서, 아버지에 대한 근친상간적 욕구를 포기한다. 프로이트는 남아의 경우 거세불안 때문에 근친상간적 욕구를 포기하지만, 여아의 경우 포기 이유가 뚜렷하지 않아 남성이 여성보다 초자아가 더 많이 발달하였다고 주장하여, 최근 여권주의자들로부터 강한 비판을 받고 있다.

이 시기에 고착된 사람은 남성의 경우 대부분 경솔하며 과장되고 야심적이며 항상 남자다움을 나타내려고 노력한다. 또한 여성의 경우에는 난잡하고 유혹적이며 경박한 기질을 갖거나 아니면 강하게 자기주장을 하여 남성을 능가하고자 하는 노력을 한다고 프로이트는 보았다.

(4) 잠복기

잠복기Latency period는 6세부터 사춘기 이전의 12~13세까지를 말한다. 이때는 아동의 성적·공격적 환상들이 무의식 속에 잠복하여 리비도가 특정 신체 부위에 집중되지 않는다. 이때의 에너지는 신체의 발육과 성장, 지적 활동, 친구와의 우정 따위에 집중되어 성적 관심은 줄어들며, 따라서, 이드보다 자아와 초자아가 강해진다. 그러나 잠복기에 고착되면 성인이 되어서도 이성에 대한 정상적 관심을 발달시키지 못하고 동성 간의 우정에 집착할 수 있다. 이에 따라, 성적 에너지도 특별히 한정된 곳이 없으며 성적인 욕구가 억압되어 심리적으로 비교적 평온하고 잠잠하다. 그러나 아무런 변화가 없다는 뜻은 아니며, 성적으로 잠시 침체된 시기이다. 그러나 이 시기에 좌절을 경험하게 되면, 열등감이 형성되고 소극적이고 회피적인 성격특성을 나타낼 수 있다.

(5) 생식기

사춘기가 시작되어 이성에 대한 관심이 생기면서 생식기Genital stage가 시작된다. 이 시기에는 호르몬과 생리적 요인들로 인해 그동안 억압되었던 성적 감정들이 크게 강화되어 성적 에너지가 성인과 마찬가지로 직접적으로 표현된다. 이때 다시 오이디푸스 감정이 의식 속으로 올라와 청소년들은 부모 앞에서 불안하고 오히려 떨어져 있어야 편안한 안정감을 느낀다.

프로이트에 따르면, 사춘기 이후 중요한 과제는 '부모로부터 자유로워지는 독립'이라고 하면서 이러한 독립이 오랫동안 부모에게 의존하여 오던 상태에서 쉽게 이루어지지 않고 독립이 매우 고통스럽게 받아들여질 수 있다고 하였다. 정신분석 이론에서는 생식기적 성격을 가장 이상적인 성격유형으로 보고 이런 성격의 사람은 일하고 사랑할 수 있는 능력을 갖추어 사회적·성적 인간관계가 원만하고 책임감이 잘 발달하여 이성과의 사랑이 만족스럽다고 한다.

4) 자아방어기제

자아방어기제Ego Defense Mechanisms는 위협적 충동이나 외부의 위협을 직시하기보다 불안을 처리하여 자아를 보호하고 마음의 평정을 회복시키려는 무의식적인 심리적 책략들이다. 원초아의 욕구와 초자아 요구, 그리고 이들과 자아의 충돌인 갈등은 신경증의 원인이 된다. 방어기제는 이러한 갈등 처리를 위한 자아의 중재로 서로 조금씩 양보하게 하여 욕구충족을 얻고 마음의 평정을 되찾게 된다. 이 과정에서 원초아의 욕구와 초자아의 요구 사이에 '절충형성'Compromise Formation이 일어난다. 이 절충형성의 결과가 행동으로 나타난 것이 증상symptom이고, 어떤 방어기제들을 주로 쓰는가가 성격특성으로 나타난다. 방어기제는 정신병리적 상태뿐만 아니라, 정상상태에서도 흔히 사용된다. 이는 개인의 발달수준과 불안의 정도에 따라 보통 두 가지의 특성을 갖는다. 하나는 현실을 거부하거나 왜곡하는 것이고, 다른 하나는 무의식 수준에서 작용하는 것이다. 정신분석 치료과정에는 성격 재구성, 즉 방어기제들의 재배치 또는 재조정 작업이 포함된다(강진령, 2013: 40). 방어기제의 유형과 그 내용을 살펴보면 다음과 같다.

(1) 억압

억압Repression은 불안을 일으키는 생각이나 충동, 공포, 소원 등을 의식세계로부터 배제하고자 하는 심리기제이다. 이러한 것들에 대해 더 의식하지 않게 되면 불안은 감소하거나 해소되는 것이다. 프로이트는 이것이 불안을 감소시키는 데 사용되는 가장 기본적인 기제로 보았다. 그 예로서, 그는 모든 소년·소녀들은 오이디푸스 콤플렉스Oedipus Complex에 의해 생기는 불안을 억압을 통해 해소하는 것으로 보았다.

그림2-1. 오이디푸스 콤플렉스(Oedipus Complex)
자료: 정서영(2017b: 52)

그러나 억압된 내용은 소멸하여 버리는 것이 아니라, 어떤 상황에서는 다시 의식의 세계로 항시 되돌아올 수 있는 소지를 지니고 있다. 억압된 내용이나 재료는 실언이나 꿈, 그 밖의 어떤 예외적 행동으로 나타나기도 한다. 엄밀히 말한다면, 실언은 실언이 아닌 것이며, 그가 억압한 것(의식적이든 무의식적이든)의 내용인 것이다. 억압은 다시 두 가지로 구분하여 살펴볼 수 있다.

① 원초적 억압: 현실에서 의식화된 적이 없는 요소에 대한 억압(예, 근친상간 같은 것)

② 실제적 억압: 현존하는 것이며 의식되는 위험한 충동을 억제하는 일

(2) 합리화

합리화Rationalization는 무의식적 동기의 실체를 모르는 상태에서 자신을 괴롭히는 행동이나 경험에 대해 그럴듯한 이유를 들어 자신의 무능이나 실패를 두둔하고자 하는 방어기제이다. 자신이 무능하다거나 실패했다는 사실은 때에 따라 마음의 평형에 강한 위협이 되기도 하므로, 사실을 왜곡시키고 자신을 기만함으로써 마음의 평정을 찾고자 하는 것이다.

자신은 그 과목에 대해 열심히 공부했는데 담당 교수가 괴팍하여 중요하지 않은 문제만 골라서 출제했으므로, 성적이 나쁘게 나왔다거나 의과대학 시험에 낙방한 학생이 '사실 나는 의사가 되고 싶지 않은데 부모의 강압적 태도 때문에 응시했고, 다행히 떨어져서 내 적성에 맞는 학과에 진학하게 됐다'라고 스스로 위안하는 행위 등이 그것이다. 볼이 아웃되었을 때, 자신도 모르는 사이에 공연히 테니스 라켓 줄을 바로잡는 일은 흔히 보는 합리화의 예이다.

(3) 투사

투사Projection는 사회적으로 용납되지 않는 충동이나 생각들을 무의식적으로 남에게 전가함으로써 불안을 감소시키는 행위이다. 자신은 거의 의식하지 못하는 것이지만 실제로는 자신에게 있는 강한 충동을 다른 사람에게서 발견하거나 다른 사람이 가진 것으로 간주하여 그를 비난하는 행위이다. 춤바람이 나서 도망간 여자를 맹렬히 비난하는 여자는 실상 자기의 부도덕한 성 충동을 투사하고 있는 것일 수도 있는 것이다. 길거리를 지나면서 자신을 쳐다보는 남자들이 자신을 유혹하고 있다고 믿는 경우, 역시 자신의 충동을 그들에게 투사하는 것일 수 있다. 이 투사의 정도가 심하고 오래 지속되면 인간관계는 비뚤어지고 사람들과의 관계는 더 멀어지는 악순환이 계속된다. 투사하면 할수록 사람들은 미덥지 못하게 보이고, 그들을 의심하게 되고, 적대시하게 되며, 더 나아가서 피해망상에 이르게도 된다. 이는 망상형(과대망상이나 피해망상, 관계망상 등) 조현병 환자에게서 흔히 발견되는 대표적 증세이기도 하다.

(4) 반동 형성

불안을 일으키는 충동에 대한 의식에서의 반동 형성Reaction Formation은 억압과 마찬가지로 충동을 의식에서 추방하지만, 방법적으로는 무의식 속의 용납할 수 없는 충동을 반대의 감정으로 대치시켜 표현한다. 즉, 바람직하지 못하다고 생각되는 생각, 소원, 충동 등을 정반대의 것으로 표현하는 경우인데, 위협적인 충동에 대처하기 위해 적극적으로 그런 충동에 반대되는 행동을 하는 것이다. 불안을 피하고자 하는 목적 때문에 겉으로 드러나는 태도나 언행이 자연스럽지 못하고 상당히 융통성이 없이 표현되는 특성도 보인다. 예를 들어, '미운 놈 떡 하나 더 준다'라는 속담이 있다. 사랑을 미움으로 표현하는 경우, 부인에 대해 성난 감정을 무의식적으로 억압하는 남편은 애정이 각별한 것처럼 행동하는 경우를 들 수 있다. 현실적으로 적응에 문제를 일으키지 않는 한 불안을 막는 유용한 방어기제로 사용된다.

(5) 전위

전위Displacement는 어떤 대상이나 사물에 향했던 본능적이고 충동적 감정을 덜 위험하거나 편안한 대상이나 사물로 향하게 하여 긴장을 완화하는 방어기제이다. 예를 들어, 자식이 없는 부부가 강아지나 고양이 같은 애완동물을 귀여워하는 것, 아버지에게 혼이 난 아이가 마당의 개를 발로 차버림으로써 화를 푸는 것, 젖꼭지를 빨고 싶은 욕구가 차단될 경우에 그와 유사한 손가락을 빠는 경우, 아버지로부터 꾸중을 들은 아이가 동생에게 화풀이하는 경우, 남편에 대한 공격 대신 그릇 닦는 소리를 요란하게 내고 깨버리기도 하는 행위 등이 있다. 그러나 본래의 대상과 유사한 것이라도 원래의 대상이 주는 만족보다는 못하기 때문에 긴장이 완전히 해소되지는 않는다.

(6) 퇴행

퇴행Regression은 현실이 감당하기에 지나치게 어려우면 초기의 어느 발달단계로 되돌아가서 위안을 받고자 하는 심리기제를 말한다. 동생의 출현으로 엄마의 애정을 상실한 것으로 여기는 아동은 갑자기 말을 더듬거나 배변을 아무렇게나 하거나 자기도 동생처럼 기어 다니는 행동을 보이기도 한다. 성인이 되어서의 퇴행은 비교적 충족이 잘되었던 심리성적 발달단계로 돌아간다. 항시 자신만만하던 회사 간부가 해결 불능의 사태를 맞아 지나치게 의존적이거나 수수방관하는 태도를 보일 수 있는 것이다.

부부 싸움 후에 여자가 아이들을 데리고 친정으로 가는 이유는 갈 만한 장소가 친정 외에는 별로 없다는 이유 이외에도, 결혼하지 않은 처녀의 상태로 잠시 퇴행함으로써 심리적 위안을 받을 수 있기 때문이다.

(7) 승화

승화Sublimation는 사회적으로 인정되지 못하는 욕구나 충동을 사회가 인정해 주는 방향으로 표출하는 행위를 일컫는다. 승화는 본능 욕구나 참아내기 어려운 충동의 에너지를 사회적으로 인정받는 형태의 다른 목표나 욕구를 충족시킴으로써 만족을 얻는 대체형 기제다. 가장 건강한 방어기제로, 원초아의 욕구를 거부하지 않고, 자아의 억압이 없으며, 충동의 에너지가 그대로 사회적으로 쓸모 있게 전용된다. 이는 마치 댐을 건설하여 홍수를 막을 뿐 아니라, 수력발전으로 이용하는 것과 같다. 공격 행동을 권투로 분출하거나 성적 욕구를 음악, 미술, 무용 등의 예술 활동과 같은 대체 목표를 추구하여 만족을 얻는 것이 그 예다(강진령, 2013a: 42).

공격성의 발휘를 권투로 해소한다든가, 성적 리비도를 그림이나 예술 행위로 격상시키는 행위 등이 이에 속한다. 프로이트는 조각은 항문애적 리비도(배변보유)가 승화된 것이며, 그 밖에 문학, 예술 등은 대부분 원욕이 승화된 현상으로 보고 있다.

5. 정신분석 상담의 과정

정신분석 상담에서는 우선 내담자가 정신분석 상담에 적합한지를 파악하는 것으로 시작하여, 적합한 사람으로 판단이 되면 내담자가 호소하고 있는 문제가 무엇인지 확인한다. 문제가 확인되면 이것과 관련이 있는 억압된 무의식이 무엇인지 최면술, 자유연상법, 꿈의 해석 등과 같은 방법을 이용하여 의식으로 불러낸다. 이 과정에서 내담자는 상담자에게 과거 자신의 삶에서 주요 인물에 대하여 가지고 있는 감정을 투사하게 되는데, 이것을 '전이'라고 한다. 전이는 상담자가 내담자의 과거 주요 인물에 대하여 중립적 자세를 취함으로써 쉽게 유발된다. 중립적 자세를 취한다는 것은 내담자의 편에 서서 과거 인물을 보지 않는다는 의미이다. 전이를 통해서 내담자는 더 많은 자료를 내어놓게 되며, 상담자는 전이를 분석하여 해석하게 된다. 이러한 해석을 통해 내담자는 통찰을 얻게 된다. 통찰이 얻어졌다고 해서 내담자의 문제가 해결된 것은 아니다. 내담자가 통찰한 것을 실제 생활로 옮기는 과정이 필요한데 이것이 훈습이다. 긴 훈습 과정을 통해 내담자의 행동 변화가 안정되게 일어나면 종결을 하게 된다. 요약하면 내담자를 선정하고 상담 상황을 구성하면, 다음과 같이 시작, 전이, 훈습, 전이 해소의 4단계를 거친다(강갑원, 2006: 40-43).

1) 시작 단계

이 시기에는 내담자의 중요한 과거 역사에 대하여 청취한다. 3개월 또는 6개월에 걸쳐 내담자의 광범위한 무의식적 갈등을 파악한다. 이때에는 자유롭게 마음속에 떠오르는 생각이나 기억, 감정을 숨김없이 이야기하도록 격려한다. 그리고 솔직하게 말하는 것이 치료에 도움이 된다는 점을 이해시킨다. 내담자의 생각, 기억, 경험에 대하여 더욱 세부적으로 관심을 가지고 자세하게 질문한다. 이때에는 내담자의 비합리적 반응이나 모순이 있더라도 지적하지 않는다. 지적하면 자유로운 표현이나 연상이 방해를 받기 때문이다.

이처럼 중립적 태도를 유지하면 내담자는 상담자가 자신의 경험 세계와 정서 세계를 깊이 이해하려고 노력하고 있다는 점을 알게 되어, 자신의 비합리적이거나 왜곡되어 있던 정서를 표현하게 된다. 이렇게 되면 상담자는 점차 내담자의 세부 내용에 대하여 질문을 통하여 그것을 명료하게 하여 여러 가지 갈등 요소가 존재한다는 것을 지적해 나간다. 이러한 과정을 거치면서 내담자는 차차 자신이 말하고 느낀 것에 대하여 스스로 관찰하게 된다.

초기면접에서는 내담자의 과거 생활사보다는 현재의 경험, 대인관계, 감정 등에 관심을 가지고 현재의 대인관계나 상황이 어떤 의미를 지니고 있는지에 대하여 함께 논의해 보는 것이 중요하다. 상담이 진전되면서 상담자는 내담자의 어려움을 이해하려는 한 인간으로서 모범을 보이고 내담자는 이에 동화되면서 차츰 상담자에게 관심이나 감정을 표현하기 시작한다. 만약 상담자가 이러한 모습을 보이지 않는다면 내담자는 상담자가 자신에게 관심이 없는 것으로 간주할 것이다. 상담 상황이 잘 구성되어 내담자가 자신의 정서를 직접 체험할 수 있고 내담자 자신이 스스로 정서 반응을 잘하는 자신을 관찰할 수 있게 되기까지를 시작 단계로 보면 된다.

2) 전이 및 통찰 단계

이 단계는 전이가 나타나는 시기부터이다. 전이란 내담자가 상담자에게 중요 타인과 연합되어 있는 생각이나 감정을 투사하는 것을 말하는데, 내담자는 상담자와 전이 관계를 맺는다. 정신분석에서는 전이를 장려한다. 상담자는 내담자가 자유연상Free Association을 통해서 편하게 과거의 경험이나 감정들을 이야기하도록 하며 무의식적인 문제를 표출하게 한다. 즉, 내담자는 정서적 반응이 상담자를 향하여 나타나게 되고, 내담자가 상담에 대한 전이감정을 느끼고 표현하며 그 전이에 대하여 분석한다(한미희, 2013: 74).

전이는 미해결된 갈등을 표면화시키는 중요한 역할을 한다. 전이가 일어나면 갈등은 안전하고 지지적인 상담 관계 내에서 해결될 수 있다고 본다. 전이 분석은 정신분석의 초석이다. 전이 분석을 함으로써 과거의 관계와 경험이 현재 관계의 문제를 어떻게 일으키는지를 통찰할 수 있다. 또한 내담자가 현재 관계에 대하여 적절하고 성숙한 결정을 할 때 통찰을 어떻게 이용할 것인지를 알도록 해 준다. 전이가 일어나면 상담자는 해석을 해 준다. 이것을 통해서 내담자는 과거에 상습적으로 잘못 사용해 왔던 방어기제의 제한점이나 그릇된 점을 인식하고 그 속박에서 벗어나 새로운 방어기제나 새로운 적응방식을 활용할 수 있게 된다. 이것을 '통찰'이라고 한다.

이 과정에서 역전이가 발생할 수 있는데, 역전이란 내담자로 인하여 상담자에게 왜곡된 관념이 생긴 경우를 말한다. 이러한 왜곡된 관념은 상담의 진전을 방해한다.

내담자의 분노, 사랑, 아첨, 비판 등의 강력한 감정을 받을 때 발생하기 쉬운 역전이를 객관적으로 처리할 수 있어야 한다. 실제로 역전이는 대부분 발생하므로 항상 이를 의식하고 처리할 수 있는 능력을 갖추어야 한다.

내담자는 의식적으로는 도움을 받으려고 하지만, 무의식적으로 갈등을 의식하고 직면하기를 꺼리는 저항을 보이기도 한다. 상담자는 이 저항을 신속히 식별하고 대처할 수 있어야 한다. 과거에는 저항을 부정적으로 보아 되도록 빨리 해결하려고 하였으나 오늘날에는 내담자가 자신의 방어와 저항의 영향을 이해하면 자기 이해가 넓어진다는 것이 알려짐에 따라 저항을 더 수용해 주며 관심을 보여준다. 상담자는 저항이 일어나면 내담자에게 해석을 해 준다. 저항을 해석해 준다는 것은 저항이 무엇을 의미하는지, 왜 저항을 하는지 등에 대하여 설명을 해 주는 것이다. 이러한 과정에서 내담자는 자신을 폭넓게 이해하고 내적 갈등과 대인관계, 현실 지각과의 관계를 바르게 인식하고 감정으로 체험하는 통찰을 얻게 된다.

3) 훈습 단계

내담자가 통찰한 것을 실제 생활로 옮겨서 변화를 일으키는 단계이다. 상담은 통찰만 얻었다고 모든 것이 해결된 것은 아니다. 예를 들어, 우리가 부모님께 존댓말을 써야 한다는 것을 아는 것만으로는 충분치 않고 지속해서 존댓말을 반복하여 사용하는 경험이 뒤따를 때 부모님께 존댓말을 쓸 수 있는 논리와 같다. 이 단계에서는 통찰하고 학습한 것을 공고히 하기 위하여 역시 추가적 전이 분석도 이루어진다. 이처럼 상담에서 얻은 통찰을 현실 생활에 적용해 봄으로써 과거보다 효과적으로 적응하도록 해나가는 과정을 '훈습'Working-through이라고 한다. 이 과정은 비교적 긴 시간이 소요된다. 이때 상담자는 내담자의 행동을 지지해주고 강화해 주는 것이 필요하다. 이러한 과정이 성공적으로 이루어지면 내담자의 갈등이 해소되고 현실적 적응 생활도 가능하게 된다.

6. 정신분석 상담의 기법

정신분석학의 원리는 사례의 성질에 따라 다양하게 변하는 치료절차에 적용되며, 동일한 내담자를 치료하는 동안에도 가변적으로 적용될 수 있다. 매일 매일의 면접이 몇 달 또는 수년간 계속되는 전통적인 정신분석학의 방법은 단지 하나의 기법에 지나지 않으며, 모든 사례에 가장 효율적이고 효과적인 방법이라고는 할 수 없다. 이 방법이 적합한 것은 심한 만성적 신경증과 성격장애이지만, 이러한 경우에도 개인 내담자의 변화하는 욕구와 치료 시기에 적합하도록 절차를 수정한다면, 치료는 더욱 효과적일 것이다. 상담기법은 다음과 같다(김충기·강봉규, 2003: 95).

1) 자유연상

자유연상Free Association 기법은 내담자에게 의식적인 선택이나 생각의 흐름에 논리를 적용하지 않고, 마음에 떠오르는 대로 이야기하도록 하는 것이다. 환상, 꿈, 감정 및 사고들은 무의식적 재료의 근원이며, 따라서, 자유연상의 실험재료이다. 자유연상은 과거를 회상하고 과거의 외상적 사건과 결합한 정서를 배출하는 방법이다.

내담자 편에서 보면 자아평가를 도모하는 수단이므로, 이것은 상담치료자의 객관적이고 이해하는 태도에 의해 촉진된다. 자유연상의 법칙은 의식적인 억압의 소재를 무의식에 머무르도록 하는 요인이라고 간주하여 이것을 제거하고, 단지 억압만을 요인으로 남겨두며, 이렇게 된 억압은 그 자체가 강력하지 못해서 어떤 소재가 의식적으로 들어오는 것을 제지하지 못한다. 일정한 기간에 걸쳐서 과거의 억압된 재료와 충동들이 많이 나타나게 된다. 억압된 경향들이 의식되어야만 그들은 자아의 통제 아래 수정과 승화를 거칠 수 있다.

2) 감정전이

감정전이Emotional Transition는 상담자에 대한 내담자의 정서적 반응인데, 여기서 내담자는 상담치료자에게 자신의 충동과 태도를 보여주게 된다. 감정전이에서 내담자는 재차 자신의 외상적 과거를 연상하고, 그럼으로써 상담치료자에게 접근하게 된다. 사실, 정신분석학은 본질에서는 감정전이 신경증의 발달과 그 해결로 구성되는 것이다.

전이란 내담자가 어릴 때 어떤 중요한 인물에 대하여 가졌던 사랑이나 증오의 감정을 상담자에게 전위시킬 때 나타나는 현상이다. 전이현상의 장면에서 내담자는 사랑의 대치 대상의 역할을 하게 된다. 전이는 직접 언어적인 의사소통으로 나타날 수도 있고, 자유연상이나 꿈의 내용으로 나타나기도 한다(김형태, 2006: 59).

내담자는 자연스럽게 상담치료자에 대해서 감정전이를 발전시키며, 상담치료자는 다시 자기의 태도와 기술을 통해서 감정 전이의 발달을 저지하는 것이 아니라 격려한다. 감정전이의 핵심은 의존적 태도이며, 이것은 내담자가 상담치료자에게 도움을 받으러 오는 식의 생리적인 것이다.

감정전이 신경증의 해결은 상담치료의 중요한 부분이다. 내담자의 생각에 상담치료자가 자기 아버지나 또는 다른 중요한 인물이 된다는 점이 내담자에게 자신의 반응을 의식할 수 있는 기회를 마련해 주는 것이다. 내담자는 과거의 갈등과 적절한 이유 없이 상담치료자에게 대했던 감정전이 갈등을 구별할 수 있게 된다. 상담치료자는 내담자의 초기생활에 나타난 인물과는 다르게 반응함으로써, 이러한 구별을 촉진한다. 그는 복수하거나, 위험하거나, 억압하지 않는다. 상담치료자가 내담자의 아버지처럼 반응하지 않는다는 바로 그 이유로 감정전이 반응은 비현실적이며 원래의 장면과 대조될 수 있다.

3) 저항

상담치료의 진전을 방해하고 상담치료자에게 협조하지 않으려는 내담자의 무의식적 행동을 저항Resistance이라고 한다. 이를테면, 약속을 어긴다거나 특정한 생각·감정·경험들을 털어놓지 않는 것도 저항의 한 형태이다. 내담자가 저항하는 이유는 자신의 억압된 충동이나 감정을 알아차렸을 때 느끼게 되는 불안으로부터 자아를 보호하기 위해서이다. 따라서, 내담자의 갈등을 근본적으로 해결하기 위해서는 상담치료자가 이를 지적해 주어야 한다. 상담치료는 내담자가 보이는 가장 큰 저항에 내담자의 주의를 환기한 후에, 내담자가 수용할 수 있도록 배려하면서 해석을 가한다.

저항이란 내담자가 상담에 협조하지 않는 모든 행위를 말한다. 정해진 시간에 상담에 오지 않거나, 상담 과정에서 아무런 의미도 없는 말만 되풀이하거나, 중요한 내용을 빠뜨리고 사소한 이야기만 하거나 등이 그 예이다. 정신분석에선 이러한 저항이 큰 의미를 지닌다고 본다. 그것은 저항하는 데에는 그럴 수밖에 없는 이유가 있다고 보기 때문이다.

가기 싫은 곳을 가야 할 때 사람들은 온갖 핑계를 다 대서 끝내 가지 않으려 한다. 알게 되었을 때 고통이 온다는 것을 예상할 수 있는 사람은 차라리 모르는 채로 지내려 한다. 알아봤자 좋을 게 없다는 것이다. 정신분석에서 내담자가 바로 그러하다. 무의식의 저장고에 숨겨진 내용을 인식하는 것은 내담자에게 고통스러운 일이다.

대개 사람들은 고통스러운 것은 피하려 한다. 저항은 고통스러운 무의식적 자료가 의식의 표면으로 올라오려 하고 있음을 나타낸다. 상담에 대한 협조는 고통스러운 무의식에 직면해야 함을 의미하며, 반면에 상담에 대한 비협조는 고통스러운 무의식을 직면하지 않으려는 내담자의 태도를 반영하는 것이다. 따라서, 상담자는 내담자가 보이는 저항의 의미를 이해하고, 이를 내담자에게 적절히 해석해 줌으로써 상담에 대한 내담자의 협조를 끌어낼 수 있어야 한다. 그렇게 하지 않으면 상담은 진전되기 어렵다(김헌수·김태호, 2006: 114).

4) 해석

내담자는 감정전이 사태가 원래의 사태와 다르다는 것을 경험한다. 그러나 상담자는 내담자의 태도가 과거 어린 시절에 뿌리 박혀 있어서, 내담자에게 적합한 반응이 아니라는 점을 지적하거나 해석Interpretation해준다. 이것 때문에 통찰이나 지적 인지가 생긴다. 해석은 이렇게 구별을 촉진시킨다. 분석자의 해석은 내담자가 오래되고 자동적인 초자아 기능 대신 의식적 판단으로 대체하도록 보조한다. 다시 말하면, 초자아의 기능을 자아의 기능으로 대체하는 것이다.

해석은 치료를 촉진시킨다. 해석이 무의식 소재를 내담자가 이미 이해한 것과 결합하며, 따라서, 해석은 이전의 통찰에 주목하게 해야만 한다. 해석은 어린 시절의 마음에 따라 형성되었던 관계를 지적하며, 이에 따라 환자는 그릇된 동일시와 일반화를 파악할 수 있게 된다. 내담자가 아무런 도움을 받지 않고서도 유아적인 일반화를 자명한 것으로 인식할 수 있으리라고 기대하는 것은 너무 지나친 것이다. 그러나 오래되고 유아기적인 관계가 해체된 후, 자신의 자아의 통합력 때문에 내담자가 조만간 새로운 통합만을 확립시킬 것이라는 점은 분명하다. 상담자는 해석을 통해서 이와 같은 통합과정에 박차를 가할 수 있으며, 그럼으로써 과정의 능동적 참가자가 된다.

해석을 통해서 자아의 통합하는 기능에 도움을 줄 수 있다. 개개의 내담자들이 얼마나 많은 능동적 협조를 바라는지는 가장 시기적절한 문제의 하나이다. 해석의 일반 원칙은 이것이 항상 표면으로부터 출발해서 내담자가 그 장면을 정서적으로 경험하면서 나아갈 수 있는 한, 깊숙이 파고 들어가는 것이다.

실제의 생활 장면을 과거 경험 및 감정전이 장면으로 연결하는 해석은 전반적 해석이다. 이것은 해석의 이중목표, 즉 자아에 의한 새로운 재료의 동화 촉진과 나아가서 무의식 소재의 가동을 달성하는 것이다.

그러므로 해석이란 내담자의 사고나 감정, 행동의 이면에 감추어진 욕구나 의미, 동기 등을 파악해서 이런 것을 내담자가 깨닫도록 하려고 언어적으로 대응하는 기법을 말한다. 내담자의 내적 세계에 대한 이해만큼, 해석도 심리치료사의 중요한 역할이다. 내담자의 통찰을 유도하기 위해 다음과 같은 방법을 사용한다(현정환,

2016: 81).

① 이야기 내용의 일부를 강조한다.

② 이야기 내용을 요약한다.

③ 놓쳐버린 상황이 있다면 그것을 명확히 하기 위해 이야기 내용을 반복한다.

④ 이야기에 수반되는 감정을 반사한다.

⑤ 증상과 감정과 갈등의 관계를 연결해 본다.

⑥ 문제를 깊이 있게 생각하게 하려고 긴장 상태를 유지한다.

⑦ 무의식적 내용을 의식시키기 위해서 해석하는 방법을 사용한다.

5) 꿈의 해석

꿈dream은 위장된 형태로 내담자의 용납되지 않는 충동과 욕망을 표시한다. 꿈은 충동이 일으킨 저항 때문에 왜곡된다. 꿈의 표출(공개적인) 내용은 잠재적(억압된) 요소를 압축이나 간략화한 것이다. 세부적인 것이 숨겨진 개인적인 암시로 나타낼 때가 많다. 인과관계는 감정적인 순서로 대치되며, 어떤 것들은 그 반대의 것으로 표시된다. 꿈은 두 가지 상반되는 힘들이 타협한 결과이다. 즉, 욕망을 표현하거나 긴장을 완화하고자 하는 욕구와 욕망을 거부하는 경향의 타협이다. 고통스러운 꿈일 때 꿈꾸는 사람은 놀라서 깨는데, 이것은 꿈이 반대될 만한 내용을 충분히 위장하는 데 실패한 것이거나 죄책감의 결과로 인한 것이다.

꿈의 표출내용에 관해 자유연상을 시키는 것으로 내담자에게 분석된다. 상담치료자의 도움으로 잠재적 요소가 발견된다. 자유연상과 치료 장면이 내담자의 무의식적 검열을 완화하고, 그럼으로써 억압된 욕망의 압력이 터져 나온다. 꿈의 요소 가운데 어떤 것은 보편적인 인간 경험의 공통적 표상이다.

한 가지 꿈에 상담치료자의 해석에 대한 저항은 해석을 거부하는 다른 꿈을 가져온다. 두 번째 꿈은 저항의 성질에 대한 단서를 마련해준다. 꿈은 치료가 진행됨에 따라 정신 역동적 장면을 훌륭하게 측정할 수 있도록 해준다.

6) 면접의 빈도

매일매일의 면접은 바람직한 선 이상으로 내담자의 의존 욕구를 만족시키는 경향이 있다. 한없이 매일의 면접을 받고자 하는 기대는 퇴행과 지연을 조장한다. 퇴행적 소재의 시간상의 원격은 분석의 깊이의 측도로 나타낼 수 없지만, 신경증적 후퇴, 저항 및 도피를 나타낼 수는 있다. 오래되고 깊은 퇴행은 피해야 하며, 또한 피할 수 있다.

매일매일의 면접이 내담자의 정서적 참여 의욕을 감소시키며, 판에 박은 일과가 되어 버리는 수가 많다. 면접 횟수를 줄임으로써 충동의 강도를 내담자가 의식할 수 있는 시점에 집결시킬 수 있다. 정서적 강도의 최적 수준은 사례에 따라 다르다. 따라서, 분석은 내담자의 자아가 통찰능력을 상실하지 않고 낼 수 있을 정도의 높은 수준을 유지해야 한다.

그러므로 관계성의 확립이 잘 된 후에는 이 수준을 유지하고 치료가 생활의 참여로부터 후퇴되지 않게 하려고, 면접 횟수를 변경시킬 수 있다. 내담자의 요구에 따라 면접 횟수를 변화시킴으로써, 횟수와 시간을 적게 들이고도 심리치료는 더욱더 경제적으로 수행될 수 있다.

7) 상담치료의 중단과 종결

내담자는 상담치료에 과도한 불편이 없는 한, 타성 때문에 상담치료를 무한으로 계속 받고자 한다. 상담치료를 받지 않고서도 발휘하는 내담자의 능력을 살펴보기 위해서, 상담치료 횟수를 차츰 줄여 중단해 버릴 수 있다. 이때 내담자는 다시 상담치료를 받으러 올 수 있다는 언질을 받는다. 중단은 종결로 나아가는 터전을 마련해준다. 상담치료의 기간은 미리 예언할 수 없으므로 상담치료를 받지 않고서도 발휘하는 내담자의 능력을 살펴보아야만 하는데, 이것은 환상에 빠지는 신경증적 후퇴를 저지하고, 내담자를 실제 생활 장면의 장애에 직면하게 함으로써 알 수 있다.

감정전이 신경증은 의존 욕구를 채워주며, 내담자가 상담치료를 받으러 처음 왔을 때 경험한 갈등이나 원래의 갈등에 비해 그다지 불쾌하지 않다. 따라서, 내담자는 안심하면서 감정전이에 빠져들며, 무한정 계속하는 경향이 있다. 중단을 통해 내담자가 퇴행할 감정전이 관계성에 의존하고 있는지를 검증할 수도 있다.

7. 정신분석 상담에 대한 평가

1) 공헌

정신분석 상담이 공헌한 점은 다음과 같다(임상록 외, 2012: 62-63).

① 정신분석 상담은 우리의 많은 행동이 발달 초기단계에서 형성된 패턴의 반복이라는 사실을 이해하는 데 이바지하였다. 영유아기의 초기경험은 대상관계 이론으로 발전했으며 중요한 타인과 초기에 어떤 경험과 교류를 했으며 그 경험이 현재의 관계에 어떤 영향을 미치는지를 밝히는 데에 도움을 주었다. 분리와 개별화, 친밀성 대 불신, 의존과 독립, 정체감 문제들은 발달의 어느 부분이 고착되었는가를 이해하고 통찰하는 데 이바지하였다(Corey, 2008).

② 정신분석 상담은 치료나 훈련 일부를 통해 집중적으로 정신분석 치료를 받는 것을 강조한다. 그러므로 역전이의 근원을 알아내는 데에 도움을 준다. 정신분

석 상담에서는 치료자의 역전이를 인식하고 알아차리며 훈습하는 것을 강조한다. 상담자는 자신의 편견과 편향을 인식하고 직면할 필요가 있다.

③ 정신분석이론은 정신의학이나 심리학뿐 아니라, 인문사회과학 분야인 문학과 예술에도 많은 영향을 미쳤고 후에 융, 아들러, 에릭슨 같은 신프로이트학파들이 발전하는 계기가 되었다. 프로이트의 심리성적 발달단계의 개념은 심리사회적 요소를 강조한 에릭슨의 발달단계에 결정적으로 영향을 미쳤고, 에릭슨의 이론은 더 완전한 모습을 보여주고 있다. 프로이트와 에릭슨의 두 관점은 성격발달에 대한 핵심주제로 인간을 생물학적, 심리학적, 사회적 존재로 확장하여 바라보았고, 이것이 프로이트 정신분석이론의 공헌이라고 본다.

2) 한계와 비판

정신분석의 탁월성과 우수함에도 불구하고, 한계나 실제적인 방법에서 나타나는 제한점은 아래와 같다.

① 치료나 상담에서 기간과 비용이 많이 든다.

② 치료자가 숙달된 전문가가 되기 위해서는 장기간의 훈련과 자기분석을 받아야 한다.

③ 인간의 병리적 문제 원인을 유아기 초기의 외상 경험에서 찾으려 한다.

④ 인간의 성격형성을 심리성적 발달에만 근거하여 바라봄으로 가족의 구조나 사회제도, 문화적인 측면을 간과하였다.

⑤ 인간의 병리적인 측면을 강조하여 신경증, 강박증, 불안증 등 제한된 병리적인 증세만을 다루었다.

⑥ 인간의 자아를 정신내적 갈등의 결과로 보아서 원초아의 보조적 역할의 수행자로만 이해한다는 점이다.

CHAPTER

03

개인심리 상담

개요

개인심리 상담은 의학적 모델이 아니라, 성장모델에 기초하며 치료한다는 측면보다는 건강한 개인과 사회를 재교육하고 재조형하는 데 더 많은 관심을 갖고 있다. 즉, 아동지도 센터, 부모-아동상담, 부부상담, 가족상담, 집단상담과 치료, 아동과 청소년의 개인상담, 문화적 갈등, 정신건강 운동 등 다양한 영역에 적용된다. 본 장에서는 개인심리 상담에 대해 논의하고자 한다.

학습목표

- 개인심리학에 대한 이해
- 정신분석이론과의 차이점
- 아들러에 대한 관심

학습내용

1. 개인심리 상담의 개요
2. 아들러의 생애
3. 인간관
4. 주요 개념과 특성
5. 개인심리 상담의 과정
6. 개인심리 상담의 기법
7. 개인심리 상담에 대한 평가

1. 개인심리 상담의 개요

1) 아들러의 개인심리이론

아들러는 프로이트와 같이 인생 초기 5년 동안의 경험에 때문에 삶이 결정된다고 보았지만, 생물학적이고 결정론적인 관점을 비판하고 인간을 전체적인 관점에서 보려고 하였다. 또한 개인이 자신을 어떻게 주관적으로 지각하느냐에 따라 행동이 결정된다고 보았기에, 자신의 이론을 '개인심리학'Individual Psychology이라고 명명하였다(신기원 외, 2016: 169).

개인심리학은 아들러A. Adler가 주창한 성격·정신병리·심리치료 등의 이론과 방법론을 다룬 심리학을 말한다. 아들러는 성격발달과 과정에서 개인 성격의 통일과 통일하는 양식, 열등감의 역할을 강조했다. 심리적 특징의 개인차의 본질과 기원에 관심을 둔 차이심리학Differential Psychology과 같은 말로도 쓰인다. 그러나 차이심리학이 개체의 차·성차·민족차 등 여러 형태의 차이를 광범위하게 취급하는 데 비해 개인심리학은 개인을 중점적으로 다룬다.

아들러는 일관성 있는 실재로서의 개인을 중요시했다. 이전 프로이트의 환원론적 인간관을 반대하며, 인간을 더 분류하거나 분리할 수 없는 완전한 통합체로 보았다. 아들러의 이론이 보는 인간은 완성을 역동적으로 추구하는 개인이며, 이런 개인의 주관성, 즉 어떻게 세상을 바라보느냐에 초점을 두었다. 특히, 아들러는 열등감을 바라보는 데 있어서 중점을 두었다.

아들러는 개인의 독자적 전체성을 강조하면서 인간을 움직이는 최대의 동기로 '우월에 대한 욕구'를 꼽았다. 프로이트가 인간의 기본적인 동기를 생물학적 성적 본능으로 간주하고 결정론적인 관점으로 설명했지만 그는 인간이 사회심리학적이며 목적론적인 동기에 의해 움직인다고 보았다. 이렇게 볼 때, 인간은 원초아, 자아, 초자아라는 분리된 내적 요인들의 갈등에 의해 구성되는 것이 아니라, 기억과 정서, 행동의 총체적인 합으로서 구성되는 것이다. 이렇듯 그는 인간을 개인의 통합성, 총체성, 분리 불가능성 등의 개념으로 설명하였다.

개인심리학의 주된 주장은 인간의 모든 행동이 목적성을 지니고 있고, 미래의 목표를 향해 창조적으로 삶을 개척해 나간다는 것이다. 이때 목적은 관념에 불과하지만, 실제 삶에 큰 영향을 미치기 때문에 중요하며, 이렇게 누구나 가지고 있는 궁극적인 목표를 '가상적인 최종 목표'fictional finalism라 부른다. 또한 인간은 선천적으로 열등감을 극복하려 하는데, 이때 개인의 열등감은 그것을 극복한 우월성, 안정성, 숙련을 통한 유능감 등을 통해 보상된다. 인간은 이를 통해 더욱 발전되고 확장된 자기 모습을 경험할 수 있다.

그렇기 때문에 개인심리학에서는 의식이 무의식보다 중요하며, 각 개인이 지닌 신념 체계 및 감정과 행동 방식을 구성하는, 개별적이며 주관적인 해석이 강조된다. 이를 '생활양식'life style이라고 하며, 이를 통해 개인의 일상생활과 장기 목표, 역경에 대처하기 위한 고유의 행동 패턴을 파악할 수 있다.

2) 개인심리 상담의 개념

개인심리학 상담으로도 불리는 아들러식 상담은 아들러의 개인심리학을 기초로 하여 개발된 상담치료 체계이다. 프로이트가 인간을 의식, 무의식, 원초아, 자아, 초자아로 분류해서 본 데 반하여, 아들러는 인간을 더 분류하거나 분리, 나눌 수 없는 그 자체로, 완전한 전체로서 볼 것을 강조하였다. 즉, 사람 개개의 행동은 그가 총체적으로 선택한 생활양식의 관점에서 보아야 한다는 것이다. 그에 따르면, 인간이 어떤 요소로 구성되고 형성되느냐 하는 점보다, 그가 어떻게 자기 자신을 창조적으로 조직해 나가느냐에 따라 외계에 대한 반응이 결정된다고 한다(김충기·강봉규, 2003: 151).

개인심리 상담은 정신 병리적 입장을 거부하며, 신경증적 문제가 있는 사람들을 병에 걸린 사람이라기보다 '낙담한' 사람이라고 본다. 따라서, 상담자의 역할은 자기 패배적 행동으로 귀결될 수 있는 내담자의 잘못된 목적을 평가하고, 내담자의 사회적 관심을 활성화해 줌으로써 자기 중심성, 이기주의 및 사회적으로 무용한 행동을 소멸시키고, 그 대신에 성실하고, 의미 있으며, 긍정적인 생활양식을 발달시킬 수 있도록 하는 것이다. 이 접근에서의 집단상담 과정은 서로에게서 배우고 학습하는 일종의 교육과정이다. 또한 행동 지향적이고 상담자 중심적이며 '지금-여기'에 초점을 둔 현상학적이며 인간 중심적인 것이라 할 수 있다.

개인심리 상담은 의학적 모델이 아니라, 성장모델에 기초하며 치료한다는 측면보다는 건강한 개인과 사회를 재교육하고 재조형하는 데 더 많은 관심을 갖고 있다. 즉, 아동지도 센터, 부모-아동상담, 부부상담, 가족상담, 집단상담과 치료, 아동과 청소년의 개인상담, 문화적 갈등, 정신건강 운동 등 다양한 영역에 적용된다(장혁표, 2000: 62).

3) 프로이트와의 관계

아들러는 프로이트의 제자로 알려졌지만 다음과 같은 점에서 많은 차이가 있다

(김계현 외, 2016: 190-191).

첫째, 그는 인간이 사회적 존재임을 강조한다. 아들러에게 사회적 관심 또는 공동체 느낌은 인간 존재의 기본이다.

둘째, 그는 개인을 독특하고 통합적인 개체로서 부분으로 나눌 수 없고 전체라고 본다. 따라서, 인간을 이해하기 위해서는 환원적 접근reductionism보다 전체적 접근holism이 유용하다.

셋째, 그는 인간이 과거보다 미래의 목표를 중심으로 심리적·신체적 행동을 구성한다고 본다. 모든 행동은 그것들이 추구하는 목표를 정점으로 하여 그 의미를 이해할 수 있는데, 그 목표는 힘, 수월성, 완전성의 추구, 즉 열등감을 극복하는 방향으로 지향된다.

넷째, 인간은 자신의 행동, 사고, 감정을 선택하며, 그 선택에 대해 책임지는 창조적인 존재다. 즉, 사람들이 외적 자극 자체는 통제할 수 없지만, 그에 대한 반응은 통제할 수 있으며, 물리적 환경 조건은 동일해도 개인은 창조성을 발휘하여 자신의 존재방식에 맞도록 자신의 경험을 지각하고 형태를 부여한다.

이와 같은 관점은 생리학적 욕구 충족을 강조하고, 성격구조의 분석에 무게를 두며, 과거 경험을 중시하고 무의식적 과정을 강조했던 프로이트의 관점과는 사뭇 다르다. 이러한 점에서 아들러는 프로이트의 제자라기보다 자신의 독자적 영역을 구축한 사람으로 이해하는 편이 더 적합하다.

4) 상담의 목표

열등 콤플렉스와 그릇된 생활양식의 발달과정에 대한 이해를 통하여 잘못된 생활목표를 변화시켜 새로운 생활양식을 구성하고 사회적 관심을 가지게 한다.

상담치료의 기본적 목표는 사회적 관심의 증진이다. 사회적 관심은 자기인식을 넓히고, 기본전제나 생활목표 그리고 기본적 개념들을 공박하고 수정함으로써 증진된다. 내담자를 '병든' 존재나 '치료되어야 할' 존재로 보지 않는다. 그것보다는 사회에서 동등하게, 즉 다른 사람과 주고받을 수 있는 사람이 되도록 재교육하려는 목표를 갖고 있다.

상담의 교육적 과정에서 내담자는 자기에 대한 관심과 사회에 대한 관심에 기초해서 삶의 목표를 자유롭게 추구한다. 따라서, 상담자의 역할은 내담자의 대인 관계를 향상하도록 훈련하는 것뿐만 아니라, 개인의 사회적 관심을 증대시키고, 열등감을 극복하도록 돕고, 내담자의 견해나 목표를 수정함으로써 그들의 생활방식을 바꾸고 사회구성원으로서 이바지하도록 돕는 데 목표가 있다(김춘기·강봉규, 2003: 153).

상담자의 역할은 자기 패배적 행동으로 귀결될 수 있는 내담자의 잘못된 목적을 평가하고, 내담자의 사회적 관심의 폭을 확대하도록 함으로써 자기 중심성, 이기주의 및 사회적으로 무용한 행동을 소멸시키고 성실하고 의미 있으며, 긍정적 대인 관계를 가질 수 있도록 하는 것이다. 개인심리 상담의 주요 목표는 다음과 같다(Mosak, 2013).

첫째, 내담자의 사회적 관심을 증진한다.

둘째, 열등감과 낙담을 제거한다.

셋째, 내담자의 관점과 목표를 수정하고 인생 각본을 바꾼다.

넷째, 좋지 못한 동기를 바꾼다.

다섯째, 타인관의 동등감을 계발시킨다.

여섯째, 내담자가 사회에 이바지하도록 한다.

2. 아들러의 생애

알프레드 아들러

아들러Alfred W. Adler, 1870-1937는 오스트리아의 정신의학자이자 심리학자이다. 그는 오스트리아 빈에서 곡물상을 하던 아버지로부터 6남매 중 둘째로 태어난 유대인으로, 후에 미국으로 이주했다Adler, 1931: 11. 그는 프로이트와 달리 자신이 유대인임을 별로 의식하지 않았다. 빈대학교Universität Wien 의학부 졸업 후, 트로츠키Leon Trotsky의 친구인 러시아 여성과 결혼하여 친구 중에는 사회주의자가 많았고, 그 자신도 사회주의자였다. 프로이트의 강연에 매혹되어 문하로 들어갔으나, 프로이트의 범성욕설을 받아들이기 어려워 분파하여 사회 감정을 중요시하게 되었다. 다시 말해서, 어떠한 형태의 사회도피든 간에 모두 불건강의 징후이다. 그는 아동기에 매우 병약했다. 구루병rickets을 앓았으며, 때때로 후두 경련을 일으켜서 큰 소리로 비명을 지르거나 할 때는 질식의 위험이 따르기도 했다. 아동기에 가장 의미심장한 사건은 바로 밑의 동생이 그의 옆 침대에서 죽어간 사건이었다. 그로 인해, 어린 아들러에게 삶과 죽음이라는 문제가 커다란 마음의 과제로 움트기 시작했던 것이다. 병약한데다 2남이고 형과 사이가 나빴던 데에서 출생 순위와 성격의 관계에 주목하던 중 열등감을 특히 중요시하게 되었다. 곧 인간은 누구나 여러 가지 원인으로 열등감을 가지고 있으며, 이를 보상하려고 노력하는 과정에서 그 사람의 생활양식이 형성되어 가므로, 만일 보상될 수 없는 열등감이나 과도하게 보상된 열등감이 있으면 인격의 왜곡이 생긴다고 생각하여 이를 바로잡기 위한 재교육이 중요하다고 하였다. 그 때문에 정신분석에 관심을 가지면서도 성욕주의를 혐오하고 있는 교육자·사회사업가·종교가 등에게 환영받았다(Sweeny, 2015).

아들러는 프로이트의 강연에 매료되어, 그의 문하에 들어가 빈 정신분석학회Wiener Psychoanalytische Vereinigung, Vienna Psychoanalytic Society, WPV를 결성하고 초대 회장을 맡았다. 아들러는 1902년부터 프로이트와 함께 '수요모임'에서 활동하였고, 프로이트의 저서인『꿈의 해석』을 서평 했으나, 근본적인 견해 차이로 프로이트의 이론을 거부하고 분파하여, 1912년 프로이트를 비판하는 동료들과 함께 '개인심리학회'를 설립하였고, 이를 중심으로 독자적인 학문 세계를 구축해 나갔다. 프로이트의 범성욕설에 반대한 것인데, 덕분에 성에 대해 보수적인 교육자, 종교인들에게 그의 정신분석은 환영을 받았다.

제1차 세계대전 이후 빈에서 정신병원을 시작했으나, 나치당은 아들러가 유대인이라는 이유로 강제 폐쇄했다. 그 결과, 그는 1934년 미국으로 이주했다. 아들러는 이론적인 문제에만 관심을 기울인 학자가 아니었다. 그는 직접 사람들을 만나 상담과 치료를 하는 데 더 역점을 두었고, 구미 전역에서 수많은 강연을 하였다. 1937년 5월 강연차 영국 스코틀랜드 북부 에버딘대학교University of Aberdeen를 3주일 예정으로 찾았었는데, 강연 뒤 심근경색으로 길거리에서 돌연사했다. 그는 평생을 '인간이해의 심리학'을 체계화하는 데 전념하였으며, 인간을 이해하는 것이 곧 삶의 주인이 되는 길임을 알려준 최초의 인본주의 심리학자이다.

프로이트의 원인론적 분석에서 탈피하여 목적론적 분석을 기반으로 자신의 학설을 세웠다. 대표적인 것이 '개인심리학'Individual Psychology인데, 개인심리학은 신프로이트학파에 큰 영향을 끼쳤다. 아들러와 입장을 같이하는 흐름을 '아들리안학파' 또는 '아들리안'이라고 부른다.

아들러의 주된 관심은 우월함의 추구, 육체적 허약함이 개인에게 미치는 영향, 권력의 추구, 출생 순위에 따른 성격의 형성 등이었으며, 프로이트의 환원적인 관점과도 거리를 두었다. 아들러의 관점은 이후 의미치료의 창시자인 프랑클Viktor Frankl에 의해 비판받기도 했다. 그리고 과학의 기준으로서 반증주의를 제시한 포퍼Karl Popper의 첫 번째 공격대상이 되기도 했다. 포퍼는 빈대학교 사회주의 서클에서 활동했으며, 아들러 심리학에도 빠져 관련 사회사업까지 함께할 정도였으나, 마르크스주의와 아들러 심리학의 도그마성에 회의를 느껴 둘 다 포기하게 되고, 반대로 빈대학교에서 아인슈타인의 상대성이론 강의를 듣고 과학의 방법에 대해 영감을 받았는데, 결국 자신이 내놓은 반증주의에 대한 최초의 문헌에서 마르크스주의와 아들러 심리학을 반증 불가능한 대표적인 비과학이라고 비판했다(김보기, 2019b: 92).

아들러는 성년기 중 많은 기간 동안 모든 형태의 탄압과 싸웠고, 열등감이 어떻게 권력의 남용을 낳는가를 보이기 위해 애썼다. 사실 아들러는 여성의 권리를 위해 캠페인을 벌였고, 소수자를 향한 부당함에 대해 자주 발언하였다. 평화활동가로도 알려진 아들러는 개인적으로는 딸 발렌타인이 나치로부터 탈출하기 위해 러시아로 건너갔다가 잘못된 정치적 고발로 스탈린 정권에 억류되었을 때, 전쟁의 황폐함과 권력의 남용을 겪었다. 첫딸인 발렌타인은 시베리아 수용소의 매우 혹독한 상황에서 1942년에 사망하였다(Neukrug, 2010).

아들러는 생애에 걸쳐 300권 이상의 책과 저작을 남겼는데, 동시대 다른 무의식을 정립하여 사상계를 뒤흔든 프로이트나, 종교학, 문화인류학 분야에 새로운 관점을 제공한 융Carl Gustav Jung에 비해, 아들러는 교육학·교육심리학·사회복지 분야에서 종종 언급되거나 프로이트나 융을 언급할 때 같이 언급될 뿐 그다지 인지도가 높지 않았다. 그러다가 아들러의 목적론을 기반으로 일본인 철학자 기시미 이치로岸見一郎와 작가 고가 후미타케古賀史健의 저서 『미움받을 용기嫌われる勇氣』(2014)라는 책이 베스트셀러 반열에 오르면서 최근 일본뿐만 아니라, 우리나라에서 아들러와 그의 목적론이 주목을 받기 시작했다.

개인심리학의 실제와 이론
(2011년 출판)

주요 저서에는 『기관 열등성의 연구(*Studie uber die Minderwertigkeit der Organe*)』(1907), 『신경질 성격에 대해서(*Uber den nervosen Charakter*)』(1912), 『개인심리학의 실제와 이론(*The*

Practice and Theory of Individual Psychology)』(1920) 등이 있다.

3. 인간관

아들러는 프로이트의 이론이 생물학적 요인이나 본능적 요인을 지나치게 강조한 편협한 것이라고 믿었기 때문에 프로이트의 기본 주장은 포기했지만, 아들러도 프로이트와 같이 성인의 삶이 초기 6년 동안에 많이 결정된다고 믿었다. 그러나 아들러는 과거의 탐색에 초점을 두기보다는 그 과거에 대한 개인 지각과 초기 사상의 해석이 현재에 어떻게 지속해서 영향을 미치는가 하는 것에 더 관심을 두었다. 또한 열등감은 창조성의 원천이 될 수 있기 때문에 우리가 숙달, 우월, 완전을 추구하도록 동기화시켜 줄 수 있다고 보았다. 특히, 어린 시절에는 더욱 그러하므로 6세경이 되면 삶의 목표가 거의 결정된다고 보았다. 그러므로 인간의 생의 목표는 인간 동기가 원천이 된다고 보았다.

아들러 이론에서 보면, 인간은 단순히 유전형질이나 환경에 의해 결정되는 것도 아니며, 또 어떻게 태어났는가 하는 것이 중요한 것이 아니라, 단지 우리가 가진 능력으로 무엇을 어떻게 하느냐 하는 것이 중요한 것이라고 믿었다(권육상, 2008: 167). 개인심리학이라고 불리는 아들러의 이론은 인간을 유일하고 분해할 수 없으며, 자아일치적이고 통합된 실체로 보았다. 아울러 인간은 창조적인 능력이 있으므로 인생의 목표를 달성할 수 있고, 현실과 세상을 고유하게 해석하는 자기만의 눈을 가지고 있으며, 목적과 가치에 일치되는 삶의 방식을 선택할 수 있는 합리적인 존재, 즉 사회에 이바지할 수 있는 사회적 존재로 보았다.

그러므로 아들러는 인간을 성장 모형에 근거하고 있기 때문에 가치, 신념, 태도 목표, 관심, 개인의 현실적 지각과 같은 내적 결정인자를 강조한 사람으로서, 심리학에 있어 접근의 선구자로 총체적, 사회적, 목표지향적, 인본주의적 접근의 개척가라 할 수 있다(강진령, 2013b: 64).

개인심리 상담의 관점에서 보는 인간 본성은 다음과 같다.

① 사회적 존재social being: 사회적 존재란 개인이 성욕이 아니라, 사회적 관심social interest에 의해 동기화되고, 본능 욕구보다는 목표추구 행동을 통해 생애 과제를 처리한다는 의미이다. 인간은 또한 결정론적 운명의 희생자가 아니라, 사회에서 협동적으로 살아가는 주체자이다. 생의 초기 5~6년간의 경험을 통해 독특한 생애 유형을 발달시키며, 일생을 통해 일관성 있게 유지하는 것 또한 인간의 본성이다. 이 가정은 행동의 의식적인 측면이 개인 성장의 중심으로 보는 성장 모형에 근거한다. 즉, 인간은 완전해지고자 하는 욕구를 가지고 성장을 위해 노력하고, 성공을 위해 목표지향적이고 의도적 행동을 나타낸다.

② 총체적 존재whole being: 총체적 존재란 통일되고 자아 일치된 유기체로, 의식과 무의식, 원초아·자아·초자아로 분리할 수 없는 완전한 전체를 뜻한다. 아들러는 자아 일치된 통합적 성격구조를 개인의 생활양식으로 보았다. 이는 인간을 전체적·총체적 존재로 보고자 하는 아들러의 입장을 함축하고 있다.

③ 창조적 존재creative being: 창조적 존재란 개인마다 창조적 힘이 있어서 자유롭고 의식적인 활동을 통해 자신의 인생을 좌우할 수 있음을 의미한다. 개인의 사고, 감정, 신념, 확신, 태도, 특성, 행위 등은 바로 자신의 독특성의 표현이면서 동시에 스스로 선택한 삶의 목표를 향해 나아갈 수 있게 하는 삶의 계획을 반영한 것이다. 성격은 유전과 환경의 이상의 신물로, 창조적 힘은 개인의 지각, 기억, 상상력, 환상, 꿈 등의 모든 면에 영향을 미쳐, 개인이 자율적 결정을 통해 생활을 설계하도록 하는 원동력이다.

④ 주관적 존재subjective being: 주관적 존재란 개인은 자신의 통각도식apperception schema과 일치하는 방향으로 자신이 설계한 세계 속에서 살아가게 됨을 의미

한다. 이는 현상학에 기초한 것으로, 개인이 자신과 적응해 나가야 하는 환경을 어떻게 보느냐에 따라 행동이 결정된다는 기본가정이다. 그 예로, 현재와 미래에 대한 개인의 사적 신념인 허구적 목적 원인론이 행동을 규제하고, 개인은 이 목표에 따라 동기화되는 것이다. 따라서, 행동은 개인의 주관적 현실지각이 반영된 것으로 간주한다.

4. 주요 개념과 특성

1) 열등감과 보상

열등감은 개인이 잘 적응하지 못하거나 준비가 안 되어 해결할 수 없는 문제에 부딪혔을 때 생긴다. 아들러는 어떤 사람이 왜 특정의 병에 걸리며, 왜 신체의 특정한 영역이 영향받는지를 연구하면서 열등감에 관심을 갖게 되었다. 그는 처음에는 어느 한 부분이 기본적으로 열등하거나 약하기 때문에 병에 걸린다고 보았다(Adler, 1907). 그 후 아들러의 연구는 신체 기관 또는 신체적 결함에서 유래하는 열등 상태뿐 아니라, 심리적 또는 사회적 열등 상태도 열등감의 범주에 포함했다(Adler, 1956).

아들러는 동물원에 구경 간 세 아이의 반응으로 열등감의 다양한 형태를 예시했다Adler, 1931. 즉, 사자 우리 앞에서 첫 번째 아이는 어머니에게 집에 가고 싶다고 보챘고, 두 번째 아이는 얼굴이 창백해지고 벌벌 떨면서도 조금도 무섭지 않다고 했으며, 세 번째 아이는 사자를 노려보며 침을 뱉어줄까라고 말했다. 이는 각자 열등감을 자기의 생활양식과 일치된 방식으로 표현한 것이다.

아들러는 열등감 콤플렉스의 세 가지 원인으로서 기관열등감Organ Inferiority, 과잉

보호Spoiling, 양육태만Neglect을 제안하였다(노안영·강영신, 2011: 195-296).

(1) 기관열등감

이 열등감 원천은 개인의 신체와 관련된 것이다. 즉, 개인이 부모에게서 물려받은 자신의 신체에 대하여 어떻게 생각하는가와 관련된 것이다. 외모에 대해서 어떻게 생각하는가? 신체적으로 건강한가? 아니면 자주 아픈가? 신체적으로 불완전하거나 만성적으로 아픈 아이들은 다른 아이들과 성공적으로 경쟁할 수 없다. 그래서 이런 아이는 열등감이라는 소라 껍데기 속에 움츠러든다.

(2) 과잉보호

이 원천은 부모의 자녀교육과 관련된 것이다. 자녀를 얼마나 독립적으로 키우느냐 의존적으로 키우느냐는 부모의 교육방식에 따라 달라진다. 가족이 핵가족화됨으로써 '내 자식 위주'의 사고를 가진 부모들이 많아졌다. 아이가 학교나 사회에서 어떤 문제를 일으켰을 때, 아이 스스로 해결할 수 있도록 기회를 주기보다는 부모들이 먼저 나서서 모든 일을 해결해버리는 경우가 많다. 과거 한동안 유행했던 '마마보이'라는 말은 부모의 과잉보호로 인해 부모 없이는 아동 스스로 아무것도 결정할 수 없다는 것을 비꼬는 말이었다. 과잉보호로 자란 아이들은 다른 사람들이 항상 그를 위해 모든 것을 해 주기 때문에 자신감이 부족하게 된다. 그 결과로, 그들 자신이 인생의 어려운 고비에 부딪쳤을 경우 해결할 능력이 없다고 믿고 깊은 열등감에 젖게 된다.

(3) 양육태만

이 원천은 부모가 자녀에 대한 최소한의 도리를 하지 않는 것과 관련된다. 아이들의 성장에 있어서 부모의 사랑과 관심은 매우 중요한 요소이다. 아이들은 부모와의 신체접촉, 놀이를 통해 안정된 정서를 갖게 되며 자신의 존재 가치를 느끼게 된다. 사회의 급격한 변화와 더불어 이혼율과 여성의 사회참여가 증가하면서, 자녀에 대한 사랑과 관심이 줄어들고 있다. 특히, 가정에서 비디오 교육이라는 명목으로 아이들에게 홀로 비디오를 보게 함으로써 부모의 역할을 게을리 하는 경우가 많다. 이렇게 양육태만된 아이들은 근본적으로 자신이 필요하지 않다고 느끼고 있으므로 열등감을 극복하기보다는 오히려 문제에 대해 회피하거나 도피한다. 즉, 이러한 아이들은 자신의 능력을 인정받고 애정을 얻거나 남으로부터 존경을 받을 수 있다는 자신감을 잃고 세상을 살아간다.

그러므로 이러한 세 가지 어릴 때의 상황에서 비롯된 열등감 콤플렉스의 원인은 성년이 된 후에 신경증을 일으키는 중요한 요인이 된다.

한편, 아들러는 심한 신체적 약점이나 결함이 있는 사람이 연습이나 훈련을 통해 이를 보상하려고 노력하며, 이들 중 일부는 결국 그 약점을 보상하는 것을 주목하였다. 보상은 잠재력을 발휘하도록 인간을 자극하는 건전한 반응이다. 이와 관련해 아들러는 인간은 항상 좀 더 나아지고 싶어 하므로 본질에서 열등감이 발달하게 되어 있다고 주장한다(Adler, 1956). 열등감은 항상 긴장을 낳기 때문에 우월감을 향해 나아가게 하는 자극이 된다.

2) 생활양식

생활양식Life style이란 개인의 독특성과 존재를 특정 지우는 것으로 삶에 대한 개인의 방식, 즉 삶의 목적, 생활의 전략, 가치, 태도 등을 포함하는 것으로 삶의 목표를 향해 나아가는 방식이다. 이러한 생활양식은 우리의 독특한 열등감을 극복하기 위한 노력이며, 프로이트의 영향으로 6세경에 틀이 형성되어 그 후에는 거의 변화하지 않고 기본구조 위에 수정이나 확대만 이루어진다고 본다. 가족 내에서의 경험이나 형제관계, 사건들에 대한 개인의 태도가 더 큰 영향력을 미치며, 생활양식의 진정한 형태는 생활과제에 접근하고 이를 해결하는 태도에 따라 구별된다고 하였다. 아들러는 인생의 과업으로 직업, 우정, 사랑과 결혼으로 보았다. 이 세 가지 인생 과업에 대한 태도인 자신의 활동수준과 사회적 관심이라는 대인 관계의 두 가지 차원을 통하여 네 가지 생활양식을 구분하였다(Hjelle & Ziegler, 1992).

첫째, 지배형은 사회적 관심이 낮고 활동수준이 높아 공격적이고 활동적이다. 인생 과업에 있어서 반사회적이며, 독단적으로 다른 사람에 대한 배려는 고려하지 않는다. 알코올중독자, 약물이나 마약중독자, 자살의 가능성이 있는 사람이다.

둘째, 획득형은 부모가 지나치게 과잉보호와 간섭하며 지배를 한 방식이다. 사회적 관심은 낮고 활동수준은 중간 정도로 외부세계와 관계를 맺으며, 다른 사람에게 의존하여 욕구를 충족하는 방식이다. 다른 사람을 자신의 욕구 충족을 위하여 도구로 사용하려고 한다.

셋째, 회피형은 사회적 관심도 낮고 인생에 참여하는 활동수준도 낮다. 인생의 모든 문제를 직면하려는 용기가 전혀 없고 회피함으로 한 치의 실패 가능성도 모면하려는 것이다. 주로 신경증 환자나 정신병 환자에게서 볼 수 있다.

넷째, 사회형은 심리적으로 건강한 사람의 모델이다. 개인의 활동수준과 사회적 관심이 높은 사람으로 자신의 욕구는 물론 다른 사람의 복지에도 관심을 가진다. 일과 우정, 사랑 같은 사회적 관심을 중요시한다. 또한 문제를 해결하기 위하여 다른 사람을 존중하며 협력하는 태도와 용기를 가지고 적극적으로 대처한다.

3) 사회적 관심

아들러 이론에서 가장 중요한 개념 중 하나인 공동체감Gemeinschaftsgefiihl은 각 사람의 삶은 세상의 일부분이며 다른 모든 사람과 함께 가치 있는 존재라는 느낌을 의미한다. 이 개념은 직역하면 공동체감community feeling에 더 가까워 이 개념이 미국으로 들어오면서 '사회적 관심'Social interest으로 번역되었다(Ansbacher & Ansbacher, 1982).

사회적 관심은 아들러에게 있어서 가장 중요한 개념으로 인간은 태어나는 그 날부터 사회적 맥락 속에서 살게 된다는 것이다. 아들러가 말하는 사회적 관심이란 각 개인이 이상적인 공동사회의 목표를 달성하고자 할 때, 사회에 공헌하려는 성향을 의미한다. 또한 그는 사회적 관심을 상대방에 대한 공감과 동일시하고 있어, '상대방의 눈으로 보는 것', '상대방의 귀로 듣는 것', '상대방의 마음으로 느끼는 것'등은 인간이 사회의 일원이기 때문에 사회구조를 떠나 고립된 존재로서 이해될 수 없다는 것이다(정성화 외, 2016: 85).

일반적으로는 사회적인 관심은 가족관계 및 다른 아동기 경험의 맥락에서 발달하게 되는데, 특히 협동심이나 연대의식 또는 동료의식 같은 사회적 관심의 발달에 가장 큰 영향을 주는 사람은 바로 어머니이다. 아버지는 어머니 다음으로 사회적 관심에 영향을 미치는 사람으로서, 아버지가 배우자나 직업, 사회에 대해 긍정적 태도로 성숙한 사회적 관심을 보여준다면, 아동이 사회적 관심을 발달시키는 데 있어 보다 쉽고, 긍정적으로 발달시킬 수 있다(김청자·정진선, 2006: 156-157).

아들러는 사회적 관심을 개인의 장래에 모든 적응이 달린 중요한 문제로 간주하여, 그는 개인의 사회적 관심에 대한 수준을 가지고 그 개인의 심리적 건강을 추정하는 척도로 사랑하였으며, 사회적 관심이 부족한 사람은 적응이 어렵다고 주장하였다(Adler, 1956).

4) 우월 추구

아들러는 초기에 인간행동을 좌우하는 위대한 역동적인 힘을 공격성, 즉 방해물을 극복하기 위한 강한 동기라고 믿었다. 그러나 곧 그는 공격적인 충동을 포기하고, 권력에 대한 의지will to power로 생각을 바꾸게 된다. 아들러는 남녀가 부족감과 열등감을 대체하려는 노력으로 갖게 되는 과잉보상의 한 형태인 '남성적 추구'Masculine Protest라는 개념을 제시하였다. 그러나 아들러는 남성적 추구의 개념이 정상인의 동기유발을 만족스럽게 설명하지 못한다고 보고 이를 포기하고, 그 대신 '우월에 대한 추구'striving for superiority의 개념을 채택하게 된다.

아들러는 우월에 대한 추구가 인간 생활의 기초라고 결론을 내리고 있다. 즉, 모든 사람은 위대한 '향상의 동기'great upward motive, 즉 마이너스(-)에서 플러스(+)로, 아래에서 위로, 미완성에서 완성으로 나아가는 동기를 공유하고 있다. 이러한 우월이나 완성을 향한 추구의 동기는 선천적으로 타고난다(Adler, 1964). 그러나 우월에 대한 추구가 선천적으로 타고난 것이긴 하지만 인생발달단계에서 적절히 신장하여야만 한다. 출생 시 그것은 실재가 아닌 잠재력으로 존재하며, 이 잠재력을 자기 나름으로 현실화하는 것은 각 개인에게 달려 있다(권중돈, 2014: 259-260). 이런 잠재력을 실현하는 과정은 아동들이 자신의 인생 목표를 설정하기 시작하는 다섯 살 때부터 시작된다. 인생 목표가 유년기에 처음 형성될 때는 어느 정도 모호하고 일반적으로 무의식적이지만, 차츰 동기의 방향을 결정하고 심리적 운동을 구체화하고 또 의미를 부여한다.

이러한 우월의 목표는 인간 사회발달에 이바지하는 측면에서 긍정적인 경향과 부정적인 경향으로 나타날 수 있는데, 긍정적인 경향은 사회적인 관심이나 다른 사람의 행복을 지향하는 이타적 목표이며, 부정적인 경향은 개인적인 우월성을 추구하는 자기존중, 권력, 개인적인 허세와 같은 이기적인 목표들이다(권육상, 2008: 168).

5) 가족구도와 출생순위

아들러는 가족구도family constellation와 출생순위birth order가 우리의 생활양식 형성에 중요하다는 것을 강조하였다. 가정에서 부모를 중심으로 자녀와의 가족관계가 어떠한 가족구도를 형성하고 있는가는 자녀의 생활양식을 형성하는 데 중요하다(Sweeny, 2015). 역시 자녀의 수가 몇 명인가와 출생순위도 성격 형성에 영향을 준다. 결혼해서 낳은 첫째 아이가 부부가 정말 원해서 출생하였는가의 여부, 즉 첫째 아이가 남자인 경우 또는 여자인 경우, 독자인 경우 등에 따라 부모가 자녀에게 대하는 심리적 태도가 다를 수 있다. 우리나라는 유교 문화의 전통 속에서 오랫동안 부모들이 아들을 선호해 왔다. 요즘에는 자녀들이 하나 아니면 둘이지 세 명 이상인 경우는 많지 않다. 하지만 세 명 이상인 경우에는 자녀가 딸, 딸 그리고 아들이거나 딸, 딸, 딸 다음에 아들일 확률이 대부분이다. 이것은 꼭 아들이 있어야 한다는 우리의 문화적 풍토를 반영한 것이라 본다. 부모를 중심으로 한 가족구도 속에서 부모가 민주적으로 모든 자녀에게 대등한 관계에서 자녀를 양육하지 못하면, 어떤 자녀는 심리적 상처를 받을 수 있다(노안영·강영신, 2011: 98).

그러므로 출생순위와 가족 내 위치에 대한 해석은, 어른이 되었을 때 세상과 상호작용하는 방식에 큰 영향을 미친다. 아동기에 타인과 관계하는 독특한 스타일을 배워서 익히게 되며, 그들은 성인이 되었을 때도 그 상호작용 양식을 답습한다. 아들러 학파 치료에서는 가족역동, 특히 형제간의 관계를 다루는 것을 매우 중요시한다. 따라서, 어떤 유목으로 전형화하는 것은 피해야 할 일이지만, 아동기에 형제간의 경쟁의 결과로 생겨난 성격 경향이 개인의 남은 삶을 통해서 재현되는가를 살피는 것도 도움이 될 것이다.

6) 삶의 과제

아들러(Adler, 1966)에 따르면, 사회적 관심은 인간이 사회적 존재로 살아가면서 해결해야 할 삶의 과제를 해결할 수 있는 동기를 제공해 준다. 또한 삶의 과제와 관련하여 모든 인간은 세 개의 인연을 가지고 있으며, 이와 관련하여 세 가지 삶의 과제를 지니게 된다. 세 가지 인연이란, 첫째는 약한 육체를 지닌 인간이 지구라는 환경과 관계하고 있다는 사실이고, 둘째는 자신의 약함과 불완전성 그리고 한계성 등에 의해 다른 인간과 맺는 인연이며, 셋째는 인류의 생명을 지속한다는 점에서 두 이성의 만남, 즉 다른 성과의 인연을 말한다. 이 세 가지 인연은 세 가지 삶의 과제, 즉 직업, 우정(사회), 이성 교제/결혼의 과제를 제시한다. 네 번째 과제는 우주, 신과 유사한 개념에 대한 반응으로 인간의 영적인 자기Self를 다루는 것이다. 다섯 번째 과제는 주체로서의 자기와 객체로서의 자기에 성공적으로 대처하는 것과 관련된다. 아들러는 한 사람이 성공적으로 다른 사람과 지내고, 일하며, 그리고 이성과 만족스러운 관계를 형성하는 범위는 개인의 전반적인 성격과 성숙도를 드러내는 지표라고 믿었다(양명숙 외, 2013: 154).

5. 개인심리 상담의 과정

아들러의 개인심리 상담의 과정은 4단계로 형성된다(Sweeny, 2015).

1) 관계형성 단계

아들러학파에서는 상담자와 내담자 상호 간의 합의된 목표를 향해 적극적인 파트

너로서 일하는 평등하고 상호 협력적인 관계를 추구한다. 이를 통해 내담자와 상호 신뢰와 존경을 가지도록 하는 것을 중요시한다. 아들러학파의 상담자들은 평등한 존경, 평등한 권리, 평등한 책임을 가지는 평등한 관계를 유지하면서, 내담자가 스스로 독립적인 선택을 할 수 있는 역량과 힘을 지닌 점을 존중해 준다. 내담자는 '상담받는' 소극적인 수용자가 아니라, 협력적인 관계에서 적극적으로 개입해야 하는 당사자다.

평등과 책임을 강조하는 것은 '치료받기 위해 상담받으러 간다'라는 일반적인 생각과는 반대의 것이다. 아들러 상담에서 내담자는 그들 자신의 행동에 책임이 있다는 것을 인식해야 한다. 아들러 상담의 기본개념은 다음과 같은 지침을 가지고 있다.

① 상호존중을 유지하라.

② 관계를 형성하기 위해 분명하고 간단한 목표를 설정하라.

③ 내담자가 낙담해 있고 목표를 지향하고 있다고 이해하라.

상담에서 가장 기본적인 것은 상담자와 강요받은 내담자 간의 치료적 동맹을 형성하는 것이다. 1단계에서 주로 사용하는 상담기술은 참여, 경청, 목표의 확인과 구체화, 공감이다. 다른 상담과 마찬가지로 내담자와의 치료적 관계는 무엇보다 내담자에게 관심을 가지는 것과 주의 깊은 경청이다. 적절한 관심과 경청은 상담 관계에서 상호 신뢰와 존경을 개발하는 데 필수적이다. 이러한 분위기는 내담자로 하여금 분명히 이해되고 수용되는 변화와 움직임에 대해 상담자가 강조하는 가정에 잠재력을 증강시킨다. 내담자를 무조건 수용하고, 내담자가 누구인지에 대한 이해를 함께 발달시키며, 내담자의 강점과 능력을 알려 주고 스스로가 원한다면 변화할 수 있다는 것을 믿도록 격려한다. 내담자들은 그들 자신이 변화의 힘을 가지고 있다고 믿는 상담자의 신뢰를 알아차리게 된다. 이러한 믿음은 내담자로 하여금 그들이 종종

'할 수 없는' 것이라고 보았던 방식이 실은 '하지 않았던' 것이라는 사실을 깨닫도록 돕는 것으로 입증된다. 또한 아들러 상담의 기본개념에서 강조했던 인간행동의 목적성 이해는 상담 초기부터 나타난다.

상담 초기에 상담자는 내담자들에게 도움을 구하고자 하는 이유에 대해서 질문한다. 이때 가장 많이 쓰는 질문은, "만약 이러한 문제가 없었다면, 당신의 인생은 어떻게 달라졌겠습니까?" 이러한 질문의 다른 형태로, "당신은 지금 무엇을 하고 있습니까?", 또는 "만약 문제가 없다면, 당신이 지금 할 수 없는 것 중 무엇을 할 수 있겠습니까?"라고 말할 수도 있다. 이러한 질문은 내담자가 '자신이 가진 문제'로 인해서 어떤 기본적인 생활과제를 회피하고 있는지를 파악하려는 의도에서 하는 것이다.

2) 생활양식 탐색단계

두 번째 단계에서는 생활양식을 이해하고 생활양식이 삶의 과업에 어떠한 영향을 미치는지를 이해하는 것이 중요한 목표다. 개인심리 상담에서는 내담자가 과거에 어떤 생활을 하였는지를 우선 탐색한다. 아들러 상담에서 생활양식은 기본개념이다. 생활양식은 그 자신과 타인에 관한 신념, 지각, 감정에 의거해 세워진 구조, 그리고 개인의 구성개념이다. 상담자는 내담자의 신념, 지각, 감정을 확인하기 위해 노력하며 그의 이야기를 주의 깊게 듣는다. 다시 말해서 잘못 형성된 생활양식은 무엇이며, 그 원인이 무엇인지 분석하고 평가한다. 이것을 알면 내담자의 지각, 신념, 감정, 목표 동기를 알 수 있다. 구체적으로 가족 구도 초기 기억, 과거의 꿈, 내담자의 우선적 욕구, 기본적 오류 등을 분석한다.

아들러 상담자는 가족과 다른 사회적 환경 내에서 생활양식이 처음부터 어떻게 개발되었는지, 어떤 기본적 확신이 작동하고 있는지, 생활양식이 내담자의 공동체, 직업, 사랑 등에 참여하는 것을 어떻게 방해하고 있는지 등이 포함된 내담자의 생활양식을 이해해야 한다. 이는 대체로 자유 형식 또는 구조화된 형식으로 진행된다. 아들러 상담자는 새로운 내담자에게 자기 삶의 이야기를 해보라는 간단한 질문을 한다. 삶의 이야기를 한꺼번에 모두 할 수 없기 때문에, 대략 자신이 겪어 온 사건과 사람들에 관해서 지금 중요하다고 여기는 것들을 먼저 이야기하게 된다. 상담자는 삶의 이야기에서 포기나 성취 같은 주제를 골라낼 수도 있고, 이야기의 전반적인 정서적 색채에 이름을 붙일 수도 있다. 이런 것들이 생활양식에 대한 주제와 색채가 된다. 생활양식은 자기 자신과 타인, 세계, 현실에 대한 주관적인 인식이나 신념에서 비롯된다. 생활양식은 자아개념, 자아이상, 세계상, 윤리적 확신으로 설명할 수 있다. 생활양식에 관한 조사에서 주로 쓰이는 기법은 가족구도사정, 초기회상, 꿈 분석, 기초적인 실수에 관한 분석 등이 있다. 아들러는 내담자를 전체적으로 사정하기 위해 구조화된 면접을 사용했다. 구조화된 면접을 통해 그는 내담자들이 삶의 이야기 중에서 놓치는 것(고의이거나 아니거나)을 빠뜨리지 않으려 노력했다. 아들러는 면접을 위해 다음과 같은 개요를 제공했다.

① 불만이 무엇입니까?

② 처음 증상을 알았을 때 상황이 어땠습니까?

③ 지금 상황은 어떻습니까?

④ 직업이 무엇입니까?

⑤ 부모님의 특성과 건강에 대해서 설명해 보세요. 살아 계시지 않다면, 어떤 병으로 돌아가셨습니까? 부모님과의 관계는 어쨌습니까?

⑥ 형제가 몇 명이나 됩니까? 그중 몇째입니까? 당신에 대한 형제들의 태도는 어떻습니까? 얼마나 오래 형제들과 같이 살고 있습니까? 형제들은 병은 없습니까?

⑦ 아버지나 어머니가 누구를 더 좋아합니까? 어떤 식으로 키워졌습니까?

⑧ 어린 시절 욕구의 표현방법을 말해보십시오(겁 많음, 수줍음, 친구 관계 형성 곤

란, 난폭함).

⑨ 어린 시절 어떤 질병을 앓았습니까? 또 형제들에 대한 태도는 어쨌습니까?

⑩ 가장 어린 시절의 기억은 무엇입니까?

⑪ 겁이 나면 몸과 마음이 어떤 상태가 됩니까? 가장 무서운 것은 무엇입니까?

⑫ 반대 성별에 대한 태도는 어떻습니까? 어린 시절과 시간이 지난 뒤에는 어떻습니까?

⑬ 가장 관심이 가는 직업이 무엇이었습니까? 그리고 그 직업을 갖지 못했다면, 이유는 무엇입니까?

⑭ 야망이 크거나, 민감하거나, 기분발작이 일어나는 경향이 있거나, 현학적이거나, 거만하거나, 부끄러움이 많거나, 참을성이 없습니까?

⑮ 현재 주변에는 어떤 사람들이 있습니까? 그 사람들은 참을성이 없거나, 성미가 까다롭거나, 자애롭습니까?

⑯ 잠들 때는 어떻습니까?

⑰ 어떤 꿈을 꿉니까?(떨어지는 꿈, 나는 꿈, 회상하는 꿈, 시험에 대한 예언, 기차를 놓치는 꿈)

⑱ 가족력이 있는 질병이 있습니까? 있다면 무엇입니까?

면접은 가족 구성을 조사하고, 가족구성원들의 특정 사회적 위치(성좌 속 별들의 위치처럼)를 조사하는 것에 중점을 두고 있다. 면접 질문에는 아들러학파의 주요 개념이 많이 반영되어 있다.

3) 통찰단계

세 번째 단계는 통찰력을 가지는 것이다. 통찰은 장기 변화의 필수조건이다. 통찰을 획득하면 자기 파괴적 행동 패턴을 알아 재교육을 통해 수정할 수 있다. 통찰을 획득하게 하기 위한 가장 주요한 방법이 해석이다. 이 단계에서 상담자는 내담자의 생활양식, 현재의 심리적 문제, 잘못된 신념, 자기 파괴적 행동을 깨닫게 하여 그것이 어떻게 내담자에게 문제가 되는지 해석해 준다. 해석할 때에는 원인보다는 목적, 설명보다는 그것이 작용하는 방향, 소유하고 있는 것보다는 현재 활용하고 있는 방식에 초점을 둔다. 해석을 통해 내담자 자신이 대처할 방식을 볼 수 있도록 해 주는 것이다. 그러면서 동시에 내담자의 언행 불일치, 이상과 현실 간의 불일치 등에 직면시켜 자신에 대하여 통찰을 얻을 수 있도록 한다.

상담자는 내담자의 가족 내에서의 위치와 초기현상, 꿈, 삶의 우선순위 등에 대한 자료들이 수집되면 각 영역을 분리해서 요약하여 내담자의 자신에 대한 관점, 세상에 대한 관점, 그리고 생애 동안 어떻게 행동할지에 관한 무의식적인 결정들에 대한 몇 가지 가설을 형성한다. 이러한 가설들은 내담자와 함께 확인할 필요가 있다. 대부분의 사람은 자신이 뭔가 잘못되었다고 생각하고 상담을 받으러 온다. 상담은 개인이 자신의 잘못된 생각을 자각하고 왜 자신이 그런 방식으로 행동하는지를 이해하도록 돕는 것이다. 상담자는 내담자를 만나서 사정 과정을 통해 모은 증거들을 가지고 함께 해석을 해나간다. 내담자가 자신의 생활양식, 현저의 심리적인 문제, 잘못된 신념 등 기본적 오류를 깨닫도록 하고, 그것이 내담자에게 어떻게 문제가 되는지 해석한다. 이것에 대해 내담자는 동의할 수도 있고 그렇지 않을 수도 있다. 상담자는 내담자가 말을 통해 또는 웃는 것과 같은 비언어적인 반응을 통해 인지한 것을 나타낼 때 자신이 맞게 추측한 것인지를 알게 될 것이다.

내담자는 통찰력을 가져야 하는데 이때 상담자는 자신의 제안을 강요해서는 안 된다. 상담은 공동 작업이다. 일단 상담자가 내담자의 말을 적극적으로 듣고 전체적 통합의 원리를 적용하여 내담자의 생활양식을 이해하게 되면, 상담자는 내담자가 생활양식에 영향을 주는 그의 기본 신념과 인식을 자각하게 함으로써 상담자와 같은 이해에 도달하도록 도울 수 있다. 내담자에게 생활양식을 이해시키고 그것이 어떻게 해서 그렇게 된 것인지를 분명히 보여주는 그런 과정이 상담 관계에 깊은 치료적 영향을 준다. 무엇이 내담자가 좀 더 효율적으로 행동하지 못하도록 하는지에 대한 이러한 통찰은 내담자가 겉으로 드러난 모순을 해결할 수 있도록 도움을 준다. 이로써 내담자는 그들의 잘못된 목적을 버리고 효율적인 행동양식을 추구하게 된다. 내담자는 자신의 느낌, 신념 그리고 사고를 인식하게 되고, 어떻게 그것들을 가지게 되었는지를 이해함으로써 더 그것에 대한 신비도 갖지 않게 된다. 내담자는 자신의 사적인 논리가 어떻게 그를 제지하는지 인식할 수도 있고, 자기 생각과 목표들이 변화되기를 원할 수도 있다. 상담자는 내담자가 자신의 사적인 논리가 아닌 상식으로서 자신의 목표를 조준할 수 있도록 그들의 목표와 생각에 도전할 수도 있다. 상담자는 내담자가 현재 제시한 문제들이 자신의 생활방식에 어떻게 맞아떨어지는지를 내담자가 알도록 돕게 된다.

내담자가 "내 증상으로 인해 나는 삶의 어떤 임무를 피하게 되는가?" 또는 "이렇게 함으로써 나는 어떤 대가를 지불해야 하는가?"라는 질문을 할 때 상담자는 해석을 해 주게 된다. 따라서, 모든 증상은 근간에 깔린 목적이 있고, 이는 삶의 요구에서 뒤로 물러설 변명거리를 제공한다.

4) 재정향(행동 전환)단계

네 번째 단계는 해석을 통해 획득된 내담자의 통찰이 실제 행동으로 전환되게 하는 단계로 행동을 유발하기 위한 다양한 능동적(적극적) 기술이 사용된다. 상담자는 내담자가 잘못된 생각을 계속해서 유지하고자 할 때 그것을 지적할 수 있다. 그리고 달성할 수 있는 과제를 내담자와 함께 정한다. 과제는 사적인 논리에 대한 도전이고, 내담자가 자신의 삶에서 가지고 있던 장애물을 깨트리는 것이어야 한다. 과제는 내담자를 위한 새로운 행동들이기에 상담자는 내담자가 새로운 행동을 어떻게 경험했는지 들을 수 있어야 하고 내담자가 변화를 성취해 가는 것을 축하해 줘야 한다. 내담자의 성취는 변화를 시도하고자 하는 내담자의 열망이 얼마나 강한지에 달려 있다. 내담자는 과거의 잘못된 신념, 행동, 태도를 버리고 새로운 생활양식을 갖고 사회적 관심을 갖도록 부단히 노력해야 한다. 상담자는 내담자에게 사회적 접촉을 시범으로 보여주고 내담자가 이를 다른 사람에게 실시해 보도록 격려한다.

내담자는 삶의 요구에 직면할 용기를 얻어야 한다. 내담자의 새로운 행동은 오랫동안 지녀 온 회피적 행위와 지금까지 추구해 왔던 잘못된 목표추구를 포기하는 일이 될 수도 있다. 재정향은 통찰을 행동으로 전환하는 것이다. 내담자는 회피해 왔던 위험을 감수하는 것이 생각보다 나쁘지 않다는 것을 발견하게 된다. 유리한 점에 초점을 두는 것이 또 하나의 재정향 임무다. 많은 내담자가 자신의 문제에 너무 깊이 몰두하여 자신의 강점을 개발하는 것을 잊어버린다. 약점을 받아들이는 것도 필요하지만, 강점을 보충하는 것에 더 많이 집중해야 한다.

재정향 단계를 성공시키는 데 효율적인 요인은 격려다. 격려는 내담자에게 변화를 자극하는 최고의 요소다. 격려는 자신감과 용기를 증가시킬 뿐 아니라, 변화를 촉진한다. 내담자가 격려를 통해 용기를 얻게 되면 더 긍정적인 방향으로 행동하고, 좀 더 개방적으로 변모하게 된다. 내담자가 다른 사람을 격려하는 것을 배우게 되면, 그들은 다시 그들 자신을 격려하게 되며, 이로써 자신감 있는 행동이 더 큰 자신감을 자극하는 순환과정을 강화하게 한다. 변화를 촉진하는 또 다른 요소는 확고한 목표다. 상담자가 특정한 목표와 목적을 명확히 진술해 주면 내담자는 더욱 변화에 참여하게 되고 변화를 실행하고자 노력하게 된다.

아들러 상담은 행동수정체계가 아니라, 동기수정체계다. 상담의 초점을 태도, 신념, 인식, 목적의 변화에 두고, 이를 통해 행동도 바뀔 것으로 본다. 변화에 초점을 맞추는 것은 내담자가 그들의 자기 패배적인 잘못된 신념, 잘못된 인간관계에 대한 생각, 생의 요구에 대한 잘못된 생각, 그리고 잘못된 목적과 목표를 깨닫도록 돕는 것을 포함한다. 상담자가 이러한 요소들 간의 상관관계를 알게 될 때, 내담자는 변화의 선상에 있게 되고 긍정적인 방향으로 움직이게 된다.

이 단계에서는 실제로 한 사람의 행동과 관계들이 어떻게 그 사람의 의도와 신념과 관련이 있는지를 본다. 상담자는 내담자에게 어떻게 그들 고유의 목적과 의도를 선택하는지, 그리고 그것들이 그들의 모든 행동, 느낌, 생활과제를 해결하는 데 어떤 영향을 미치는지를 반영해 준다. 아들러 상담과정에서, 상담자와 내담자는 그들의 목적을 제시하고, 가능한 대안과 결과들을 고려하며, 이러한 대안들이 내담자를 어떻게 도와서 목적을 성취하게 하는지를 평가하고, 그러고 나서 행동의 과정을 취함으로써 재방향 설정을 한다. 이때 상담자는 자기 패배적이고 잘못된 인식이 내담자가 효과적인 결정을 내리는 데 있어서 얼마나 방해가 되는지를 생각해 보도록 도와야 한다.

6. 개인심리 상담의 기법

아들러의 개인심리 상담의 기법은 다음과 같다(김충기·강봉규, 2003: 160-165).

1) 상담 초기에 요구되는 기법

상담의 초기에 쓰이는 주요 기법은 주목하기, 경청, 목표의 확인과 구체화, 공감의 제공 등이다. 주목하기는 내담자와 눈을 맞추고, 내담자를 심리적으로 인정하는 행동이다. 경청은 내담자의 언어적·비언어적 메시지를 포착하기 위해 듣는 것이다. 주목하기와 경청은 내담자의 목소리, 자세, 안면 표정, 몸짓, 주저하는 말투 등에서 전달되는 메시지에 주의를 기울이는 것이다. 공감적 이해는 내담자의 주관적 세계를 파악하고, 이런 이해를 내담자에게 전달하는 상담자의 능력을 말한다. 이러한 기법들은 대부분의 효과적인 상담기법들에서 모두 강조하고 있는 것들이다.

2) 일반적 기법

(1) 즉시성

이는 현재 이 순간에 무엇이 일어나고 있는지를 다루는 기법이다. 이것은 내담자로 하여금 상담 시간에 일어나는 것이 일상생활에서 일어나는 것의 표본이라는 점을 깨닫도록 돕는 것이다. 예를 들어, 내담자가 계속 중요한 결정을 내릴 때마다 상담자의 조언에 의지한다고 가정할 때, 그가 상담자를 어떻게 생각하고 있는지를 그에게 명확하게 말해준다면 그것은 즉각적인 것이 된다. 내담자가 자기에게는 결정할 능력이 없다는 잘못된 신념에 집착함으로써 어떻게 자신을 패배시키고 있는가를 '지금-여기'에서 보여줄 수 있기 때문이다.

(2) 충고하기

여기서는 충고를 사용하되 내담자의 의존성을 부추기지 않도록 해야 한다. 그리고 내담자의 자기 지도력과 자립능력을 격려하도록 조심하면서 충고를 해야 한다.

(3) 격려하기

격려encouragement는 전 상담과정을 통해 적용되는 기본적인 기법이다. 내담자는 병에 걸린 것이 아니라, 의기소침한 사람이라는 아들러의 기본개념은 상담자의 주과제가 격려하는 것을 의미한다. 효과적인 상담과 심리치료의 중요한 치료적 요건 중의 하나가 희망이라고 할 때, 격려는 내담자들이 희망을 갖게 하는 중요한 수단이 된다.

격려의 의미는 내담자에게 자기 가치감을 심어주고 내담자들을 그들이 되어야 하는 모습이나 그들이 될 수 있는 모습이 아닌 현재 있는 그대로 수용하는 것이다.

내담자가 혼자가 아니라고 느끼고, 치료자의 힘과 유능성에서 안전감을 느끼며, 긍정적인 것을 확대하고 부정적인 것을 제거하면서 희망을 가지게 되는 것은 모두 낙담을 상쇄시켜 준다. 내담자에 대한 믿음을 표현하고, 그를 비난하지 않고, 그리고 그에게 과다한 요구를 하지 않는 것 등은 내담자에게 희망을 제공할 수 있다.

내담자는 또한 이해받고 있다는 느낌으로부터도 희망을 가질 수 있다. 따라서, 그가 두려워했거나, 그가 알지 못했던 행동 과정을 시도해 봄으로써 희망을 얻을 수도 있다. 상담자는 도덕적 설교를 하지 않으며, 내담자의 행동은 좋거나 나쁜 관점에서 평가되지 않으며 유용성의 관점에서 다루어지게 된다. 유머의 사용은 내담자를 격려하는 데 중요한 역할을 할 수 있다.

무엇보다도 격려는 낙담한 사람들이 스스로가 갖고 있는 심리적인 장애를 제거하도록 돕는 것인데, "나는 할 수 없다" I can't는 부정적인 태도에서 자기의 내적인 능력을 발견하여 보다 생산적인 "나는 할 것이다" I will는 태도를 갖도록 돕는 것이 격려의 목표이다. 격려는 상대방의 자기존중감, 자신감, 가치감을 증진시켜 주기 위하여 그의 자원에 초점을 두는 과정이라고 본다면, 여기서 중요한 것은 상대방의 장점과 강점을 강조함으로써 긍정적인 것을 취하고 부정적인 것은 무시하는 것이다.

(4) 역설적 의도

플랭클(Frankl, 1967)이 활용한 기법으로서 내담자가 두려워하는 행동이나 사고를 의도적으로 과장하여서 하도록 하는 기법이다. 반암시 또는 부정적 연습기법이라 할 수 있다. 예를 들어, 일을 미루기만 하고 끝내지 못하는 내담자에게는 일을 더 미루도록 요구한다. 시간 대부분을 걱정으로 보내는 내담자에게는 하루를 온통 모든 것을 걱정하는 데 소비하도록 하는 과제를 준다. 이 절차를 쓸 때는 내담자가 그 실험으로부터 무엇을 배우는가를 알 수 있게 하려고 특정한 시간 동안 어떤 행동 유형을 과장하도록 해야 한다.

내담자가 이러한 행동이 얼마나 어리석은가를 명확하게 인식하도록 함으로써 만족스러운 생활양식으로 유도하게 되면, 내담자는 그 행동을 변화시키거나 포기하게 될 것이다.

(5) 시범보이기

상담자는 내담자에 대해 사회적 관심의 대표자로서, 그리고 '진실한'being for real 인간, 완전한 인간이 아닌 실수할 수 있는 보통의 인간으로서의 역할을 보여주어야 한다. 결국, 상담자는 내담자가 모방하려 할 가치를 행동으로 나타내 보여야 한다.

(6) 역할놀이

상담자들은 내담자가 자신이 원하는 자기가 되어 있는 것으로 상상하고 그렇게 행동하도록 역할놀이role play 상황을 설정한다. 내담자가 "만약 내가 ~을 할 수 있다면 …"이라고 말하면, 최소한 일주일 동안 그 환상 속의 역할을 실제로 행동해 보고 무슨 일이 일어났는지를 보고하도록 한다.

이 기법의 예로서 Mr. Kim으로 돌아가 보자. 그는 자신의 사회적 억제로 고통을 겪고 있으며, 여성과 만나서 이야기하는 데 대한 심한 두려움을 없애고 싶은 마음이 간절하다고 말했다고 해보자. 상담자는 다음과 같이 말할 것이다.

> Mr. Kim, 다음 일주일 동안 당신은 재치 있고, 매력적이고 멋있는 사람인 것처럼 행동해 보라. 당신은 많은 것을 가지고 있고 여성들이 당신과 알고 지내고 싶어 안달인 것처럼 행동하라. 당신이 접촉하기를 원했던 여성 중 적어도 3명에게 접근해 보아라.

3) 특수기법

(1) 초인종 누르기

초인종 누르기push button technique 기법은 내담자가 유쾌한 경험과 유쾌하지 않은 경험을 번갈아 가면서 생각하도록 하고, 각 경험과 관련된 감정에 관심을 가지도록 하는 것이다. 이 기법의 목적은 내담자에게 그들이 무엇을 생각할지를 결정하여, 자신이 원하는 감정은 무엇이든지 만들어 낼 수 있다는 사실을 가르치려는 것이다. 초인종 누르기 기법을 통해서 아들러 상담자는 내담자가 자신이 우울을 선택했으며, 우울은 자기 생각의 산물임을 인식하도록 도와준다.

상담자는 내담자에게 아주 즐거운 사건을 회상하도록 하고, 다음에 아주 불쾌한 사건을 회상하고, 그다음에는 또 사건이 자신이 바라는 식으로 이루어지게 되는 것을 상상하게 하는 선택적 과정을 사용할 수도 있다. 내담자에게 마지막 사건을 재현하고, 사고의 산물로 창출된 감정을 덧붙이라고 한다.

상담자는 그 사람에게 두 가지 초인종, 즉 '우울'초인종과 '행복'초인종을 가지고 집에 가라고 하며, 그에게 앞으로 겪게 될 사건에 어느 초인종을 쓸 것인지는 자기가 통제할 수 있다고 말한다.

(2) 내담자의 스프에 침 뱉기

상담자는 목표를 정해서 어떤 행동을 종식시키며, 내담자의 눈앞에서 어떤 행동의 유용성을 감소시킴으로써 게임을 망치게 하기도 한다. 그 행동을 함으로써 치러야 할 대가를 그에게 보여주는 것이다.

내담자의 자기 패배적 행동에 감추어진 동기를 밝혀냄으로써 상담자는 접근-회피 상황을 설정하게 된다. 내담자의 행동(스프)에 침을 뱉음spitting in the soup으로써 상담자는 극히 거슬리는 존재가 된다. 내담자는 여전히 그 스프를 먹으려고 하지만

(그 행동을 수행하려고 하지만), 이제는 결코 그 맛이 이전과 같지 않다. 요약하면, 상담자가 내담자의 스프(행동 방식)를 못 먹도록 만드는 것이다.

(3) 마이더스 기법

마이더스 기법Midas Technique은 내담자의 신경증적 요구를 과장하는 것이다. 마이더스 기법은 내담자의 신경증적 요구를 과장하는 것이다. 이 기법은 황금에 대한 미칠 듯한 욕망과 그가 원하는 모든 것을 가질 수 있는 능력이 곧 축복이 아니라, 저주가 된다는 것을 발견했던 마이더스 왕의 이야기에 근거를 두고 있는 것이다. 이 기법에서는 내담자의 욕구를 충족시켜 주기 위하여 상담자가 과잉 대응을 하는 것이다. 이렇게 하면 내담자가 자신의 욕구를 덜 추구하게 된다. 이 기법은 재치 있게 하며 웃음거리의 대상이 내담자 자신이 아니라, 내담자의 부질없는 행동이라는 것을 깨닫게 해 준다(강갑원, 2015: 122).

이와 같은 방식으로 상담자는 내담자를 동정하고, 내담자의 요구를 충족시키기 위해 내담자를 과잉 동정한다. 이러한 맞대결 접근법은 유머러스하게 수행되어야 하며, 그 결과 내담자 자체가 아니라, 그의 행동을 웃음거리로 만드는 것이어야 한다.

(4) 타인을 즐겁게 하기

사회적 관심의 상실은 내담자를 실망하게 하는 주요 요인 중의 하나이기 때문에, 상담자는 내담자에게 밖으로 나가 다른 사람을 위해 '좋은 일'Pleasing someone을 하라고 지시한다. 이 방식은 내담자를 사회적인 주 흐름 속으로 되돌아오도록 촉진한다. 항상 우울한 상태에 있는 사람에게 때로는 다른 사람들을 즐겁게 하는 일을 시도해 보도록 하면, 그들에게서 돌아오는 긍정적 피드백이 내담자에게 큰 격려가 될 수 있다. 때로는 자기 자신이 아무런 즐거움이 없기 때문에 다른 사람을 즐겁게 하는 것이 불가능하다고 생각하는 사람들도 있다. 그럴 경우에는 실제로 타인을 즐겁게 하는 일을 하기보다는 어떻게 하면 즐겁게 만들 수 있을까 생각해 보도록 요청할 수도 있다.

(5) 저질의 아이 피하기

내담자는 일상생활에서 사용하는 자기 패배적인 행동 유형을 상담상황에 가져온다. 그는 왜곡된 지각이 없어질지도 모른다고 생각하기 때문에 잘못된 가정에 집착할지도 모른다. 예를 들어, 어떤 내담자는 아무도 그를 돌보아 주는 사람이 없다고 생각하기 때문에 다른 사람이 그에게 하는 것처럼 반응하려고 한다. 상담자는 그런 덫에 걸리지 않도록 조심해야 하며, 그런 오래된 행동 유형을 계속 지키려는 내담자의 행동을 강화하지 않도록 주의해야 한다avoiding the tar baby.

그 대신에 상담자는 더욱 심리적인 성숙으로 이끄는 그런 행동을 격려하도록 해야 할 것이다.

(6) 스스로 억제하기

이는 내담자가 원하지 않는 행동을 하는 순간에 자신의 모습이나 행동을 억제하게 하는 방법catch oneself이다. 억제하기의 결과는 마치 어머니가 몰래 숨겨놓은 음식을 아이가 훔쳐 먹다가 들켰을 때 어찌할 줄 모르고 당황하여 움직이지 못하고 꼼짝없이 서 있는 경우와 같다. 이러한 억제하기를 반복 연습하다 보면 부적응 행동의 좋지 않은 결과가 상상되고 그래서 행동을 변화시킬 수가 있게 된다.

내담자가 자신이 추구하는 가공적 목적을 이해하게 된 후 그것에 관련된 어떤 것을 하고자 할 때 상담자는 정신적인 '억제 신호'들의 목록을 제공한다. 이러한 억제 신호는 내담자가 비난이나 죄책감 없이 행동 수행 과정 중에 말로써 자신을 억제할 수 있도록 하여, 불합리한 행동을 중지시킨다. 이 기법은 대체로 처음 시도할 때에는 내담자가 자신을 억제하는 것이 너무 늦기 때문에 연습이 필요하다. 그러나 연습을 계속하면 사건을 예상할 수 있게 되어 그것이 일어나기 전에 중지시킬 수 있게 된다.

7. 개인심리 상담에 대한 평가

개인심리이론이 정신분석이론만큼 포괄적·체계적이지는 않지만, 성격발달에 있어 사회적 요인의 중요성과 행동의 목적성을 강조함으로써 생물학적 충동과 무의식적 갈등을 강조한 프로이트의 정신분석이론을 극복하였다. 특히, 프로이트가 무시한 개인의 사회적 위치에 대한 고찰을 통해 성격발달에 대한 사회적 측면의 영향을 강조하고 있다. 또한 인간을 스스로 의식하지도 못하는 성적·공격적 욕구에 지배되는 존재가 아니라, 개인적 우월의 목표를 추구하는 존재로 인식하고 있다. 클라이언트가 자신의 문제를 이야기하면 치료자는 거기서 클라이언트의 생활양식을 알 수 있게 되며, 클라이언트가 자신의 문제를 직시할 수 있게 해 주기 위해 클라이언트를 지지하고 안심시킨다. 이것은 클라이언트가 자신의 문제에 직면할 수 있는 용기와 상식을 찾는 데 도움을 준다. 그러나 아들러의 초기 공식들은 기본 가설을 경험적으로 확인하기가 어렵게 되었고, 우월을 향한 노력, 자기의 창조적인 힘이나 열등감 등의 개념들이 명료하지 않다는 지적을 받고 있으며, 지나치게 간결하게 보았다는 비판을 받는 것도 사실이다(장수한 외, 2017: 194). 개인심리 상담의 공헌점과 비판점을 종합해 보면 다음과 같다(강갑원, 2015: 123).

1) 공헌

첫째, 내담자를 신경증 환자로 보지 않고 낙담한 사람으로 보고 이들을 격려하기 위한 다양한 방법을 실제로 사용하거나, 상담자와 내담자 간의 평등 관계를 조성하는 등 긍정적 상담 관계 형성에 이바지하였다.

둘째, 다른 상담이론에 영향을 주었다. 즉, 성격 형성에 사회성이라는 새로운 관점을 제시하여 성격심리학의 폭을 확대하였고 자유 현상학적 해석, 성장, 책임과 같은 개념들은 실존치료, 형태주의 치료, 현실치료, 합리적·정서적 치료 등의 주요 이론에 영향을 주었다.

셋째, 가족 구도의 개념이 유용하고 이것을 사용하여 중요한 연구가 이루어졌다.

넷째, 개인차를 이해하는 데 필요한 생활양식, 가족의 역동성, 출생 순위, 형제간 경쟁의식 같은 개념을 소개했다.

2) 한계와 비판

첫째, 치료가 언어 표현 능력, 논리적 사고 통찰력에 의존하고 있어 지적 수준이 낮은 내담자에게는 적합지 않다.

둘째, 지나치게 인지, 특히 기본적 오류를 강조하였다.

둘째, 효과를 검증한 경험적 연구가 부족하며, 상식에 기초하고 있다.

넷째, 민주적 가족 구도와 같은 개념은 종적 사회를 강조하는 동양 문화권에서는 맞지 않아 문화 편중적이다.

다섯째, 급히 해결해야 할 문제가 있는 사람에게는 적합지 않다.

CHAPTER

04

행동주의 상담

개요

행동주의 상담은 부적응 행동을 치료하기 위하여 행동주의 학습이론을 체계적으로 적용하는 접근법이다. 행동주의 상담은 20세기에 발전된 행동주의 심리학의 학습이론에 그 근거를 두고 있다. 행동주의 심리학자들은 학습이론을 실증적 방법에 의해서 행동의 일반이론을 확립하는 데에 크게 공헌하였다. 본 장에서는 행동주의 상담에 대해 논의하고자 한다.

학습목표

- 행동주의 심리학에 대한 이해
- 행동주의 상담의 핵심 개념 파악
- 고전적 조건형성과 조작적 조건형성에 대한 깊은 이해

학습내용

1. 행동주의 상담의 개요
2. 주요 학자의 생애: 파블로프, 스키너
3. 인간관
4. 주요 개념과 특성
5. 행동주의 상담의 과정
6. 행동주의 상담의 기법
7. 행동주의 상담에 대한 평가

1. 행동주의 상담의 개요

1) 행동주의 이론의 개념

심리학의 제2세력인 행동주의는 인간행동을 연구하는 심리학의 주요한 세력으로서 20세기 후반을 지배해 왔다. 행동주의자들은 인간의 관찰될 수 있는 행동만이 과학적 심리학의 연구주제가 된다고 주장하였다. 특히, 행동주의는 실용주의가 지배하는 미국의 학문적 토양에 부합하여 1930년대부터 1960년대까지 미국에서 전성기를 이루어 그 꽃을 피웠다고 할 수 있다.

행동주의 접근은 인간행동의 원리나 법칙을 설명하는 학습이론에 근거한다. 즉, 인간의 모든 행동은 주어진 환경에 의해 결정된다고 본다. 따라서, 행동치료자는 당신의 바람직한 행동뿐만 아니라, 당신의 잘못된 행동도 학습된다고 믿는다. 정신역동주의 및 인본주의 관점과는 달리, 행동주의 관점은 학습원리를 도출하는 실험적인 장면에서 관찰 가능한 행동을 분석할 것을 강조한다. 행동주의 모델에 의한 대부분의 연구는 개, 고양이, 비둘기 같은 동물의 수행에 기초한다. 이것은 실험동물의 수행을 인간에게 일반화시키는 것에 대한 이슈를 불러일으켰다. 그럼에도 불구하고, 행동주의 심리학자들은 특정한 행동이 어떻게 형성되었는가를 구체적으로 보여줌으로써, 문제행동을 변화시키기 위한 상담의 이론적 체계에 공헌하였다.

행동주의 접근의 기초가 되는 중요한 학습이론으로 파블로프Ivan M. Pavlov의 실험에 근거한 고전적 조건형성Classical or Respondent Conditioning과 스키너B. F. Skinner의 조작적 조건형성Operant Conditioning을 들 수 있다. 초기에, 행동치료는 이러한 학습원리를 인간 활동에 논리적으로 확장한 것으로 간주하였다. 그러나 오늘날의 행동치료는 더 고전적 조건형성과 조작적 조건형성 이론의 임상적 적용이라고 단순히 정의할 수 없을 정도로 다양한 발전을 이룩하였다.

행동주의와 사회학습이론의 전통을 이어받은 반두라A. Bandura는 급진적 행동주의의 단점을 보완하고자 하였다. 이들은 인지의 중요성을 내포한 사회적 행동과 학습이론을 행동주의 원리에 따르면서, 심리학의 다른 개념들을 행동주의에 통합시키려고 노력하였다. 이들의 이론은 매우 단순한 실험실 상황에서 벗어나 보다 복잡한 사회적 맥락에서 연구되어야 함을 강조하였다. 또한 동물을 연구하기보다는 인간을 대상으로 연구하여 행동의 원리를 밝혀야 한다고 주장하였다(노안영·강영신, 2011: 365).

그러므로 행동주의자들은 인간이 조건형성의 산물이라고 보며 모든 인간학습의 기본적 유형으로서 자극-반응의 패러다임을 주장하였다. 행동주의의 주요한 변화는 1960년대 학습에 인지에 대한 중요성을 점차 수용하면서 사회적 학습이론으로 발전되었다. 여기서는 성격에 대한 행동 및 사회적 학습관점으로 행동주의의 권위라고 할 수 있는 파블로프의 고전적 조건형성Classical Conditioning, 스키너의 조작적 조건형성Operant Conditioning에 대하여 살펴보고자 한다.

2) 행동주의 상담의 개념

행동주의 상담은 부적응 행동을 치료하기 위하여 행동주의 학습이론을 체계적으로 적용하는 접근법이다. 다른 상담이론과 달리, 행동주의 상담은 한 학자에 의하여 제창된 단일 이론이 아니라, 여러 행동주의 학습원리를 상담에 체계적으로 적용하는 접근법이다. 부적응 행동은 학습된 것이기 때문에 이것을 치료할 때에도 학습원리로서 가능하며 이것을 '행동수정' 또는 '행동치료'라고 한다. 행동주의 심리학과 마찬가지로, 주로 관찰 가능한 행동에 초점을 두며 초기에는 자극과 반응의 연합, 강화, 반복 등과 같은 행동주의 심리학의 원리를 상담에 적용하였으나, 나중에는 의사 통찰, 사고와 같은 인지주의 심리학의 주요 학습원리의 개념도 받아들였다(강갑원, 2015: 137).

행동주의 상담Behavioral Counseling이라는 용어는 1964년 미국심리학회 연차대회에서 크룸볼츠J. D. Krumboltz가 처음 사용하였으나(LaFleur, 1979), 오늘날의 행동적 상담과는 거리가 있었고, 그 이전부터 '행동치료'Behavioral Therapy라는 용어가 사용되어 오고 있었다. 행동주의 상담에서는 인간의 행동 원인을 감정, 사고 신념 등과 같은 것으로 보지 않는다. 모든 인간의 행동은 경험 때문에 학습된 것으로 본다. 인간의 행동을 이해하는데 전통적으로 사용해 왔던 내적 동기, 욕구, 충동과 같은 관찰이 불가능한 가설적 개념은 배제하고 관찰 가능한 행동에만 관심을 둔다(강갑원, 2006: 179).

행동주의 상담은 20세기에 발전된 행동주의 심리학의 학습이론에 그 근거를 두고 있다. 이 계통의 심리학자들은 학습이론을 실증적 방법에 따라서 행동의 일반이론을 확립하는 데에 크게 공헌하였다. 스키너의 『유기체의 행동』과 『과학과 인간행동』 그리고 헐Hull, 1943의 『행동의 원리』 등의 발간이 계기가 되어 행동의 실험연구가 활기를 띠게 되었고, 그 원리들은 인간행동의 변화에 적용하고자 하는 응용행동분석연구의 토대가 서서히 구축되기 시작했다. 근본적으로 변화시키려는 대상이나 방법적 절차에 의해 규정되는 행동수정Applied Behavioral Analysis에 기초한, 행동주의 상담은 인간의 행동을 보다 바람직한 방향으로 조성하거나 바람직하지 못한 행동을 소멸시키기 위하여, 특히 학습심리학적 원리를 응용하는 특수한 절차와 기법을 의미한다. 종래의 심리요법은 보이지 않는 마음을 대상으로 삼았기에 내면적 동기를 변화시키면 행동은 변한다는 추론적 전제를 하고 있으며, 그 변용 방법은 자기 내성이나 추측(해석)이었다. 그러나 과학은 추론이 아니라, 사실에 따라야 된다는 것이 행동주의 상담의 주장이다. 그래서 이론적으로 행동주의 상담은 정신분석, 자아이론, 실존주의적 상담과 대조를 보인다. 이러한 면으로 볼 때, 행동주의 상담의 특징은 두 가지로 볼 수 있다. 즉, 행동주의 상담은 행동 자체의 변화에 초점을 두고 있다는 것과 행동을 변화시키기 위한 절차와 기법은 학습심리학적 원리에 바탕을 두고 있다는 것이다. 이 경우 행동이라는 말은 내면적 행동도 포함하는 광범위한 행동을 의미한다(김헌수·김태호, 2006: 127).

이러한 행동주의 이론은 초기엔 행동의 일반이론을 확립하는데 그 궁극적인 목표가 있었으나, 점차 인간행동의 변화와 관련된 교육학, 심리학, 간호학, 재활의학, 체육심리학, 경영학, 심리요법 등 광범위한 분야로, 그리고 정상인, 정신박약자, 성인과 아동 정신병환자, 비행청소년 또는 알코올중독자 등의 치료에까지 확대되어 나가고 있다.

3) 행동주의 상담의 목표

상담목표가 행동상담에서 가장 중요한 위치를 차지한다. 행동상담의 일반적인 목표는 학습의 새로운 조건을 창출하는 것이다. 그 가정은 그런 학습경험이 문제행동을 개선할 수 있다는 데 근거한 것이다. 내담자가 상담목표를 선택하고 선택된 목표는 상담과정의 초기에 구체적으로 정의된다. 전 상담과정을 통해 지속해서 평가함으로써 목표달성의 정도를 그때그때 확인한다. 상담과 치료는 동시에 일어난다(김형태, 2006: 82). 즉, 행동주의 상담의 목적은 바람직하지 못한 또는 부적응적인 행동을 소거시키고 바람직한 행동을 학습시키는 것인데, 원래는 비현실적인 공포나 불안의 제거와 학습을 통한 행동수정이 중요한 목표였으나, 최근에는 자기 지도가 강조되는 추세다.

행동주의 상담에서는 바람직한 행동은 더욱더 증강해 주며, 바람직하지 못한 행동은 약화 또는 감소시킴으로써, 이상행동자의 적응력을 높이게끔 도와주는 데 근본 목표가 있다. 행동주의 상담의 목표는 내담자가 결정하며, 하나의 상담목표는 구체적인 세부단계의 목표로 나누어진다. 행동주의 상담에서는 상담을 통한 계속된 평가 때문에 이 목표들이 이루어지게 되는 정도를 결정하게 된다.

상담과정에서의 구체적인 목표는 부적응 행동을 제거하고 보다 효율적인 행동을 학습하게 하고, 행동에 영향을 주는 요인을 발전시키며 문제행동에 대해 무엇을 할지를 결정하는 데 초점을 맞춘다. 내담자는 목표를 설정하고 이 목표가 잘 실행되는지 평가하는 상담의 전 과정에서 적극적인 역할을 수행하게 된다. 구체적인 상담목표는 다음과 같다(김춘경 외, 2016: 312).

첫째, 자신의 감정이나 생각 및 희망을 필요한 일상 장면에서 자유롭게 표현할 수 있도록 훈련하는 것

둘째, 사회적인 활동을 저해하는 비현실적인 공포를 제거하는 것

셋째, 내담자가 중요한 의사결정을 내리는 데 방해가 되는 내면의 갈등을 해소하도록 도와주는 것이다.

2. 주요 학자의 생애: 파블로프, 스키너

1) 파블로프

이반 파블로프

파블로프Ivan P. Pavlov, 1849~1936는 시골 목사의 맏아들로 태어나서 중앙 러시아의 랴잔Ryazan에서 어린 시절을 보냈다. 그는 교회학교와 신학교에 입학하여 헌신적으로 지식을 전달하는 신학 선생들에게서 깊은 인상을 받았다. 1870년에는 신학 공부를 포기하고, 상트페테르부르크대학교Saint Petersburg State University에서 화학과 생리학을 공부했다. 상트페테르부르크의 임피리얼 의학 아카데미에서 의사 자격을 취득(1883)한 후, 1884~1886년에 라이프치히대학교University of Leipzig의 심장혈관 생리학자 루트비히C. Ludwig와 브레슬라우대학교Friedrich-Wilhelm University in Breslau의 심장 생리학자 하이덴하인R. Heidenhain의 지도로 독일에서 연구했다. 파블로프는 루트비히와 공동으로 연구하면서 순환계에 관해 독자적인 연구를 하기 시작했다. 이후 귀국하여 육군 군의학교에서 연구하였다. 1890년 군의학교 약리학 교수와 실험의학연구소 소장이 되었다.

1888~1890년까지는 상트페테르부르크에 있는 봇킨 실험연구소에 있으면서 심장의 생리와 혈압조절에 관하여 연구하였다. 그는 능숙한 외과 의사가 되어 마취하지 않고도 고통 없이 개의 대퇴부 동맥에 카테터catheter를 주입하고 다양한 약리적·정서적인 자극이 혈압에 미치는 영향을 기록할 수 있었다. 1890년 그는 임피리얼의학학회imperial medicine academy의 생리학 교수가 되어 1924년 사임할 때까지 일하였다.

1890년경부터 위나 침샘의 누공 수술을 한 개의 심리적 자극효과에 주목하여 조건반사학의 새로운 분야를 개척하였다. 만년에는 수면기구, 이종본능 간 경쟁 시에 생기는 반응, 신경증의 원인 등을 연구하였다. 그는 새로 설립된 실험의학연구소에서 외과수술 후 건강을 유지하는 데 필요한 설비에 큰 관심을 기울이며, 동물을 대상으로 외과적인 실험을 시작했다. 그는 1930년까지 소화기의 분비 활성에 대해 외과적인 실험방법으로 정상적인 동물의 위장액 분비를 연구하였다. 1935년에는 그의 이름을 붙인 생리학연구소를 설립하였다.

파블로프는 생리학자이면서 학습심리학 분야에서 유명한 인물 가운데 한 사람이지만, 사실 유명인사가 되기 전까지 방 한 칸도 못 구할 만큼 가난했다. 그럼에도 그는 모든 것을 실험에 쏟아부었다. 양육비가 없어서 첫째 아들을 잃은 뒤, 둘째 아이를 위해 제자들이 갹출한 돈마저 실험용 동물을 구입하는 데 썼을 정도이다. 개의 소화계 생리에 관한 연구인 조건반사실험을 통해 1904년에 노벨 생리학상을 수상하였다. 1907년 과학아카데미 회원이 되었다. 1902년 타액이 밖으로 나오도록 수술한 개에게서 타액선을 연구 중, 사육사의 발소리에 개가 타액을 흘리는 것을 발견하여, 조건반사의 연구에 착수, 1923년 연구를 집대성하여 발표하였다. 만년에는 수면, 본능, 신경증의 연구를 진행하였으며, 소련의 기초과학발달에도 영향을 미쳤다. 또한 조건반사의 연구를 계속해서 대뇌 생리학의 진보에 공헌했다.

파블로프는 일생 동안 연구 활동에만 전념했기 때문에 정치 활동에는 전혀 참가하지 않았다. 하지만 파블로프는 1917년 볼셰비키 혁명을 주도한 혁명세력에 대해 적대적이었을 뿐 아니라, 그의 아들은 혁명 이후 벌어진 내전(1918~1921)에서 반혁명세력인 백군에 가담해 한동안 시베리아로 유배를 가기도 했다. 이 때문에 그는, 생리학연구는 물론 정상적인 생활이 어렵다며 소련 정부에 해외 이민을 신청했다. 그러자 통치자 레닌은 파블로프의 연구를 특별히 지원하라는 명령을 내리게 되었고, 노벨상 수상자인 파블로프는 '신생 소비에트의 구보'로 대우받아 그의 생활비와 연구비를 지원받았다.

대표적인 저서로는 『조건반사학 강의(*Lectures on conditioned reflexes*)』(1927), 『심리학자들에 대한 생리학자의 대답(*The reply of a physiologist to psychologists*)』(1932) 등이 있다.

조건반사학 강의
(1995년 출판)

2) 스키너

벌허스 프레데릭 스키너

스키너Burrhus Frederic Skinner, 1904~1990는 1904년 미국 펜실베이니아Pennsylvania 주에 있는 작은 마을 서스쿼해너Susquehanna에서 출생하였다. 부친은 변호사였다. 그의 부모는 그에게 옳고 그름에 대한 확실한 감각이 몸에 배도록 엄격한 교육을 하였다. 스키너는 자서전에서, 어머니는 자신이 올바른 길에서 벗어나면 사람들이 어떻게 생각할지에 대해 생각해 보도록 하여 행동을 통제하려 했다고 밝혔다. 주일학교를 다니면서 12~13세쯤에 종교적 권위라는 것이 일종의 행동강화기제에 불과하다는 생각을 하기 시작했다는 그의 회상으로 볼 때, 스키너 개인에게는 종교교육이 행동 형성에 크게 작용하지 않은 듯하다.

1926년 해밀턴대학교Hamilton College에서 영문학을 전공한 후 시와 소설을 습작하였으나, 성과 없이 지내다가 파블로프와 왓슨John B. Watson, 1878~1958의 글에 매료되면서 하버드대학교Harvard University에 재입학, 심리학을 공부하여 석사·박사학위를 취득하였다. 1931~1936년 하버드대학교 연구원, 1936~1945년 미네소타대학교

University of Minnesota에서 전임강사·조교수·부교수를 역임하였다. 1938년에는 학위 논문을 체계화하여 『유기체의 행동(*Behavior of Organism*)』을 집필하였다. 행동의 실험분석에 대한 이 독창적인 설명은 심리학에 대한 그의 가장 중요한 공헌에 포함되며 새로운 분야, 즉 행동분석의 토대가 되었다. 1945년 스키너는 인디애나Indiana대학교로 옮겨서 정교수이자 심리학과 학과장이 되었다. 이 시기에 그는 자기 과학에 대한 철학, 즉 급진적인 행동주의를 체계화하였다. 이후 1948년에 하버드대학교로 돌아가, 비둘기실험을 하였다(김보기 외, 2018b, 146).

1953년에는 『과학과 인간의 행동(*Science and Human Behavior*)』을 출판했는데, 이 책은 개인행동(예: 자기통제와 사고), 사회적 상호작용(예: 공격성), 문화적 실천(예: 교육과 행정)에 대한 해석을 제시하면서 그것을 변화시키는 방법을 서술하고 있다. 이 연구는 행동치료와 응용행동분석의 토대가 되었다. 스키너는 1974년에 하버드대학교에서 명예교수로 은퇴하였으며, 같은 해에 자신의 체계를 개관한 『행동주의에 관하여(*About Behaviorism*)』를 출간하였다.

스키너는 인간과 동물을 동일시함으로써 심리학의 역사에서 가장 많은 논란을 일으킨 장본인이기도 하다. 인간을 환경과 상호작용하는 동물로 인식하고 분석해야 한다고 주장함으로써, 인간은 단순한 반사 기계가 아닌 행동의 결과로 자신의 행동까지도 바꿀 수 있는 대상으로 보았다. 스키너는 가설의 구성이나 설명보다도 조작주의적 분석 때문에, 선행조건과 귀결과의 관계만을 기술하는 입장을 주장하여 스키너학파를 이루었다. 행동은 이 입장에서는 레스폰던트respondent와 오퍼런트operant로 나뉘는데, 오퍼런트의 상세한 강화 스케줄에 의한 실험연구는 일반 심리학뿐만 아니라, 생리심리학·약리심리학·교육심리학·임상심리학에도 이용된다. 스키너는 헐C. Hull, 톨먼E. Tolman 등과 함께 신행동주의자의 한 사람으로 일컬어진다. 스키너 상자Skinner Box, 티칭머신Teaching Machine의 고안으로 유명하다. 1968년 국가과학 훈장이 수여되었으며, 1990년 백혈병으로 사망하였다.

스키너는 행동주의의 대표이며, 현대 심리학자 중 가장 유명하고, 가장 영향력을 미치는 심리학자라고 말할 수 있다(한국교육심리학회, 2000: 217).

주요 저서로는 『유기체의 행동(*Behavior of Organism*)』(1938), 『과학과 인간행동(*Science and Human Behavior*)』(1953), 『언어적 행동』(1957), 『자유와 존엄을 넘어서(*Beyond Freedom and Dignity*)』(1971), 『행동주의자가 되다(*Shaping of a Behaviorist*)』(1979), 『결과의 문제(*A Matter of Consequences*)』(1983) 등이 있다.

유기체의 행동
(1991년 출판)

3. 인간관

행동주의에서는 인간을 동식물과 같은 하나의 유기체로 보면서 환경에 대한 작용과 반작용을 강조한다. 또한 행동주의 심리학자와 상담자들은 인간의 행동이 자연현상과 마찬가지로 일정한 법칙성을 지니고 있다고 가정한다. 이에 따라, 인간의 행동은 여러 가지 변인들에 의해 결정되므로, 이 변인들과 행동을 지배하는 법칙을 밝혀낼 수 있다면, 인간의 행동을 예언하고 수정할 수 있다고 본다. 또한 행동주의 상담이론은 대부분의 행동이 학습된다는 전제하에, 인간의 행동은 학습의 법칙을 따른다고 본다. 따라서, 인간의 행동이 환경적 사건에 의해 형성되고 결정된다는 입장을 취한다. 초기 행동주의 연구자들은 과학적 법칙성에 의해 인간의 행동을 설명할 수 있다는 점을 강조하였다. 초기 행동주의자들의 인간관은 주로 인간을 환경에 반응하는 수동적인 존재로 보는 기계론적이고 결정론적인 입장이었다. 즉, 행동주의 상담자는 인간의 조건형성 산물이라고 보며 모든 인간학습의 기본적 유형으로서 자극-반응의 패러다임을 주장했다(김춘경 외, 2016: 302-303).

행동주의의 대변자인 왓슨J. B. Watson, 1878-1958은 심리학에서의 인간행동에 대한 객관적인 연구가 필요함을 주장했다. 그는 개인의 모든 행동은 학습의 결과로 이해될 수 있다고 주장했다. 그러나 최근에 들어와서는 인간이 환경에 영향을 줄 수 있다는 면이 강조되면서, 행동주의 심리학자들의 인간관은 인간의 자유 의지에 의한 선택을 중심으로 인간의 능동적인 측면이 강조되는 경향으로 변화하였다. 이에 따라 최근 행동주의 상담에서는 자기 지도, 자기 관리, 자기 통제 등의 개념이 나오면서 인간이 자신의 행동을 스스로 수정할 수 있는 능력이 있다는 점이 더 강조되고 있다.

행동주의 상담이론에서는 비교적 일관성 있는 인간의 행동에는 관심이 적다. 행동주의 상담이론에서는 인간의 행동을 학습원리에 의해 생겨나기도 하고 없어지기도 하는 것으로 본다. 따라서, 바람직한 행동과 바람직하지 못한 행동은 모두 같은 학습원리에 의해 학습된다고 보는 것이다.

행동주의 상담에서는 인간의 본성을 다음 세 가지로 설명한다(강진령, 2013a: 114).

첫째, 학습결과에 따라 행동하는 존재이다. 즉, 행동주의 상담의 관점에서 인간은 긍정적이지도 부정적이지도 않으며, 다만 학습결과에 따라 행동하는 존재다. 따라서, 행동치료에서는 주로 관찰·측정·계량화할 수 있는 행동에 초점을 맞춘다.

둘째, 성격이 특성으로 구성된다고 볼 수 없는 존재이다. 즉, 행동주의 상담은 관찰할 수 없는 성격 구조, 발달, 역동, 특성보다는 관찰 가능한 구체적인 행동과 그 변화에 관심이 있다. 따라서, 인간의 성격이 특성 또는 특질trait로 구성된다는 입장을 거부한다. 왜냐하면, 행동주의 상담은 성격특성보다는 행동에 초점을 맞추는 한편, 행동 변화를 성격 구조에 의한 것이 아니라, 자극과 반응, 반응결과, 그리고 인지구조의 상호관계에 의한 것이라고 믿기 때문이다.

셋째, 학습원리에 의해 행동 습득이 가능한 존재이다. 즉, 행동주의 상담은 정상

행동과 마찬가지로 신경증적 행동을 포함한 문제행동이나 증상 역시 병적으로 발생한 것이 아니라, 특정 환경조건 하에서 일어난 학습의 결과로 보고 학습원리에 의해 소거될 수 있다고 믿는다. 따라서, 행동치료는 구체적인 행동상의 목표, 치료방법, 그리고 일정 설정을 치료를 위한 재교육·재학습 과정으로 간주한다. 이 과정에서 적응적·생산적 행동은 강화되고, 부적응적·역기능적 행동은 소거시킨다.

4. 주요 개념과 특성

1) 고전적 조건형성: 파블로프

행동주의적 학습이론Learning Theory은 인간의 모든 행동은 자극과 반응의 연합이며 이는 외적 조건과 경험에 의해서 형성된다고 본다. 즉, 인간은 반응적 존재로서 환경에 의해 만들어지는 존재이기 때문에, 환경을 세분화시킬 수 있다면 인간이 어떻게 반응할 것인지를 예측할 수 있다는 것이다. 행동주의적 학습이론에서는 기본적으로 모든 유기체의 행동을 조건형성Conditioning의 결과라고 보고 있다. 고전적 조건형성이란 일정한 자극에 의해 선천적으로 유발되는 반사를 처음에는 그것과 아무런 관계가 없던 중립자극과 연합시킴으로써 이 중립자극이 선천적인 반사반응을 유발하게 되는 것을 말한다(김보기 외, 2017: 115).

고전적 조건형성은 다음과 같은 네 가지의 요소를 가정한다.

① 무조건 자극US, Unconditional Stimulus: 자동적/생득적 반응을 유발하는 자극(예: 먹이)

② 무조건 반응UR, Unconditional Response: 학습되지 않은 자동적/생득적 반응(예: 먹이에 대한 침 분비)

③ 조건 자극CS, Conditional Stimulus: 무조건 자극과 짝지어져 새로운 반응(즉 무조건 반응)을 유발하는 자극(예: 발소리, 빈 밥그릇, 또는 불빛)

④ 조건 반응CR, Conditional Response: 조건 자극에 의해 새로이 형성된 반응(예: 조건 자극에 대한 침 분비)

(1) 조건반응의 습득

고전적 조건형성에서 습득acquisition이란 새로운 조건반응이 형성 또는 확립되었다는 것을 의미한다. 조건형성이 잘 되기 위해서는 일상적인 자극보다는 새롭고, 특이하고, 강렬한 자극이 효과적이다. 왜냐하면, 이러한 자극들이 일상적인 자극에 비해서 더 뚜렷하고 분명하기 때문이다(이주희 외, 2013: 173).

파블로프는 조건반응의 습득은 CS와 US를 어느 정도의 시간 간격으로 제시하는가 하는 자극의 시간적 접근temporal contiguity에 의해 조건반응이 획득된다고 보았다. 특히, 자극을 제시하는 시간 간격이 중요하다. 조건 자극과 무조건 자극의 시간 간격에 따른 조건형성의 유형은 아래 그림에 제시되어 있다.

그림에 제시된 네 가지 조건형성 가운데 어느 것이 가장 효과적인 짝짓기가 될 것인가? 이를 탐구한 실험결과에 의하면 CS가 US보다 약 0.5초 먼저 제시되는 지연조건형성Delayed Conditioning이 가장 효과적이라고 한다(Heth & Rescorla, 1973; Kamin, 1965). 역행조건형성Backward Conditioning의 경우 CS가 US를 전혀 예측해 주지 못하므로 가장 비효과적인 짝짓기이다. 동시조건형성Simultaneous Conditioning과 흔적조건형성Trace Conditioning은 역행조건형성보다는 지연조건형성과 비교할 때 효과적인 짝짓기는 되지 못한다(현성용 외, 2015: 142).

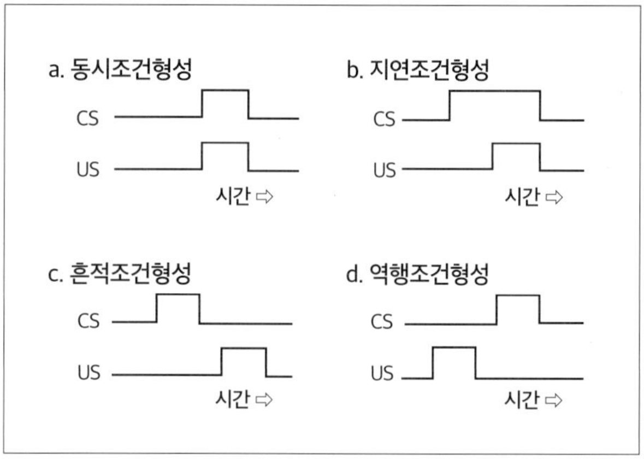

고전적 조건형성에서 CS와 US 사이의 시간적 관계
자료: 김보기 외(2019b: 139) 재인용

시간적 근접이 가장 짧은 동시조건형성은 조건반응을 일으키는 데 별로 효과적이지 않고, 흔적조건형성도 별 효과가 없다. 역행조건형성은 CS가 US를 전혀 예측해주지 못하므로 가장 비효과적이다. 가장 효과적인 방법은 지연조건형성이고 가장 이상적인 시간 간격은 0.5초이다(Heth & Rescorla, 1973).

(2) 소거와 자발적 회복

소거Extinction란 조건반응이 사라지는 것을 말한다. 즉, '무관자극'indifferent stimulus이 조건형성되어 무조건 자극의 제시 없이 계속해서 조건 자극만 주게 되면 조건 자극은 점차 조건반응을 유발하는 힘을 상실하게 되어 나중에는 원래의 무관자극으로 돌아가는 현상이다. 파블로프 실험을 보면, 소거가 진행됨에 따라 타액의 분비가 줄어든다. 하지만 반응이 소거되었다고 해서 완전하게 상실되는 것은 아니다(김남일, 2005: 207).

종소리에 침을 흘리는 조건반응이 완전히 소거된 개에게 몇 시간 또는 며칠 후 다시 종소리를 제시하면 침을 흘리는 반응이 다시 나타난다. 이처럼 소거된 조건반응도 일정 기간이 지난 후 조건 자극을 제시하면 조건반응이 다시 나타나는데, 이러한 현상을 '자발적 회복'Spontaneous Recovery이라고 부른다. 이러한 현상이 나타나는 이유는 소거된 조건반응이 완전히 사라진 것이 아니라, 일시적으로 차단되는 것임을 보여준다. 자발적 회복은 처음 습득되었던 조건반응의 강도보다는 약하고 지속기간도 일시적이다.

(3) 자극일반화와 변별

조건형성이 일어난 후에 유기체는 조건형성 과정에서 경험하였던 조건 자극CS이 아닌 그것과 유사한 자극에 대해서도 반응을 나타내는 경향이 있다. 예를 들어, 파블로프의 개는 조건 자극인 종소리가 아닌 버저소리에 대해서도 침을 흘리고, 토끼는 다른 버저 소리를 듣고도 눈꺼풀을 깜박이는 반응을 나타낸다. 이처럼 특정 자극에 대해서 반응하는 것을 학습한 유기체는 원래의 자극과 유사한 새로운 자극에 대해서도 비슷한 방식으로 반응하는데, 이를 '자극일반화'Stimulus Generalization라고 한다(현성용 외, 2015: 142).

자극의 일반화와 변별 특정의 조건 자극에 조건 형성된 반응은 그 자극과 유사한 자극에 의해서도 유발되는데 이를 가리킨다. 이를테면, 파블로프 실험에서 종소리에 타액을 분비한 개는 후에 버저나 메트로놈metronome 소리에도 침을 흘렸다. 옛말에 '자라 보고 놀란 가슴 솥뚜껑 보고 놀란다'라는 말이 바로 이런 자극의 일반화를 일컫는 말이다(김남일, 2005: 208).

행동주의의 창시자인 왓슨은 자극일반화에 관심이 많았다. 왓슨은 자신의 부인인 레이너Rayner와 함께 생득적인 정서적 반사가 어떻게 해서 중립적인 자극에 조건형성되는지를 알아보기 위해, 생후 11개월 된 앨버트Albert라는 아이를 대상으로 실험을 하였다. 그의 실험내용은 다음과 같다.

어린아이들은 처음에는 쥐를 두려워하지 않는다. 앨버트도 처음에는 보통의 아이들처럼 쥐를 장난감처럼 만지면서 전혀 공포를 느끼지 않았다. 그렇게 앨버트가 쥐를 만질 때 왓슨은 쇠막대기를 두들겨 큰 소리를 울렸다. 앨버트는 큰 소리에 놀라 펄쩍 뛰었다가 앞으로 넘어졌다. 그러나 조금 지나자 앨버트는 다시 쥐를 만지려고 하였다. 이때 또다시 쇠막대기를 두들겨 큰 소리를 내자 앨버트는 깜짝 놀라며 울기 시작했다. 이러한 절차를 여러 번 반복했더니 처음에는 쥐에 대해 아무런 공포심이 없던 앨버트가 쥐를 보여주기만 해도 놀라 울면서 쥐에 대한 공포반응을 보였다. 즉, 중립자극이었던 쥐와 쇠막대기 소리가 연합이 되어 조건형성이 된 것이다. 그리고 이 공포는 쥐와 비슷한 털을 가진 다람쥐, 개, 모피, 외투, 산타클로스의 수염에도 일반화되어 나타났다.

표 4-1. 왓슨과 레이너의 실험

조건형성 전	흰쥐(CS)----------무반응 큰소리(US)-------두려움, 놀람, 울음(UR)
조건형성	흰쥐(CS)+큰소리(US)
조건형성 후	흰쥐(CS)----------두려움, 놀람, 울음(CR) 다람쥐(CS와 유사자극)--두려움, 놀람, 울음(UR) ⇒ 일반화

자료: 이주희 외(2013: 175)

위의 실험은 파블로프의 고전적 조건형성의 원리와 같은 것으로, 쇠막대기 소리는 무조건 자극이며, 이 자극은 무조건 공포를 유발하는데 그것이 무조건 반응이다. 처음에 쥐는 공포를 유발하지 않은 중립자극이었으나 이것이 무조건 자극인 쇠막대기 소리와 결합하면서 공포를 유발하는 조건 자극이 되었다.

왓슨은 정서적 반응도 고전적 조건형성을 통해 습득하게 된다고 하였다. 그러므로 분노, 사랑 등도 역시 이와 흡사한 조건형성의 과정으로 학습된 것이라고 하였다. 그러나 이러한 고전적 조건형성의 원리는 정서적 반응을 포함한 선천적인 반응,

즉 반사적 반응에 한정되는 것으로 보인다는 비판도 있다.

왓슨은 앨버트 실험결과에 고무되어 1924년 "나에게 아기를 보내라!"Give me the baby!에는 다음과 같이 말하고 있다.

> 나에게 건강하고 잘 기른 아기를 달라. 그리고 그들을 기를 구체적인 세계를 이야기해 달라. 그러면 그들 중의 어느 누구라도 그의 재능이나, 취미나, 경향이나, 능력이나, 직업이나 부모의 인종 여하를 불문하고 의사, 법률가, 예술가, 상인, 서장, 그리고 심지어는 걸인이나 도둑 등 당신이 선택하는 어떠한 유형의 전문가라도 만들어낼 수 있다.

그런데 자극일반화의 용이성은 원래의 조건 자극CS과 새로운 자극 간의 유사성에 달려있다. 다시 말해서 원래의 조건 자극CS과 새로운 자극이 유사할수록 일반화의 가능성은 커진다. 반대로, 유사성이 감소할수록 일반화 정도는 줄어든다. 예컨대, 앨버트는 쥐와 전혀 닮지 않은 나무토막에 대해서는 공포를 나타내지 않았다. 이처럼 조건형성된 조건 자극CS과 다른 자극을 구별하여 반응하는 것을 '변별'Discrimination이라고 한다. 변별은 일반화와 상반된 현상이다. 자극 변별이란 특정 자극에 대해 반응을 학습한 유기체가 원래의 자극과 유사한 다른 어떤 자극에 대해서도 같은 반응을 하지 않는 현상을 말한다.

(4) 고차적 조건형성

하나의 조건형성은 그것을 기반으로 하여 새로운 조건형성이 되기도 한다. 먹이와 종소리를 반복 제시하여 종소리에 대한 타액 반응을 조건형성시킨 후, 종소리와 새로운 자극인 불빛을 반복해서 제시하면 불빛에 대해서도 타액 반응이 나타난다. 여기서 불빛은 먹이와 한 번도 짝지어진 적이 없지만, 종소리와 짝지어짐으로써 액분비를 유발할 수 있는 능력을 획득한 것이다. 조건 자극(종소리)이 마치 무조건 자극(먹이)과 같은 역할을 하는 것이다. 이처럼 조건 자극에 제2의 중립자극을 연합시키면 조건반응을 유발하는 것을 고차적 조건형성High-order Conditioning이라고 한다. 인간의 반응 중 많은 부분은 고차적 조건형성의 결과이다(Rescorla, 1980).

표 4-2. 고차적 조건형성의 절차

CS1(종소리)	CR1(타액분비)
CS2(불빛) + CS1(종소리)	CR1(타액분비)
CS2(불빛만 제시)	CR2(타액분비)

자료: 김보기 외(2017: 118 재인용)

(5) 고전적 조건형성 실험

러시아의 생리학자인 파블로프는 소화에 관한 연구를 함으로써 노벨상을 받은 러시아의 생리학자였다. 식사시간에 실험실을 드나들다가 개가 침을 흘리는 것을 보고 자신이 개에게 하나의 신호 또는 예언적 자극대상이라는 것을 발견하고 정식실험을 하였다. 우연한 발견에 의해 시작된 이 실험은 고전적 조건형성Classical Conditioning 또는 반응적 조건형성Respondent Conditioning이라고 불리는 심리학의 역사에서 주요 반환점이 된 중요한 실험이 되었다(이주희 외, 2013: 171).

그는 개의 침샘 일부를 외과적으로 적출하여 먹이를 먹을 때마다 분비되는 침의 양을 측정하는 연구를 하고 있었다. 그런데 문득 그 개가 먹이 주는 사람 발소리를 듣거나 빈 밥그릇만 보아도 침을 분비한다는 것을 발견하였다. 그 유명한 파블로프의 고전적 조건형성의 개념이 바로 여기서부터 출발했다. 즉, 그 개는 발소리와 그릇이 먹이와 함께 나타난다는 일종의 '연합'을 학습한 것이고 따라서, 처음에는 침분비와 아무 상관이 없었을 소리와 그릇이 먹이와 같은 효과를 지니게 된 것이다. 이를 보다 구체적으로 알아보기 위해 파블로프는 먹이를 주기 전 항상 불빛을 보여

주며 먹이와 같은 효과를 가질 수 있는가를 알아보았고 그 결과는 적중했다.

불빛이 개로 하여금 침을 분비하게 만드는 과정은 다음과 같다.

최초에는 무조건 자극(먹이)에 의한 무조건 반응(침 분비)만이 존재할 것이다. 그러나 무조건 자극과 조건 자극(불빛)이 계속적으로 같이 제시됨으로써, 조건 자극만 제시되어도 무조건 반응과 동일한 조건반응을 이끌어내는 것이 가능하다. 이러한 고전적 조건형성은 왜 필요할까? 환경에 적응하기 위해서다. 왜냐하면, 사건들 CS와 US 사이의 관계성을 학습하여 다가올 사건에 대해 준비를 할 필요가 있기 때문이다. 예를 들어 번개CS가 치면 귀를 막아 조금 있으면 경험하게 될 천둥소리US에 대비하여 귀의 손상을 막는다. 또한 긴급한 자극에 대비해 생명 유지를 가능케도 해준다. 영양은 사자 냄새CS가 흘러들어오면 미리 멀리 달아날 수 있다. 사자US를 직접 보는 순간 이미 때는 늦기 때문이다.

하지만 한 번 조건형성된 조건반응도 무조건 자극 없이 조건자극만 되풀이되면 점차 사라질 수밖에 없다. 불빛이 계속 먹이 없이 제시되면 결국 그 개가 불빛에 침을 흘리는 일은 없어진다는 것이다. 이를 '소거'Extinction라고 한다. 하지만 일정한 기간 후 불빛CS을 제시하면 소거된 침 분비가 다시 나타나며 이를 '자발적 회복'Spontaneous Recovery이라 한다. 즉 소거된 반응이 완전히 사라진 것이 아니라, 잠깐 억압되어 있음을 의미한다는 것이다. 물론 그 회복된 반응은 강도가 약하기는 하지만 말이다. 또한 원래의 조건 자극이 아니더라도 그와 유사한 자극은 조건반응 유발이 가능하다. 이는 자극일반화stimulus generalization이다.

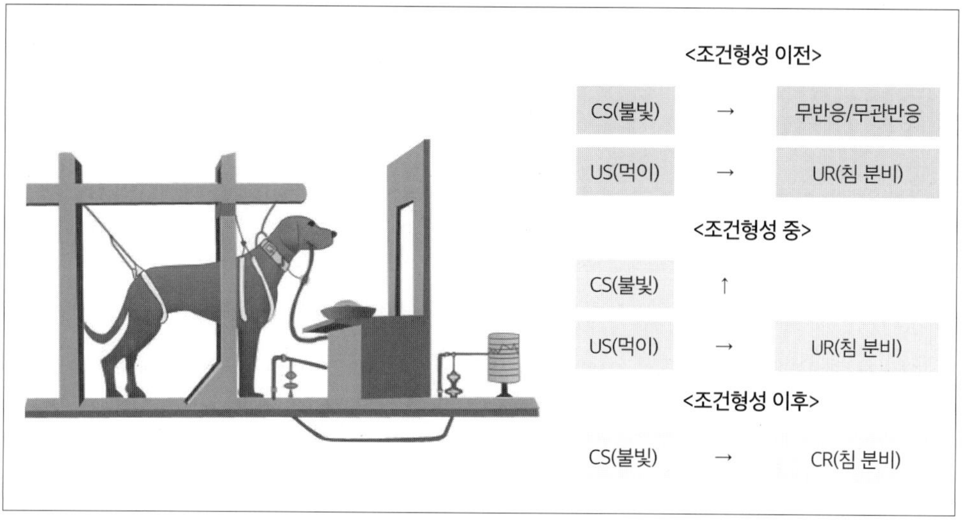

파블로프의 개와 실험장치(좌), 고전적 조건형성 절차(우)
자료: 김보기(2019b: 138) 재인용

(6) 일상생활과 고전적 조건형성

일상생활에서 고전적 조건형성은 주로 정서적 반응의 습득과 관련된다. 인간의 주관적 감정, 정서반응, 생리적 반응은 어떤 특정한 자극에 대한 조건반사 현상의 측면을 가지고 있다. 고전적 조건형성은 공포와 불안과 같은 정서반응을 형성하는 데 큰 영향을 미친다. 예컨대, 감기에 걸려서 병원에서 주사를 맞아서 아픈 경험을 한 어린이는 주사에 대한 공포를 학습할 것이고, 주사를 놓는 간호사와 연합되어서 흰 가운으로 일반화되는 현상은 고전적 조건형성의 결과라고 할 수 있다. 또 한 가지 예로, 운전 도중 제한속도를 위반하여 교통위반 스티커를 받은 사람들은 다음과 같은 반응을 습득했다. 경찰차를 보는 순간 심장은 방망이 치듯 뛰며 자신이 제한속도로 달리고 있음에도 불구하고 반사적으로 가속기에서 발이 떨어진다. 이처럼 고전적 조건형성을 통해 형성된 정서 반응을 조건형성된 정서 반응이라고 한다. 즉, 쾌락 또는 고통을 유발하는 무조건 자극과 연합되어있는 조건 자극을 경험할 때 나타나는 긍정적 감정이나 부정적 감정을 가리킨다(이주희 외, 2013: 177).

고전적 조건형성의 원리는 상업광고에도 많이 이용되고 있다. 광고들은 대개 정적인 감정을 유발하는 자극US과 상품을 짝지어 제시한다. 매력적인 유명 연예인은 사람들에게 정적인 감정을 유발하는 무조건 자극US이다. 이처럼 정적인 자극US과 상품CS을 연합시켜 광고하게 되면 그 상품에 대해 정적인 감정을 가지게 될 것이고 따라서, 구매 행동도 증가할 것이라고 기대할 수 있다.

고전적 조건형성의 절차를 임상에 적용하여 공포와 불안과 같은 정서반응을 극복할 수 있다. 예컨대, 좁은 장소를 두려워하는 사람에게는 '지하실'이나 '엘리베이터'라는 말만 들어도 두려움을 느끼게 한다. 이를 '폐쇄공포증'이라고 하는데, 이것을 역조건형성Counter-Conditioning의 원리를 이용한 체계적 둔감법Systematic Desensitization을 통해 극복할 수 있다.

고전적 조건형성은 정서반응과 같은 외현적 행동뿐만 아니라, 생리적 과정에도 영향을 준다. 예컨대, 감염물질이 몸에 들어오면 신체의 면역체계는 항체를 생산하여 감염균에 대항한다. 신체의 면역체계가 제 역할을 하지 못하면 AIDS라는 치명적 병이 생기는 것만 보아도 면역체계가 얼마나 중요한지 알 수 있다. 최근 연구결과에 의하면 조건형성을 포함한 여러 심리적 요인이 신체의 면역체계에 영향을 준다고 한다. 아더와 코헨(Ader & Cohen, 1984)은 고전적 조건형성이 항체 생산을 감소시키는 면역억제immunosuppression와 관련이 있다는 사실을 관찰하였다. 피험동물에게 특이한 맛을 내는 음료CS와 동시에 면역체계를 억제하는 약물US을 투여하였다. 며칠 뒤 약물투여로 면역억제 효과가 사라진 뒤에 다시 그 음료CS를 주었다. 그 결과 피험동물의 면역반응이 감소하였다.

2) 조작적 조건형성: 스키너

고전적으로 조건형성되는 반응은 불수의적인 것이다. '파블로프의 개'는 타액분비를 스스로 조절할 수 없다. 그리고 우리는 일반적으로 손바닥에 땀이 나는 것이나 부끄러울 때 얼굴이 붉어지는 것을 마음대로 조절하지 못한다. 그러나 대부분의 인간 행동은 수의적인 것이다. 우리는 좋은 결과를 가져다주는 것을 추구하고, 반대로 나쁜 결과를 가져다주는 것을 피한다. 또한 우리의 이러한 행동성향은 그 결과가 변경될 때 그에 따라 적절하게 변화한다. 이처럼 결과를 바탕으로 행동을 변화시키는 능력은 조작적 조건형성 원리로 설명할 수 있다(현성용 외, 2015: 148).

파블로프의 고전적 조건형성은 자극에 의해 통제되는 반사적 반응을 가장 잘 설명한다. 그러나 많은 행동은 고전적 조건형성으로 설명할 수 없는 경우가 많다. 고전적 조건형성은 불수의적 반응involuntary response이기 때문이다. 파블로프의 개는 타액분비를 스스로 조절할 수 없다. 그러나 인간 행동은 대부분 수의적인 행동이다. 예컨대, 학생이 열심히 공부하거나 회사원이 직장에서 열심히 일하는 행동은 반사적인 반응이 아니라, 성적이나 취직 또는 승진이나 보너스 등과 같은 결과의 영향을 받는다. 이처럼 유기체가 자신의 행동과 그 결과 사이의 관계를 학습하는 것을 '조작적 조건형성'Operant Conditioning이라고 한다(이주희 외, 2013: 179).

(1) 조형

스키너 상자 안의 동물(흰쥐 또는 비둘기)은 처음부터 지렛대를 누르지 않는다. 그래서 실험자가 원하는 행동을 유도하기 위해서는 목표행동을 단계적으로 조작할 필요가 있다. 예컨대, 상자 안의 동물(흰쥐 또는 비둘기)에게 지렛대를 누르는 반응을 유도하기 위해서는 최초에 동물이 지렛대 쪽으로 고개를 돌릴 때, 다음에는 지렛대에 접근하려 할 때, 다음에는 지렛대에 아주 가까이 다가갔을 때, 마침내는 지렛대를 눌러야만 먹이를 주는 식으로 단계적으로 일련의 반응에 대해 강화물을 제공하는 절차가 필요하다.

조작적 조건형성에서는 조성Shaping, 조형 또는 계기적 근사법Successive Approximation, 점진적 접근법이라는 과정을 통해서 조작적 반응을 유도한다. 즉, 조형이란 바라는 목표행동을 이끌어내기 위해 목표행동에 가까운 반응을 단계적으로 조작하는 과정으로, 목표반응과 조금이라도 가까운 반응을 강화하여 새로운 행동을 유도하는 것을 말한다. 예컨대, 조형을 통하여 서커스에서 돌고래가 여러 가지 재주를 부리거나 원숭이가 자전거를 타는 등의 재주를 부리도록 학습을 시킨다.

조형은 두 가지 요소를 통하여 이루어진다. 첫째는 차별강화Differential Reinforcement로, 어떤 반응은 강화를 주고 어떤 반응은 강화를 주지 않는 것이다. 또 하나는 계속적 접근Successive Approximation으로, 실험자가 원하는 반응에 접근할 때만 강화를 주는 것이다.

(2) 소거와 자발적 회복

고전적 조건형성과 마찬가지로 조작적 조건형성에서도 보상을 제거하면 소거Extinction가 일어난다. 조작적 조건형성에서 소거란 피험자가 아무리 반응을 해도 더 이상 강화물이 제공되지 않아 반응경향성이 감소하여 사라지는 것을 말한다. 예컨대, 스키너 상자에서 동물이 지렛대를 누르는데도 먹이를 주지 않으면 소거가 일어난다. 소거 과정이 시작되면 동물의 조작반응은 급상승하다가 점진적으로 감소하여 더는 반응하지 않게 된다.

조작적 조건형성에서 한 가지 중요한 현상은 강화물을 중단할 때 소거에 대한 저항과 관련된 문제이다. 소거에 대한 저항Resistance to extinction이란 강화물을 철회한 뒤에도 조작반응을 계속하려는 경향을 말한다. 소거에 대한 저항이 크면 클수록 반응을 계속할 가능성도 크다. 예컨대, 지렛대를 누르는 조작행동을 더 강화하지 않는

데도 반응이 아주 서서히 감소한다면 소거에 대한 저항이 강한 것이다. 그러나 조작 반응이 빨리 감소한다면 소거에 대한 저항이 약한 것이다.

지렛대를 누르는 반응이 소거된 동물을 일정 기간 다른 곳에 있도록 한 뒤에 다시 스키너 상자에 넣으면 동물은 다시 지렛대를 누르는 반응을 한다. 이러한 현상을 자발적 회복Spontaneous Recovery이라고 한다. 이때 스키너 상자의 동물에게 다시 보상을 주면 처음 조건형성을 시킬 때보다 빠르게 지렛대를 누르는 것을 학습한다. 이처럼 처음 학습 때보다 학습시간이 단축된 현상을 '재조건형성'Reconditioning이라고 한다.

(3) 미신적 행동

유기체는 좋은 결과를 초래한 반응은 계속하고 나쁜 결과를 초래한 반응은 중지한다. 즉, 유기체는 자신의 반응이 그 결과의 원인인 것처럼 행동하는 것이다. 그런데 만약 어떤 반응에 강화가 우연히 뒤따르면, 즉 우발적 강화가 주어지면 어떻게 될까?(윤가현 외, 2016: 123).

스키너는 상자 안의 동물에게 행동과 상관없이 매 15초마다 무조건 먹이를 제공하였다. 흥미롭게도 동물은 매우 독특한 나름의 행동을 학습하는 것을 발견하였다. 즉, 매번 먹이가 떨어지기 전 어떤 동물은 시계방향으로 두 바퀴 돌고, 또 어떤 동물은 상자의 구석에 머리를 박아 넣는 등 독특한 행동들이 반복적으로 일어나는 것을 발견하였다. 이와 같은 동물의 행동은 먹이가 떨어지는 것과 전혀 관계가 없음에도 마치 이것이 먹이를 끌어내는 것으로 착각하고 있는 것 같았다. 이는 우연히 특정 행동과 그 결과가 조건형성되었기 때문이다. 이러한 의식적 행동을 스키너는 '미신적 행동'Superstitious Behavior이라고 불렀다. 미신적 행동이란 보상과 아무런 관련이 없으면서 우연히 한 어떤 행동이 강화에 선행한 경우 그 행동을 고정적으로 계속하려는 경향성을 말한다.

스키너가 제안한 미신적 행동의 원리는 특정 행동이 일어난 후 우연히 어떤 강화가 주어지면 그 특정 행동은 강화될 가능성이 크다는 것을 보여준다. 인간에게 있어서도 미신적 행동을 찾아볼 수 있다. 예컨대, 시험 준비를 하는 수험생은 시험 당일 미역국을 먹지 않는다거나, 시험 보는 날 우연히 속옷을 뒤집어 입고 갔다가 좋은 결과를 얻은 사람은 매번 시험 볼 때마다 속옷을 뒤집어 입는 미신적 행동을 지속한다. 중요한 시합이 있기 전에는 수염을 깎지 않는 운동선수, 13이라는 숫자를 피함으로써 불행을 멀리하는 것 등 인간은 일상생활에서 많은 미신적 행동을 한다.

(4) 강화와 처벌

① 강화와 강화물

스키너의 조작적 조건형성은 반응-자극 학습원리, 즉 유기체에 의해 행동이 먼저 발생하고 그 결과로서 자극이 따르게 된다는 원리로 볼 수 있다. 그는 행동주의에 '강화'Reinforcement라는 개념을 도입하였다. 강화는 반응에 이어서 주어지는 자극을 말하는데 이 자극이 어떠냐에 따라서, 그 반응의 빈도가 증감된다.

강화는 크게 두 가지로 구분할 수 있는데, 하나는 긍정적 강화Positive Reinforcement이고, 다른 하나는 부정적 강화Negative Reinforcement이다. 긍정적 강화는 유기체가 선호하는 것을 제공함으로써 바람직한 행동의 강도와 빈도를 증가시키는 것을 의미한다. 예컨대, 노트 정리를 잘하는 학생에게 칭찬해줌으로써 더욱 노트 정리를 잘하도록 유도하거나 미술 시간에 그림을 잘 그린 학생의 작품을 교실 게시판에 전시하여 학생이 그림에 더욱 흥미를 갖도록 하는 것 등이다. 반면에, 부정적 강화는 유기체가 바라지 않거나 혐오하는 것을 제거하여 바람직한 행동의 강도와 빈도를 증가시키는 것을 의미한다. 예컨대, 수업시간에 집중을 잘하고 좋은 질문을 하는 학생들에게는 청소 당번을 면제해주는 경우가 부정적 강화에 해당한다.

한편, 강화물은 선천적으로 강화의 기능을 하고 있는가 아니면 후천적인 학습을 통하여 강화의 기능을 획득했는가에 따라 일차적 강화물Primary Reinforcer과 이차적 강화물Secondary Reinforcer로 구분할 수 있다. 일차적 강화물이란 아무런 학습과정을 거치지 않고도 생물학적 욕구를 만족시켜 주기 때문에, 그 자체가 강화속성을 지닌 강화물을 말한다. 예컨대, 인간의 경우 음식, 물, 성, 수면, 온도 등은 일차적 강화물의 예이다. 이차적 강화물은 일차적 강화물과 결합하여 강화물의 기능을 하는 강화물을 말한다. 이차적 강화물은 학습과정에 의존하기 때문에 '학습된 강화물'Learned Reinforcer이라고 부르기도 한다. 인간의 경우 칭찬, 인정, 성적, 지위, 자격증 등이 이차적 강화물의 예이다. 이차적 강화물 중 여러 개의 일차적 강화물들과 결합한 강화물들이 있는데 이를 '일반화된 강화물'Generalized Reinforcer이라고 한다. 인간의 경우 돈, 지위, 권력, 명예 등이 일반화된 강화물이다. 특히, '돈'은 무수히 많은 일차적 강화물과 결합하여 있으므로, 가장 대표적인 일반화된 강화물이라고 할 수 있다.

② 강화계획

강화계획Reinforcement Schedule이란 구체적인 강화물을 언제 어떻게 줄 것인가 하는 규칙 또는 방식을 말한다. 유기체에 새로운 학습을 시키고자 할 때는 원하는 반응을 할 때마다 강화하는 것이 가장 효과적이다. 그러나 이러한 계속적 강화Continuous Reinforcement는 학습을 촉진하지만 강화가 중지되면 학습된 것이 빨리 소거된다. 이에 비해 목표반응 중에서 일부만 강화하는 방식인 부분강화Partial Reinforcement 또는 간헐적 강화Intermittent Reinforcement는 계속적 강화보다 소거에 대한 저항이 강하기 때문에 쉽게 소거가 느리다. 따라서, 새로운 학습을 시키는 초기에는 계속적 강화를 주고 완전히 학습한 뒤에는 부분강화계획으로 바꾼다면 행동이 쉽게 소거되지 않는데, 이러한 현상을 부분강화효과Partial Reinforcement Effect, PRE라고 한다.

부분강화계획은 매우 다양하지만, 강화를 주는 기준에 따라 크게 일정한 시간 간격에 따라 강화물을 제시하는 방식인 간격강화Interval Reinforcement와 사전에 정해진

수만큼의 조작반응이 있어야 강화물을 제공하는 비율강화Ratio Reinforcement로 구분할 수 있다. 그리고 시간 또는 반응횟수를 고정하느냐 변동시키느냐에 따라 다음과 같이 네 가지의 강화계획이 가능하다.

첫째, 고정간격 강화계획Fixed Interval Schedule, FI은 일정한 시간이 지난 후에 나타나는 첫 번째 반응에 강화를 주는 강화계획이다.

둘째, 변동간격 강화계획Variable Interval Schedule, VI은 강화를 주는 시간 간격을 변화시키는 강화계획이다.

셋째, 고정비율 강화계획Fixed Ratio Schedule, FR은 반응하는 데 걸린 시간에 관계없이 항상 일정한 수만큼의 반응을 할 때마다 강화를 주는 계획이다.

넷째, 변동비율 강화계획Variable Ratio Schedule, VR은 정해진 수의 반응이 있을 때마다 강화하지 않고 평균 몇 번의 반응이 있을 때 강화를 주는 계획이다.

③ 강화지연

조작적 조건형성에서 반응에 수반하여 즉각적인 보상이 주어질 때 학습효과가 높다. 만일 반응과 보상의 시간 간격이 지연되면 그 반응은 강화 받지 못할 수도 있다. 그러므로 반응과 강화물 제시 사이의 시간 간격이 길어질수록 조건형성의 속도는 느려진다(Church, 1989). 왜냐하면, 강화물을 지연해서 제시하면 반응과 결과 간의 수반관계가 모호해지기 때문이다.

동물에게는 강화가 지연되면 학습이 늦어지며, 30초 이상 지연되면 학습이 이루어지지 않는다. 그러나 인간은 강화가 지연된다고 해서 항상 행동이 감소하지는 않는다. 예컨대, 먼 훗날 합격을 위한 수험생들의 공부, 내 집 마련을 위한 장기적인 저축 등의 경우는 즉각적인 만족을 지연함으로써 먼 훗날의 보상을 기대할 수 있기 때문이다. 그러나 인간에게 있어서도 즉각적인 보상은 매력적이다. 예컨대, 체중을 줄이기 위한 다이어트가 어려운 것도 이런 이유 때문이다. 먹는 것에 대한 보상은 즉각적이지만 날씬해진 몸매에 대한 보상은 몇 달 후에나 나타난다.

④ 처벌의 유형

강화는 특정한 반응확률을 증가시킨다. 반면에, 처벌Punishment은 반응에 수반해서 혐오적인 자극을 제시하거나 선호자극을 제거함으로써 반응경향을 감소시키는 것을 말한다. 스키너 상자의 동물이 지렛대를 누를 때마다 전기충격을 주면 지렛대를 누르는 반응률은 급속하게 감소한다. 이처럼 전형적인 처벌은 혐오적인 자극을 제시하는 것이지만 보상적인 자극의 제거도 포함한다.

처벌은 제시형 처벌Presentation Punishment과 제거형 처벌Removal Punishment로 구분할 수 있다. 제시형 처벌은 바람직하지 않은 행동을 감소시키기 위해 혐오 자극을 제시하는 처벌의 형태로서 정적 처벌Positive Punishment이라고도 한다. 예컨대, 교실 바닥에 습관적으로 휴지를 버리는 행동을 제거하기 위해 교사가 꾸지람하거나 체벌을 하는 것은 정적 처벌에 해당한다. 반면, 제거형 처벌은 바람직하지 못한 행동을 할 때 선호자극을 제거함으로써 행동을 약화하거나 감소시키는 것을 말하며 이를 부정적 처벌Negative Punishment이라고 한다. 예컨대, 떠드는 학생을 교실에서 다른 장소로 격리하거나 방과 후에 학교에 남아 있도록 하는 것은 부정적 처벌이다.

표 4-3 강화와 처벌의 종류

구분	선호자극	혐오자극
제시	긍정적 강화	긍정적 처벌
제거	부정적 처벌	부정적 강화

자료: 이주희 외(2013: 190)

⑤ 처벌의 효과

처벌은 인간이나 동물의 행동을 통제하기 위해 오래전부터 가장 보편적으로 사용되어왔다. 그러나 행동을 교정하고 바람직한 결과를 유도하려는 목적으로 사용하더라도 언제 어떻게 실제로 사용하느냐에 따라 다른 결과를 가져올 수 있으므로 주의 깊게 사용하여야 한다. 스키너도 처벌은 반응강도를 약화하는 것이 아니라, 일시적으로 억제하는 것이기 때문에 행동을 통제하는 강력한 수단이 아니라고 주장하였다(Skinner, 1938).

훈육수단으로서 처벌을 사용할 때 생기는 가장 큰 문제점은 의도치 않은 부작용이 생긴다는 점이다.

첫째, 처벌은 처벌하지 않은 다른 행동까지 억압할 수 있다. 스키너 상자에서 전기충격을 받은 동물은 지렛대를 누르지 않을 뿐만 아니라, 마치 얼어붙은 것처럼 보였다. 마찬가지로 아주 심한 처벌을 받은 아동은 사람을 피하고, 감정을 억제하고, 소극적으로 행동하였다. 그뿐만 아니라, 처벌은 공포, 불안, 분노와 같은 부정적인 정서반응을 유발하기도 한다.

둘째, 이런 강한 부정적인 정서는 일시적이나마 정상적인 기능을 방해하고 처벌자에 대한 적대감을 유발한다.

셋째, 신체적 처벌을 많이 받은 아동들은 다른 아동들에 비해 훨씬 더 공격적이다. 이러한 처벌의 부작용을 고려할 때 처벌을 효과적인 훈육수단이라고 보기 어렵다.

처벌은 훈육수단으로 잘못 사용되기도 하지만, 처벌의 효과가 반드시 나쁜 것만은 아니다. 처벌을 기술적으로 사용하면 처벌의 부작용을 최소화하고 훈육수단으로 유용할 수 있다. 처벌을 효과적으로, 사용할 수 있는 방법은 다음과 같다(김보기 외, 2017: 133 재인용).

첫째, 가능한 한 즉각적으로 처벌해야 한다. 강화를 지연하면 그 효과가 감소하듯이 처벌도 지연시키면 효과가 없다.

둘째, 처벌은 효과가 있을 정도로 강해야 한다. 처벌이 강할수록 바람직하지 않은 반응을 약화하는 데 효과적이지만, 그만큼 부작용을 일으킬 가능성도 증가한다.

셋째, 처벌은 일관성이 있어야 한다. 이런 측면에서 처벌은 강화와 다르다. 바람직하지 않은 행동을 없애려면 그러한 행동을 할 때마다 처벌해야 한다. 간헐적 처벌은 혼란만 초래될 뿐이다.

넷째, 처벌의 이유를 설명해야 한다. 특정 행동을 처벌할 때 가능하다면 자세히 그 이유를 설명해 주어야 효과적이다.

다섯째, 대안적인 반응을 제시하고 정적 강화를 주어야 한다. 처벌은 어떤 행동을 못 하게 하는 것일 뿐 대안적 반응을 제시하지 않는 단점이 있다. 예컨대, 아동들의 문제행동은 부모의 관심을 끌기 위한 것이 많다. 이럴 경우, 부모의 관심을 받을 수 있는 다른 바람직한 행동을 제시해 주고, 이를 정적으로 강화하면 문제행동은 감소할 것이다.

여섯째, 신체적 처벌은 최소화해야 한다. 왜냐하면, 신체적 처벌은 적대감과 공격성을 유발한다. 그뿐만 아니라, 우리가 기대하는 만큼 효과적이지도 않다. 아동의 경우 아주 심한 체벌을 하더라도 한두 시간 지나면 잊어버리는 경향이 있다. 오히려 소중히 여기는 특권을 철회하면 아동들은 그 특권을 되찾으려는 방법을 생각할 것이므로 더 효과적일 수 있다.

(5) 조작적 조건형성의 실험

스키너는 행동주의의 대표자이며 현대 심리학자 중 가장 유명하고 가장 영향을 많이 미친 심리학자라 말할 수 있다(한국교육심리학회, 2000: 217).

스키너는 행동을 크게 반응적 행동Respondent Behavior과 조작적 행동Operant Behavior으로 구분하였다. 파블로프의 고전적 조건형성은 어떤 자극에 따라 나타나는 반응적 행동을 학습하는 것이기 때문에, 유기체의 의도와 상관없이 이루어지는 학습이다. 반면, 조작적 행동은 유기체가 다양한 환경조건에서 능동적으로 적절한 반응을 함으로써 보상을 받거나 유리하게 적응하는 것이다. 즉, 유기체의 자발적 반응에 대하여 강화(보상)를 함으로써 학습을 하는 것이다. 스키너는 이러한 종류의 학습을 '조작적 조건형성'Operant Conditioning이라고 하였다. 여기서 조작적이란 유기체가 자극에 대해 단순히 반응하는 것이 아니라, 환경을 조작하여 변화시킨다는 의미이다. 즉, 학습은 반응에 수반하는 결과의 영향을 받는다는 것이다. 따라서, 조작적 조건형성은 수의적 반응이 그 결과에 따라 통제된다는 의미를 갖는다. 이러한 조작적 조건형성은 자발적인 인간 행동의 설명에 더 큰 비중을 차지하고 있다(이주희 외, 2013: 181).

스키너는 유기체가 어떠한 반응을 한 후에 보상이 있느냐 없느냐에 따라 조작행동은 강해지거나 또는 약화된다고 보고 자신의 이름을 딴 실험 상자인 스키너 상자Skinner Box를 고안하였다. 실험 상자 안의 동물(흰쥐 또는 비둘기)이 지렛대를 누르면 먹이가 나온다. 먹이가 나오게 되면 갈수록 지렛대를 누르는 횟수가 증가하게 되었다. 이 실험은 유기체가 스스로 어떤 반응을 하고 그 반응이 긍정적 보상을 가져다주게 되면, 그 후에도 그와 비슷한 반응을 나타낼 확률이 높아진다는 것을 보여주는 것이다.

이처럼 보상reward을 유기체의 특정 반응 뒤에 얻어지게 함으로써 반응률을 높이는 과정을 스키너는 '강화'Reinforcement라고 하였다.

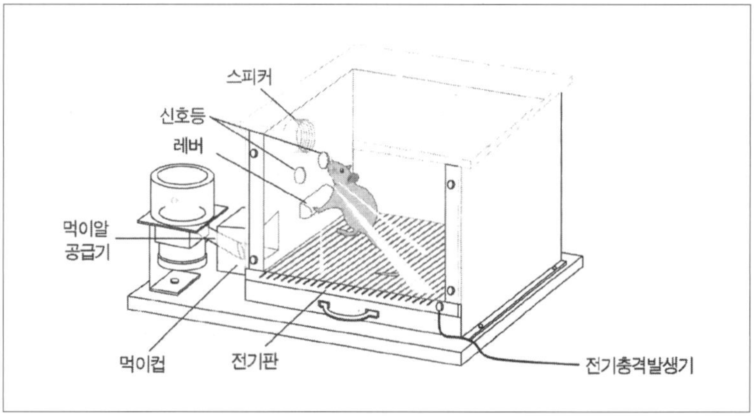

스키너 상자

자료: 김보기(2017: 126) 재인용

강화인Reinforcer에는 음식이나 물과 같이 특정 반응의 야기율을 높이는 유기체의 선호자극을 긍정적 강화인Positive Reinforcer과 전기자극이나 처벌과 같이 특정 반응이 일어나지 않는 확률을 높이는 부정적 강화인Negative Reinforcer이 있다. 또한 음식, 물, 전기자극 등과 같이 유기체의 욕구와 직접 관련되는 자극을 일차적 강화Primary Reinforcement라고 하며, 중립자극이 일차적 강화물과 연합되어 강화의 기능을 하는 것을 이차적 강화Secondary Reinforcement 또는 조건강화Conditioned Reinforcement라고 한다. 이처럼 유기체의 행동은 환경에서 주어지는 강화작용에 의해 좌우되며 강화양상을 달리함으로써 수정될 수 있다.

(6) 조작적 조건형성의 적용

조작적 조건형성의 원리를 이용하여 스트레스에 대한 신체반응을 제어하도록 학습하고 훈련할 수 있다. 신체 내의 생물학적 상태에 대한 정보를 얻는 방법으로 바이오피드백Biofeedback이 있다. 바이오피드백은 몸에 감지기를 붙이고 근육 긴장도, 혈압, 심박동 수, 뇌파 등에 따라 달라지는 생리신호를 환자가 컴퓨터 화면을 통해 직접 관찰할 수 있도록 만든 것이다. 즉, 바이오피드백은 자발적인 제어가 불가능한 생리활동을 공학적으로 측정하여 지각이 가능한 형태의 정보로 생체에 전달하고, 그것을 바탕으로 학습과 훈련을 되풀이하여 심리적 안정상태를 유도할 수 있도록 해준다.

바람직하지 못한 행동을 변화시키려는 방법으로 행동수정Behavior Modification이 있다. 행동수정은 잘못된 행동을 수정하는 데 초점을 두고 고전적 조건형성, 조작적 조건형성, 관찰학습 등의 학습원리에 기초하여 조직적인 프로그램을 통해 행동을 변화시키는 방법이다. 즉, 행동수정에서는 환경적인 변화를 통하여 인간의 행동을 변화시키고자 한다,

행동수정을 위해서 가장 먼저 해야 할 일은 현재 수준에서 도달할 수 있는 표적행동Target Behavior을 정하는 것이다. 표적행동은 변화시키려고 선택한 행동으로, 표적행동을 변화시키는 데는 어떤 행동을 증가시키는 것과 제거하는 두 가지 방법을 사용할 수 있다. 표적행동이 정해지면 행동을 변화시키기 위한 시도를 하기 전에 발생한 행동의 빈도수 등을 그래프로 기록해 준다. 강화를 통하여 수정되면 바람직하지 않았던 행동의 빈도수는 줄어들고 반대로 바람직한 행동의 빈도수는 증가한 그래프가 나타나게 되어 행동수정의 효과를 검증할 수 있게 된다. 행동수정의 방법으로는 바람직한 행동을 가르치는 방법인 행동조성Shaping, 행동연쇄Behavior Chaining, 용암법Fading, 프리맥의 원리Premack Principle, 토큰경제Token economy 등의 방법과 바람직하지 않은 행동을 수정하는 방법인 격리Timeout, 포만Satiation, 반응대가Response Cost, 과잉교정Overcorrection 등이 있다.

5. 행동주의 상담의 과정

상담의 과정은 상담 관계의 형성→문제행동의 구명→현재의 상태파악→상담목표의 설정→상담기술의 적용→상담 결과의 평가→상담의 종결이다. 그 내용은 다음과 같다(김충기·강봉규, 2003: 131-133).

1) 상담 관계의 형성

행동주의 상담을 처음 접하는 사람은 내담자와 충분히 상담 관계가 형성되지 않은 가운데 상담기술을 적용하는 오류를 범하기 쉽다. 그렇게 되면 내담자는 자신이 이해받고 있지 않으며, 자신의 인격이 존중받고 있지 못하다고 느낄 수 있다.

행동주의 상담이 비록 내담자와의 관계에서 기계적이라는 말을 종종 듣고는 있지만, 행동주의 상담자도 인간중심 상담에서처럼 내담자가 온정을 느끼도록 내담자를 존중하며, 공감하며, 진실하게 상담에 임하는 정도가 다른 상담 접근에 못지않다는 연구 결과가 있다. 어떤 경우에는 내담자와 더 깊은 내면적 접촉을 하는 것으로 평가되고 있다. 이러한 친밀 관계를 형성하면 내담자가 직면하게 될 과제를 해결하는 데 도움이 된다. 상담자가 온정적이지 않고 자신에게 관심도 보이지 않고, 자신을 존중해 주지 않는다고 내담자가 느낀다면 어떤 상담기술도 의미가 없다.

행동주의 상담에서 상담 관계가 잘 형성되어야 내담자가 자신의 관심사를 자유롭게 이야기할 수 있고 내담자의 문제를 규명할 수 있고, 문제에 대한 내담자의 느낌을 상담자가 이해할 수 있다. 상담 관계의 이러한 측면이 중요하지만, 행동주의 상담자들은 공감이나 온정 등의 변인을 행동 변화의 충분조건으로는 보지 않는다.

2) 문제행동의 규명

내담자와 상담자 간의 상담 관계가 형성되면 내담자의 문제행동을 규명한다. 내담자가 자신의 문제를 알고 있을 수도 있지만 그렇지 못할 수도 있다. 상담자는 내담자가 자신의 문제를 잘 알도록 도와주어야 하는데 상담 관계가 잘 형성되지 않았으면 내담자가 상담자를 믿지 못하여 자신의 문제를 밝히기를 꺼릴 수 있다. 상담 관계형성이 잘되지 않은 상태에서 너무 문제행동만 규명하려고 집착하다 보면 상담이 중단될 수도 있다. 내담자가 자신의 문제를 잘 알고 있다고 보지만 대체로 추상적으로 알고 있는 경우가 많다. 이러할 경우 상담자는 내담자가 관찰할 수 있는 구체적 행동으로 나타낼 수 있도록 한다(강갑원, 2006: 189).

실제로 행동수정에 착수하기 위해서는 습득시켜야 할 행동(약화 또는 제거해야 할 행동)을 선정해서 객관적 용어로 정의하는 일이 선행되어야 한다. 다시 말해서 행동을 효과적으로 수정하기 위해서는, 먼저 그 행동을 정확하게 파악하고 서술적 용어로 정의해야 한다는 말이다(김충기·강봉규, 2003: 132).

이와 같은 행동의 선정과 정의는 눈으로 관찰한 최종 행동의 기술에서 끝내는 것이 좋으며, 정의된 내용만 보고도 두 명 이상의 독립된 관찰자에 의해서 같은 하나의 행동으로 관찰 기록될 수 있어야 한다. 행동수정의 표적은 환자의 행동 그 자체이기 때문에, 분석적 용어로 정의된 행동은 구체적이고 관찰 가능하고 측정이 가능한 행동으로 세분화되어야 한다. 세분화한다는 말은 정의된 행동을 구체적인 작은 행동을 나눈다는 말이다.

3) 현재 상태의 파악

행동의 정의가 행동수정의 방향과 목표를 지시해 주는 것이라면 행동의 시발점 측정은 행동수정의 시발점을 가르쳐 주는 것이라고 할 수 있다. 행동의 시발점 측정이란 실제 행동수정에 들어가기 직전까지의 행동이 얼마나 빈번하게 또는 오랫동안 일어나고 있느냐를 측정하는 것이다(김충기·강봉규, 2003: 132).

이러한 측정의 결과는 수정작업이 끝난 후 내담자의 행동에 얼마만큼의 변화가 일어났느냐를 알기 위한 기준이 되기도 한다. 시발점에는 크게 두 가지가 있다. 그 첫째는, 행동의 빈도를 측정하는 것으로 밤에 얼마나 자주 오줌을 싸는가 등이다. 둘째는, 어떤 행동을 얼마나 오랫동안 지속하는가 하는 것이다. 이것은 시간으로 측정해야 할 것이다(김헌수·김태호, 2006: 153). 파악할 내용을 구체적으로 제시하면 다음과 같다(LaFleur, 1979).

① 내담자가 제시한 문제행동을 분석한다. 이때에는 내담자가 지나치거나 부족한 행동에 초점을 맞춘다.

② 문제행동이 일어나는 장면을 분석한다. 여기에서 문제행동과 관련된 선행조건과 결과를 분명히 밝힌다.

③ 동기를 분석한다. 내담자에게 강화를 주고 있는 사태를 밝힌다.

④ 발달 과정을 분석한다. 문제행동을 변화시키는 데 도움이 될 만한 생물학적, 사회적, 행동적 정보를 수집한다.

⑤ 자기 통제력을 분석한다. 내담자가 자신의 문제행동을 어느 정도 스스로 통제할 수 있는지를 분석한다. 이때 통제가 어떻게 이루어지고 있고 자기 통제에 제한을 주는 사태가 무엇인지를 파악한다.

⑥ 사회적 관계를 분석한다. 내담자 생활에 의미 있는 영향을 주는 사람과 내담자와의 관계를 파악한다. 그리고 이러한 관계를 유지하는 데에 사용된 방법도 분석한다.

⑦ 사회적, 문화적, 물리적 환경을 분석한다. 사회적, 문화적 규범이나 환경의 제한점을 분석한다.

이상과 같은 정보는 내담자의 문제를 더 잘 이해하거나 상담목표를 설정하고 상담기술을 선정하는 데에 도움이 된다. 유일한 것은 아니지만 내담자의 현재 상태를 파악하는데 심리검사도 자주 사용된다. 그 외에 다른 사람이 제공한 자료를 통해 정보를 수집할 수도 있고, 면접, 질문지, 조사, 내담자 기록, 관찰 등을 통해서도 수집할 수 있다.

4) 상담목표의 설정

앞 단계에서 얻은 정보를 바탕으로 상담목표를 설정한다. 목표가 상담의 방향을 결정하기 때문에 중요하다. 목표는 상담자와 내담자의 행동 표적이 된다. 상담목표는 어떤 상담기술을 선택할 것인지, 어떤 기술을 체계적으로 조직하여 사용할 것인지에 대한 해답은 물론 내담자가 자신의 행동을 바꾸도록 하는 동기를 제공해 주기도 한다. 목표를 설정하는 방법은 다음 몇 단계로 생각할 수 있다(Stewart et. al., 1978).

첫째, 목표의 성질과 설정의 취지를 내담자에게 얘기해 준다.

둘째, 달성하고 싶고, 달성 가능한 목표를 생각해 내도록 도와준다.

셋째, 내담자가 바라는 구체적 목표를 일단 설정한다.

넷째, 목표가 달성 가능한 것인지 나중에 측정 가능한 것인지 따져본다.

다섯째, 표에 대하여 얻은 정보를 기초로 하여 상담을 계속할 것인지, 목표를 수정할 것인지 결정한다.

여섯째, 상담을 계속하기로 결정하였으면 최종 목표를 구체적 목표로 다시 세분하여 순서를 정한다.

이상에서 설정된 목표는 내담자가 바라는 목표이어야 하고, 상담자가 도와주고 싶은 것이어야 하며, 측정 가능한 것이어야 한다.

5) 상담기술의 적용

상담목표가 정해지면 목표를 가장 효율적으로 달성해 줄 수 있는 상담기법을 또는 치료 방법을 찾는다. 기법은 바람직하지 못한 행동을 중지하도록 돕는 것, 바람직한 행동을 학습하도록 하는 것, 자기 행동을 스스로 통제하고 지도할 수 있도록 돕는 것으로 나눌 수 있다. 상담자는 이 중에서 내담자의 문제 사태에 맞는 기법을 찾는다(강갑원, 2015: 146). 이 단계에서 중요한 것은 내담자가 행동을 수정하고 싶어 하는 환경에서 상담기술을 적용한다는 것이다. 상담이 상담실에서만 이루어져야 하는 것은 아니다.

행동주의 상담에서는 여러 기술을 적용할 수 있다. 언어를 통해서 할 수도 있고, 매체를 통해서도 할 수 있다. 어느 쪽이든 초점은 내담자가 효과적으로 학습하도록 하는 데에 있다. 행동주의 상담에서는 상담자와 내담자가 함께 상담기술을 개발하여야 할 때가 있다. 대부분 상담전략은 몇 가지의 학습 개념을 상담목표에 적절하게 사용한다. 여러 학습 개념에 기초한 상담기술은 분류하기는 어렵지만, 내담자가 제시한 문제나 상담목표를 기준으로 여러 학자들이 제시한 것을 종합해 보면 세 가지로 나눌 수 있다(강갑원, 2006: 192). 첫째는 바람직하지 못하다고 생각되는 행동을 하지 않도록 돕는 기술, 둘째는 바람직하다고 생각되는 행동을 하도록 돕는 기술, 셋째는 자신의 행동을 스스로 통제하고 지도할 수 있도록 돕는 기술이다. 상담의 기술을 잘 구성하면 효과적이지만 잘못 구성하면 효과가 많이 감소한다.

6) 상담 결과의 평가

상담을 하였으면 목표가 얼마나 달성되었는지를 점검하는 것이 필요하다. 이 과정은 반드시 상담이 끝난 뒤에 하는 것이 아니라, 중간 점검 형태로 할 수도 있고 그 결과는 다시 상담 과정에 반영한다. 평가 결과, 어떤 기술이 효과가 있으면 지속하고 없으면 다른 것으로 교체하여야 한다(강갑원, 2015: 146).

상담 결과의 평가는 상담 끝 무렵에 한 번으로 끝나는 것이 아니라, 전체 상담 과정에서 지속해서 이루어지는 과정이다. 내담자의 행동에 대한 평가는 상담이 얼마나 효과적으로 이루어지고 있었는지, 특정 상담기술이 효과가 있었는지 알아보는 데에 사용된다. 평가 결과에 따라 이전에 효과가 있었다고 생각되는 기술이라고 할지라도 언제든지 바꿀 필요가 있다.

7) 상담의 종결

종결은 최종 목표 행동에 대한 평가가 이루어진 뒤에 하지만 이것이 상담 목표가 달성되어 그만둔다는 것만을 의미하지는 않는다. 종결되더라도 추가적 상담이 필요할 수도 있다.

상담목표가 달성되기 전에 상담이 끝날 수도 있는데 이것은 상담의 종결이라기보다는 중단이다. 일반적으로 상담의 종결은 최종 목표 행동에 대한 평가가 이루어진 뒤에 한다. 상담의 종결은 상담 목표가 달성되어 그만둔다는 것만을 의미하지는 않는다. 때에 따라서는 상담의 종결이 추가적 상담이 필요한지에 대한 탐색의 기회가 되기도 한다.

행동주의 상담에서는 어떤 상담목표가 달성되었더라도 상담과정에서 배운 원리가 내담자의 다른 행동을 안내하는 데에도 전이될 수 있도록 하면서 상담 종결한다.

즉, 상담이 끝난 후에도 지속해서 그 원리를 내담자 자신의 삶에 적절하게 적용할 수 있도록 하는 데에 초점을 두고 종결을 한다(강갑원, 2006: 192).

6. 행동주의 상담의 기법

행동주의 상담에서는 다양한 기술이 사용되고 있다. 어느 것이라도 효과가 확실히 보증된 것은 없다. 이러한 기술은 다양한 학습 이론에 근거하고 있다. 이러한 기술은 그중에서도, 특히 파블로프의 고전적 조건형성, 스키너의 조작적 조건형성, 반두라의 사회학습이론에 근거하고 있다.

상담기술은 위와 같은 이론 중에서 두 가지 이상을 결합하여 실제로 사용하기도 하며, 모든 내담자에게 효과가 있는 기술이란 없다. 상담자, 내담자, 상담 목표가 각각 다르므로 이를 고려하여 가장 적합한 기술을 개발하여 사용한다. 행동주의 상담에서 사용되는 상담기법을 몇 가지로 분류하여 소개하면 다음과 같다(강갑원, 2015: 147-154).

1) 고전적 조건형성에 의한 상담기법

이 기법의 기본 목적은 내담자의 불안을 제거하는 데에 두고, 우선 여러 가지 정보를 종합하여 내담자가 불안을 느끼고 부적절한 방식으로 반응하는 조건의 위계를 결정한다. 예를 들어, 남이 자신을 보면 불안을 느끼는 내담자가 있다고 하자. 이때 상담자는 어떤 사람 앞에서 가장 불안이 큰 가를 물어서 위계를 작성한다. 내담자 '가족'이 가장 편안하고, 그다음이 '친구'이고 그다음이 '이웃 사람'이라고 말했다면 이것이 바로 불안 위계이다. 이 위계에 따라 가장 불안이 낮은 사람부터 접촉하여 최종적으로 불안이 가장 높은 사람으로 접촉해 나아가게 함으로써 불안을 제거한다. 이러한 방식으로 치료하는 기법으로 자기주장 훈련, 이완 훈련, 체계적 둔감법이 있다.

(1) 자기주장 훈련

자기주장 훈련Assertiveness Training은 대인관계에서 불안을 느끼는 사람에게 자기주장 행동을 하게 함으로써 상호 제지를 일으키도록 하여 불안을 줄이는 방법이다. 초기에 불안 제거에 초점을 두었으나, 나중에는 권리에 중점을 두었다. 이때 자기주장 행동이란 상대방의 권리를 침해하거나 불쾌하게 하지 않고 자신의 권리, 욕구, 의견, 생각, 느낌 등 자신이 나타내고자 하는 바를 있는 그대로 솔직하게 나타내는 행동을 말한다. 대부분의 사람은 자신의 권리나 느낌을 적절하게 표현하지 못해 불안을 경험하는 경우가 많으므로 이 훈련이 필요하다.

이 훈련은 단순히 내담자에게 타인과 상호작용하는 동안 느끼고 있는 감정을 표출해보도록 하는 것이다. 상담자는 내담자에게 그 감정을 표현하지 못할 이유가 없고 표현할 때 불안을 느낄 아무런 근거가 없다고 말해 준다. 이러한 주장 방안은 계속 제지될 것으로 보는 것이다.

먼저 상담자는 내담자에게 자신의 감정을 얘기해 보라고 하여 파악한 다음에는, 내담자가 원하는 주장을 발전시키기 위하여 강화, 소거, 조형 등의 조작적 원리를 사용한다. 일단 이것이 성공하면 내담자에게 상담 상황 밖에서도 같은 종류의 반응을 해 보도록 한다. 이 방법이 조건형성의 원리가 적용된 것이라고 보는 것은 불안을 제지하는 역할을 하고 주장 행동은 자기 강화를 하므로 불안 이유는 내담자가 상담자에게 자신의 감정을 표현하더라도 벌이나 불안이 수반되지 않는다는 것을 발견하도록 하며 주장 반응 표현과 이완 상황을 짝짓도록 해 주었기 때문이다.

내담자가 생활 속에서 자기 주장적 행동을 하였을 때 타인으로부터 긍정적 반응을 얻게 되면, 이 상황이 내담자를 기분 좋게 만들고 이것이 자기 강화를 하여 자기 주장 행동을 자주 하게 하는 것으로 보는 것이다.

(2) 이완 훈련

이완 훈련Muscle Relaxation Training은 여러 종류의 불안, 특히 무생물에 대한 불안을 제거하는데 가장 적합한 방법이다. 내담자에게 근육을 이완시키는 방법과 긴장과 스트레스를 심리적으로 경감시키는 정신적 심상에 집중시키는 두 가지 방법이 있다. 일반적으로 내담자는 호흡하기와 상상하기를 배운다. 이완 훈련에는 이완반응, 명상, 근육 이완 등 여러 가지 방법을 사용한다.

근육 이완은 내담자에게 근육 이완 훈련을 시키는 것이다. 체계적으로 근육 이완을 하면 몸의 근육 긴장이 제거된다. 근육 이완과 불안은 양립할 수 없으므로, 이러한 것을 '상호제지' 또는 '역제지'라고 한다. 근육을 이완시키는 것 자체가 하나의 기법이 될 수 있지만, 이 기법은 체계적 둔감법을 사용할 때 주로 함께 이용된다. 이 훈련은 오른손부터 시작하여 왼손, 양쪽 손, 양쪽 팔, 머리, 어깨, 턱, 혀, 이마, 배, 양다리 순으로 각 부분에 힘을 주었다가 빼는 방식으로 근육을 이완시킨다. 이러한 동작은 불안을 일으키는 장면을 상상하더라도 불안을 느끼지 않을 때까지 계속한다.

월페(Wolpe, 1964)는 처음부터 한 개인에게 불안을 조성하는 실제 사물을 앞에 제시하고 이완반응을 조성함으로써 그 사물에 의해서 조성되는 불안을 이완반응으로 억제하는 방법을 사용하였으나, 모든 사물을 실제로 내담자 앞에 갖다 놓는 일이 거의 불가능하므로, 최근에는 내담자가 자기 자신에게 불안을 가져오는 경험을 상상하게 함으로써 불안을 조성시키고, 조성된 불안을 이완반응으로써 극복하도록 한다. 따라서, 이는 내담자 자신이 사용하지 않고 있는 근육의 긴장을 이완할 수 있도록 집중적 훈련을 함으로써, 사고할 때에 경험하게 되는 불안을 최소한도로 줄일 수 있게 되는 것이다.

(3) 체계적 둔감법

체계적 둔감법Systematic Desensitization은 기본적인 행동 절차로서 고전적 조건형성에 기초를 두며, '체계적 감감법'이라고도 부른다. 이완 훈련과 불안위계표 작성을 통해 내담자가 낮은 정도의 불안에 맞서는 행동을 할 수 있게 되면 바로 좀 더 불안을 일으키는 상황을 상상하게 하여, 점진적으로 또는 체계적으로 내담자가 불안을 일으키는 상황에 덜 민감해지게, 즉 둔감해지게 하는 방법이다. 체계적 둔감법에서는 내담자들이 불안을 감소시키는 한 방법으로 불안을 일으키는 상황에 자신을 드러내기 때문에 노출 기법의 한 형태라고 할 수 있다(김춘경 외, 2016: 320).

예를 들어, 내담자에게 근육 이완을 시킨 다음 내담자가 불안을 느끼는 장면을 상담자가 자세하게 서술해 나간다. 그러고 나서 서술하는 장면이 선명하게 떠오르는지, 아니면 잘 떠오르지 않거나 혼란을 겪는지를 내담자에게 물어서 확인한다. 선명하게 장면이 떠올랐음에도 불안을 느끼지 않는지 물어보고 그렇다고 대답하면 불안이 제거된 것으로 판단한다.

체계적 둔감법은 가장 많이 사용되고 실증적으로 연구된 행동치료 절차 중의 하나다. 불안과 관련된 장애에 대한 최초의 주요한 행동주의 상담기법이었고, 불안과 회피반응을 다루기 위해 현재에도 널리 쓰이고 있는 방법이다.

월페(Wolpe, 1964)는 체계적 둔감법을 처음에는 단순한 공포증에 제한하여 적용하였으나, 이후에는 다음과 같은 여러 가지 상황에 적용했다.

① 객관적인 위협이나 위험이 없음에도 불구하고, 극도의 장애를 일으키는 장기적인 고도의 불안이 있는 경우
② 불안의 반응이 특별한 유형이므로 정신적·신체적 및 심리적·생리적 장애를 동시에 일으키는 경우
③ 강한 불안 때문에 행동을 효과적으로 수행하기가 곤란한 경우
④ 불안을 회피하기 위하여 적응 행동이 제한되는 경우

⑤ 불안을 약화 및 회피하기 위하여 부적응 행동이 학습되어서 그것이 지속하고 있는 경우, 체계적 둔감법을 사용하기에 적절한 증상을 열거하면 각종 불안증, 공포증, 말더듬이, 성적 부적응, 기타 각종 신경성 증상에 이르기까지 광범위하다. 그러나 이러한 증상이라도 그것이 불안을 원인으로 하지 않을 때에는 다른 치료 방법이 효과적일 것이다.

(4) 내파법

내파법Implosive Therapy 역시 불안을 제거하기 위한 치료법이다. 내파법에서는 불안은 그 불안 경험을 회피하려고 하므로 발생한다고 가정한다. 그래서 회피 반응을 하지 않게 하려고 불안이나 공포를 유발하는 장면이나 그것으로 인해 생기는 결과를 최대한 상상적으로 경험하게 함으로써 불안을 제거하려는 것이다. 예를 들어, 뱀을 무서워하는 사람에게 뱀으로 인해 무서운 결과를 가져오는 장면을 생생하게 상상하도록 한다. 뱀이 집안에 가득 있다고 생각하게 하거나, 뱀에게 물리는 장면을 생각하게 하거나, 뱀이 목을 감고 있는 장면 등을 생각하도록 한다. 이것은 불안을 주는 장면을 여러 번 상상해 봐도 실제 그러한 일이 발생하지 않으므로 상상한 장면은 불안을 유발하지 않는다. 내파치료에서도 체계적 둔갑법처럼 불안이 낮은 장면부터 높은 장면으로 상상하도록 한다. 체계적 둔감법과의 차이점은 근육이완훈련 없이 한다는 점이다. 이 기법은 경우에 따라서는 불안이나 공포를 증가시킬 수도 있으므로, 이러한 부작용도 잘 다룰 수 있어야 한다.

(5) 홍수법

홍수법Flooding 역시 불안이나 공포를 치료하는 기법이며, 치료의 논리는 내파법과 거의 같다. 내담자가 말한 불안을 느끼는 장면에 불안을 일으키는 요소를 추가하여 그것을 상상하거나 또는 실제 장면에 반복적으로 노출함으로써 불안을 제거하는 기법이다. 홍수법은 실제 장면에도 노출시킨다는 점에서 내파법과 다르고 불안이 제거될 때까지 장기간 불안 자극에 노출한다는 점에서도 내파법과 차이가 있다.

(6) 정서 심상법

정서 심상법Emotive Imagery은 상호 제지의 한 변형으로서 역시 공포나 불안을 제거하는 체계적 둔감법에서 나온 기법이다. 내담자에게 긍지, 애정, 환희와 같은 유쾌한 심상에 주의를 집중하도록 하여 불안을 제거한다. 공포, 고통, 불안과 같은 심상은 긍정적 심상과 양립할 수 없는 원리를 이용하는 것이다. 예를 들어, 개를 무서워하는 어린이에게 자신이 자동차 경주에서 우승한 영웅이 된 것으로 상상하도록 함으로써, 개에 대한 두려움을 제거 할 수 있다. 녹음테이프를 사용하여 푸른 목장을 산보하거나 푸른 호수를 바라보는 것과 같은 심상을 일으키도록 할 수 있다.

(7) 자극 포만법

자극 포만법Stimulus Satiation은 정적 유인가가 있는 자극에 지속해서 접촉하게 함으로써 그 자극에 대하여 정적 유인가를 상실하도록 하는 기법이다. 예를 들어, 술을 좋아하는 사람에게 진저리가 나도록 술을 계속 마시도록 하여 술을 싫어하도록 할 수 있다. 내담자가 감당할 수 없을 만큼 한꺼번에 많은 양의 자극을 주는 방법이 있고 감당할 수 없을 만큼 자극을 자주 주는 방법이 있다.

(8) 혐오법

혐오법Aversive Techniques은 바람직하지 못한 자극에 혐오 자극을 제시함으로써 그 행동을 하지 않도록 하는 것이다. 혐오 자극으로 사용되는 것으로는 전기 쇼의 구토제와 같은 약물, 혐오스러운 시각물, 타임아웃, 벌 등을 들 수 있다. 예를 들어, 술을 끊지 못하는 사람에게 술만 마시면 구토가 나는 어떤 약물을 복용하게 하여 술과 구토를 연합시켜 술을 싫어하도록 할 수 있다. 그러나 이 방법은 윤리적 문제가 따를 수 있으므로 주의해야 한다. 별 무리 없이 사용할 수 있는 방법은 불쾌한 심상을 하도록 하는 '내재적 민감법'Covert Sensitization이다. 예를 들어, 살이 쪄 뚱뚱해지는데도 음식을 자꾸 먹는 사람에게 음식과 불쾌한 자극을 상상적으로 짝지어보도록 하는 것이다.

2) 조작적 조건형성에 의한 상담기법

(1) 강화법

강화란 어떤 행동을 한 뒤에 수반되는 결과가 만족스러울 때 그 행위가 지속하거나 증가하는 것을 말한다. 강화는 긍정적 강화(정적 강화)와 부정적 강화(부적 강화)로 나눌 수 있다(김춘경 외, 2016: 315-316).

① 긍정적 강화

내담자의 바람직한 행동에 대해 보상을 주어 그 행동을 증강하는 경우 그 보상을 긍정적 강화Positive Reinforcement 자극이라고 한다. 흔히 사용되는 긍정적 강화에는 음식, 돈, 승진, 인정, 주목, 칭찬, 자유시간, 사탕, 어떤 특혜를 주는 것, 좋아하는 활동을 할 수 있도록 허용하는 것 등이 있다.

스키너는 강화를 일차적 강화와 이차적 강화로 구분했다. 일차적 강화는 무조건적 강화라고 하며 애초부터 고유하게 강화의 속성을 보유한 사건이나 대상을 말한다. 예를 들어, 사탕을 좋아하는 내담자의 경우 바람직한 행동을 할 때 사탕을 준다면 사탕은 일차적 강화인Primary Reinforcer이라 할 수 있다. 일차적 강화인이 대상자에게 강화의 효과를 가지는 것은 학습 효과와는 무관하다. 이차적 강화인Secondary Reinforcer은 대상에게 강화 효과를 갖기 위해서 대상자의 과거 경험 속에서 일차적 강화인과 연합되는 경험을 해야만 한다. 예를 들어, 대표적으로 돈은 그 자체로 강화의 효과를 갖지 못하지만 여러 가지 기본적인 만족을 주는 옷, 음식, 집 등을 얻을 수 있는 강한 강화인이 된다. 스키너가 주장한 또 다른 이차적 강화인으로는 주목, 인정, 호의, 타인에 대한 복종 등이 있다. 이것은 인간의 행동을 통제하는 데 매우 강한 효과를 갖는다. 사람은 자신만의 고유한 조건형성의 역사를 갖고 있으므로 모든 사람이 같은 강화인의 통제를 받는 것은 불가능하다. 예를 들어, 어떤 사람은 성공으로 인해 다른 사람들에게 인정받는 데서 보상을 받으며 또 다른 사람들은 타인의 다정한 반응에서 더 보상을 받고, 또 다른 사람들은 성취로 인해 스스로 갖는 만족감에서 가장 큰 보상을 받는다.

한편, 강화인은 시간의 흐름에 따라 변화되기도 하므로 한 개인 안에서도 강화인의 강화를 준비하여 사용할 필요가 있다.

일상생활에서는 물론 상담 장면에서 효과적으로 사용할 수 있는 긍정적 강화 방법으로 '프리맥의 원리'Premack's Principle가 있다. 프리맥의 원리는 낮은 확률의 활동, 즉 내담자가 싫어하는 행동을 증가시키기 위해 높은 확률로 나타나는 행동, 즉 내담자가 좋아하는 행동을 할 기회를 강화로 제공하는 것이다. 숙제의 효과는 달라질 수 있으므로, 상담자는 내담자의 강화인을 다양하게 파악하다 마치면 밖에 나가서 친구들과 놀게 한다든지, 게임을 할 수 있게 해 주는 것이 프리맥의 원리를 적용한 예가 된다.

② 부정적 강화

스키너의 행동수정 이론에서는 인간의 많은 행동이 개인의 어떤 반응과 연관된 고통, 불쾌, 불안을 가져오는 혐오 자극을 통해 통제될 수 있다고 본다. 혐오 자극을 통한 통제방법은 크게 부정적 강화와 벌로 나뉜다.

부정적 강화Negative Reinforcement는 어떤 바람직한 행동을 할 때 내담자가 싫어하는 대상물을 제거해 주는 방법으로서 이때 제거되는 것을 부정적 강화자극이라고 한다. 긍정적 강화나 부정적 강화 모두 바람직한 행동의 발생빈도나 강도를 증가시킨다는 점에서는 동일하다. 부정적 강화가 긍정적 강화와 다른 점은 긍정적 강화가 바람직한 행동을 함으로써 어떤 바람직한 것을 얻게 되지만, 부정적 강화는 바람직한 행동을 함으로써 꾸중, 벌로서의 청소, 구속 등 어떤 불쾌한 자극을 피할 수 있다는 점이다.

부정적 강화가 효과를 발휘하기 위해서 내담자는 회피 행동과 도피 행동을 학습해야 한다. 회피 행동은 이미 존재하고 있는 혐오 자극에서 벗어나기 위한 행동으로서 극장에서 주변에 시끄럽게 떠드는 십 대 청소년들이 있을 때, 소음을 피하고자 그 무리에게서 멀리 떨어진 자리에 가서 앉는 것을 예로 들 수 있겠다. 도피 행동은 이 행동을 함으로써 혐오 자극의 출현을 미리 방지하는 것으로서 다음에 극장에 갔을 때 십 대 청소년들이 모여 앉은 것을 보면 미리 멀리 떨어져 앉는 것을 예로 들 수 있다.

벌은 바람직하지 않은 행동을 감소시키거나 제거할 때 사용되는 것이라는 점에서 부정적 강화와는 구별된다. 벌은 현대사회에서 일반적으로 사용되는 행동통제방법으로서 일상생활 속에서 규칙을 위반하면 벌금을 물거나 교도소에 가거나 어린아이가 야단이나 매를 맞는 것, 학생이 시험에서 부정행위를 하면 성적에서 감점을 받거나 제적되는 것 등이 그 예다. 벌은 그 반응이 다시 발생할 가능성을 감소시키는 데 그 효과가 있다.

(2) 행동조성법

행동조성Shaping은 복잡한 행동을 습득시키기 위하여 그 행동을 작은 단위로 나누어 각 단위를 강화하여 차례로 학습하도록 함으로써 행동을 학습하도록 하는 방법이다. 작은 단위의 행동은 학습하기 쉽고 학습에 성공하면 그 결과 자체가 강화를 해서 이것 역시 강화의 원리를 깔고 있다. 예를 들어, 어떤 부모가 자녀가 집에서 하루 2시간 정도 공부하게 하고 싶다고 할 때, 이러한 행동은 몇 가지 세부 행동으로 나눌 수 있다. 즉, 놀이터에서 집에 오도록 하는 것, 공부방에 들어가게 하는 것, 책상에서 시간을 보내게 하는 것, 책상에서 공부를 30분 정도 하게 하는 것, 책상에서 1시간 정도 공부하게 하는 것, 책상에서 2시간 정도 공부하게 하는 것으로 세분할 수 있다. 그런 다음에 제일 먼저 아이가 집에 오도록 강화하고 집에 오는 것이 학습되면 공부방에 들어가는 행동을 하도록 강화하고 그다음에는 책상에서 시간을 보내도록 강화하는 식으로 하여 최종적으로 2시간 동안 공부하도록 하는 것이다.

(3) 상표제도(토큰강화법)

상표제도Token Economy는 집단 속의 각 개인의 다양한 행동을 수정할 때 효과적으로 사용되는 방법이다. 행동주의적 기법 중에 광범위하게 사용되고 있는 기법의 하나인 상표제도는 스키너의 강화원리를 포함하여 조작적 조건형성의 원리를 적용한 것으로, 직접 강화인자를 쓰는 대신, 후에 내담자가 원하는 다양한 물건과 교환할 수 있는 상표를 보상으로 제공하는 것이다. 즉, 적절한 행동을 할 때마다 직접 확인될 수 있는 강화물로 상표가 주어지는 체계적인 기법이다. 이 상표제도는 개인적으로 실시되기보다는 보통 교실에서나 가정, 정신과 병동 등과 같은 집단상황에 적용된다(Corey, 2008).

토큰강화 자극으로는 별표, 스티커 등이 사용된다. 토큰은 돈처럼 교환가치가 부여된다. 개인은 각자 바람직한 행동을 할 때마다 토큰을 받고 토큰은 개수에 따라 다양한 강화 자극과 교환된다. 다른 강화 자극보다 토큰제도는 내담자의 행동관리에 많은 이점을 지니는데, 첫째, 심리적 포화현상을 방지할 수 있으며, 둘째, 내담자가 토큰의 개수에 따라 다양한 강화 자극과 교환하거나 장기간 토큰을 저축해서 좀 더 값진 강화 자극으로 교환할 수 있으며, 셋째, 토큰은 내담자의 행동을 강화할 때 간편하게 처리할 수 있으며, 넷째, 토큰제도는 강화의 지연을 예방해서 강화의 효과를 높일 수 있다(김춘경 외, 2016: 318).

3) 사회학습이론에 의한 상담기법

(1) 모델링

모델링Modeling은 사회학습이론에 근거하고 있다. 이 용어는 관찰학습, 대리학습, 사회학습 등의 용어와 더불어 사용되어 왔다. 이것은 내담자에게 다른 사람의 행동을 보여줌으로써 시행착오 없이 그대로 그 행동을 하도록 하는 방법이다. 시범은 사람이 직접 보일 수도 있고, 슬라이드, 녹음테이프 녹화 테이프 등의 매체를 사용할 수도 있다.

모델링 기법을 실제로 사용할 때 나이나 성, 인종 및 태도 등에서 내담자와 유사한 모델이 더 효과적이다. 그러나 일정 수준의 권위나 지위를 가진 모델을 내담자들이 더 쉽게 모방하게 된다. 만약 내담자가 여러 가지 특성에서 모델과 다른 점이 많다면, 그 내담자는 모델의 행동을 비현실적인 것으로 여기는 경향을 보인다. 마찬가지로 모델링 수행 정도가 내담자에게 감당할 만한 것이고, 온정적이라면 그 효과를 높이는 경향이 있다(이현림, 2011: 107).

인지적 모델링은 내적 모델링과 인지적 모델링의 두 가지로 제시할 수 있다. 내적 모델링은 상담자가 내담자에게 상상해야 할 것을 말해 주는 것이다. 내담자는 보통 녹음기의 지시에 따라 행동을 하는 모델을 상상하게 된다. 인지적 모델링은 내담자가 수동적이고 내적 관찰자가 아니라, 자신이 과제를 수행하는 것을 직접 역할연기를 한다. 먼저 상담자는 내담자에게 적절한 목표 행동의 시범을 보인다. 그리고 무엇을 해야 하며, 왜 해야 하며, 그것을 올바르게 수행하기 위하여 어떻게 느껴야 하는지에 대하여 하나하나 단계적으로 설명한다. 그런 다음 내담자는 상담자가 무엇을, 왜, 어떻게 느껴야 하는지를 분명하게 인식하면서 목표 행동을 그대로 해 본다. 그러고 나면 상담자는 내담자에게 설명해 주었던 것은 물론, 목표 행동을 큰 소리로 반복해 보라고 요구한다. 그다음 내담자는 같은 말을 입속으로 중얼거리면서 목표

행동의 시범을 보여야 한다. 마지막으로 마음속으로 언어적으로 자기 지시를 하면서 행동시범을 보인다.

(2) 역할연기

역할연기Role Play는 일상생활 속에서 수행하지 못하거나 수행하기 곤란한 역할 때문에 부적응 행동을 보이는 내담자에게 실제 장면이나 극적 장면에서 어떤 역할을 하도록 하거나, 연습하게 해 봄으로써 적응행동을 하도록 하는 방법이다. 역할연기는 처음에는 상담실에서 하지만 효과를 높이기 위해서는 실제 장면과 유사한 곳에서 하는 것이 좋다. 예를 들어, 자신이 좋아하는 여학생 앞에서 말을 못 하는 남학생에게 상담자가 여학생 역할을 하고 남학생에게 말을 해 보게 할 수 있다.

역할연기는 다음과 같은 네 단계가 있다(이현림, 2011: 111).

① 상담자와 내담자가 서로 깊이 관여하고 의미 있는 학습이 이루어지기 위해서는 개방적이고 부담 없이 행동할 수 있는 분위기가 조성되어야 한다.

② 주어진 역할을 수행한다.

③ 학습을 좀 더 촉진할 수 있는 측면에서 역할연기를 분석한 후 바라는 행동에 더 가깝게 행동하도록 격려하고, 잘되지 않는 부분을 내담자에게 알려준다.

④ 상담자가 역할연기의 일반적 원리와 핵심이 되는 기술을 내담자에게 상세히 알려줌으로써, 내담자는 자신의 학습경험을 통합하여 비슷한 실제 생활 장면에 전이시킬 수 있게 된다.

(3) 행동연습

행동연습Behavioral Rehearsal은 내담자가 자신이 하고 싶은 행동을 하지 못할 때 그 행동에 대한 연기를 해 보게 함으로써 하고 싶은 행동을 할 수 있도록 하는 방법이다. 역할연기는 한두 번으로 끝나는 것이 아니라, 상담자가 바라는 행동 수준에 이를 때까지 반복하게 한다. 때에 따라서는 행동 과제를 내어 연습하도록 할 수도 있고, 혼자서 거울을 보면서 연습하게 할 수도 있다. 이 방법은 처음에는 상담실에서 하지만 될 수 있는 대로 실제 상황과 유사한 장면에서 하도록 하는 것이 좋다.

(4) 자기지시

자기지시Self-Instruction는 불안을 줄이거나 부적응 행동을 적응 행동으로 바꾸기 위하여 자기 스스로 자신에게 지시하거나 말하는 방법이다. 이러한 자기지시만으로 행동 수정에 도움이 될 수 있다. 자기지시는 정서적 안정을 하기 위하여 근육 이완을 하도록 하는 지시, 비합리적 생각을 합리적 생각으로 바꾸도록 하는 지시, 구체적 행동을 하도록 하는 지시 등을 할 수 있다. 예를 들어, 자신이 좋아하는 이성에게 하고 싶은 말이 있으나 거절당하는 것이 두려워 말하지 못하는 내담자에게 다음과 같은 자기 지시를 할 수 있다.

① "긴장을 풀고 근육을 이완하자."

② "잘 말하려고 하지 말고 솔직하게 말하자."

③ "이 세상에 별 여자 없다. 그녀도 사람이고 나도 사람이다."

이러한 자기지시는 자기 통제나 자기 지도프로그램에 많이 사용한다.

(5) 행동계약

행동계약Behavior Contracts은 두 사람 또는 그 이상의 사람들이 정해진 기간 내에 각자가 할 행동을 분명하게 적은 후 서로가 지키도록 약속하는 것이다. 주로 상담에서는 내담자와 상담자 간, 내담자와 내담자의 중요 인물(친구, 부모 등) 간에 이루어진다. 계약이 잘 지켜지면 강화를 해 준다. 계약의 기본 형식은 "너는 나를 위해 …를 하는 대신 나는 너를 위해 …를 할 것이다."이다. 계약이 어느 한 편에 의하여 이행되지 않으면 의논하여 다시 계약한다. 계약서를 작성할 때에는 상담자가 무엇을 요구하는지, 어떤 행동을 얼마나 해야 보상을 받는지, 바람직하지 못한 행동을 할 때는 어떤 벌을 받는지 등을 명시한다.

(6) 자기지도

자기지도Self-Directed Change는 내담자가 스스로 자신의 행동수정 프로그램을 이끌어 가는 방법이다. 자기지도는 보통 프로그램을 통해서 이루어지는데, 여기에는 자신이 수정하고자 하는 행동이 무엇인지 분명히 밝히고, 행동목표를 정하고 자신의 행동을 정확하게 관찰하고 기록하며, 자기와 행동계약을 하는 것 등이 포함된다.

7. 행동주의 상담에 대한 평가

행동주의 상담에 대한 평가는 다음과 같다(이현림, 2011: 113).

1) 공헌

행동주의적 상담의 공헌점을 살펴보면 다음과 같다.

첫째, 학습과정에 관해서 알려진 지식을 상담과정에 적용하고 연구를 수행함으로써, 상담을 과학으로 발전하게 하였다.

둘째, 상담의 결과를 측정할 수 있게 함으로써, 구체적이고 실증적인 행동목표를 명백하게 하였다.

셋째, 환경 내에 존재하는 여러 가지 제약을 어떻게 제거할 수 있으며, 효율적 행동의 학습을 위한 환경적 조건을 어떻게 조성할 수 있는가 하는 점을 밝혔다.

2) 한계 및 비판

행동주의적 상담의 문제점을 살펴보면 다음과 같다.

첫째, 행동적인 영역을 지나치게 강조하고 상담 관계 자체를 부차적인 것으로 간주한다.

둘째, 상담의 기술을 지나치게 강조하는 경향이 있다.

셋째, 내담자의 독특성을 강조하기 때문에 독특하고 특수한 상담방법이 필요하다고 하나, 실제로 보면 많은 내담자가 비슷하거나 같은 문제를 지닌 경우가 많으며, 이를 위해서 같은 상담방법이 필요한 경우가 많다.

넷째, 학습 이론에서 발전된 특정 개념, 가설, 법칙들은 아직 인간의 모든 학습현상을 종합적으로 설명할 수 있을 만큼 포괄적이지 못하다는 것이다.

CHAPTER
05
인간중심 상담

개요

인간중심 상담은 1940년대 로저스에 의해 창시된 상담이론이다. 인간중심 상담은 정신분석 상담, 행동주의 상담과 더불어 대표적인 상담이론으로 자리매김하였다. 이 이론은 상담분야뿐만 아니라, 교육, 가정, 기업체 등 우리 삶의 전 영역에 큰 영향을 미치고 있다. 본 장에서는 인간중심 상담에 대한 논의를 하고자 한다.

학습목표

- 인간중심상담에 대한 이해
- 내담자 연구
- 로저스에 대한 관심

학습내용

1. 인간중심 상담의 개요
2. 로저스의 생애
3. 인간관
4. 주요 개념과 특성
5. 인간중심 상담의 과정
6. 인간중심 상담의 기법
7. 인간중심 상담에 대한 평가

1. 인간중심 상담의 개요

1) 인본주의의 개념

인본주의는 1940년대에 로저스Carl Rogers에 의하여 개발되어 지금까지 계속 발달하고 있는 인간의 성장과 변화에 대한 접근법이다. 이 이론은 내담자 또는 인간의 변화 및 성장을 존중하며, 일치성, 공감 및 긍정적 존중의 태도를 존중한다.

인본주의에서는 잠재적으로 능력이 있는 개인 안에 이미 존재하는 능력을 해방하는 것'을 심리치료의 목표로 삼는다. 만일 어떤 특정한 조건이 제시된다면 개인은 점차로 실현의 능력을 갖추고 그가 조건부 가치에 의해 내사시켜 온 한계들을 극복해 나갈 수 있을 것이다. 여기에서 특정한 조건이란 치료적인 관계 내에서 개인이 진솔성이나 일치성, 정확한 공감적 이해 및 무조건적인 긍정적 존중을 지각하는 것이다. 이때 내담자의 성격변화는 그의 존재가 자신의 내적 경험을 좀 더 많이 인식하는 방향으로 자신의 내적 경험이 유동적이고 변화할 수 있도록 허용하는 방향으로 그리고 그의 내적 경험과 일치하게 행동하는 방향으로 일어날 것으로 보고 있다(장수환 외, 2017: 259).

인본주의 이론은 정신역동학파에서 말하는 본능적이고 역동적인 개념들을 거부하고, 자기Self에 관한 것에 초점을 두기 때문에 '현상학적 이론' 또는 '자아실현 이론'

이라고 불린다. 현상학적 이론은 개인이나 생활사건에 대한 자기인식은 성격발달을 이해하기 위한 준거틀을 제공한다는 사실을 강조하고 있다. 현상학적 입장에 따르면 각 개인은 행동의 주체이며, 행동이란 단지 내부세계의 관찰 가능한 표현일 뿐이기 때문에 인간의 경험에 대해 연구를 하는 것이 필요하다고 하였다. 또한 생활사건에 대한 개인적인 해석에 기반을 두고서 환경에 반응을 나타내는 개인을 이해하는 것이 중요하다는 견해다(최옥채 외, 2015: 131).

인본주의 이론은 무의식적 결정론에 근거한 정신분석 이론과 환경결정론에 근거한 행동주의 이론의 입장에 반대하는 '제3세력의 심리학'에 속한다. 인본주의 이론에서는 사랑, 선택, 창조성, 의미, 가치, 자아실현과 같은 인간의 자아실현 경향과 긍정적 측면에 초점을 둔다(Corey, 2008).

인본주의 이론의 발달에 이바지한 주요 인물들 중에서 로저스는 모든 인간이 긍정적 방향으로 성장하고자 하는 경향과 자기 결정 및 자아실현 경향을 갖고 있으며, 자신의 운명을 스스로 결정하고 자유롭게 선택하는 존재라는 점을 중시하는 '인간중심적' 접근 방법Personal-centered Approach을 제시하였다. 또한 매슬로우Abraham Maslow 역시 인간을 자아실현을 위하여 노력하는 존재로 규정하고 '욕구위계이론'을 제시하였다.

2) 인간중심 상담의 개념

인간중심 상담은 1940년대 로저스C. Rogers에 의해 창시된 상담이론이다. 이 인간중심 상담은 초기 1940년대에는 '비지시적 상담'으로, 1950년대와 1960년대에는 '내담자중심 상담'으로, 그리고 1970년대 이후부터 '인간중심 상담'으로 불리게 되었다(Groddeck, 1987).

인간은 누구나 인간중심 상담Person-centered Counseling에서는 내담자를 인간 유기체로서 계속해서 변화하고 성장하려는 동기를 가진 선한 존재로 본다. 모든 내담자는 자신의 환경 속에서 자신을 실현하려는 동기를 가지고 움직이고 있으며 환경이 이를 촉진하기만 하면 스스로 자기실현의 경향성을 실현하는 방향으로 움직여 나가는 긍정적이고 능동적인 존재라는 것이다(정서영 외, 2018: 167 재인용).

인간중심 상담에서는 소위 정상이든 비정상이든 모든 인간은 각자의 계속된 성장에 궁극적 관심을 갖고 있으며, 인간은 누구나 이와 같은 계속된 성장을 위한 잠재능력을 갖추고 있다는 인간관을 가정하고 있다. 따라서, 상담 또는 심리치료란 이처럼 개인 속에 이미 존재하고 있는 잠재능력이 제약되고 왜곡된 상태로부터 해방시킴으로써 충분히 기능을 발휘할 수 있는 인간으로서의 정상을 조력하는 것으로 보고 있다(김헌수·김태호, 2006: 165).

인간중심 상담에서는 구체적인 상담방법이나 기법보다 내담자에 대한 상담자의 태도를 더 중요시한다. 그 이유는, 이 상담이론이 갖는 인간관과 철학적 배경에 근거한다. 인간중심 상담에서는 인간을 정신분석학에서처럼 과거 경험에 의해 성격이 결정되고, 자신도 의식하지 못하는 무의식에 의해 지배받는 그런 존재로 보지 않는다. 또한 행동주의 상담이론에서처럼 인간을 외부자극에 의해 성격이 형성되고 행동이 좌우되는 수동적인 반응체로 보지 않는다. 인간중심 상담에서는 인간을 태어나면서부터 자기 잠재력을 실현하려는 경향성과 가능성을 가지고 있는 존재로 본다. 따라서, 상담자의 역할은 내담자가 가진 자기실현 경향성을 탐색하고 계발하도록 최적의 분위기나 환경을 제공하는 것이다. 또한 인간중심 상담은 현상학과 실존주의 철학적 배경을 가진다. 인간중심 상담에서는 인간을 현상학적 장에서 이해해야 한다. 그리고 인간을 실존적으로 도와야 한다. 즉, 상담자는 내담자가 지각하는 참조체계에 따라 그를 이해해야만 내담자를 이해할 수 있고, 내담자를 돕기 위해서는 그의 관점에서 그와 그의 문제를 보고 또 그가 처해 있는 실존적 상황에서 해결책을 모색해야 한다(양명숙 외, 2013: 201-202).

이러한 인간중심 상담은 정신분석 상담과 행동주의 상담과 더불어 대표적인 상담이론으로 자리매김하였다. 그리고 이 이론은 상담분야뿐만 아니라, 교육, 가정, 기업체 등 우리 삶의 전 영역에 큰 영향을 미치고 있다. 그 실례로, 아동중심 상담, 학습자중심 학습, 배우자중심 상담, 국민중심 정치, 노동자중심 기업 운영, 환자중심 진료 등을 들 수 있다. 즉, 인간중심 상담이론은 단지 상담이론으로만 머물지 않고 교육, 정치, 경제 등 모든 분야에 적용되어 하나의 인간중심적 삶의 원리이자 삶의 철학으로까지 발전하고 있다.

3) 인간중심 상담의 목표

인간중심 상담이론은 모든 인간이 자기실현 경향성을 타고난다고 본다. 따라서, 상담에서 가장 중요한 목표는 내담자의 자기실현 경향성을 막고 있는 장애물을 제거해 타고난 실현 경향성을 되찾도록 하는 데 있다. 이를 위해 상담자는 상호 신뢰적인 분위기를 조성하여 내담자가 거리낌 없이 자기를 공개하여 자신의 내면세계를 이해할 수 있도록 돕는다. 또한 상담에서 내담자가 자신의 환경에 대한 왜곡된 지각을 수정하고 현실적 경험과 자기개념 간의 조화를 이루며 유기체적 경험 간의 불일치를 제거하게 된다.

인간중심 상담의 목표는 로저스가 말하는 인간관을 가진 사람이 될 수 있도록 하는 데 있다. 상담자는 상호 신뢰적인 분위기를 조성하여 내담자가 거리낌 없이 자기를 개방하도록 함으로써, 내담자 자신의 내면세계(감정, 욕망 및 가치판단 등)를 이해하고, 자신의 문제를 파악할 수 있도록 돕는다. 이런 관계 속에서 내담자는 자신의 환경에 대한 왜곡된 지각을 수정하고, 현실적 경험과 자아개념 간의 조화를 이룬다. 이러한 과정을 통해 내담자는 자기에 대한 위협과 방어하려는 방어기제를 해체함으로써 충분히 기능하는 사람이 되어 자신의 능력과 개성을 최대한으로 발휘하는 자기실현을 촉진하게 된다(김계현, 2016: 265).

이런 자아실현을 이룬 사람의 특징은 첫째, 자기방어를 위해 현실을 왜곡하지 않으며, 둘째, 자기 자신에 대한 올바른 이해에 바탕을 둔 신뢰감과 융통성 있는 마음의 자세를 갖고 있고, 셋째, 실존 문제에 대한 해답을 자신의 내부에서 찾으려 하며, 인간적인 성숙이 지속적인 과정임을 아는 사람이다(이현림, 2011: 58).

이러한 목표의 기저에는 성장을 촉진하는 적절한 양육환경을 만들어 주기만 하면 스스로 문제를 해결할 수 있는 능력이 발휘된다는 내담자에 대한 신뢰와 믿음이 깔려 있다. 다시 말해서 내담자들이 자신의 경험을 부정하거나 왜곡하지 않고 있는 그대로 수용할 수 있게 되면 심리적 문제는 저절로 해결될 수 있다. 이를 위해서는 무엇보다 내담자가 사회화 과정을 통해 발달시킨 가면을 벗어 던지도록 도와야 한다. 성장과정에서 가치 조건에 물들여져 위축되고 왜곡된 자기개념을 보다 확장하고 융통성 있게 변화시켜야 한다는 것이다. 이렇게 될 때, 내담자는 현실의 장에서 하게 되는 모든 경험을 위협이나 불안감 없이 자신의 것으로 받아들일 수 있다. 바로 '여기와 지금'에서 진행되는 모든 내적인 경험을 왜곡 없이 수용할 수 있을 때, 비로소 내담자는 이제까지는 보지 못했던 자신의 참 모습을 발견할 수 있게 된다.

외적으로 규정된 채로만 살아가게 된다면 진실한 자기를 발견할 수 없다. 내담자가 자기의 진실한 모습을 발견하고 거기에서 참다운 의미를 발견할 수 있으려면 자신에게 부여된 가치 조건들에서 벗어나야 한다. 그러나 이러한 가치 조건들은 오래전부터 수많은 습관화 과정을 거쳤기 때문에 혼자 힘으로 벗어 던지기에는 힘들 수도 있다. 바로 이 시점에서 상담자의 '촉진'이 필요하다(이장호 외, 2009: 95-96).

그러므로 상담자는 아무런 가치 조건도 부여하지 않고 내담자를 있는 그대로 존중하고 수용함으로써 내담자에게 부여된 가치 조건들을 해제해 나간다. 따라서, 그 어떠한 예외도 없이 상담자가 이러한 태도를 일관되게 유지해 나갈 때, 내담자는 비로소 참다운 자기를 발견하고 거기에 의미를 부여할 수 있다.

인간중심 상담은, 다음과 같은 점에서 상담분야에 큰 공헌을 했다고 말할 수 있다.

첫째, 상담의 초점을 기법에서 상담 관계를 중시하는 쪽으로 움직여 놓았다. 이는 상담자의 기본적인 자세와 태도로서 상담 접근에 따라 어떤 기법과 방법을 사용하든 간에 상담자로서 기본적으로 지녀야 하는 태도를 제시했다는 큰 의미가 있다.

둘째, 상담자, 심리학자, 사회사업가, 그 외 인간 조력 전문가를 훈련하는 데 경청, 배려, 이해의 중요성을 강조하였다. 인간중심 상담이론의 영향으로 상담자의 훈련 과정에서 경청, 반영, 공감, 관계 촉진 기술 등이 주요 부분으로 포함되었다.

한편, 인간중심 상담은, 첫째, 내담자가 표현한 것에 전적으로 의존하기 때문에 내담자가 의식하지 못하는 무의식적인 부분이나 내담자가 왜곡하여 전달하는 것을 무시했다는 점, 둘째, 사용하는 용어가 상당히 범위가 넓고 모호하여 이해하기 어렵다는 점 등에서 비판을 받고 있다.

그러나 이러한 비판에도 불구하고 인간중심 접근은 개인상담 혹은 개인심리치료와 집단상담 혹은 집단심리치료는 물론 교육, 가족생활, 리더십과 관리, 조직구성, 건강관리, 문화나 인종 간 활동, 국제관계 등에 폭넓게 적용되고 있다.

2. 로저스의 생애

로저스Carl Ransom Rogers, 1902~1987는 1902년 일리노이Illinois 주 오크파크Oak Park에서 태어났다. 그의 부모는 자상했지만 철저한 종교적인 입장을 지니고 있었기 때문에, 로저스의 소년 시절은 엄격하고 비타협적인 종교적 규율의 분위기였다. 가족 이외에는 친구가 없어서 고교 시절까지 대부분의 시간을 혼자서 독서와 사색으로 보냈다. 1919년에 위스콘신대학교University of Wisconsin에 입학한 후, 대학교 3학년

칼 로저스

때에 그의 인생을 변화시킬 만한 일이 생겼다. 그는 중국 북경에서 개최된 세계기독학생연합회에 참가하는 12명의 미국 학생 중 한 사람으로 선발되어 6개월 동안 중국에 머물렀다. 그곳에서 다양한 종교와 문화적인 특성들을 지닌 많은 외국인과 만나게 되었고, 그러한 경험들은 그가 자신의 인생관을 보다 자유롭게 다시 결정할 수 있게 하였다. 로저스는 그때의 경험을 통하여 "나는 나 자신의 사고방식대로 생각할 수 있고, 나 자신의 결론에 도달할 수 있으며, 나 자신이 믿는 바에 따라 행동할 수 있다"라는 인식을 하게 되었다(정서영 외, 2017a: 193).

그는 위스콘신대학교 사학과를 졸업한 후, 콜럼비아대학교Columbia university에서 아동 철학으로 전공을 바꾸었고, 듀이John Dewey, 1859~1952 철학의 영향으로 어린이들과 함께 실제적인 임상실험을 하여 교육심리학으로 석사(1928)와 박사학위(1931)를 받았다. 그 후 로체스터Rochester 아동학대방지협회에서 연구원으로서 12년간 비행아동과 불우아동을 위하여 치료활동을 하다가 1940년 오하이오 주립대학교의 심리학 교수로 초빙되었다. 그는 이 대학에서 학생들에게 자신의 경험을 토대로 하여 당시 임상가들이 활용하고 있던 원리들 가운데서 정수를 뽑아다 분명한 상담의 실제적인 방법으로 도출해 낸 아이디어들을 가르쳤다. 그러한 강의 과정에서 그는 자신의 아이디어들이 상담 및 심리치료에 있어서 하나의 새로운 접근임을 깨닫게 되었다. 이 아이디어들을 1940년 12월에 미네소타대학교University of Minnesota에 한 논문으로 발표하였다. 이것은 로저스가 상담에 대한 자신의 아이디어를 처음 발표한 논문이었는데, 이 논문이 놀라운 반응을 일으켰다. 이를 토대로 하여 1942년에 그는 『상담과 심리치료(*Counseling and psychotherapy*)』를 출판하였다. 그 당시만 해도 미국을 지배하고 있었던 상담 및 심리치료의 세력들은 지시적 접근과 정신분석적 접근이었고, 이들은 모두 상담자의 지식과 기술에 의존하는 것이었으며, 내담자를 진단하고 해석하는 방법들이었다.

그 후 1945~1957년까지 시카고대학교University of Chicago의 심리학 교수와 상담소장의 일을 맡았다. 이 기간 동안에 『내담자 중심치료(*Client-centered therapy*)』를 출판하였다. 1957년에는 모교인 위스콘신대학교 교수로서 활동하였으며 1964년에는 캘리포니아의 라호야La Jolla에 있는 서부행동과학연구소와 인간연구소로 자리를 옮겼다. 그는 1956년, 1972년에 미국심리학회American Psychological Association, APA의 우수과학 공로상과 우수공로자상을 각각 수상하였다. 그는 미국응용심리학회·미국심리학회 회장도 지냈다. 그는 인간의 잠재력에 접근하는 심리요법과 상담요법을 고안하여 실행한 성격연구의 혁신자이며 참만남운동encounter movement의 개척자로서 활동하다가 1987년에 사망하였다(김보기 외, 2019b: 179).

로저스는 인본주의 심리학의 대변인이라고 할 수 있으며, 자신이 발전시킨 사상을 반영한 개인적 삶을 살았다. 즉, 늘 의문을 갖는 자세로 살았고 변화에 대해 두려워하지 않으면서 개인적으로나 직업적으로 미지의 세계를 기꺼이 맞이하려는 용기로 살아왔다. 그는 자서전에서 자신의 유년기 가족 분위기를 가족의 유대를 강조하면서 드러나지 않는 강한 애정으로 자녀의 행동을 강하게 통제하며, 종교적 규범을 엄격히 따르는 분위기로 기술하였다. 그가 아버지의 농장에서 성장하면서 많은 식물들이 자라는 모습을 보아온 것, 학부 초반에 농학을 전공한 것은 인간 역시 하나의 유기체로서 자신을 실현하려는 경향성을 가지고 자기실현의 과정을 밟게 된다고 보는 그의 인간관과 상담이론에 기본적인 영향을 준 것으로 보인다.

로저스의 이론과 방법은 한국상담계에도 매우 큰 영향을 미쳤으며, 그의 저작도 여러 권 번역되어 있다. 로저스의 공적은 내담자 중심 요법의 전개에서 그치지 않고 비의사인 심리학자에게 치료행위의 길을 열어 주었던 점이나 상담의 과학적·실증적 연구를 개척했다는 점 등 다방면에 걸쳐 있다.

그는 미국 역사상 가장 영향력 있는 심리학자이다. 교육, 상담, 심리치료, 갈등해결 및 평화 분야 모두에 크게 공헌했으며, 인본주의 심리학의 창시자로서 공감적인 삶, 실험적인 연구, 16권의 저서, 200편이 넘는 학술논문을 통해 전 세계에 영향을 미쳤다.

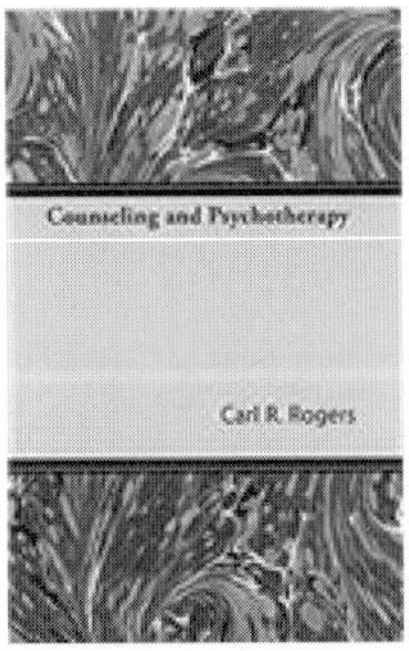

상담과 심리치료
(2007년 출판)

그의 주요 저서로는 『상담과 심리치료(*Counseling and Psychotherapy*)』(1942), 『심리치료와 성격 변화(*Psychotherapy and Personality Change*)』(1954), 『인간론(*On Becoming a Person: A therapist's view of psychotherapy*)』(1961), 『사람이 되어가는 어떤 방식(*A Way of Being*)』(1980) 등이 있다.

3. 인간관

로저스 이전의 상담영역에서 일반적인 인간관은 인간이 비합리적이고, 사회화하기 어렵고, 자기 자신이나 타인에 대해 파괴적이라고 보았다. 이에 반해, 로저스는 인간을 근본적으로 합목적적이고, 전진적이며, 건설적이고, 긍정적이며, 독립적이고, 수용적이며, 현실적인 존재인 동시에 아주 신뢰할 만한 선한 존재로 보는 인간관을 가지고 있다. 또한 프로이트와는 달리, 한 인간을 결정론적인 입장에서가 아니라, 자유로운 존재로 보았다. 즉, 인간은 사회적이고 미래지향적인 존재이며, 자아실현의 의지와 더불어 선한 마음을 갖고 태어난다. 또 인간은 본래 부적응 상태를 극복하고 건강한 정신 상태를 되찾을 수 있는 능력을 가지고 있다고 믿기 때문에 상담 진행의 책임을 내담자에게 맡긴다. 그래서 상담자는 상담과정에서 최선의 해결책을 모두 다 알고 있는 권위적 존재로 상담에 임하지는 않는다. 따라서, 내담자 역시 상담자의 지시에 단순히 따르기만 하는 수동적인 존재라는 생각을 갖지 않고, 상담과정에서 일차적 책임을 지는 능동적인 존재로 본다(정서영 외, 2018: 174 재인용).

로저스는 오랜 임상경험을 바탕으로 하여 인간은 기본적으로 자유로우며 자신의 행동에 책임을 지고, 유목적적이며, 합리적이고 건설적인 방향으로 지속해서 성장해 나가는 미래지향적 존재라고 보고 있다. 인간은 스스로 자신의 문제를 해결하고 이해할 수 있는 능력을 가지고 있으며 또한 사람의 발달은 고정된 것이 아닌 되어가고 있는 진행 중의 단계로 보고 있다. 따라서, 이러한 선천적 잠재력을 발휘할 수 있는 조건들이 적절히 갖추어진다면 인간은 무한한 성장과 발전을 할 수 있다고 결론지었다. 이러한 로저스의 인간관을 자세히 살펴보면 자유, 합리성, 그리고 자아실현의 경향이 서로 연결되어 있다(장성화 외: 2016: 138-39).

먼저 로저스는 인간의 삶은 자신이 통제할 수 없는 어떤 힘에 의해 조종당하는 피동적 삶이 아니라, 각 개인은 자유로운 능동적 선택의 결과라고 보았다. 모든 인간은 자신의 과거와 현재 생활상태를 정확히 인식할 수 있기 때문에 자신의 삶과 미래를 능동적으로 선택할 수 있다. 즉, 인간은 선천적으로 타고난 성장 가능성을 실현하는 과정에서 자신의 인생 목표와 행동 방향을 스스로 결정하고 이러한 결정에 따르는 책임을 수용하는 자유로운 존재로 규정하고 있다. 이러한 인간 본성에 대한 강한 자유론적 관점과 아울러 로저스는 인간을 합리적인 존재로 규정한다.

일상적으로 나타낼 수 있는 살인, 강간, 이상적 충동, 반사회적 행동 등은 진정한 인간의 본성과 화합하지 못한 결과라고 할 정도로, 로저스는 인간이 합리적 존재라는 사실을 굳게 믿고 있다. 이러한 인간의 합리성은 자아실현의 경향이 강해지고 인간이 더욱더 자유로워질 때 강하게 표출된다.

로저스는 모든 인간은 자신의 내부에 자기이해, 자기개념과 기본적 태도의 변화 및 자기 지향적 행동을 위한 거대한 자원을 갖고 있다고 하였다. 이러한 선천적 능력의 표현이 바로 자아실현 경향이다. 로저스는 자아실현 경향을 자기충족, 성숙의 방향을 지향하는 모든 동기를 포함하는 각 개인의 진보적인 추진력이라고 규정하였다. 로저스는 이러한 자아현실의 경향을 성취하기 위하여 인간은 항상 노력하고 도전하고 어려움을 극복함으로써 진정한 한 개인이 되어 간다고 보고 있다.

그러나 로저스는 이러한 자아실현을 완전히 최종적인 것으로 간주하지 않았으며, 인간은 항상 발전하고 성장할 수 있는 창조성이 있으며, 또 그럴 수 있는 가능성이 무한히 잠재되어 있다고 본다. 이와 아울러 로저스는 인간을 통합적 존재로 규정하고 있다. 이러한 로저스의 인간에 대한 전체주의적 관점은 그의 자아개념에 잘 반영되어 있다. 로저스에 의하면 자아는 항상 더 원대한 전체성으로 이동해 간다고 하였다. 즉, 인간의 발달은 유아의 미분화된 현상학적 장에서 출발하여, 자아개념의 발달로 그 장이 자아와 환경으로 분화되고, 각 개인이 자아일치성을 계속 추구하는 데에서 발달의 최고 정점에 이를 수 있다. 이처럼 로저스는 인간을 항상 전체성과 통합성을 향하여 발전해 가는 존재로 보고 있다(김헌수·김태호, 2006: 166-167).

로저스는 성격발달 그 자체에 많은 주의를 기울이지 않았으나, 유아기나 아동기 초기에 중요한 역할을 하는 타인(부모)이 이동을 어떻게 평가하느냐에 따라 긍정적 또는 부정적 자아상의 발달을 촉진하는 경향이 있음을 강조하였다.

결론적으로 로저스는 인간을 통합적 존재로 규정하고 있다. 이러한 로저스의 인간에 대한 전체주의적 관점은 그의 자아개념에 잘 반영되어 있다. 로저스는 유아의 미분화된 현상학적 장에서 출발하여, 자아개념의 발달로 그 장field이 자아와 환경으로 분화되고, 각 개인이 자아일치성Self-consistency을 계속 추구하는 데서 발달의 최정점에 이를 수 있다고 하였다(Rogers, 1961). 이처럼 로저스는 인간을 항상 전체성과 통합성을 향하여 발전해 가는 존재로 보고 있다.

4. 주요 개념과 특성

인본주의(현상학)는 개인의 주관적 경험, 감정, 그리고 세계와 자신에 대한 개인적 견해와 사적 개념을 연구한다. 로저스는 현상학적 심리학자의 한 사람으로서 사람의 행동은 그 사람이 세계를 어떻게 지각하느냐에 달려 있다고 보았다. 행동이란 개인이 세계를 지각하고 해석한 직접적인 사건의 결과로 생기므로 인간의 행동을 잘 이해하기 위해서는 그 개인의 내적 준거틀internal frame of reference을 이해하는 것이 필요하다고 보았다. 현상학적 이론이 지닌 주요 개념들에 대하여 살펴보고자 한다.

1) 현상학

현상학이란 세계와 자기 자신에 관하여 개인들이 지닌 관점들과 함께 개개인의 주관적인 경험, 감정, 개인적으로 지닌 개념을 탐구하는 학문적 경향이다. 현상학적 입장은 이러한 현상학을 토대로 개인의 현상세계를 연구대상으로 한다.

현상학적 이론은 정신분석학의 무의식 결정론이나 행동주의의 자극에 대한 반응에 대해서도 거부한다. 단지 지금 일어나고 있는 경험에 대한 주관적인 해석에만 초점을 둔다. 현상학적 입장은 이러한 현상학을 토대로 개인의 현상세계phenomenology를 연구대상으로 한다. 현상학적 입장은 인본주의 심리학, 또는 '제3세력의 심리학'이라고 불리기도 한다.

현상학적 접근의 특징은 다음과 같다(안범희, 2011: 356).

첫째, 현재 어떤 사람이 가진 느낌이나 생각을 중시한다. 그것이 어떻게 생겨났느냐에 대해서는 묻지 않는다.

둘째, 외부 상황에 대해 갖는 당사자의 의미를 중요시한다.

셋째, 사람에게 직접 개인의 현상세계를 물어보는 연구 방법을 선호한다.

넷째, 과학의 객관적 연구 방법의 한계를 지적한다.

다섯째, 인간 일반이 아닌 특정한 개인의 내적 세계의 이해에 관심이 크다.

어떤 이의 현상세계는 어떤 다른 목적이 아닌 그 자체가 중요한 것이라고 보는 것이다. 현상학적 접근에서는 사람이 자기 운명을 통제할 능력이 있는 것으로 보고, 자아가 모든 것을 알아서 원하는 대로 통제하고 조절한다고 본다.

로저스는 인본주의 심리학자로 유명하다. 인본주의, 또는 인간의 가능성 실현 운동에 이바지하고자 하는 이들이 인간에 대해 기본적으로 가정하고 있는 것은 모든 사람은 자신의 성장과 발전의 충분한 잠재력을 지니고 있다는 것이다. 본래부터 나쁘고, 무력하고, 가치 없는 사람은 아무도 없다는 것이며, 인본주의 심리학의 목표는 사람들이 그들 자신에 대한 이러한 사실을 깨닫도록 돕는 것이다. 개인이 이러한 사실을 자각하게 되면 그는 잠재력 개발을 통한 성장의 기회를 얻게 된다는 것이다.

2) 자아

로저스(Rogers, 1959)는 자아Self 또는 자아개념Self-concept을 개인의 현상학적 상이 분화된 부분이며, 'I'나 'me'에 대한 의식적 지각과 가치를 포함하는 것으로 보았다. 자아개념은 현재 자신이 어떤 존재인가에 대한 개인의 개념으로, 자기 자신에 대한 자아상Self Image이다. 로저스는 자아개념은 현재 자신의 모습에 대한 인식, 즉 현실자아real self와 앞으로 자신이 어떤 존재가 되어야 하며, 어떤 존재가 되기를 원하고 있는지에 대한 인식, 즉 이상적 자아ideal self로 구성되어 있다고 본다. 로저스는 자아구조와 주관적 경험이 일치될 경우에는 적응적이고 건강한 성격을 갖게 되지만 이들 간에 불일치가 심할 때는 부적응적이고 병적인 성격을 갖게 된다고 보았다(권중돈, 2014: 306-307).

개인의 자아가 유동적이고 새로운 경험에 의해 항상 변화한다고 할지라도 그것은 언제나 정형화된 특성을 지닌다. 즉, 시간이 지남에 따라 각 개인이 많이 변화하더라도 그는 자신이 이전과 똑같은 사람이라고 느낄 수 있는 내적 감정을 보유하고 있어야 한다. 그리고 자아는 인간의 행동을 통제하는 것이 아니라, 개인이 경험하는 주관적 세계를 상징화하고 조직화해 나가는 역할을 한다고 본다. 또한 로저스는 자아는 각 개인이 의식할 수 있는 것이며, 무의식적 정신작용까지도 통합하는 기능을 수행하는 것으로 보고 있다(Hjelle & Ziegler, 1992).

결론적으로 로저스는 이러한 자아가 사용하는 기본적 방어기제로서 지각의 왜곡distortion과 부정denial을 제시하고 있다. 지각의 왜곡은 받아들이기 어려운 경험을 자신의 현재 자아상과 일치하는 형태로 변형하여 받아들이는 것을 의미한다. 또 다른 방어기제인 부정은 위험한 경험이 의식화되는 것을 회피함으로써 자아구조를 유지하는 것을 말한다.

3) 유기체

로저스의 인간 이해를 위한 철학적 입장은 현상학phenomenology의 영향을 받아 형성되었다. 철학에서 현상학은 즉각적인 경험에 대한 자료를 기술하는 것을 추구하는 것을 의미하지만, 심리학에서 현상학은 인간의 자각과 지각에 대한 연구를 의미한다. 즉 현상학자에게 중요한 것은 대상 또는 사건 그 자체가 아니라, 개인이 대상 또는 사건을 어떻게 지각하고 이해하는가이다. 현상적 장은 경험의 전체를 의미한다.

유기체의 긍정적인 방향으로 경험학대, 거부당하는 경험은 선택하지 않는다. 이 과정은 자기실현을 보충하는 것으로서 실현화 과정과 관련되어 있으며, 유기체의 긍정적인 성장 방향으로 도움이 된다. 어릴 때의 이 과정은 매우 효율적인데, 그것은 어린이의 가치 관념이 매우 분명하기 때문이다. 그러나 경험이 계속되고 확대되면, 유기체는 자기가 거부당하는 경험은 선택하지 않으려고 한다. 즉, 아기는 배가 고프면 음식에 긍정적인 가치를 부여하는 반면, 배가 부르면 부정적인 가치를 부여하게 되는데, 이는 긍정적인 가치개념이 따뜻함이나 돌봐줌과 관련되어 있기 때문이다(권육상, 2008: 232).

대체로 우리는 좋아하고 싫어하는 것을 구별하면서 살게 된다. 다시 말해서, 우리 인간은 우리에게 좋은 것과 나쁜 것을 구분할 수 있다. 어릴 때에는 가치부여 과정이 계속되며 융통성 있게 작용하고 긍정적이냐 부정적이냐의 기준은 유기체를 유지 또는 확대하느냐 않느냐가 되어, 한 번 발달하게 되면 이것은 자아가 된다. 가치부여 과정은 개인 속에서 발생하는데, 그 개인이 바람직하다고 느끼는 경험이나 바람직하지 않다고 느끼는 경험이 함께 연결되어 있는 것이다. 어른이 되면 대부분이 이 유기체적인 가치부여 과정과 고리가 끊어지게 되어, 우리의 가치에 있어서 불분명하고 불안하게 되는 것이다.

4) 자기실현 경향성

자기실현 경향성Self Actualization이란 인간이 본능적으로 타고나는 자신을 보호하고 고양시키며, 자신의 잠재력을 최대한 실현시켜 개인의 유지나 향상을 위해 노력하는 인간의 본성을 말한다. 인간은 선천적으로 자신을 유지하거나 향상하기 위하여 자신의 능력을 개발하는 경향성을 지니고 있다. 이러한 자기실현 경향이 아기로 하여금 경험적 잠재력을 확대하도록 하여 부모와 같은 중요한 타인과의 상호작용이 일어나게 되고, 이러한 상호작용의 결과 아기의 유기체적 경험의 일부가 '자기' 또는 '자기개념'으로 분화된다. 인간행동의 근원을 자기실현의 욕구로 보았는데 이 욕구는 다양성을 가지고 있다. 첫째, 자기 유지로 자기의 자아상을 훼손시키지 않고 최소한 현재 상태를 유지하려는 욕구이다. 둘째, 자기 향상으로 자기의 자아상을 현재의 것보다 긍정적인 이미지로 변화시키려는 욕구이다. 마지막은 자기실현으로 자기실현의 과정은 자신을 창조하는 과정이고 점진적으로 완성되며 현실적 자아와 미래의 이상적 자아의 차이를 줄여나가는 과정이다(신기원 외, 2016: 208).

로저스(1951)는 인간에게는 많은 욕구와 동기가 있지만, 그것들은 단지 하나의 기본적 욕구의 일부분에 지나지 않는다고 하였다. 로저스는 모든 인간은 성장과 자기증진을 위하여 끊임없이 노력하며, 그 노력의 와중에서 직면하게 되는 고통이나 성장방해요인에 직면하여 극복할 수 있는 성장지향적 유기체라고 보고 있다. 특히, 이러한 자기실현 동기는 성장과 퇴행 중에 어느 하나를 선택해야 하는 상황에 처하게 되면 더욱더 강하게 작용한다. 그러나 현실지각이 왜곡되어 있거나 자아분화의 수준이 낮은 개인의 경우에는 퇴행적 동기가 더 강하게 작용하여 유아적 수준의 행동을 나타내는 경우도 있다. 로저스는 모든 인간이 퇴행적 동기를 지니고 있긴 하지만 그보다는 성장지향적 동기, 즉 자기실현 욕구가 기본적인 행동동기라고 보았다. 그리고 자기실현의 과정은 자신을 창조하는 과정이기 때문에, 이러한 과정을 통하여 모든 인간은 삶의 의미를 찾고 주관적인 자유를 실천해 감으로써 점진적으로 완성되어 간다고 보았다.

로저스는 자기실현 경향성이 성장과 퇴행 중 어느 하나를 선택해야 하는 상황에 처하게 될 때, 더욱 두드러지게 나타난다고 보았다. 즉, 그는 모든 인간이 퇴행적 동기도 지니고 있지만, 그보다는 성장지향적 동기, 즉 자기실현 욕구가 기본적 행동동기라고 보았다. 그런데 현실지각이 왜곡되어 있을 경우, 퇴행적 동기가 더 우세하게 유아적 수준의 행동을 나타내는 경우도 있다. 그렇지만 자기실현의 과정은 죽을 때까지 보다 유능한 인간으로 되어가는 과정이므로, 이러한 과정을 통하여 모든 인간은 삶의 의미를 찾고 주관적인 자유를 실천해 나감으로써 점진적으로 완성되어 간다는 점을 강조했다(이우언, 2017: 255).

5) 일관성과 위협

사람은 현실적 자기와 경험 사이의 일관성을 유지하려고 노력한다. 자기구조와 일관되는 경험들은 지각되어 그 구조의 일부가 된다. 어떤 것들은 자아와 아무런 상관이 없어 보임으로 그냥 지나쳐 버리게 된다. 자아와 상치하거나 자아에 위배되는 체험들은 개인에게 위협을 준다. 이 위협에 대항하기 위해 사람들은 흔히 이 체험을 거부하거나 그 의미를 왜곡시킨다.

문제가 되는 것은 거부나 왜곡 때문에 문제의 본질을 제대로 파악하지 못할 수 있다는 데 있다. 개인은 자신의 자이를 유지하고, 보호하고, 고양하려는 강력한 욕구를 지니고 있으므로, 자아에 위배되는 것을 쉽게 걸러내 버리고자 하는 유혹을 받는다. 이는 개인의 자아정체성 확립에 크게 도움이 되는 특성이기도 하지만, 성격이나 행동이 변하기 어려운 측면을 설명해 주는 측면도 갖고 있다. 많은 가치의 조건들도 위축된 자아개념을 형성하게 한다. 그러한 경우, 그 사람은 경험에 개방적이지 못하게 되고, 따라서, 자아에 위배되는 많은 체험, 지각, 기억들이 우리의 의식에 포함되지 못하고, 결국 개인의 성장 또한 그렇게 위축될 가능성이 크다(안범희, 2011: 366).

그러므로 로저스의 내담자 중심 치료의 핵심이 되는 것은 바로 이러한 '왜곡된 자아상'의 실체를 본인 스스로가 깨닫게 하는 데 있다.

6) 성격 발달

로저스는 실제로 체계적인 성격 발달 단계에 대한 이론을 갖고 있지 않았으며, 이에 관한 장기간의 연구나 부모-자녀 상호작용 등에 관한 연구를 하지 않았다. 기본적으로 로저스는 성장의 힘은 모든 개인들 안에 존재한다고 믿었다. 자아는 현상학적 장에서 분리된 부분이고, 점차적으로 복잡하게 성장한다. 자아가 출현할 때 개인은 긍정적 존중에 대한 욕구를 발달시킨다. 만약 타인들에 의한 긍정적 존중에 대한 욕구가 자신의 감정에 맞추어지는 것보다 더 중요하게 되면 개인은 다양한 경험들을 의식 밖으로 내보내게 되고 부조화의 상태에 빠지게 된다.

근본적으로 로저스에 대한 주요 발달적 관심은 아이가 자아실현을 위한 조화의 상태에서 자유스럽게 성장했느냐 아니면 아이가 방어적으로 되거나 부조화의 상태에서 기능하느냐 하는 것이었다. 자아의 건강한 발달은 부모들이 아이의 특정 행동을 용납하지 않을 때에도 아이가 충분히 경험하고 그 자체를 수용할 때 이루어진다. 또한 부모도 아이의 특정 행동을 용납하지 않을 뿐이지 아이의 전부를 거부하지 않는 분위기에서 아이는 건강하게 발달한다. 이러한 점은 대부분의 아동정신의학자와 심리학자들에 의해 강조되었다. 이는 아이에게 '나는 네가 하고 있는 행동을 좋아하지 않는다'와 '나는 너를 좋아하지 않는다'라고 말하는 부모의 자녀양육에 대한 차이를 살펴보면 더욱 잘 이해할 수 있다. '나는 너의 행동을 좋아하지 않는다'라고 말하는 부모는 아이의 행동을 용납하지 않는 반면에, 아이 자체는 수용한다는 것을 알 수 있다(Pervin & John, 2001).

7) 성격 이론의 적용

비록 성격 이론이 로저스의 상담 및 심리치료 경험으로부터 발전했을지라도, 그의 중심내용은 치료적 과정 그 자체에 근거한다. 로저스의 주요 관심은 성격의 변화가 일어나는 방법이다. 초기에 로저스는 치료 시에 감정 반영의 기술을 매우 중요하게 생각하였다. 이러한 비지시적nondirective 접근에서는 내담자가 말하는 것에 대해 치료자의 활동과 지도가 최소화된다. 비지시적 상담자가 종종 수동적인 사람처럼 지각되기 때문에 로저스는 자신의 관심을 내담자 중심으로 바꾸었다. 궁극적으로 로저스는 치료에서의 중요한 변인이 치료적 환경이라고 믿었다. 만약 치료자들이 내담자에게 현상학적인 의미 있는 방식으로 내담자와의 관계에서 세 가지 조건을 제공할 수 있다면, 자연스럽게 치료적 변화가 일어날 것으로 생각했다. 상담자가 내담자를 조력하기 위해 상담자가 갖추어야 할 세 가지 태도 혹은 특성은 일치성Congruence or Genuineness, 무조건적 긍정적 존중Unconditional positive Regard 그리고 공감적 이해Empathic Understanding이다(노안영·강영신, 2011: 333).

(1) 일치성

진정한 상담자는 있는 그대로의 자신이 되려고 한다. 상담자는 겉치레를 하지 않고, 개방적이며 진솔하다. 그래서 내담자는 상담자가 진실하다고 느낀다. 일치성이 있는 상담자는 내담자와 인간 대 인간으로 만날 수 있다. 진실한 관계에서 상담자는 내담자와 부정적인 감정조차도 자유롭게 공유한다.

(2) 무조건적 긍정적 존중

상담자는 내담자를 한 인간으로 깊고 진실하게 돌봐 준다는 것을 의미한다. 상담자가 내담자에게 무조건적 긍정적 존중 또는 수용을 제공할 때, 내담자가 스스로 자아 탐색을 할 수 있게 된다.

(3) 공감적 이해

상담자가 마치 내담자라는 가정을 결코 잃지 않으면서 내담자의 내적 참조틀에 의해서 파악한 내담자의 주관적 가치나 감정을 되돌려 주는 것을 의미한다. 공감적 이해의 조건은 경험을 지각하는 상담자의 능력과 그 순간 내담자의 의미가 된다. 내담자의 경험이나 내담자가 하는 말에 대한 기계적인 반응이 아니라, 내담자 그 자체를 하나의 존재로 보고 내담자와 함께 하는 것이다. 경청은 내담자에 의해 경험된 감정 그리고 개인적인 의미를 이해하는 활동이며, 공감의 필수적인 요소이다.

8) 충분히 기능하는 사람과 조력자의 특성

로저스(Rogers, 1961)는 임상 경험을 통해 '충분히 기능하는 사람'Fully Functioning Person에 대한 몇 가지 사항을 제시하고, 심리치료에 있어서 조력을 주는 관계에 있는 치료가 지녀야 할 몇 가지 자질을 들고 있다. 그는 최적의 도움을 주는 관계는 심리적으로 원숙한 사람에 의해 창조되는 어떤 생각을 가짐으로써 조력자의 특성은 곧 원숙한 인간의 특성과 일치되는 것임을 시사하고 있다.

로저스가 주장하는 '훌륭한 삶'good life을 살아가는 충분히 기능하는 사람의 특성은 다음과 같다(Schultz, 1977).

(1) 경험에의 개방성

가치의 조건에 아무런 제재를 가하지 않는 사람은 모든 감정과 태도를 결정함에 있어서 자유스럽다. 위협받는 것이 없으므로 방어할 것도 없고, 따라서, 개방성An openness to experience은 방어와 반대의 개념이다. 이러한 사람은 자기 본성에 대해 잘 알고 있고, 성격의 어떤 부분뿐만 아니라, 지각과 경험의 새로운 길을 열기 위해 활용하는 데도 융통성을 보인다.

이와는 대조적으로, 자기 방어적인 사람의 성격은 조건부적인 가치감에 따라 작용하여 정체되어 있고 부분도 차단하지 않는다. 성격은 삶이 제공하는 경험을 수용하는 데 있어서, 역할 뒤로 숨어 어떤 경험을 소화해 내거나 인정조차 하지 못한다.

(2) 실존적인 삶

충분히 기능하는 사람은 실존의 어느 순간에 있어서나 완전히 존재한다Existential living. 새로이 접하는 각기의 경험은 이전에는 똑같은 방식으로는 존재하지 않았던 것이므로 늘 신선하고 새로운 것으로 지각된다. 그 결과, 모든 경험이 전개될 때마다 신선한 흥분감을 느낀다. 충분히 기능하는 사람은 자아구조가 새로운 경험에 항상 개방되어 있으므로 현실과 실존에 대한 적응력이 강하다.

(3) 자기 자신에 대한 신뢰

이는 로저스 자신의 경험을 참고하는 것이 이해를 돕는 방법일 것 같다. 그는 "어떤 활동이 가치 있고 할 만한 일이라고 느껴질 때 그 일은 할 만한 일이다. 다시 말해서 상황에 대한 나의 유기체적 감각 전체가 나의 지적 능력보다 믿을 만한 것임을 알았다"A trust in one's own organism고 말한 바 있다.

옳다고 느끼는 대로 행동한다는 것이다. 이는 이성적이거나 지적인 근거에 의해서만 움직이는 사람은 결정에 이르는 과정에 정서적인 요소를 무시하기 때문에 불리한 입장에 처할 수도 있음을 의미한다. 자신에 충실하라는 뜻으로 해석해도 무방할 것 같다.

(4) 자유감

사람이 심리적으로 건강할수록 선택이나 행동에 자유로움A sense of freedom을 경험한다고 로저스는 확신한다. 심리적으로 건강한 사람은 억제나 금지 없이 생각과 행동의 대안 가운데서 자유롭게 선택할 수 있다. 이들은 삶에 대한 개인적인 지배감을 즐기며, 일시적 생각이나 주변 환경, 과거의 사건에 의해 미래가 결정되는 것이 아니라, 자기 자신의 의지에 의해 결정됨을 확신한다.

5. 인간중심 상담의 과정

인간중심 상담이론은 그 특성상 상담 과정이 명확히 구분되지 않는다. 단지 편의

상 구분 지어 이해하기도 한다. 따라서, 여기서는 인간중심 상담의 과정을 내담자가 변화하는 과정에 초점을 맞추어 7단계로 구분하여 살펴보고자 한다(김형태, 2006: 71-72 ; 김춘경 외, 2016: 248-251).

1) 1단계: 소통의 부재

1단계에 있는 내담자는 수많은 장벽으로 인해 자신과 대화하지 않으며 소통은 외부로만 열려 있다. 이 단계의 내담자는 느낌을 자신의 것이 아닌 것으로 인식하고 자신에게는 문제가 없다고 생각하거나 문제에 대한 자신의 몫이 극히 일부분이라고 생각한다. 자신이 하는 경험에 대해 개인적 의미로 인식되지 않거나 인식되더라도 흑과 백의 논리로 표현된다. 다시 말해서 경직된 상태에 있는 개인이 자발적으로 상담하러 오기가 쉽지 않다. 이 단계에서의 의사소통은 피상적이다. 자신에 대해 기꺼이 떨어놓지 않는다.

2) 2단계: 도움의 필요성 인식 및 도움 요청

이 단계에서 내담자들은 도움을 자발적으로 요청한다. 그러나 2단계의 내담자는 여전히 1단계의 특성을 갖고 있다. 표현은 되지만 자기와 관련되지 않은 주제에 대한 것이고 문제 역시 자신의 외부에 존재하는 것으로 표현되어 문제에 대한 개인적 책임을 느끼지 못한다. 그래서 이 단계에서 상담을 통해 이룰 수 있는 성과는 상당히 작다. 1, 2단계에서는 상담자가 촉진적 환경을 제공하는 반응들을 보이더라도 그 효과를 가시적으로 확인하기 어렵다.

3) 3단계: 대상으로서의 경험 표현

3단계에서 내담자는 자신의 경험을 표현하고 받아들이지만 그러한 경험은 대상화되어 있어서 대상과의 관계 속에서 표현되거나 타인의 것처럼 묘사되기도 한다. 과거의 경험으로서 느낌이나 의미에 대해 주로 이야기하기도 한다. 대상으로서의 경험이 아닌 자신의 것으로서 경험을 받아들이더라도 그것은 모순되고 갈등 있는 것으로 인식된다. 내담자는 이 단계에서 대상으로서의 자기를 탐색하면서 상당한 시간을 보내기도 한다.

4) 4단계: '지금-여기'에서 좀 더 유연한 경험 표현

4단계에서 여전히 내담자들이 표현하는 것은 대상으로서의 자기의 감정이나 경험이고 자신의 감정과 느낌을 자신의 것으로 받아들이기 어렵지만, 경험들의 경계와 구조는 다소 느슨해지고 지금-여기에서의 감정을 표현하거나 과거의 경험이 '지금-여기'에 주는 개인적 의미가 탐색되기도 한다. 4단계에서 이제 내담자는 자신에 대한 불신이나 상담자에 대한 불신을 더 쉽게 표현한다. 이는 그만큼 상담의 분위기를 안전한 것으로 지각한 증거가 된다.

5) 5단계: 감정 수용과 책임 증진

5단계에서 내담자는 감정을 현재 시제로 자유롭게 표현하기 시작하고 감정들은 충분한 경험에 가까워진다. 여전히 두려움이나 불안이 있지만, 내담자들은 대체로 자신의 감정을 강렬하게 경험하게 되고 이러한 감정에 대해 자기의 것으로 수용하고 이에 대해 책임지려는 경향을 보인다. 이들은 자신이 경험하는 것을 모순되거나 갈등이 생김에도 불구하고 자신의 것으로 모두 받아들이면서 통합하려는 경향을 보인다. 5단계는 나타났다가 다시 3, 4단계로 후퇴하기도 하는 반복을 보이거나 더 이상 나아가지 않는 것처럼 보이기도 하지만 마침내는 앞으로 나아가게 된다.

6) 6단계: 경험과 인식의 일치

6단계에서 대상으로서의 자기는 사라지고 내담자의 경험은 모두 자기의 것으로 통합된다. 따라서, 내담자가 하는 경험의 순간이 더 명확해지고 확실해진다. 이 단계에서 더 이상의 외부, 내부의 문제는 없어지고 내담자는 주관적으로 살아가며 자신의 문제에 자기 자체로 매 순간 직면한다. 내적 의사소통과 외부와의 의사소통이 상당히 자유로워진다. 6단계에서 내담자는 자신을 더 부드럽게 돌보고 자신이 이것이면서 동시에 저것이라는 완전한 지각과 받아들임을 나타낸다. 많은 경우 내담자는 상담자의 도움이 없이도 7단계로 이행해 간다.

7) 7단계: 자기실현의 경험

7단계에서 내담자는 상담실 안에서와 밖에서 새로운 감정을 세부적인 부분까지 풍부하게 즉각적으로 경험하게 된다. 내담자는 자신이 누구인지, 무엇을 원하는지 자기 태도가 무엇인지 명확하고 색다른 방법으로 알기 위해 노력한다. 내담자는 자신의 감정이 변화해 가는 것에 대해 책임을 지고 이러한 변화의 과정을 신뢰하고 그것 자체로 경험하며, 그러한 과정 안에서 자기를 더 확실하게 느낀다. 내담자는 자신의 행동과 행동의 흐름, 변화의 특징을 그의 모든 심리학적인 삶 속에 통합시키고 이것이 그의 새로운 구조의 성격이 된다. 그래서 자신의 다양한 측면 사이의 내적 의사소통도 자유롭고 막힘이 없다. 이러한 내적 의사소통은 다른 사람과의 소통에서도 마찬가지로 나타나며 계속되는 변화 속에서도 자신의 책임감을 지각하고 그 자신의 삶을 살아간다. 그러나 로저스에 따르면, 상담을 종결하지 않은 상태에서 7

단계까지 도달하는 특징을 보여주는 사람은 흔하지 않다. 이는 6단계의 끝에 도달한 내담자들이 이제 상담자의 도움이 없이도 자신의 삶을 살아갈 수 있다고 믿을 정도로 자신을 신뢰하게 되기 때문이다.

인간중심 상담의 과정에서 내담자가 어떻게 치료를 경험하는가를 살펴보면 다음과 같다(김형태, 2006: 73).

(1) 책임감의 경험

내담자는 자기가 상담 관계에서 책임감이 있다는 것을 발견하며, 이것은 고독감, 괴로움, 분노 책임감이 증가하고 이를 수용하는 등의 여러 가지 감정이 되기도 한다.

(2) 탐색의 경험

치료가 진전됨에 따라서, 내담자는 자기의 태도와 감정을 탐색한다. 그는 모순성이 자기 자신에게서 발견될 때 불안한 마음이 일어나는 동시에, 긍정적 관심이 생기기도 한다. 위협이 없는 상담 관계에서 내담자는 자신을 드러내는 데 있어서 정직해진다.

(3) 부정적 태도의 발견

탐색한 결과 경험은 했으나 자각되는 것을 거부하는 태도가 발견된다. 긍정적 태도와 부정적 태도가 생긴다. 전에 부정되었거나 왜곡된 자아개념과 모순되는 경험들이 상징화되어 지각된다.

(4) 자기를 재조직하는 경험

부정된 경험을 자각하게 하는 데는 자아를 재조직하는 것이 필요하다. 자아의 재조직은 자신에 관한 지각과 태도의 변화로 시작된다. 내담자는 자신을 더욱 긍정적으로 보고 자신을 점차 더 많이 수용한다. 이렇게 자아를 지각하는 것이 변화되면서, 자기가 부정했던 경험들을 자각하고 수용할 수 있게 된다. 경험적인 자료를 왜곡 없이 자각함에 따라, 자신과 자기의 환경과의 관계를 한층 현실적으로 평가하게 되고, 자기 안에 준거의 기초를 두게 된다. 자아의 변화는 클 수도 있고 작을 수도 있으며, 혼란을 많이 수반하기도 하고 적게 수반하기도 한다. 재조직하는 과정에 있는 정서들은 주로 두려움, 불행, 우울의 정서로 나타난다.

(5) 진전의 경험

거의 처음부터 내담자는 진전되고 있다는 것을 느낀다. 이와 같은 진전은 심지어 혼란과 우울이 존재할 때에도 느끼게 된다. 논쟁점에 직면하여 해결하고, 성격의 요소를 재구성하는 것은 진전을 나타내며, 탐색이 계속 곤란해져도 내담자가 자신을 계속 탐색하는 데 자신감을 가지게 한다.

(6) 종결 경험

내담자는 언제 상담을 마치는지를 결정한다. 때때로 이것은 면접 간의 시간이 길어진 후에 이루어진다. 가끔 상담을 끝마치는 것을 두려워하거나 혐오하는 감정이 있을 수 있다. 이런 경우에는 면접의 횟수를 한두 번 연기하기도 한다.

6. 인간중심 상담의 기법

인간중심 상담의 주된 기법은 상담 관계, 즉 내담자에 대한 상담자의 태도를 말한다. 상담자가 내담자에게 제시하는 상담 관계는 지적 관계가 아니다. 상담자는 결코 그가 가진 지식으로 내담자를 도울 수 없다. 내담자에게 그의 성격이나 행동을 설명해 준다든지, 내담자가 취해야 하는 행동을 처방하는 것은 별 가치가 없다. 내담자에게 도움이 되거나 또는 내담자로 하여금 변화하고 성장하게 하기 위해서, 그 자신 속에 있는 능력을 발견하도록 만드는 상담 관계란 인지적인 것도 아니고 지적인 것도 아니다.

가장 중요한 것은 상담자와 내담자와의 관계 형성이다. 따라서, 내담자 중심 구조 속에서 '상담기법'이란 수용, 진실성, 공감적 이해를 보여주고 전달하는 것이며 내담자와 함께 생각하고, 느끼고 탐색하여 내적 준거체제를 발전시키려는 시도이다. 그 구체적인 내용은 다음과 같다(김충기·강봉규, 2003: 121-122).

1) 무조건 수용

무조건적 긍정적 수용Unconditional Positive Acceptance이란 내부적으로 외부적으로 비판적인 언동을 보이지 않는 것을 의미한다. 그러니까 상담자가 조사를 하거나 해석을 하지 않고 또 시인이나 부정하는 태도를 보임이 없이 내담자를 전적으로 신뢰하여 수용하는 것을 말한다. 특히, 그에게는 자기 이해 및 긍정적인 변화의 잠재력이 있음을 믿는 것이다.

상담자는 내담자를 갈등과 부조화, 그리고 좋은 점과 나쁜 점을 모두 갖추고 있는 그대로의 개인으로서 수용한다. 이러한 태도는 중립적으로 수용하는 것 이상을 말하는데, 즉 내담자를 가치 있는 인간으로 받아들이고 또한 존경을 표시하는 것까지 가리킨다. 수용은 또한 내담자에게 호감을 가지거나 온정으로 대하거나, 그를 칭찬해주는 것까지 포함한다.

상담자는 긍정과 부정을 막론하고 내담자를 평가하거나 판단하지 않는다. 내담자는 어떠한 조건도 필요로 하지 않고 무조건 수용된다. 즉, 상담자는 내담자를 무조건 긍정적으로 존중한다.

2) 진실성

진실성genuineness은 상담자가 내담자와의 관계에서 나타내는 반응이 순간순간 그가 내적으로 경험하고 느끼는 바와 합치되는 상태를 의미한다. 그러니까 상담자는 상담 관계 속에서 내담자에게 단순히 상담자로서의 역할을 수행하는 행동을 취하며 가식하거나 "…체" 하지 않고 인간으로서의 자신의 모습을 진솔하게 나타내는 것을 말한다.

그런 의미에서 진실성은 진정성realness, 진솔성authenticity이라고 하며, 일반적으로는 일치성congruence이라는 말과 많이 쓰인다. 진실성이 있는 상담자는 속으로 생각하고 느끼는 것과 드러나는 언행이 같다. 그는 자신의 마음속 깊은 곳의 느낌을 각성하고 그것을 받아들이며, 또 그것에 맞추어 적절한 언어적·비언어적 의사소통verbal and nonverbal communication을 정확하게 구사할 수가 있다(정서영 외, 2018: 186-187). 이와 같은 진실성이 상담 관계에서 특히 중요한 이유는 다음과 같다.

첫째, 공감 및 무조건적 긍정적 배려와 마찬가지로 진실성은 내담자로 하여금 상담자와 상담 과정을 더 쉽게 신뢰할 수 있도록 해준다. 만약 내담자가 상담자의 진실성을 수용한다면 그에게 상담자가 나타내 보여주는 반응이 가시적인 것이 아니라, 개방적이고 정직한 것임을 알게 된다.

둘째, 상담자가 진실성의 반응을 통하여 자기의 약점까지도 기꺼이 가식하지 않고 나타낼 수 있을 때 내담자는 자기의 약점도 굳이 숨기려 하지 않게 되고 그래서 자기를 수용할 수 있는 가능성이 그만큼 커지게 된다.

셋째, 내담자가 상담자의 진실성 반응을 경험하게 되면 자기 자신도 보다 진실성 있는 사람이 되고자 노력하게 되는 효과를 보게 된다. 내담자는 자기의 감정과 반응을 숨기거나 가식하는 대신에 좀 더 솔직하고 정확하게 나타낼 수 있게 된다.

3) 공감적 이해

공감Empathy이란 상담자가 내담자의 생각, 감정, 경험에 대하여 상담자 자신의 주관적인 입장에서가 아니라, 내담자의 입장에서 듣고 반응하는 것이다. 그러니까 공감은 '타인의 입장에 서게 되는 것' 또는 '타인의 눈으로 사물을 바라보는 것'이라고 할 수 있다. 그런데 공감은 상담자가 내담자에게 던져주는 단순한 하나의 언어반응이 아니라, 상담자가 내담자와 '더불어 함께being with하는' 과정이라고 할 수 있다.

공감적 이해는 상담자가 내담자의 내면세계를 정확하게, 그리고 감정이입적으로 이해하는 것을 뜻한다. 상담자가 자기 자신을 잃지 않고 내담자의 내적 세계를 마치 자신의 내면세계인 것처럼 느끼게 되는데, 이것이 감정이입이고 또 이 감정이입이 치료에 있어서 본질인 것 같다.

상담자가 이와 같은 이해를 하면 내담자는 자연스럽게, 그리고 깊이 그 자신을 탐색하고 따라서, 자신에 대한 이해를 증진시킨다. 이러한 이해는 그 성질상 외적인 진단이나 평가를 포함하지 않는다. 물론 완전한 이해는 불가능하지만, 다행히도 그럴 필요까지는 없다. 이해하려는 상담자의 욕구를 내담자가 이해로서 받아주면 치료는 진전을 보게 된다.

7. 인간중심 상담에 대한 평가

인간중심 상담에 대한 평가는 다음과 같다(이현림, 2011: 69-70).

1) 공헌

인간중심적 상담의 공헌점을 살펴보면 다음과 같다.

첫째, 내담자를 지시적인 상황에서 로봇처럼 생각하여 해석하고, 진단해서 어떤 급진적인 인격 변화를 시도하려는 상담보다 훨씬 더 자연스럽다.

둘째, 내담자의 말을 귀 기울여 들어주기 때문에 내담자는 자기의 감정을 표현하게 되고, 또한 평가되고 판단되지 않을 것이라는 사실을 알기 때문에 내담자는 본래의 자기 자신이 될 수 있다.

셋째, 상담에서 상담자와 내담자 사이 관계의 중요성을 강조하였다.

넷째, 로봇과 같은 내담자의 위치를, 중요한 결정을 스스로 할 수 있는 인격체로 인정하였다.

다섯째, 상담에서 기술보다는 상담자의 태도가 더 중요함을 강조하였고, 인간행동에서 정서와 감정의 역할이 중요함을 인식하기 시작하게 되었다.

2) 한계 및 비판

인간중심적 상담의 문제점을 살펴보면 다음과 같다.

첫째, 이 이론은 지나치게 소박한 현상학에 근거하여 인간에 의하여 지각되고 있는 경험의 장, 즉 현상학적인 장을 개인의 실제 세계로 보기 때문에 의식적으로 표현되는 것을 신뢰하는 대신 무의식의 요인은 무시한다는 것이다.

둘째, 내담자의 내면의 세계, 즉 감정의 표현을 강조함으로써 정서적이고, 감정적인 요인을 중시함에 반해 지적이고, 인지적인 요인을 무시하는 경향이 있다.

셋째, 내담자 중심을 강조함으로써 상담자는 가치 중립적이어야 한다고 주장하는데, 상담자 또한 인간이므로 전적으로 가치를 배제한다는 것은 불가능한 것이다.

넷째, 상담에 종사하는 사람들에게 누구나 인간중심적 상담을 할 수 있다고 생각할 만큼 쉽고, 단순하다고 오해받을 수 있다.

다섯째, 인간중심적 상담방법이 시원하게 내담자 자신의 문제를 꼬집어 주지 않기 때문에 상담자가 무엇을 지향하고 있는지를 이해하지 못하여 성급히 물러서는 경우가 생긴다. 뿐만 아니라, 인간중심적 상담은 상담자의 인격과 소양이 중요시되기 때문에 상담자에게 너무 많은 것을 기대하게 된다.

CHAPTER

06

인지치료 상담

개요

인지치료 또는 인지상담은 벡이 창시한 이론으로 인간의 행동과 정서는 개인의 신념체계와 사고에 따라 결정된다고 본다. 인지치료는 다양한 정신과적 장애를 다루는 데 사용되는 적극적이고 지시적이며, 시간 제한적이고 구조화된 접근이다. 또한 개인의 정서와 행동은 주로 그가 세계를 구조화하는 방식에 의해 결정된다는 근거에 기초하고 있다. 본 장에서는 인지치료에 대해 논의하고자 한다.

학습목표

- 인지치료에 대한 이해
- 인지치료의 핵심 개념 파악
- 벡에 대한 관심

학습내용

1. 인지치료 상담의 개요
2. 벡의 생애
3. 인간관
4. 주요 개념과 특성
5. 인지치료 상담의 과정
6. 인지치료 상담의 기법
7. 인지치료 상담에 대한 평가

1. 인지치료 상담의 개요

1) 인지주의의 개념

인지를 나타내는 라틴어 *Cognito*는 '나는 생각한다'라는 의미다. 이 뜻에서 알 수 있는 바처럼 인지적 접근은 인간이 환경에서 발생하는 일에 수동적으로 반응하지 않으며, 인간의 행동은 생각에 달려 있다. 인지cognition란 일반적으로 사고의 능력을 의미하는데, 넓은 의미로는 사고 외에 지각, 기억, 지능, 언어 등을 포함하는 정신과정으로 보기도 한다. 따라서, 인지발달이란 다양한 인지기능의 복합적인 발달과정이다.

인지주의는 인간의 지적인 능력뿐 아니라, 인간의 사고, 태도, 동기 등의 비지적 능력 발달에 관한 인지이론과 클라이언트의 왜곡된 인지구조를 변화시켜 인지구조로 재구조화하여 문제해결을 돕는 인지치료 이론 등이 포함된다. 지식, 의식, 지능, 사고, 상상력, 창의력, 계획과 책략의 산출, 추리, 추론, 문제해결, 개념화, 유목화와 관계 짓기, 상징화 등과 같은 고등정신 과정에 속하는 모든 심리적 실체들이 포함된다고 할 수 있다. 인지과학자들은 인간을 컴퓨터에 비교하였는데, 인간의 마음은 다양한 종류의 정보를 받아들이고 코드화하며 전달하며 조작하는 복잡한 체계이다 (Flavell, 1985).

이러한 설명에서 인간의 인지는 관찰할 수 없는 정보의 과정이며, 환경적 자극과 인간의 행동을 중재함을 알 수 있다. 인지의 중요성에 대해서는 다른 성격이론가들도 언급한 바 있으나 그들 이론의 핵심적인 부분은 아니었다. 예컨대, 프로이트는 정신의 지적인 과정보다 정서적 과정을 강조하였고, 행동주의 이론가들은 행동을 야기하는 주관적 과정보다 환경자극의 분석과 환경에 대한 개인의 반응에 관심을 가졌다. 이와 달리 인지이론은 인간이 세상에 대해 의미를 부여하고 스스로 구성해 가는 방식을 강조한다는 점에서 다른 이론과 차이가 있다(Engler, 2013).

인지주의 이론은 인간의 발달에 있어 인지발달적 측면에 초점을 둔 이론으로 환경과의 상호작용을 통한 경험으로부터 인지구조를 조정해 가는 단계와 매우 밀접한 관계가 있다. 사실상 인지성격심리학의 역사는 놀라울 만큼 오래되었으나, 궁극적으로 인지과정에 해당하는 작업모델에 기여한 새로운 힘은 20세기 중후반에 급격히 성장한 컴퓨터 기술이었다. 컴퓨터는 인간의 인지과정을 유추하는 데 도움을 주며, 이러한 성공은 정신적 현상의 경험적 연구라는 정당성을 갖는다.

인지이론가들에 의하면, 인간은 환경적 자극에 능동적으로 대처하고 지속적으로 성장·발달할 수 있는 잠재력을 지닌 적극적인 존재다. 인지이론은 다른 전통적 성격이론에 비해 현대에 와서도 지속적으로 발달하고 있으며, 정교한 체계를 이루었고, 괄목할 만한 연구 성과도 제시하고 있다. 이러한 점은 인지이론의 강점이라 할 수 있지만, 주로 언어적인 자기 보고에 국한된 이론이라는 한계도 지적되고 있다(Pervin, 2005). 하지만 인지이론의 등장으로 정신의학, 심리학, 사회복지학 등에서는 생물학적 결정론과 환경적 결정론에서 벗어나 인간의 감정과 행동에 영향을 미치는 인지의 역할에 관심을 두기 시작하였다(오창순 외, 2015: 141-142).

오늘날 인지적 개념은 인공지능의 영역에서 응용한 것이며, 인간의 마음의 사적인 작용에 대한 가설을 제공한다. 성격에 대한 인지의 역할을 논의한 최초의 심리학자 로버트Julian Robert는 켈리Kelly와 함께 빈번히 인용되고 있다. 또한 피아제jean

Piaget는 생물학, 심리학, 철학, 수학의 개념을 사용하여 어린아이가 세상을 알아 가는 과정을 조사하여 논리 정연하고 통합된 인지발달이론을 제공하였다.

2) 인지치료 상담의 개념

인지치료Cognitive Therapy, 또는 인지상담은 벡Aron Beck이 창시한 이론으로, 인간의 행동과 정서는 개인의 신념체계와 사고에 따라 결정된다고 본다. REBTRational Emotive Behavior Therapy, 합리·정서·행동적 상담과 마찬가지로, 인간의 왜곡된 신념을 이해하고 부적응적 사고 체계를 변화시켜야 한다는 관점이므로 인지적 상담이론에 속한다(강갑원, 2016: 235). 인지상담이란 이런 감정이나 행동의 변화에 직접적으로 관여하는 인지의 영향력에 주목하면 서 내담자의 인지과정에 대한 접근을 통해 내담자의 감정이나 행동의 변화를 유도하는 기법이다. 이 치료기법은 다른 기법에 비해 비교적 치료 기간이 짧으며, 우울증이나 불안 등 정신의학적인 문제에 대해 효과적인 것으로 알려져 있다(현정환, 2019: 104).

벡을 중심으로 인지이론가들의 기본 전제는 사람들의 자신과 세상에 대한 사고가 정서와 행동의 주요한 결정요인이라고 보았다. 따라서, 인지치료의 접근은 부적응적 행동유형을 바꾸기 위해서는 그 행동을 유지시키고 있는 사고유형을 변화시키는 것이 필요하다는 개념에 기반을 두고 출발하였다. 즉, 정서와 동기, 행동의 주요 원인은 인간의 의식적 사고라는 것이다. 사회복지사는 클라이언트로 하여금 자신의 역기능적인 정서, 행동, 문제해결을 유발하는 사고의 유형을 확인하고 변화할 수 있도록 돕는 역할을 수행하게 된다. 역기능적인 사고와 해석, 신념을 겨냥하여 행동을 변화시킬 수 있게 한다. 사고가 변화하면 행동은 변화할 수 있게 된다. 치료자는 클라이언트의 부정적 인식과 생각을 현실적으로 긍정적이 될 때까지 수정할 수 있도록 노력을 기울인다(신기원 외, 2016: 193).

인지치료는 다양한 정신과적 장애(우울, 불안, 공포, 통증 등)를 다루는 데 사용되는 적극적이고 지시적이며, 시간 제한적이고 구조화된 접근이다. 인지치료는 개인의 정서와 행동은 주로 그가 세계를 구조화하는 방식에 의해 결정된다는 근거에 기초하고 있다. 사람들의 인지는 과거 경험으로부터 발전된 태도나 가정(인지도식)에 기초한다. 예컨대, 어떤 사람이 자신의 모든 경험을 자신이 유능한가 아닌가의 관점에서만 해석한다면, 그의 사고는 '내가 모든 일에 완벽하지 못하면 나는 실패자다'라는 도식에 의해 지배되고 있는지도 모른다. 그는 자신의 개인적 능력과 전혀 관계없는 상황에서조차 능력 또는 적절성의 관점으로 상황에 반응하게 된다(Beck, 1979).

인지치료 상담이론은 벡의 임상적 경험에 바탕을 두고 있으나, 정신분석학, 인지심리학, 인지과학의 영향을 받았다. 벡은 정신분석자로서 먼저 정신분석학에서 인지치료의 기본 개념을 끌어내었다. 정신분석과 인지치료는 공통적으로 개인의 행동은 자신이 의식하지 못하는 어떤 신념의 영향을 받는다고 보고 있다. 다만 프로이트가 무의식적 사고를 가정하였다면, 벡은 정서적 장애를 불러일으킬 수 있는 자동적 사고를 가정하였다는 차이만 있다. 벡의 인지상담에서의 신념은 아들러의 개인심리학의 인지적 본질이나 신념과 유사하다. 아들러와 벡은 지각을 바꾸기 위한 전략을 많이 개발하였는데, 둘 다 구체적이고 직접적 대화를 사용하는 적극적 방법을 사용하였다. 엘리스Albert Ellis, 1913~ 가 자신의 REBT가 인지치료의 원조라고 할 정도로 인지상담은 REBT와 유사하다. 벡과 엘리스는 모두 내담자와 직접적 상호작용을 통해 그의 비합리적 신념을 변화시킬 것을 강조한다.

벡의 인지치료는 합리적 정서 치료와 더불어 인지행동적 상담이론들 중 가장 널리 알려지고 보편화된 상담이론이다. 엘리스와 마찬가지로 원래 정신분석적으로 훈련받았던 벡은 특히 우울증 치료에 관심이 있었다. 하지만 그는 기존의 정신분석 이론이 우울증을 치료하는 데 한계가 있음을 발견하고 나름대로 대안적인 이론 체계를 구축해 나갔는데, 그 결과가 현재의 인지치료 이론이다. 인지치료라는 용어는 크게 두 가지 의미로 사용된다. 하나는 인지를 변화시킴으로써 심리적 문제를 해결하려는 상담 접근들을 포괄하여 지칭하는 것이고, 다른 하나는 벡에 의해 개발된 우울증에 대한 인지치료를 나타내는 것이다(정서영 외, 2018: 266).

원래 인지치료 이론은 우울증을 치료하는 이론으로 출발하였으나, 점차 불안과 공포증 등을 포함한 정서적 문제 전반, 그리고 사람들의 성격적 문제를 치료하는 이론으로까지 확장되었다. 현재 이 이론은 완성된 상태라기보다는 적용 범위가 날로 확대되어 가고 있는 발전과정 중에 있다. 따라서, 장차 정신분석 이론에 못지않은 포괄성과 체계성을 지닐 것으로 기대되는 유망한 이론이다.

3) 인지치료 상담의 목표

인지적 상담의 목표는 자동적 사고를 변화시키고 인지적 도식을 재구성하여 사고를 새롭게 하도록 하는 데에 있다. 그러기 위해서는 내담자에게 스스로 부정적 인지도식이나 자동적 사고 등과 같은 사고체계를 탐색하는 방법을 가르친다. 내담자로 하여금 잘못된 정보처리를 수정하도록 하고 부적응 행동과 정서를 유발하고 유지시키는 모든 가정을 수정하도록 한다. 상담의 초기에는 내담자의 증상 완화에 힘쓰지만, 궁극적 목표는 인지적 오류를 제거하는 데에 있다(강갑원, 2016: 242).

2. 벡의 생애

벡Aaron T. Beck, 1921~ 은 1921년 미국 로드아일랜드주의 프로비던스Providence에서 러시아계 유대인 이민자의 막내아들로 태어났다. 그는 문학과 교육을 중시하는 가정에서 주관이 뚜렷하고 정치적 관심이 많은 부모에 의해 양육되었다(정은, 2014:

벡

136). 5남매 중 두 명은 유아기에 사망했으며 이러한 사건들이 벡의 어머니의 정서적 문제를 일으킨 것으로 알려져 있다. 벡은 3세 때에 천식을 앓았으며, 형과의 장난으로 질식에 대한 공포를 지니게 되었다. 이후 터널 공포증으로 발전하여 내내 괴롭힘을 받았다. 7세 때에 벡은 사고로 팔이 부러졌으며, 부러진 뼈가 감염되어 패혈증이라는 심각한 질병으로 발전하게 되었다. 이러한 질병으로 학교를 자주 결석하였으며, 성적도 부진하여 유급을 받기까지 하였다. 뒤처지는 것을 싫어해 스스로 노력하여 조기 졸업을 하게 되었고 우수한 성적을 이어 나갔다.

예일대학 의학과에 진학하였으며, 1953년에 정신과 의사가 되어 펜실베이니아 의과대학 정신과의 전임강사가 되었다. 1959년에 부교수가 된 벡은 우울증이 자기에게로 내향화된 분노라는 정신분석적 가설을 입증하기 위해 우울증 환자와 꿈 내용을 조사했을 뿐만 아니라, 카드분류 과제를 사용하여 성공 또는 실패 경험에 대한 반응을 조사하였다.

벡은 치료적 경험과 실험적 연구를 통해서 새로운 정신병리이론과 치료 방법을 모색하였다. 이러한 과정에서 그는 개인적 구성개념에 관한 켈리George Kelly의 이론으로부터 많은 영향을 받았다. 벡은 펜실베이니아대학 종합병원에 우울증 클리닉을 개설하였으며, 1961년에는 우울척도를 개발하였다.

인지치료와 정서장애
(2015년 출판)

1976년에 벡은 『인지치료와 정서장애』(*Cognitive Therapy and the Emotional Disorders*)를 출판하고 새로운 치료적 접근을 소개하였다. 벡은 저서 활동도 많이 하였으며 고령의 나이임에도 불구하고 명예교수로 활동 중이며 그의 장녀가 아버지의 뒤를 이어 대표적인 인지치료자로 활동하고 있다.

3. 인간관

인지치료적 접근은 인지적 결정론의 입장에서 인간의 여러 측면 중 감정이나 행동도 중요하지만 인지, 즉 사고가 가장 중요하다고 본다. 예를 들어, 사랑하는 사람에게서 실연을 경험한 두 사람을 비교해 보자. 한 사람은 실연의 상처로 힘들어하며 인생이 모두 끝난 듯한 절망감에 사로잡혀 매일 방황하며 지낸다. 반면에, 다른 한 사람은 실연 직후에는 절망감과 좌절로 인해 힘들어하긴 했지만, 실연의 상처를 극복하기 위해 미루어 두었던 학원도 다니고 새로운 사람을 만나려고 노력한다. 동일한 스트레스 상황에서 각 개인이 대처하는 방식이 어떠하냐에 따라 그에 따른 감정이나 행동은 달라질 수 있다는 것이다. 또한 이 접근에서는 사람들에게 자신의 인지, 정서, 행동 과정을 변화시킬 수 있는 능력이 있다고 믿는다. 즉, 사람들은 자신의 선택에 따라 그동안의 행동 패턴과는 다르게 반응하고 비합리적인 신념에 동요되지 않으며, 이런 자기 훈련을 지속함으로써 사는 동안 혼란을 최소한으로 할 수 있다. 그뿐 아니라, 사람들은 자기와 대화할 수 있고self-talking, 자기를 평가할 수 있으며self-evaluating, 자기를 유지할 수 있는self-substaining 존재다.

요컨대, 인지치료에서는 인간의 감정과 행동은 모두 인지에서 나온다는 입장을 취한다. 즉, 인간이 부적응적 사고를 하기 때문에 부적응적 감정이나 행동이 나오게 된다는 것이다. 그러므로 부적응적 문제를 가진 사람들을 변화시킬 수 있는 가장 효과적인 방법은 바로 그 사람의 잘못된 생각을 변화시키는 것이다. 그렇게 함으로써 부적응적 행동과 감정이 저절로 변화되어 인간의 삶이 변화될 수 있다는 것이다. 인지치료적 접근은 결국 인간의 주된 특성으로서 인지에 초점을 두며, 인지변화를 통해 다른 모든 것들을 변화시킬 수 있다고 믿는다(Beck, 1979 ; Corey, 2008).

인지주의이론에서는 인간을 매우 주관적인 존재로 규정한다. 즉, 이 세상에는 객관적인 현실이란 존재하지 않으며, 각 개인의 주관적 현실만이 존재하기 때문에 개인의 행동이나 사고를 이해하기 위해서는 그 개인의 주관적 현실을 이해해야 한다고 보았다. 행동주의 이론에서는 인간행동이 환경의 영향을 받는다고 주장하지만, 인지이론에서 '안다는 것'은 개인과 환경 간의 상호작용에 의하여 형성된다고 보았다(Norlin & Chess, 1997).

인지이론의 인간관은 무의식을 강조한 정신분석 이론에 비해 긍정적이고 환경에 인간이 능동적으로 적응한다는 측면에서 인간의 성장 가능성을 시사하고 있다. 무의식에 초점을 두고 인간을 다분히 충동적 존재로 보는 정신역동 이론과 달리 인지이론에서는 인간의 의식에 초점을 두고 인간을 사고하는 합리적인 존재로 인식한다. 또한 정신역동 이론에서는 인간과 환경과의 관계를 무의식 속성을 가진 인간이 환경에 어떻게 대처해 나가는가를 중시하지만, 인지주의 이론에서는 환경적 원인들이 인간에 의해서 지각되고 인식되느냐에 더 크게 중점을 두고 있다(장수한 외, 2017: 242).

또한 인지주의 이론에서는 인간의 무의식에 초점을 두고 인간을 다분히 충동적 존재로 보는 정신분석 이론과 달리 인간의 의식에 초점을 두고 인간을 사고하는 합리적인 존재로 인식한다. 더불어 환경적 원인이 인간에 의해서 어떻게 지각되고 인식되는가에 중점을 두고 있다.

4. 주요 개념과 특성

1) 이론적 근거

벡의 인지치료 이론에서 가장 핵심이 되는 개념을 세 가지만 열거하자면, 자동적 사고, 역기능적 인지도식, 인지 오류를 들 수 있다. 그 내용은 다음과 같다.

(1) 자동적 사고

자동적 사고automatic thought란 어떤 사건에 당면하여 자동적으로 떠오르는 생각을 말한다. 이러한 자동적 사고가 부정적인 내용일 경우 심리적 문제로 이어진다(이장호 외, 2009: 129).

벡은 우울증 환자의 사고 내용을 조사하면서 실패, 상실, 좌절과 같은 주제와 관련된 부정적인 사고가 많음을 발견했다. 부정적인 심상과 생각은 다양한 생활 사건에 의해서 거의 자동적으로 촉발되는 경향이 있었다. 이러한 생각과 심상이 우울증을 유발하는 중요한 요인이라고 하였다. 자동적 사고란 결국은 어떤 사건을 경험할 때 노력하지 않아도 저절로 떠오르는 생각을 말한다. 자신도 모르게 생각이 떠오르기 때문에 자동적 사고라 일컫는다. 오랫동안 사귄 여자 친구와 헤어진 한 남자가 있다고 하자. 그가 식욕을 잃고 잠도 못 이루고 사람을 만나는 것을 꺼리고 하루 종일 집에서만 지내는 이유가 사랑하던 여자와의 이별 때문이기도 하지만, 여자와의 이별로 그에게 떠오른 생각, 즉 자동적 사고 때문이기도 하다.

자동적 사고는 심사숙고하거나 합리적으로 판단한 결과가 아니며 아주 빠르게 떠오르기 때문에 자동적인 것처럼 느껴진다. 자동적 사고는 매우 빠르게 의식 속을 지나가기 때문에 개인에게 명료하게 인식되지 않으며 단지 그 결과로 뒤따르는 우울 감정만이 인식된다(이우언 외, 2017: 238). 자동적 사고의 주요한 특징은 다음과 같다(강갑원, 2006: 239).

① 구체적이며 분리된 메시지이다.

② 축약되어 언어, 이미지, 또는 양쪽 모두의 형태로 나타난다.

③ 아무리 비합리적이라 할지라도 거의 믿는다.

④ 자발적인 것으로 경험된다.

⑤ 흔히 당위적 형태의 말로 표현된다.

⑥ 일을 극단적으로 보는 경향을 띤다.

⑦ 개인에 따라 독특하게 나타난다.

⑧ 중단하기 쉽지 않다.

⑨ 학습된다.

(2) 역기능적 인지도식

역기능적 인지도식이란 현실 적응에 도움이 되지 않는 내담자의 기본적인 생각의 틀과 그 내용을 일컫는다. 즉, 그렇다면 자동적 사고는 어떻게 생겨나는 것인가? 이를 설명하기 위해서는 먼저 인지도식이 무엇인지를 알아야 한다. 사람들은 살아가면서 자기 나름대로 자기와 세상을 이해하는 틀을 발달시킨다. 세상은 어떤 곳인지, 자기는 어떤 사람인지, 인생은 어떤 의미가 있는지, 다른 사람들과 어떤 관계를 유지해야 하는지 등에 관한 지식을 차곡차곡 쌓아 가게 된다. 이러한 지식이 아주 어린 시절부터 시작해서 삶을 사는 과정에서 하나의 체계화된 지식 덩어리를 이루게 될 때, 이를 인지도식cognitive schema이라 부른다. 도식은 비슷한 사건을 경험하게 될 경우 일관성 있는 반응을 보이거나 특정 자극에 선택적으로 주의를 기울여 반응하는 이른바 고정된 인지구조를 의미한다. 예를 들어, 개인적 목적을 성취할 수 있는 기회가 오더라도 '나는 능력이 없다', '사람들을 믿을 수 없다'라는 도식이 형성될 경우 부정적인 자동적 사고로 연결되며 부정적 정서 상태에 빠지게 되는 것이다. 또 다른 예로는, 개에게 물린 경험이 있는 사람은 '개는 무섭다'라는 도식이 형성되고 개에 대한 부정적인 자동적 사고로 연결되어 공포나 두려움에 빠지게 되는 것이다. 따라서, 인지도식이란 주변 세계와 중요한 신념에 대해 어떻게 생각하고 있고, 사람, 사건, 그리고 환경에 관한 기본가정을 말한다(강진령, 2016: 277).

예를 들어, 오랜 시간을 투자해서 컴퓨터의 작동 원리에 대한 지식을 체계화하였을 때 그것을 컴퓨터에 관한 인지도식이라 부를 수 있듯이, 세상을 살아가는 과정에서 삶에 관한 이해의 틀을 형성한 것이 바로 삶의 인지도식인 것이다. 그런데 사람들에 따라 인지도식의 내용은 달라질 수 있다. 왜냐하면, 그들이 살아온 삶의 과정과 그 속에서 경험한 내용이 다르기 때문이다. 이렇게 볼 때, 어떤 개인이 가진 인지도식은 그가 살아온 삶을 응축해서 보여준다고 할 수 있다. 즉, 한 개인의 삶은 바로 인지도식 속에 반영되어 있다. 여기서 문제는 그 개인의 인지도식의 내용이 부정적인 성질의 것일 경우다.

이러한 인지도식을 역기능적 인지도식이라 부르는데, 이는 심리적 문제를 초래하는 근원적 역할을 한다. 즉, 살아오는 과정에서 부정적인 내용들로 인지도식을 구성한다면 심리적 문제에 매우 취약하게 되기 쉽다.

이처럼 부정적인 내용의 자동적 사고를 활성화하는 것은 바로 이러한 역기능적 인지도식의 내용들이다. 즉, 역기능적 인지도식을 가지고 있는 사람이 일상생활에서 스트레스 사건을 경험하게 될 때, 부정적인 내용의 자동적 사고를 자신도 모르게 떠올리게 되며, 그 결과로 심리적 문제가 발생하게 된다.

심리적 문제를 초래하기 쉬운 몇 가지 역기능적 인지도식의 내용을 예로 들면 다음과 같다(이장호 외, 2009: 131).

① 사람은 멋지게 생기고 똑똑하고 돈이 많지 않으면 행복해지기 어렵다.
② 다른 사람의 사랑 없이 나는 행복해질 수 없다.
③ 다른 사람에게 도움을 요청하는 것은 나약함의 표시다.
④ 절반의 실패는 전부 실패한 거나 다름없다.
⑤ 인정을 받으려면 항상 일을 잘해야만 한다.
⑥ 한 인간으로서의 나의 가치는 나에 대한 다른 사람의 평가에 달려 있다.
⑦ 사람들이 언제 나에게 등을 돌릴지 모르기 때문에 믿을 수 없다.

(3) 인지 오류

역기능적 인지도식은 자동적 사고를 발생시키는 역할만 하지는 않는다. 그것은 인지적 오류cognitive error를 발생시키기도 한다. 여기에서 인지 오류란 현실을 제대로 지각하지 못하거나 사실이나 그 의미를 왜곡하여 받아들이는 것을 뜻하는 용어다.

인지 오류의 결과로, 자동적 사고는 현실에 대한 부정확한(왜곡된) 지각과 해석을 포함하며 논리적 추리상의 비논리성을 포함하게 된다. 클라이언트가 지닌 인지적 왜곡을 밝혀내고, 클라이언트가 자기 생각의 비합리성에 동의함으로써 보다 현실에 가까운 합리적인 생각을 할 수 있도록 돕는 것은 인지치료에서 중요한 작업이다. 클라이언트의 생각에 인지적 오류가 포함되어 있을 때, 이를 밝히기 위해 가장 자주 사용되는 표준적인 질문은 "어떻게 해서 그렇게 생각하게 되었지요?", "무슨 근거로 그런 생각을 할 수 있지요?", "그렇게 생각하는 근거가 뭐지요?"등이다(김청자·정진선, 2006: 173).

전형적인 인지 오류들은 다음과 같다(강갑원, 2006: 240-241).

① 이분법적 사고Dichotomus Thinking는 자신이 바라는 대로 이루어지지 않으면 실패라고 생각하는 흑백 논리이다. "이번에 취직하지 못하면 인생 끝이다."라는 생각과 같은 것이 그 예이다. 취직 못 한다고 끝장나는 인생은 사실 없다. 이것은 자동적 사고의 일종으로서 부정적 신념을 이끌어 낸다.

② 선택적 추론Selective Abstraction은 추론할 때 사건의 일부 세부 사항만을 기초로 하여 결론을 내리는 것을 말한다. 이 때문에 전체 맥락 중에서 중요한 부분을 간과한다. 특히, 자신이 실패하거나 부족한 부분에만 관심을 둔다거나 자신의 부정적 정서를 정당화하는 단서만을 채택하는 것을 지칭한다. 가난한 사람이 열심히 일할 생각은 하지 않고 모든 게 세상 탓이라고 생각하는 것도 한 예가 된다.

③ 과일반화Overgeneralization는 사건의 극히 일부만을 과장해서 나름대로 규칙을 만드는 현상을 말한다. 예를 들어, 한 남성한테 버림을 받은 여성이 남자는 다

나쁜 사람이라고 생각한다면 이 오류를 범하고 있다. 과일반화는 부정적 정서를 초래한다.

④ 과장 또는 축소Magnificatioa Minimization는 자신의 불완전성을 실제보다 더 크게 보려고 하고 자신의 장점이나 타인의 문제는 작게 보려는 경향성을 말한다. 이렇게 되면 자신은 부적절하며, 타인들보다 열등하다고 생각하여 우울을 갖게 된다. 작은 키 때문에 불만인 사람이 자신을 하늘이 버린 사람으로 생각한다면 과장하고 있는 것이다. 반대로, 남들이 볼 때 수준 높은 피아노 경연대회에서 입상하고서도 대수롭지 않게 생각한다면 자신을 축소하고 있는 것이다.

⑤ 개인화Personalization는 자신과 연관이 없는 것을 자신과 연관이 있는 것처럼 여기는 현상을 말한다. "왜 내가 식당에 올 때마다 휴업이야?"라고 불평하는 사람이 그 예이다. 휴업이 자신에게만 일어나는 것은 아닌데도 자기에게만 일어나는 것으로 생각하는 것이다.

⑥ 꼬리표 달기Labeling 또는 Mislabeling는 과일반화의 극단적 형태로서 부정적 관점에서 자신을 부정적 의미로 규정하는 것을 말한다. 이러한 꼬리표는 이후 계속 자신에 대한 부정적 정체감을 강화시킨다. 여러 번 사업에 실패한 사람이 결국 '나는 애초부터 사업하면 안 되는 사람이야'라고 자신을 규정한다면 꼬리표 달기를 한다고 볼 수 있다. 이렇게 되면 어떤 사업을 하게 되더라도 실패할 가능성이 커진다.

⑦ 파국적 사고Catastrophizing는 자신이 걱정하는 한 사건을 지나치게 과장한 나머지 비극적 결말을 예상하며 두려워하는 현상이다. "아버지가 암에 걸리셨는데 돌아가시기라도 하면 수입이 끊기고 고아가 되며, 아비 없는 자식이라고 아무도 나한테 장가도 오지 않으려고 할 것인데, 결국 처녀 귀신 되겠구나."라고 생각하는 여성이 있다면 아버지의 암으로 인한 결말을 너무 과장한다고 볼 수 있다. 병이 치료될 수도 있고 아버지가 안 계셔도 좋은 남자를 만날 수 있다.

⑧ 임의적 추론Arbitrary Inference은 증거가 없거나 사실과 무관한 결론을 내리는 현상을 말한다. 이러한 왜곡을 통해 비극적 결말이나 최악의 상황을 생각하게 된다. 남들이 자기 자신의 마음을 알고 있다고 생각하거나 어떤 나쁜 일이 일어날 것이라고 부정적으로 예측하는 것이다. 이러한 상상이 현실적이지 못한데도 본인은 사실로서 간주하는 경향이 있다. "부장은 내가 능력이 없다는 것을 이미 알고 승진에서 탈락시킬 거야."라든가, "우리 회사는 곧 망할 거고 결국 나는 실직당할 거야."라는 등이 그 예이다. 만약 아무런 증거 없이 이러한 판단을 한다면 임의적 추론을 하고 있는 것이다.

5. 인지치료 상담의 과정

인지치료의 상담단계는 고정된 절차나 과정에 의해 이루어지기보다는 상황에 따라 융통성이 있게 진행되는 것이 특징이다. 초기 단계에서는 직접적인 문제를 다루는 데 있어 보통 시간제한을 두는데, 이는 일반적으로 4-14회기session로 진행된다. 각 회기는 영향과 효과를 극대화하기 위하여 주의 깊게 계획되고 구조화된다. 내담자는 보통 치료가 시작되기 전에 검사 질문지와 최초 면접 질문지를 통통하여 검사를 받는데, 상담자는 첫 회기 전에 이 질문지의 결과를 검토하여 치료에 대하여 어느 정도의 구조화를 하게 된다. 이어, 초기 회기에 접어들게 되면 내담자에게 의미 있는 주제를 적용하고 그의 기분과 그 강도를 확인하며, 내담자가 호소하는 문제를 확인·검토하고 치료에 대한 내담자의 기대를 확인해야 한다. 그리고 내담자에게 인지치료 자체와 내담자 간의 역할에 대하여 가르치며 상담의 목표를 설정하고, 회기 간에 수행할 과제와 숙제를 제공하며 내담자로부터 회기에 대한 피드백을 받아야 한다(오만록, 2017: 290).

이상과 같은 초기 단계를 통해 상담자는 치료적 동맹 관계를 더욱 증진시키고, 현실적 희망과 낙관주의를 격려하면서 신뢰와 협동적 태도를 더욱 높이며, 계속해서 내담자의 긍정적인 변화에 초점을 두면서 그의 기분에 대한 평가도 병행하여야 한다. 이러한 변화과정을 통하여 내담자가 점차 합리적이고 긍정적인 사고 체계를 형성해 나가도록 도와주어야 한다.

대개 상담 장면에서는 불안, 긴장, 우울, 공포 등의 정서적 문제나 다양한 행동상의 문제에 대해서 언급하면서도 그런 문제의 배경에 깔려 있는 불합리한(부정적인) 인지에 대해서는 의외로 소홀히 하는 경우가 많다.

인지상담에서는 먼저 내담자의 이야기를 충분히 경청하는 것부터 시작한다. 이때 상담사는 내담자의 문제나 증상이 임상적으로 경험한 적이 있고 익숙한 사례라고 할지라도 자신의 이론적 틀이나 경험의 잣대로 함부로 평가해서는 안 된다. 상담사에게는 내담자의 감정체험이나 행동선택에 대해서 이해할 때, 무엇에 대한 경험이며, 이에 대해 본인은 어떤 의미를 부여하고 있고 어떤 감정을 느끼고 있는지, 그리고 어떤 목적을 위한 선택인지 등에 대해서 파악하기 위한 노력이 요구된다. 물론 내담자의 기분이나 감정에 대해 공감하거나 수용적인 태도를 보여주는 상담사의 자세도 중요하다. 예를 들어, 내담자가 "왠지 기분이 침울해집니다.", "불안해서 견딜 수가 없습니다."라고 자신의 문제나 증상을 호소할 경우, 상담사는 내담자에게 '침울'이나 '불안' 상황에서 무엇을 생각하고 있는지를 물어보고, 그런 감정이 생성되기 전후의 상황에 대해서 구체적으로 이야기하도록 유도한다.

인지상담에서 상담사는 문제나 증상에 대한 자기인지에 대해 자기관찰이 이루어지도록 유도한다. 이 과정에서, 예를 들어 내담자가 "비만이 두려워서 밥을 먹을 수가 없어요."라고 호소하는 경우, 식사에 대해 불안해하는 사람과 불안해하지 않는 사람의 차이는 무엇인가, 불안이라고 하는 판단을 내리는 주체는 누구인가, 자신을 불안하게 만드는 요인은 무엇인가, 지금도 여전히 불안해하는 이유는 무엇인가 등의 질문을 통해 불안이나 공포라는 문제는 자기인지에 의한 것이며 그 인지는 어떤 근거에 의한 것임을 알도록 한다. 이를 통해, 결국 그 문제는 자기 자신의 문제임을 인식하도록 유도한다. 이러한 자기관찰 과정을 통해 내담자가 자신의 문제나 증상에 관련된 인지내용을 명확히 하게 되면, 그다음에는 내담자가 자신의 이런 인지가 현실적인지, 타당한 것인지를 생각하게 된다.

대개의 경우, 관찰된 인지내용을 내담자가 합리적인 사고의 수준으로 충분히 수정하도록 지원하기 위해서는 좀 더 자세한 경청 과정이 필요하다. 또한 불안을 생성시키는 어떤 왜곡된 인지를 더욱 구체화해서, 이것을 지탱하고 있는 불합리한 신조 등을 다루는 접근도 필요하다. 사춘기 거식증 환자(고등학교 3학년 여학생)의 한 예를 들어 보자. 이 학생은 예전에 비만했던 때를 두려워하며 병원에서 제공하는 식사도 거의 하지 않는 상태였다. 그러나 상담을 통해 비만했을 때의 식사량과 병원에서의 식사량의 차이에 대해서 점차 이해하게 되면서 조금씩 식사를 하기 시작하였다. 그런데 이 학생은 병원에서 제공하는 식사량을 전부 먹는다고 할지라도 이전처럼 비만은 되지 않는다는 사실을 머리로는 알고 있지만, 체중이 전날보다 조금이라도 늘어나면 "병원에서 주는 음식을 전부 먹게 되면 체중이 늘어나게 되어 다시 이전처럼 되지는 않을까." 하는 불안감을 느끼고 있었다. 이런 신념을 갖고 있는 이 환자에게 상담사는 일주일 동안의 체중 변화를 그래프로 표시하여 보여주기로 하였다. 이런 방법으로 일정량의 식사를 매일 한 후 환자가 두려워하고 있는 그런 판단이 맞는지를 확인시켜 주기로 하였다.

그 결과, 실제 체중은 본인이 예상한 것보다는 훨씬 낮게 나타났다는 사실을 알게 되면서 그 이후 환자는 일시적으로 안심하고 식사를 하게 되었다. 그러나 환자는 체중이 건강한 표준체중에 가까워질 때, 다시 거식증세를 보였다. 여기서 밝혀진 새로운 사실은 이전에 비만 상태였을 때 친구로부터 "돼지 같아."라고 놀림을 받았던 기억으로 비만에 대한 본인의 과도한 부정적인 인식이 아직도 남아 있었다는 것이다.

상담사는 과도한 비만은 건강상 좋지 않지만, 건강한 범위 내의 비만이라면 긍정적인 측면도 있다는 사실, 만일 비만하다고 할지라도 실의에 빠지거나 우울해할 필요가 없다는 사실, 그리고 타인의 비판적인 언행으로 만들어진 왜곡된 자기인식 등에 대해서 환자와 이야기를 나누었다. 이러한 접근을 통해서 그 이후 환자는 비만에 대한 공포가 점차 약화되어 갔다(현정환 외, 2016: 117-119).

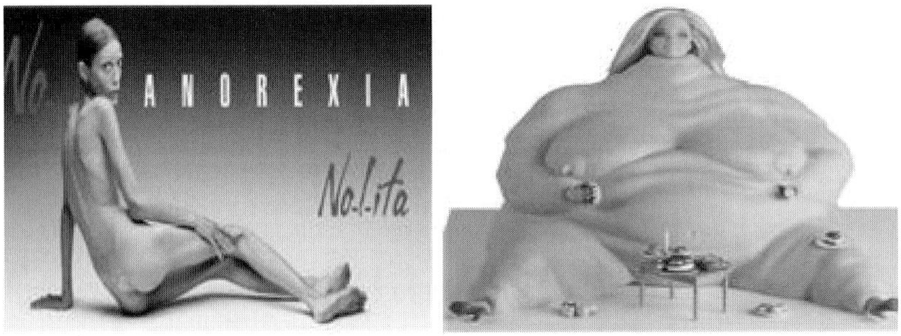

그림 6-1. 거식증 양면

6. 인지치료 상담의 기법

벡의 인지치료에서 사용하는 기법은 매우 다양하다. 그 이유는 인지치료 상담이 내담자의 구체적인 호소 증상을 해결하는 데 중점을 두며, 각각의 증상을 해결하는 데 도움이 되는 기법들을 폭넓게 구비하고 있기 때문이다. 여기에서는 이런 기법들 중 특히 중요한 몇 가지만을 기술하면 다음과 같다(이장호 외, 2009: 136-138).

1) 문제 축약 기법

이 기법은 내담자가 아주 다양한 문제 증상들을 호소했을 때, 이러한 증상들을 일

일이 다루기보다는 몇 가지 중요한 것들로 묶어서 다루는 방법이다. 이렇게 하는 이유는 내담자가 제기하는 각각의 증상들을 하나씩 해결해 나가는 데에 많은 시간과 노력이 필요하고, 비효율적일 수 있기 때문이다. 유사한 성질을 지니는 문제들을 확인하여 그것들을 몇 가지 주요 문제로 압축하게 되면 훨씬 더 효율적으로 상담을 진행할 수 있다. 문제를 축약하는 데에는 다음과 같은 몇 가지 방법이 있다.

첫째, 여러 가지 증상에 기저 하는 공통 요소를 찾는다. 예를 들어, 내담자가 엘리베이터 타기, 터널 지나기, 빨리 걷거나 뛰기, 강한 바람 등에 대해 공포를 느끼고 있다면, 이들 증상의 공통적인 요소는 '희박한 공기로 인한 호흡 곤란'일 수 있다. 이때 상담자는 개별적인 문제 증상들을 일일이 다루기보다는 질식에 대한 공포를 해소하는 데 상담의 초점을 맞출 수 있다.

둘째, 문제 증상들의 발달 연쇄에서 초기에 발생한 문제 증상들에 초점을 맞춘다. 즉, 내담자의 문제 증상들을 발생 시기별로 정리한 다음 초기에 발생했던 증상들을 먼저 다루는 것이다. 왜냐하면, 먼저 발생한 문제들로 인해 이후의 증상들이 초래되었을 가능성이 크기 때문이다. 예를 들어, 주의집중이 안 되어 공부할 수 없고, 그로 인해 시험 성적이 낮아지고, 열등감 때문에 친구 관계도 소원해지고, 그 결과로 심한 외로움과 우울을 겪는 내담자를 생각해 보자. 이 경우에 증상의 시간적, 인과적 연쇄에서 외로움이나 우울의 원인으로 작용했던 주의집중 문제를 먼저 다루게 되면, 결과적으로 발생했던 증상들은 그것 자체를 별도로 다루지 않아도 상당 부분 해소될 수 있다.

2) 빈틈 메우기 기법

이 기법은 사람들이 경험하는 스트레스 사건과 그 결과 경험하는 정서적 혼란 사이의 빈틈을 확인하여 채우는 방법을 말한다. 이렇게 하는 이유는 그 빈틈에는 내담자 자신은 자각하지 못하겠지만 스트레스 사건에 접했을 때 떠올랐던 부정적인 자동적 사고가 게재되어 있기 때문이다. 예를 들어, 내담자가 사람들을 만날 때마다 주체할 수 없이 화가 나는 정서적 경험을 했다면, 상담자는 '사람들을 만났을 때 어떤 생각이 스쳐 지나갔습니까?', '그때 머리에 떠오른 생각들은 무엇이죠?' 등과 같은 질문을 던짐으로써 내담자의 자동적 사고를 확인할 수 있게 된다. 이런 방식으로 '사람들이 나를 무시한다', '사람들이 나를 차별대우한다' 등과 같은 부정적인 자동적 사고를 확인할 수 있게 되고, 이를 통해 그 자동적 사고가 해당 상황에서 현실적으로 적절한 것인지, 다른 대안적 사고를 할 수는 없는지 등을 검토해 나갈 수 있게 된다.

3) 칸 기법

이 기법은 빈틈 메우기 기법을 좀 더 확장한 방법으로 빈 종이를 여러 개의 칸으로 나누고, 가장 왼쪽 첫 번째 칸에는 문제를 경험했던 상황이나 구체적인 스트레스 사건을 적고, 세 번째 칸에는 그 상황이나 사건을 경험하고 나서 일어났던 정서적 결과를 적는다. 그런 다음 이 둘 사이의 두 번째 칸에는 문제 상황이나 스트레스 사건과 정서적 결과 간의 빈틈, 즉 자동적 사고를 확인하여 적는다. 이렇게 세 칸만 사용하는 경우를 세 칸 기법이라고 한다.

여기에서 더 나아가 네 칸 또는 다섯 칸 기법도 가능하다. 세 번째 칸 옆에 한 칸을 더 마련해서 네 번째 칸에는 문제 상황에서 떠올랐던 부정적인 자동적 사고 외에 내담자가 가질 수 있는 다른 긍정적이거나 중립적인 사고를 확인하여 적을 수 있다. 다섯 번째 칸에는 그런 식으로 생각을 바꿀 경우 동일한 상황에서 정서적 결과가 어떻게 달라질 수 있는지를 확인하여 적을 수 있다. 이런 식으로 칸 기법을 활용하면 인지치료에서 성취하고자 하는 사고의 전환과 그에 따른 정서적 체험의 교정을 매우 효과적으로 달성할 수 있다.

7. 인지치료 상담에 대한 평가

인지치료 상담에 대한 평가는 다음과 같다(강갑원, 2015: 248).

1) 공헌

첫째, 내담자에게 자신의 사고와 행동을 점검하도록 하는 방법을 가르쳐 줌으로써 적극적으로 행동의 변화와 수정을 도모한다.

둘째, 변화는 어려운 것이 아니라, 생각만 바꾸면 된다는 것을 깨닫게 해주었다.

셋째, 상담의 주도권이 상담자보다 내담자에게 있어서 치료 효과가 크다.

넷째, 우울, 죄의식, 공포, 스트레스 등 다양한 장애에 적용 가능하고, 아동부터 노인에 이르기까지 다양한 연령층에 적용할 수 있다.

2) 한계 및 비판

첫째, 평균 이상의 지적 능력이 있어야 치료 효과가 있다.

둘째, 정신질환과 같은 심각한 장애 환자에게는 적용하기 어렵다.

셋째, 내담자가 상담자와 협력할 수 있는 준비가 되어 있어야 한다.

넷째, 일정 수준 이상의 행동 기술과 학습한 것을 적용할 수 있는 태도와 능력이 있어야 한다. 이를 거부하거나 능력이 부족한 내담자에게는 부적합하다.

다섯째, 내담자의 과거 영향을 탐색하지 않는다는 것이 장점이기도 하지만 사고와 행동의 이면에는 과거에 경험한 어려움이 있다는 점에서 과거의 무시는 한계가 있다.

CHAPTER

07

게슈탈트 상담

개요

게슈탈트 상담은 1940년대 펄스에 의해 창시된 후, 여러 사람에 의해 발전된 현상학적-실존적으로 접근하는 심리치료이다. 펄스는 우리가 실존적 주체로서 책임을 회피하는 환경지지를 버리고 자기 지지를 바탕으로 자신을 신뢰하고 책임지며 살아갈 것을 강조하였다. 본 장에서는 게슈탈트 상담에 대해 논의하고자 한다.

학습목표

- 게슈탈트 상담에 대한 이해
- 펄스와 프로이트의 비교
- 펄스에 대한 관심

학습내용

1. 게슈탈트 상담의 개요
2. 펄스의 생애
3. 인간관
4. 주요 개념과 특성
5. 게슈탈트 상담의 과정
6. 게슈탈트 상담의 기법
7. 게슈탈트 상담에 대한 평가

1. 게슈탈트 상담의 개요

인간은 경험하는 유기체로서 자신의 사고·감정·행동을 통해 내적으로, 그리고 외적으로 야기되는 사건과 접촉하며 살아간다. 자신이 접촉하여 경험하는 현상을 있는 그대로 매 순간 자각하여 수용하며 살아가는 것은 유기체의 지혜를 신뢰하는 것이다. 게슈탈트 치료Gestalt Therapy를 최초로 발달시킨 펄스P. S. Perls는 우리가 실존적 주체로서 책임을 회피하는 환경지지를 버리고 자기 지지를 바탕으로 자신을 신뢰하고 책임지며 살아갈 것을 강조하였다.

게슈탈트Gestalt란 독일어 gestalten(구성하다, 형성하다, 창조하다, 개발하다, 조직하다 등)의 명사로, 개체가 자신의 욕구나 감정을 하나의 의미 있는 전체로 조직화하여 지각한 것을 뜻한다. 게슈탈트 심리학자들에 의하면 개체는 대상을 지각할 때 그것들을 산만한 부분들의 집합이 아닌 하나의 의미 있는 전체, 즉 '게슈탈트'로 만들어서 지각한다고 한다. 즉, 사물을 볼 때 부분과 부분을 하나하나 따로 떼어 보지 않고 하나의 의미 있는 전체상으로 파악하는데, 그때 그 전체상을 게슈탈트라 한다. 게슈탈트는 홀로 잘 쓰이지 않고, 게슈탈트 심리학Gestalt psychology, 형태주의적 접근Gestalt approach 등 다른 말 앞에 붙어 쓰인다. 이때 '형태주의'라고 번역하거나 그냥 '게슈탈트'라고 한다. 형태주의는 부분 또는 요소의 의미가 고정되어 있다고 보지 않고 부분들이 모여 이룬 전체에 따라 달라진다고 본다. 전체는 또한 부분에 의해 달라지므로, 형태주의는 전체와 부분의 전체성 또는 통합성을 강조한다. 1923년 베르트하이머Max Wertheimer, 1880-1943가 처음으로 제기한 것으로, 게슈탈트의 요인이라고도 하며, 이후 쾰러Wolfgang Köhler, 1887-1967, 코프카Kurt Koffka, 1886-1941 등이 연구를 통해 인간이 형태를 지각하는 몇 가지 법칙을 만들어 냈다. 근접의 법칙, 유동의 법칙, 폐합의 법칙, 연속의 법칙 등의 그 예인데, 이 법칙들은 시 지각visual perception과 관계된 것이나, 이후 연구에서 기억, 학습, 사고 등에도 적용 가능함이 판명되었고, 심리학계뿐만 아니라, 자연과학, 사회과학, 회화·영화·음악 등의 예술 분야에도 영향을 미쳤다.

게슈탈트 치료의 창시자인 펄스는 초기에 프로이트의 정신분석에 매료되어 훈련을 받았으나 프로이트학파가 쌓아 온 자기보호 장벽에 그가 발견한 이론을 접목하는 데 한계를 느꼈다. 펄스는 과거를 중심으로 해석을 지나치게 강조하는 정신분석을 비판하고, 경험에서 비롯된 자각을 바탕으로 한 통합을 강조하는 게슈탈트 치료를 발전시켰다. 프로이트와의 가상적 자기 대화에서 펄스는 심리적 갈등이나 문제해결을 위해 통합을 강조한 반면, 프로이트는 해석을 통한 이해를 주장하였다.

게슈탈트 치료는 1940년대 펄스에 의해 창시된 후 여러 사람에 의해 발전된 현상학적-실존적으로 접근하는 심리치료이다. 치료의 초점을 '지금과 여기'에 두고, 치료대상으로는 전체로서의 유기체를 다룬다. 치료목표는 내담자 자신이 무엇을 하고 있고 그것을 어떻게 하고 있는지를 자각하도록 함과 동시에 그 자신을 수용하고 존중하는 것을 배우도록 한다. 즉 한 개체를 통합된 상호 연관성 있는 전체로서 파악하며, 그 자신과 주위 환경 간의 균형적 관계를 중시한다.

게슈탈트 상담Gestalt Counseling에 있어서 상담자의 역할은 내담자로 하여금 성격기능의 조직화한 전체를 회복하도록 돕는 것이다. 게슈탈트 상담의 기본 목표는 내담자 자신이 행동하고 경험하는 것을 자각하여 자신의 느낌, 생각, 행동에 대한 책임을 지도록 하는 것이다. 따라서, 상담자는 상담 과정에서 내담자의 자각이 방해를 받고 있는 상황에서 내담자의 책임에 대한 자각을 높이는 데 중점을 두고 내담자는 자신이 성숙하기 위해서 자신의 길을 스스로 찾아야 하며 개인적인 책임을 스스로 수용해야 한다. 상담자는 내담자가 과거에 가졌던 관심사나 현재의 관심사에 관한 직접적인 경험에 대해 질문을 하며, 어떤 상황에 대한 추상적인 이야기보다 직접 적인 경험을 생생하게 드러내게 한다. 내담자의 성장은 상담자의 상담기법이나 내담자에 대한 해석에서 오는 것이 아니라, 두 사람 사이의 진실한 접촉으로 이루어지기 때문에 상담자의 자발성을 강조하며, 내담자가 상황에 대해 말만 하는 추상적 접근이기보다는 직접 상황을 경험하도록 도와야 한다(이현림, 2011: 172).

그러므로 게슈탈트 상담은 현재의 성격발달에 영향을 주는 미해결 과제와 감정을 강조하는 '지금-여기'에서의 느낌과 경험을 자신인 스스로 자각하도록 하여 자신의 존재를 충분히 경험하도록 하는 방법이다.

2. 펄스의 생애

펄스(Frederick S. Perls, 1893~1970)

펄스Frederick S. Perls, 1893~1970는 독일의 베를린 유대인 중하류층 출생으로, 비록 7학년에서 두 번이나 낙제하고 학교에서 퇴학당할 뻔했지만, 나중에는 의대에 입학하여 오스트리아 빈에서 정신신경과 의사 쉴더Paul Ferdinand Schildfr, 1886~1940에게서 배우고 의학박사 학위를 취득했다. 그는 정신과 의사로 7년간 정신분석 수련을 받았지만, 그때는 매우 혼란스러웠다. 1926년 프랑크푸르트 암 마인Frankfurt am Maint에 있는 뇌 손상 군인들을 치료하는 신경정신의학자 골드슈타인의 연구소Goldstein's Institute for Brain Damaged Solder에서, 펄스는 인간을 개별적으로 기능하는 부분들의 단순한 합으로 보지 않고 전체적으로 보아야 한다는 사실을 처음 알게 되었다. 후에 빈에서 라이히Wilhelm Reich와 호나이Karen Horney에게 정신분석 수련을 받았다. 라이히는 신체를 통한 자기 이해와 성격 변화 방법을 개발한 사람이었다(Corey, 2016).

펄스는 1934년에 나치즘의 반발로 독일을 떠나 남아프리카로 가서 1935년 남아프리카 정신분석연구소를 설립하였다. 남아프리카에서 그의 게슈탈트 치료 개발에 영향을 주었던 스멋츠Jan Smuts를 만나고, 12년 동안 머무른 후(노안영, 2018: 299), 1946년 미국으로 이주하여 정신분석과 결별하였고 1950년 '알아차림'에 관한 이론 정립과 '게슈탈트 치료'라는 용어를 사용하였다. 1951년 헤퍼린Ralph Hefferine, 굿맨Paul Goodman과 함께 『게슈탈트 치료(*Gestalt Therapy*)』를 출판하였다. 1952년 뉴욕 게슈탈트 치료연구소New York Institute for Gestalt Therapy를 설립하였고, 캘리포니아 빅서어Big Sur에 있는 에살렌연구소Esalen Institute에서 연구집회와 세미나를 개최하면서 심리치료자로 명성을 확고히 하였다.

1960년대부터 실존주의 정신의학 사조와 인본주의 심리학의 대두로 제3의 세력의 물결을 타고 1970년대 구미에서는 게슈탈트 치료가 대중 속에서 큰 인기를 얻기 시작하였다. 게슈탈트 상담이론은 과정 중심적이고 종합적인 심리학으로 전체 장의 관점에서 통합적으로 이해하는 상담이론으로 발전하였다. 1970년 펄스는 77세의 나이로 적지 않은 연구논문을 남기고 세상을 떠났다.

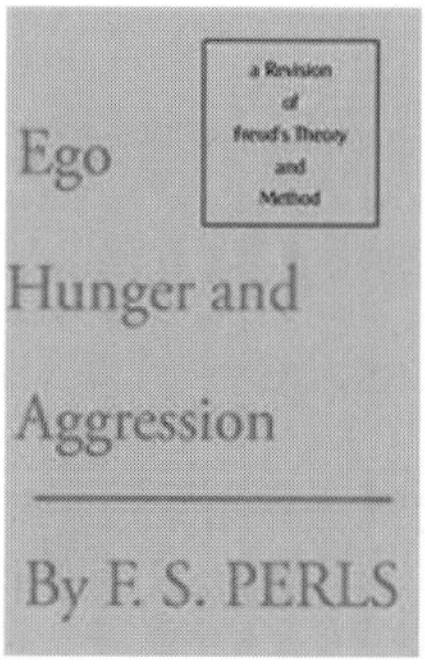

자아, 기아 그리고 공격성 (1992년 출판)

그의 주요한 저서로는 『자아, 기아 그리고 공격성(*Ego, Hunger, 8l Aggression*)』(1947), 헤퍼린(Ralph F. Hefferline) 및 굿맨(Paul Goodman)과 함께 저술한 『게슈탈트 치료: 인간 성격에 있어 흥분과 성장(*Gestalt Therapy: Excitement and Growth in the Human Personality*)』(1951), 『게슈탈트 치료 축어록(*Gestalt Therapy Verbatim*)』(1969), 그리고 그의 자서전인 『쓰레기통의 안과 밖(*In and Out of the Garbage Pail*)』(1969) 등이 있다.

3. 인간관

게슈탈트 상담자들은 인간을 부분들의 집합 이상인 전체적인 존재로 보았다. 성숙한 인간은 자신에게 일어난 일들에 대해 책임을 질 수 있는 책임적 존재다. 펄스는 환경에 창조적으로 반응할 수 있는 능력을 책임이라고 하면서, 개인이 인생에서 자기 자신의 길을 찾아내고 개인적인 책임감을 받아들여야 한다고 주장하였다.

게슈탈트 상담에서는 개인이 유기체적 자율규제의 경향을 가지고 있기에 책임적 존재가 될 수 있다고 믿는다. 우리 모두의 내면에는 어른 대 아이, 염려 대 걱정 없음, 책임 대 방종, 지성 대 감성, 강함 대 약함, 후함 대 인색함 등과 같은 양극성이 있고, 이들 양극성은 내·외적으로 갈등하고 있다. 인간은 어떻게 해야 갈등하고 있는 이런 내적 힘들 간의 균형을 얻을 수 있는지 알게 된다. 개인의 욕구가 게슈탈트를 형성하여 전경으로 드러나고, 그것이 충족되면 배경으로 사라지게 되고, 또 다른 욕구가 전경이 되어 그 자리를 차지하는 것과 같은 식으로 우리는 매 순간 내·외적 환경에 창조적으로 적응한다. 실존주의 철학과 현상학에 뿌리를 두고 있는 게슈탈트 상담은 인간에 대해 전체적인 존재, 책임적 존재, 자율규제의 경향을 가진 존재 이외에도 현재 중심적 존재, 인식의 존재, 잠재력을 각성할 수 있는 존재 등의 개념을 갖고 있다(김춘경 외, 2016: 262).

펄스(Perls, 1973)에 따르면, 인간은 본질적으로 선하지도 악하지도 않다. 인간은 신체·정서·사고·감각·지각 등 모든 부분이 서로 관련을 맺고 있는 전체로서 완성되려는 경향성을 가지고 있다. 인간은 그가 속한 환경을 떠나서는 이해될 수 없으며, 내·외적 자극에 대하여 능동적으로 반응하고 그에 대하여 책임을 질 수 있다. 인간은 선천적으로 자아실현을 향한 경향성을 갖고 있다. 이 선천적인 자아실현의 경향성은 모든 인간행동의 동기가 되며, 모든 다른 욕구들은 이에 기초한다. 게슈탈트 상담의 인간관을 다음과 같다(Passons, 1975).

첫째, 인간은 통합된 부분들로 이루어진 하나의 전체로서의 존재다. 신체·정서·사고·감각·지각의 기능은 서로 관련되어 있고, 그 어느 것도 전체로서의 인간이라는 맥락을 벗어나서는 이해될 수 없다.

둘째, 인간은 환경의 한 부분이기에 환경과 분리해서는 이해될 수 없는 존재다.

셋째, 인간은 내·외적 자극에 대해 반응할 방법을 스스로 선택하기에 세상에 대한 행위자이지 반응자가 아니다.

넷째, 인간은 자신의 모든 감각·사고·감정·지각을 충분히 인식할 수 있는 잠재력을 가지고 있다.

다섯째, 인간은 인식능력을 통해서 선택할 수 있기에 선택한 내·외적 행동에 대해 책임질 수 있다.

여섯째, 인간은 자기 자신의 삶을 효과적으로 영위할 수 있는 능력을 갖추고 있다.

일곱째, 인간은 과거와 미래를 경험할 수 없으며 현재에서만 자기 자신을 경험할 수 있다.

여덟째, 인간은 본질적으로 선하지도 악하지도 않다.

4. 주요 개념과 특성

여기에서는 게슈탈트 치료에 근거한 집단상담을 이해하는 데 필요한 주요 개념은 다음과 같다.

1) 게슈탈트

게슈탈트Gestalt는 전체whole 또는 형태configuration, 체계organization 등의 의미를 지닌 독일어에서 유래한 용어이다. 형태주의 심리학자들에 의하면, 개인(개체)은 특정 대상을 요소적으로 지각하는 것이 아니라, 하나의 의미 있는 전체, 즉 게슈탈트로 형성하여 지각한다. 따라서, 우리는 어떤 자극이나 대상을 접하게 되면 지각의 법칙(체제화의 원리)인 ① 근접성의 원리 ② 연속성의 원리 ③ 유사성의 원리 ④ 완결성(폐쇄성)의 원리 등에 근거하여, 그 자극이나 대상을 조직화하여 지각한다. 이때 만약 개인이 완결된 게슈탈트를 형성하지 못하면 이는 그 개인에게 압력으로 작용하여 계속 그 완결을 요구하게 된다.

게슈탈트 치료에서는 게슈탈트의 개념을 치료적인 영역에 적용하여 활용하는데, 여기에서 게슈탈트는 개인에 의해 지각된 유기체의 욕구나 감정을 뜻한다. 개인이 자신의 욕구나 감정을 하나의 의미 있는 전체로 조직화하여 지각했을 때, 이것은 비로소 게슈탈트가 되는 것이다. 개인은 모든 유기체적 활동을 게슈탈트로 형성하려고 노력한다. 개인이 게슈탈트를 형성하는 이유는 자신의 욕구나 감정을 하나의 유의미한 행동으로 형성하여 실행하고 완결 짓기 위함이다. 즉, 환경과의 접촉을 통해 욕구나 감정을 해소하기 위함이다. 여기에서 유념할 점은 개인의 욕구나 감정 자체가 바로 게슈탈트는 아니라는 것이다. 개인이 자신이 처한 상황과 환경을 고려하여 욕구나 감정을 '실현 가능한' 행동 동기로 지각하는 것이 바로 게슈탈트이다. 이는 프로이트의 리비도Libido 개념처럼 환경과 분리되어 단순히 그 자체로 존재하는 것이 아니라, 환경과의 관계 속에서 형성되고 해소되는 개인의 행동 동기라고 할 수 있다. 이러한 게슈탈트는 개인이 어느 순간순간에 주어진 상황 속에서 적절한 수단을 동원하여 갈증을 해결하고자 하는 것처럼 아주 단순한 것으로부터, 바쁜 일로 인해 밀린 공부를 하고자 하거나 오랜만에 친구를 만나 몇 시간 정다운 대화를 나누고

자 하는 중간 정도의 게슈탈트도 있고, 훌륭한 아버지의 모습을 갖추거나 유능한 유치원 교사가 되고자 하는 것처럼, 그 실현에 많은 노력과 오랜 시간이 소요되고, 그 구조도 복잡한 게슈탈트도 있을 수 있다(오만록, 2017: 304-305).

만일 개인이 게슈탈트를 형성하는 데 실패하면 그는 심리적·신체적 장애를 겪게 된다. 건강한 삶을 살아가는 사람은 분명하고 강한 게슈탈트를 형성할 수 있는 능력을 가진 사람이라고 할 수 있다. 그는 자기 조정능력을 충분히 발휘하여 최적의 각성과 문제해결을 위한 행동을 수행해 나가게 될 것이다.

2) 지금-여기

펄스(Perls, 1969a)는 현재를 온전히 음미하고 경험하는 학습을 강조했다. 그에 따르면, 현재만이 유일하게 중요한 시제다. 반면 과거는 지나가 버렸고, 미래는 아직 오지 않았다. 그러나 대부분 사람들은 현재의 힘을 상실했다. 대신 그들은 과거를 생각하거나, 미래를 위한 끊임없는 계획과 대비책에 연연한다. '지금-여기'는 게슈탈트 상담에서 매우 중요한 개념이다. 펄스에 따르면, 과거는 이미 지나가 버린 것이며, 미래는 아직 오지 않았다. 지금 이외에 존재하는 것은 없으며, 힘은 현실에만 존재한다Power is in the present.

게슈탈트 상담은 언어적이지도 해석적이지도 않은 실험적인 치료이고 집단구성원이 즉시적인 상황에서 자신의 경험과 직접적인 접촉을 하는 것이 그 목적이다. 그러나 현재에 초점을 둔다는 것이 과거에 관심이 없다는 것을 뜻하는 것은 아니다. 과거는 우리의 현재와 관련되어 있는 것으로서만 중요하다. 게슈탈트 치료집단에서 집단구성원은 과거의 문제 상황을 현재에 가져와 마치 그것이 지금 일어나고 있는 것처럼 상황 재연을 한다.

이런 재연과정에서 집단상담자는 기법에 대한 설명을 간단히 제공할 수 있고, 집단 내에서 집단구성원의 부적절한 감정을 보다 전적으로 토론하고, 이러한 감정이 유력한 실험의 참석에 있어서 얼마나 방해가 되는지 이야기해 볼 수 있다. 집단상담자가 집단구성원의 인생에서 중요한 타인과 관련한 많은 미해결의 상황을 아는 것은 유용하다.

우리는 현재 자신이 맡아야 할 책임감을 회피한 것을 정당화하기 위해 과거에 매달리는 경향이 있다. 과거에 머무름으로써 우리의 존재 방식에 대해 타인을 비난하는 게임을 끊임없이 할 수 있고, 그래서 다른 방향으로 움직일 자신의 능력과 결코 마주치지 않는다. 우리는 생기 없는 상태의 해결책과 합리화에 사로잡히고 만다.

그림 7-1. 전시회(일러스트레이터 41인 展)

3) 자각과 책임감

자각은 생각하고, 느끼고, 감지하고, 행동하는 것을 인식하는 과정을 말한다. 폴

스터 부부(Polster & Polster, 1974)는, “자각은 자신과 만나기 위한 끊임없는 수단이다. … 거기에는 필요할 때는 언제든지 솟아날 준비가 되어 있는 지하수처럼 신선하고 생명력 넘치는 경험이라는 것이 있다.”고 주장한다.

게슈탈트 치료 집단구성원의 과업은 자신의 경험구조에 주의를 갖는 것, 그리고 그러한 경험의 무엇을 어떻게 자각할 것인가에 있다. 정신분석 접근의 관심이 어떻게 할 것인가 보다는 무엇을/왜 해야 하는가에 있는 반면, 게슈탈트 치료 집단상담자는 ‘왜’라는 질문은 거의 하지 않고, ‘무엇’과 ‘어떻게’로 묻는다. 펄스(Perls, 1969b)에 따르면, 게슈탈트 치료에서 ‘왜’는 좋지 않은 단어이다. 왜냐하면, 결코 이해하는 것 없이 합리화나 명석한 해명을 하려고 하기 때문이다. 대조적으로 펄스는 즉시적인 상황에서 경험하는 것과 현재의 자각을 증가시키기 위해 어떻게 경험하는가에 초점을 둔다. 즉, 경험의 흐름에 머무름으로써 집단구성원은 세계에서 그들이 어떻게 기능하는가를 발견할 것이다.

우리의 존재에 대해 현재 중심적인 지금-여기에 대한 자각을 얻기 위해서는 집단구성원의 움직임, 자세, 언어유형, 목소리, 제스처, 타인과의 상호작용 등의 외현적인 것에 주목해야 한다. 많은 사람들이 외현적인 것을 보지 못하기 때문에 게슈탈트 치료 집단상담자는 집단구성원이 어떻게 그의 감각을 전적으로 사용할 것인지를 배우고, 외현적인 것을 어떻게 회피하고 있는지 알게 하며, 지금-여기에 개방하는 것에 도전시킨다.

집단상담자는 게슈탈트 치료 집단상담을 통해 집단구성원이 경험하고 행동하는 것이 무엇이든 간에 타인에게 탓을 돌리지 않고 자신이 책임을 지도록 한다. 개인의 책임감은 의무를 수행하는 것과 다르다. 성숙한 인간은 타인의 기대에 부합하려 하지 않고, 타인에게 보은하면서 살려고 노력하지도 않는다. 그들은 자신의 기대와 진실로 자기 자신이 되는 것에 관심이 있다. 개인적인 책임감을 증진시키는 방법 중의 하나는 우리가 타인에게 자신의 책임을 떠맡기는 방식을 자각하는 것이고, 타인이 우리에게 기대하리라 생각하는 것으로부터 우리를 분리시켜 자신의 기대로 살 수 있는 현명한 결정을 하는 것이다.

4) 미해결 과제와 회피

개인에게 어떤 욕구가 생겼는데 해결하지 못해 게슈탈트를 완성하지 못하면 그는 미해결 과제를 갖게 된다. 이러한 미해결 과제는 분노, 증오, 노여움, 고통, 불안, 죄책감, 회한과 같은 표현되지 않은 감정으로 나타난다. 미해결 과제나 표현되지 않은 정서가 지금 상황에서 지각되거나 다루어지지 않는다면 그것은 현재의 자각과 효과적인 기능을 계속 방해한다. 이러한 미해결 과제는 기본적으로 해결을 추구한다. 만일 특정 시간 동안 계속적인 자각에 머물러 있다면 의미 있는 미해결 과제가 출현할 것이다. 내담자는 경험하고 있는 것과 회피하고 있는 것을 자각함으로써 자신의 현재 상황에 충격을 준 미해결 상황을 해결할 수 있다(장성화 외, 2016: 177).

미해결 과제와 관련한 개념이 회피다. 회피는 사람들이 미해결 과제를 직면한다거나 미해결 상황과 관련 있는 불편한 정서를 경험하는 것을 방해하는 데 사용하는 수단이다. 대부분 사람들은 변화에 필요한 것을 실행하기보다는 고통스러운 정서를 경험하는 것을 피하려고 한다. 그래서 그들은 옴짝달싹할 수 없게 되고, 난국을 극복할 수 없으며, 그들의 성장 가능성을 방해한다. 파국적 기대는 우리의 삶을 방해한다. 왜냐하면, 우리는 성장을 요구하는 위험을 감수할 필요성을 회피하는 데 그것을 이용하기 때문이다. 그래서 게슈탈트 치료에 근거한 집단상담은 전에는 결코 직접적으로 표현한 적이 없는 강렬한 감정을 집단상담 회기의 현재 상황에서 표현하도록 격려한다(노안영, 2010: 250). 집단상담 회기 중에 집단구성원이 공허감과 무력감을 토로하면 집단상담자는 이러한 불편한 감정에 머물러 있도록 격려한다. 심지어는 그것을 과장해서 '공허하게 돼라', '무력해지라'고 할 수도 있다. 만일 집단구성원이 그의 깊은 감정을 참아낼 수 있고 진정으로 경험할 수 있다면, 그는 이런 무력감과 공허가 그를 붕괴시키지 않을 것이라는 것을 알게 된다. 공포 정서를 경험하는 것은 통합성과 성장으로 이끈다.

5) 알아차림과 접촉

유기체의 삶을 게슈탈트의 형성과 해소의 끊임없는 순환과정으로 볼 때, 개체가 자신의 유기체 욕구나 감정을 지각한 다음 게슈탈트를 형성하여 전경으로 떠올리는 행위가 '알아차림'awareness이고, 전경으로 떠오른 게슈탈트를 해소하기 위해 환경과 상호작용하는 행위, 에너지를 동원하여 실제로 환경과 만나는 행위는 '접촉'이다.

게슈탈트 상담에서 '알아차림'은 긍정적 성장과 개인적 통합을 위한 핵심 개념이다. 게슈탈트 상담자들은 일반 사람들이 통상적으로 사용하는 것보다 더 깊은 뜻으로 그 말을 사용한다. 알아차림은 ① 자신의 존재에 닿을 수 있고, 자기 주변이나 내부에서 무엇이 일어나고 있는지를 알고, 환경과 타인 및 자신과 연결할 수 있는 능력, ② 자신이 느끼고 있는 것, 감각적인 것 혹은 생각하는 것을 아는 것, ③ 바로 이 순간에 자신이 어떻게 반응하고 있는지를 아는 것이다(Clarkson & Mackewn, 1993) 이렇게 본다면 우리는 일상에서 거의 알아차림 상태에 있지 않다. 이로 인해 우리는 균형을 유지할 수 없고, 자신의 어리석은 행동을 알아차리지 못하고 반복해서 문제에 대한 나쁜 해결책을 시도한다. 행동 변화는 좀 더 나은 자각으로 길러진다는 가설에 따라, 게슈탈트 상담자들은 행동 변화에 영향을 직접 주지 않고 '알아차림'을 격려한다.

우리가 환경과의 접촉contact을 통해 가장 시급하게 필요한 게슈탈트를 완성하지 못하면 문제다. 원만하고 건강한 삶을 유지하는 데 가장 시급한 게슈탈트의 완성을 위해서는 우리의 에너지가 봉쇄되지 않도록 해야 한다. 접촉을 차단하고 에너지의 흐름을 방해하는 것은 우리가 가지고 있는 잠재력을 충분히 발휘하지 못하도록 하고 게슈탈트의 완성을 방해하기 때문에 문제가 된다. 즉, 학교나 직장에서 자신이 해야 할 일을 수행하는 데 집에서 있었던 좋지 않았던 일이 계속해서 당신을 괴롭힌다면 문제다. 건강한 삶을 위해 시급한 게슈탈트의 완성을 통한 게슈탈트의 순환이 계속되는 것이 필요하다(노안영, 2010: 246).

폴스터(Polster, 1987)는 접촉을 '성장을 위한 생명수'라고 표현할 정도로 게슈탈트 상담에서 접촉은 중요하다고 주장한다. 접촉은 '지금-여기'Here and Now에서 무엇이 일어나고 있는지를 인식하는 것이고 순간에서 순간으로 흘러가는 것을 인식하는 것이다. 함께 대화를 나누고 있는 상대가 멍하니 딴생각을 하면서 나의 말을 잘 듣고 있지 않을 때 "내 말 좀 들어봐', '나 좀 봐줘'라는 말로 접촉을 시도하는 것이 그 예이다.

펄스(Perls, 1947)는 유기체의 자각 또는 알아차림을 통한 접촉 결여를 주요한 문제로 보았다. 그가 지적한 접촉경계 장애는 우리의 성숙과 문제해결을 방해한다. 펄스는 "접촉에서 자각은 강렬하다"라고 하였다. 자각을 통한 접촉을 방해하는 장애 기제는 프로이트가 제안한 개념인 방어기제와 유사하다. 그에 따르면, 알아차림-접촉 주기의 어느 단계에서든 방해가 일어날 수 있고, 이로써 삶이 정체되고 진정한 만족에 이를 수가 없게 된다. 자신의 진정한 욕구를 충족시키기 위해 알아차림-접촉의 주기에 따르지 않으면 그 욕구는 미해결된 상태로 남게 된다. 미해결 과제가 많아질수록 자신의 욕구를 해결하지 못하고 정신 신체적 장애가 생긴다. 예컨대, 아동이 부모의 사랑을 받기를 원하지만 충족되지 않을 때 수치심이나 갈망 혹은 분노를 느낀다. 그 애정 욕구가 해소되지 못하고 미해결 과제로 남게 되면, 이후에 자신감이나 정체감 그리고 대인관계에 부정적인 영향을 미칠 수 있다. 이러한 어린 시절의 미해결 과제를 가진 여성의 경우에 남편이 자신을 사랑하지 않고 자신을 방치할 것이라고 불안해할 수 있다. 또한 위장장애 등 신체적 증상을 호소할 수 있다.

징커(Zinker, 1998)는 게슈탈트의 형성과 해소 과정인 유기체의 자연스러운 순환 과정에서 나타나는 '알아차림-접촉 주기'를 여섯 단계로 나누어 설명하였다.

첫째, 처음엔 배경에서 출발하여 유기체의 욕구가 신체감각의 형태로 나타난다(감각 단계).

둘째, 이를 알아차려 게슈탈트를 형성한다(알아차림 단계).

셋째, 게슈탈트를 해소하기 위해 에너지가 동원되면서 흥분을 경험한다(에너지 동원 단계).

넷째, 적절한 행동을 선택하고 실행한다(행동 단계).

다섯째, 마침내 환경과의 완전하고 생생한 접촉을 통해 게슈탈트를 해소한다(접촉단계).

여섯째, 게슈탈트가 사라지고 휴식을 취할 수 있다(물러남 단계). 물러남의 단계에서 일시적인 균형의 상태가 유지되다가 잠시 후에 새로운 욕구가 배경에서 떠오르고 이를 알아차려 새로운 주기가 형성된다.

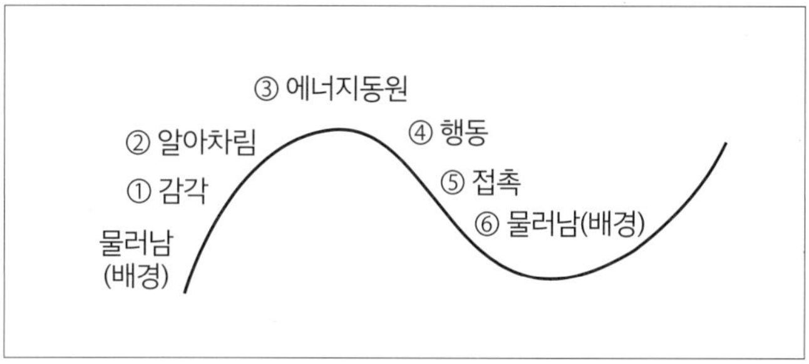

그림 7-2. 알아차림-접촉 주기
자료: 양명숙 외(2013: 248)

그러므로 게슈탈트 상담에서는 인간이 경험을 통해서만, 즉 사람들, 상황, 자연

등과의 직접 접촉을 통해서만 알아차림을 할 수 있다고 본다. 다른 심리상담에서 말하는 기억하고 설명하고 예측하고 해석하고 분석하는 것으로는 알아차릴 수 없고, 보고 듣고 느끼고 움직이는 직접 경험 또는 접촉을 통해서만 알아차릴 수 있다는 것이다.

5. 게슈탈트 상담의 과정

게슈탈트 상담은 내담자의 전경에 떠오르는 것이 무엇인가에 따라 치료과정이 진행되기 때문에 다른 상담에서처럼 치료과정의 형식이 따로 있지 않다. 게슈탈트 상담자들은 내담자의 문제를 파악함에 있어 주로 자신의 직관에 의존하고 상담자의 창조성과 자발성을 적극적으로 장려한다. 이에 형식적인 과정이나 회기에 대해 미리 결정된 방향이 없고 어떤 고정된 결과도 없다. 그래서 게슈탈트 상담은 상담 현장에서 내담자들의 문제를 변별 진단하여 그에 따른 세분화된 상담계획을 세우고 상담결과를 평가하는 등의 체계적인 상담 과정을 정립하지 못했다.

게슈탈트 상담 과정에서 중요한 것은 알아차림과 접촉을 증진시키는 과정과 부분들로 양극화된 내면의 통합을 이루는 과정이 어떻게 진행되는가를 살펴보는 것이다. 여기에서는 펄스가 제시한 '알아차림-접촉증진과정'과 피버트M. S. Fiebert가 제시한 '양극화 통합과정'에 대해 살펴보고자 한다(김춘경 외, 2016: 273-277).

1) 알아차림-접촉증진과정

펄스는 심리상담이 진행되면서 변화되는 성격의 변화단계를 다섯 개의 층으로 설명하였다. 신경증의 층들을 연속적으로 제거하는 것이 변화의 과정이다. 예증의 방법으로 양파의 껍질을 벗기는 이미지를 떠오르게 하였기에 '펄스의 양파껍질 벗기기 과정'이라고도 한다. 이 과정은 한 회기 내에서 일어날 수도 있고 여러 회기를 거치면서 연속적으로 발생할 수도 있다. 각각의 층은 타인을 포함한 환경과의 접촉에서 서로 다른 수준을 표상한다. 성장과 현실화는 알아차림을 통해 일어나고, 알아차림은 말하기, 회피, 자기중심에서가 아니라, 오직 접촉을 통해서만 가능하다. 펄스는 신경증의 층마다 이름을 부여하고, 상담이 진행되면 그다음 층에 이르게 된다고 하였다.

(1) 제1층: 피상층

피상층 상투층cliche or phony layer은 사람들이 서로 형식적이고 의례적으로 반응하고 피상적으로 서로 교류하는 단계다. 이 층계의 사람들은 습관적으로 상황을 처리하고 사회적 관계에서는 판에 박힌 진실하지 않은 방법으로 반응하기에 '가짜층'이라고도 한다. 겉으로 잘 지내는 척하고 자신에게는 아무 문제가 없는 것처럼 행동한다. 피상적으로 지내기에 실제 문제가 있음을 느끼지 못한다. 이 층계는 해소되지 않은 수많은 갈등과 문제를 지닌 층으로, 이 층계에 속한 사람들은 자신에 대한 알아차림이 없기에 변화를 기대하기 어렵다.

(2) 제2층: 공포층, 연기층

공포층phobic layer은 사람들이 환경에 적응하기 위해 자신의 욕구를 억압하고 부모나 주위 환경에서 바라는 기대에 맞추어 행동하며 살아가는 단계다. 타인이 기대하는 역할 행동을 자신이 원하는 행동이라고 믿으며, 배우와 같이 주어진 역할을 연기하며 살아간다role playing layer. 그들은 자신에게 주어진 역할을 수행하지 않으면 처벌받을 거라는 비현실적인 공포와 두려움을 느끼지만, 현실을 유지하려고 애쓰면서 이러한 감정을 숨긴다. 부정하려고 했던 자신의 어떤 모습을 직시하게 될 때

이들은 크게 저항한다. 실제의 자신을 있는 그대로 드러내게 될 때 타인에게 거부당할 것이라는 큰 공포를 가지고 있다. 공포층에 있는 사람은 자기 내면의 깨달음에 저항하고 있다.

(3) 제3층: 난국층, 막다른 골목

내담자는 이제 역할연기를 그만두고 자립하려고 시도하지만, 여전히 어느 정도의 불안을 함께 체험한다. 즉, 그는 역할연기를 포기하려고 하나, 아직 온전한 자립능력이 생기지 않은 상태이므로 이러지도 저러지도 못하는 실존적 딜레마dilemma에 빠지게 되어 심한 불안을 체험하면서 교착 상태impasse layer, 교착층에 머물러 있다. 이때 상담자는 내담자가 이러한 상태를 피하기보다는 적극적으로 직면하여 견뎌내도록 격려해주는 것이 무엇보다도 중요하다.

(4) 제4층: 내파층

자신이 지금까지 스스로를 어떻게 억압하고 차단해 왔는가를 알아차리게 되는 단계다. 사람들은 자신이 내적으로 죽어 있고, 자신의 이전 자기와 단절된다고 느낀다. 이 단계의 사람들은 지금까지 억압하고 차단했던 욕구와 감정을 알아차려 게슈탈트를 형성하지만, 환경과의 접촉을 통해 게슈탈트를 해소하지 못하고, 분노와 적대감 등의 부정적 감정을 자신에게 돌려 자신을 비난하고 질타하는 행동을 한다. 에너지를 외부로 발산할 경우 타인과의 관계가 악화되는 것을 두려워하는데, 내부로 돌려진 에너지는 내면세계를 분열시키고 피폐하게 만든다. 펄스(Perls, 1970)는 솔직한 자기에 이르기 위해서는 이 내파층implosive layer을 극복해야 한다고 주장한다.

(5) 제5층: 폭발층

폭발층explosive layer, 외파층은 사람들이 자신의 욕구나 감정을 더 이상 억압하지 않고 외부로 표출하는 단계다. 이 단계에서 개인은 비로소 자신의 진정한 감정과 욕구를 외부대상에 직접 표현한다. 그리고 자연스럽게 강한 게슈탈트를 형성하고 환경과의 접촉을 통해 완결을 짓는다. 또한 이전에 억압하고 차단했던 미해결 과제들을 전경으로 떠올려 완결하기도 한다. 이 단계는 진정한 자기로서 실존할 수 있는 상태로 이어질 수 있다.

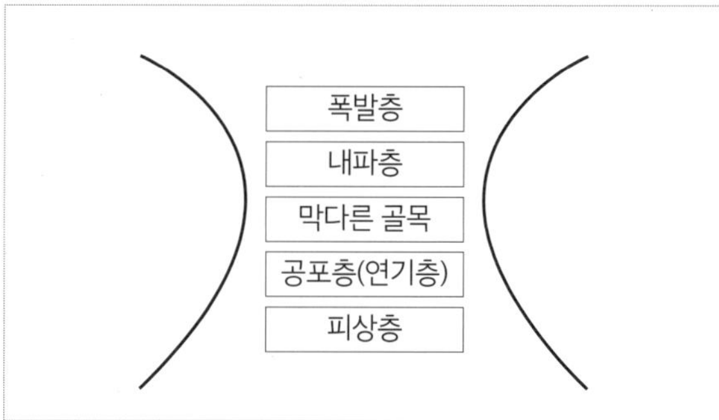

그림 7-3. 성격 변화의 5단계
자료: 양명숙 외(2013: 255)

2) 양극화 통합과정

게슈탈트 관점에서 보면, 모든 심리적 문제는 성격의 두 측면 사이의 양극화된 갈등으로 탐색되고 해결될 수 있다. 피버트(Fiebert, 1983)는 갈등을 자각하게 하고, 그 결과와 내적 경험을 드러내고, 그것의 해결을 돕는 치료 회기의 전개와 그에 상응하는 상담자의 행동을 네 단계로 설명하고 있다.

(1) 제1단계: 문제출현 단계

'지금-여기'에서 주요한 갈등의 강도가 높아지면서 내담자가 그것을 알아차리게 되는 단계다. 첫 번째 개입은 내담자의 즉각적 경험, 즉 행동에 대한 '어떻게'와 '무엇을'에 주의를 기울이게 하고 '왜'에 대한 추론에서 멀어지게 하는 것이다. 이러한 과정에서 내담자는 개인적인 사고와 감정, 감각에 대한 책임(반응할 수 있는 능력)이 증가될 수 있고, 또 언어적 행동과 비언어적 행동 사이의 밀접하고 기본적인 연결을 경험할 수 있게 된다. 제1단계의 핵심은 내담자가 지금 어떠한 자각을 경험하고 있는지를 탐색하는 것이다. 내담자는 대화할 때의 특정 문구, 이를테면 '해야 한다'should를 '원한다want로, '할 수 없다'can't를 '하지 않겠다'won't로, '그것'it을 '나'I로 바꾸고, 항상 현재시제로 표현함으로써 보다 높은 책임감을 경험할 수 있도록 안내된다. 제1단계가 끝날 때쯤 내담자는 지시에 따라 즉각적으로 알아차림에 집중할 수 있고, 당면한 현재의 감정과 감각을 느끼고 표현할 수 있게 된다.

(2) 제2단계: 외적 대립 작업단계

내담자에게 증가하는 긴장을 받아들이고 외적 대화의 형태로 그것을 탐색해 보도록 요청한다. 대인관계 문제가 있을 때는 두 개의 의자를 사용하여 내담자가 자리를 바꾸어 앉으며 대화를 하게 한다. 이 작업의 주요한 관건은 내적 갈등을 극적으로 표현함으로써 감춰진 감정을 자각하게 하는 것이다. 제2단계가 끝날 때쯤 내담자는 자기발견의 과정에 정말 몰두할 수 있으며, 지도를 받지 않아도 의자를 옮겨 가며 감정을 적절히 표현하고, 행동양식을 검토하고 수정할 수 있게 된다. 이 활동은 내담자가 계속적으로 의미 있는 타자와의 관계에 현존하는 직접적인 쟁점과 감정, 관계 속에서 인지되는 숨겨진 감정과 안건, 진술된 문제와 갈등에 대해 바라는 해결책 등을 표현하는 데 도움이 된다.

(3) 제3단계: 내적 대립 작업단계

제3단계 활동의 주요 초점은 내담자의 인격 내에 존재하는 중요하고도 상충되는 두 가지 면에 대한 직면을 증가시키는 것이다. 긴장의 양극을 충분히 극화하고 경험할수록 갈등이 더 많이 해결될 수 있다. 회기가 진행되면 처음에는 보이지 않던 과거의 외상과 관련된 사고, 감정, 감각, 그리고 신체적 반응으로 점점 강력해지는 내적 갈등을 관찰할 수 있게 된다. 내적 대립의 자각 수준이 증가함에 따라 그 긴장은 내담자가 견디기 힘든 수준까지 고통스럽게 지속될 수 있다. 이 현상은 인격의 '내파층'을 나타내며, 새로운 게슈탈트를 형성하기 위한 전제조건이다.

(4) 제4단계: 통합단계

통합단계는 내담자의 인격 내에 분리되어있던 요소들의 통합이고, 새로운 게슈탈트의 출현을 알려 주는 신호이며, 이는 음과 양의 대립 속에 도(道)가 있음을 반영한다. 이 단계의 핵심 요소는 문제에 대한 주된 재구성과 새로운 인식에서 내적 갈등이 해결되는 것이다. 통합은 지속적이고 발전적이며 삶을 지탱해 나가는 경험이다. 따라서, '최후의' 게슈탈트란 없다. 통합의 과정에서 의식 속에 있는 상반된 요인들이 확인된다. 내담자는 상반된 한 면을 언어로 표현함으로써 다른 상반된 면을 인정하고 존중할 수 있게 된다. 어떤 내담자들은 이러한 태도를 몸짓이나 움직임 등의 비언어적 방법으로 표현할 기회를 가짐으로써 보다 효율적으로 반응할 것이다. 상담자의 안내로 상호 수용의 환상극을 경험할 수 있는데, 그것은 극단적 측면이 서로를 향해 다가가 포용함으로써 양극단의 긍정적 특성을 통합시킨다. 어떤 내담자들은 양극의 긴장을 조화시키고 통합시키는 명상기법을 선택할 수 있다. 내담자의 인지적 재구성을 촉진하기 위해서 상담 회기의 처음부터 끝까지 관찰해 온 내담자의 변화에 대해 상담자가 인식한 것을 제시할 수도 있다.

6. 게슈탈트 상담의 기법

욘테프(Yontef, 1993)는 게슈탈트 상담이 상담자가 이해할 수 있고 편안하게 느끼는 어떤 내담자에게도 효과적으로 적용될 수 있다고 보았다. 즉, 상담자가 내담자와 관계를 맺을 수 있다면 대화와 실험 등을 통해 직접 경험하기의 원리를 적용할 수 있다는 것이다. 하지만 게슈탈트 상담의 일반적 원리들을 내담자의 특정한 임상적 상황에 맞춰 수정하여 적용하는 것에 주의를 기울여야 한다. 전통적으로 게슈탈트 상담은 지나친 사회화로 위축된 개인들에게 효과적인 것으로 여겨졌다. 이들은 불안하거나 완벽주의가 강하고 공포증이 있으며 우울한 내담자들이었다. 그러나 현재는 보다 광범위한 문제들에 적용되어 개인치료와 부부치료 그리고 더 큰 집단치료의 형태로 실행되고 있다. 게슈탈트 상담으로 정신병적이거나 와해되거나 또는 다른 종류의 심각한 정신장애를 가진 환자들과 작업하는 것은 더 어려울 수 있으므로 상담자의 조심성과 민감성 및 인내심을 요구한다.

게슈탈트 상담기법은 다음과 같다(오만록, 2017: 317-319 ; 양명숙 외, 2013: 258-266 ; 한미희, 2013: 148-151).

1) 자기 각성

상담자는 내담자에게 “당신의 손으로 지금 무엇을 느끼고 있습니까?”, “화가 나면 어떻게 합니까?”라는 단순하고 직접적인 질문을 통해 그의 각성(욕구와 감정의 자각, 신체 자각, 환경 자각)을 촉진시킬 수 있다. 이에 대한 또 다른 예를 들어보면, 상담자가 “지금 당신의 오른손이 무엇을 하고 있지요?” 또는 “당신의 목소리는 어떻게 들리고 있지요?”라고 질문하는 것이다. 이렇게 되면 내담자는 무심코 던진 말이나 행동을 통해 자신의 진실한 내면세계를 각성하게 된다.

2) 대화 게임

이는 내담자의 갈등을 대화로 엮어보는 것(자기 부분들 간의 대화)이다. 예를 들어, 내담자가 애인이 아닌 다른 이성과 데이트를 할까 말까 망설일 때 한 번은 데이트를 하고 싶은 입장에서 얘기해 보고, 또 한 번은 데이트를 해서는 안 된다는 입장이 되어 얘기하게 한다. 이때 전자를 하인, 후자를 상전이라고 하여 하인-상전 간의 대화를 해보게 하는 것이다.

3) 투사연기

내담자는 자신의 지나친 느낌이나 행동을 인정(수용)하지 않고, 그것을 다른 사람들에게 전가시키는 데 많은 노력을 하는 경우가 있다. 만약 내담자가 자산의 잘난 체하는 행동을 의식하지 못하고 다른 사람들이 그가 잘난 체한다고 비난하면, 그로 하여금 잘난 체하는 행동을 직접 해보도록 할 필요가 있다. 또한, 남을 신뢰할 수 없다고 말하는 내담자에게 신뢰할 수 없는 사람의 역할을 수행해 보도록 할 수도 있다.

4) 반대행동

이를 반전기법이라고 하는데, 내담자로 하여금 평소에 그가 하는 행동과 정반대되는 행동을 하게 하는 방법이다. 예를 들어, 평소에 공격적인 내담자에게 아주 얌전하고 소극적인 행동을 하도록 하는 것이다. 이 기법은 내담자로 하여금 반대되는 속성을 이해하고 수용하도록 하는 데 도움을 준다.

5) 책임지기

이는 내담자로 하여금 그에게 어떤 말이든 하게 한 후 "나에게 책임이 있다."라고 말하게 하는 것staying-with, 머물러 있기이다. 이 기법의 목적은 내담자의 생각, 감정, 행동에 대해 다른 누가 아닌 바로 내담자 자신에게 책임이 있음을 인식하도록 돕는 데 있다.

6) 신체표현활용

이는 내담자의 자기 각성을 촉진하기 위하여 그의 신체표현을 관찰하여, 그것의 의미를 말하게 하는 방법이다. 예를 들어, 상담 중에 내담자가 고개를 계속 숙이고 있다면 그것을 지적해 주고 그것이 무엇을 의미하는지를 말해 보게 하는 것이다.

7) 과장하기

내담자가 감정을 명확히 자각하지 못할 때, 상담자는 내담자가 하고 있는 표현 행동을 과장하도록 요구할 수 있다. 예를 들어, 아버지에 대한 분노를 억눌러 왔음을 이야기할 때 팔의 통증을 느낀다면, 내담자에게 그 팔이 어떻게 움직이고 싶은지를 느껴 보라고 할 수 있다. 팔이 치고 싶은 욕구를 느낀다면, 쿠션 등을 치면서 어떤 감정을 느끼는지 자각하도록 도울 수 있다. 이를 통해 자신의 분노 감정과 에너지를 접촉할 수 있다. 내담자의 언어표현에서도 내담자가 무심코 한 말을 되풀이해서 말하거나, 큰 소리로 말해서 말속의 의미를 자각하게 만들 수 있다. 반면에, 내담자가 작은 소리로 말하는 경우에는 더 작은 소리로 말을 하면서 그 순간의 감정이나 욕구를 알아차리게 도울 수 있다.

8) 빈 의자 기법

이 기법은 내담자로 하여금 갈등상태에 있는 어떤 감정 문제를 해결하게 하는 데 도움을 준다. 이것은 내담자가 지니고 있는 감정들을 빈 의자vacant chair, 빈자리에 투사하게 함으로써 그 감정을 스스로 확실히 체험하고 각성할 수 있도록 하는 것이다. 예를 들어, 어떤 내담자가 자기 아버지에 대한 불만과 원망을 갖고 있다면 빈 의자를 향해(빈 의자에 아버지가 앉아 있다고 가정하고) 그 감정을 쏟아 보게 할 수 있다. 이때 내담자는 평소에 가슴속에만 넣어 두고, 말로 표현할 수 없었던 자기 마음과 감정을 쉽게 표현할 수 있게 된다. 물론, 이때 내담자는 아버지의 입장에서 조금 전에 자기가 아버지에게 표현했던 감정들에 대해 반응도 해야 한다. 이는 일종의 역할연기role playing인데, 심리극에서 흔히 활용되는 기법이다. 이렇게 함으로써 내담자는 자기가 미처 알지 못했거나, 부정했던 자신의 내면세계와 접할 수 있게 될 뿐만 아니라, 자기를 객관적으로 바라볼 수 있게 된다.

9) 뜨거운 자리hot seat

내담자의 자기 각성을 촉진시키기 위하여 널리 활용되는 방법 중 하나인 이 기법은 내담자로 하여금 자기를 괴롭히는 어떤 구체적인 문제를 이야기하게 하고, 그 후 상담자가 그것에 대하여 직접적으로 그리고 공격적으로 직면Confrontation, 맞닥뜨리기 기법을 적극적으로 활용하는 것을 말한다. '뜨거운 자리 기법'은 '빈 의자 기법'과 함께 특히 집단상담에서 많이 활용된다.

10) 언어표현 바꾸기

게슈탈트 치료자는 내담자로 하여금 간접적이고 모호한 단어를 사용하는 것 대신에 내담자 자신과 자신의 성장에 책임감을 주는 단어들을 사용하게 한다. '그것'과 '당신'대신 '나'로 바꾸기, 3인칭이나 2인칭으로 시작하는 대명사를 일인칭으로 바꾸는 것은 개인에게 상황에 대한 책임감을 부여한다. '내가 ~할 수 없다' 대신에 '나는 ~하지 않겠다'로 바꾸기 등으로 내담자는 자신의 결정에 책임을 지고 자신의 힘을 수용하게 된다.

11) 꿈 작업

게슈탈트 접근은 꿈을 해석하고 분석하지 않는다. 대신 일상 속에서 꿈을 가지고 와서 그것이 마치 지금 일어난 것인 양 재창조하고 재생시키는 데 목적이 있다. 꿈은 실존적 메시지를 내포한다. 그것들은 우리의 갈등이나 희망, 생의 핵심적 주제를 나타낸다. 꿈의 모든 세부 사항들의 목록을 작성하여 가능한 한 전적으로 이런 부분이 되어 보고, 자신의 감정과 반대되는 면을 서서히 자각해 보는 것이다(한미희, 2013: 148).

12) 시연

시연 기법은 구성원들이 고요히 생각하고 있는 것을 큰 소리로 말하도록 한다. 게슈탈트 집단에서 구성원들은 그들이 사회적 역할을 수용하는 데 있어서 보다 많은 자각을 위해 시연을 집단에서 공유한다. 그렇게 해서 구성원들은 어떻게 하면 타인을 즐겁게 하고, 인정받고 수용받기 위해서는 어느 정도이어야 하며, 타인과 소외되지 않기 위해서는 얼마나 노력해야 하는지 알게 된다.

7. 게슈탈트 상담에 대한 평가

1) 공헌

게슈탈트 상담은 갈등과 삶에 대한 인간의 투쟁을 심리상담/치료의 장에 가져온다. 이 접근에서는 사람이 자신의 문제에 대해 초연한 자세를 취하지 않고, 자신의 투쟁을 실제로 경험한다. 또 다른 공헌은 적절한 요소를 현재 속으로 가져옴으로써 과거를 활기찬 방법으로 다루는 흥미로운 방식이라는 것이다. 게슈탈트 상담자는 현재 기능을 방해하는 문제들을 내담자가 창조적으로 인식하고 처리하도록 독려한다. 나아가, 내담자가 제공하는 명백한 언어적-비언어적 단서들에 주의를 기울이는 것도 유용한 방법이다. 형태 접근에 숙련되어 이를 잘 사용할 수 있게 되면, 게슈탈트 상담자는 사람들이 행동에 대해서와 마찬가지로 느낌이나 사고에 대해서도 현재-중심적 인식을 심화하도록 도울 수 있다. 내담자는 삶의 방식을 변화시키는 것에 대한 결정을 하는 더 폭넓은 도구, 형태 실험의 방식을 제공받게 된다(Corey, 2008: 247).

게슈탈트 상담은 다음과 같은 공헌을 하고 있다(장성화 외, 2016: 184-185).

첫째, 형태주의 상담은 갈등과 삶에 대한 인간의 투쟁을 상담의 장으로 가져오도록 하는 활동 접근이다. 사람들은 문제를 상담의 장면에서 현 순간 실제로 감각적으로 경험함으로써 그들의 경험에 대해 더 잘 인식할 수 있다.

둘째, 적절한 요소를 현재 속으로 가져옴으로써 과거를 활기찬 방법으로 취급하는 방식이다. 상담자는 현재의 기능을 가로막는 문제들을 내담자가 창조적으로 인식하고 처리하도록 독려함에 따라 내담자들은 이 인식을 통하여 자신의 경험에 대해 더 많은 개인적 책임감을 느낄 수 있게 된다.

셋째, 변화할 능력이 없어서 변화하지 못한다는 사실을 수용하지 않으며, 삶을 변화시키겠다는 결정을 하도록 하기 위하여 상담자는 내담자에게 여러 가지 형태의 실험을 제공한다.

넷째, 형태주의 상담의 꿈 작업은 사람들이 삶의 핵심 주제를 더 잘 인식하도록 하는 독특한 방법이다. 꿈의 각 요소를 자신의 투사로 봄으로써 내담자들은 삶 속으로 꿈을 가져올 수 있고 개인적 의미로 꿈을 해석할 수 있고 책임을 질 수 있게 된다.

다섯째, 형태주의 상담은 단순히 장애를 치료하는 기법이 아니라, 성장적·발전적 관점이다. 상담자와 내담자의 실존적 관계를 강조하므로 지시하고 창조하고 인식 증진을 위한 실험을 하는 데에 창조 정신이 있다.

2) 한계와 비판

게슈탈트 상담에 대한 필자의 핵심적 비판의 대부분은 직면을 강조하고 성격의 인지적 요소들을 경시한 더 오래된 관점 또는 펄스의 스타일에 대한 것이다. 이러한 방식의 게슈탈트 상담은 내담자를 직면하게 하는 기법의 사용과 감정을 경험하게 하는 것을 더 중요시 여긴다. 현대의 게슈탈트 상담은 장기적이며, 이론적 지시와 해설, 일반적인 인지적 요인에 더 많은 주의를 기울이고 있다(Yontef, 1993).

게슈탈트 상담이 인지적 설명을 강조하면서 직접적인 경험하기나 통합의 과정을 중단하는 것에 찬성하지 않지만, 내담자는 자신의 사고를 명료화하고, 신념을 탐색하고, 심리상담에서 되살린 자신의 경험에 의미를 부여해야 한다. 게슈탈트 상담에서는 심리상담자가 내담자를 가르치는 것은 내담자의 자기발견 과정이나 자기 학습을 촉진시키는 것과는 대립하는 것으로 보기에 가르치지 못하게 한다. 이것은 유기적 자기 조절에 대한 기본 신념에 기초한 것으로, 내담자가 인식과 환경과의 접촉의 향상을 통하여 진보하는 것을 의미한다. 그러나 내담자가 자기발견을 하면서도 동시에 심리상담 및 치료자의 적절한 가르침에서 이익을 얻을 수 있을 것 같다.

현대의 게슈탈트 상담은 심리상담자와 내담자의 접촉이나 대화를 중요시한다. 게슈탈트 상담이 효과적이기 위해서는 심리상담자의 인간적 발달수준이 높아야 한다고 생각한다. 자신의 욕구를 인식하고, 이 욕구들이 내담자의 과정을 방해하지 않는다는 사실을 아는 것, 현재 순간에 존재하는 것, 비 방어적이면서 자기-드러내기를 할 의지를 갖는 것, 이 모두가 심리상담자에게 필요한 것이다. 적절히 훈련받지 못한 즉 권력에 굶주린 심리상담자들은 내담자를 억누르는 일에 주로 관심을 가질 위험이 있다(Corey, 2008: 248).

게슈탈트 상담의 한계점을 살펴보면 다음과 같다(이현림, 2011: 178-179).

첫째, 전통적인 게슈탈트 상담의 한계는 상담의 인지적 측면을 고려하지 않는 반지성적 관점이다. 인지적 요소를 무시하고 감정과 신체를 강조하면 최적의 균형을 이룰 수 없다. 이러한 반지성적인 한계를 벗어나 자신의 경험을 지각적이며 사고적으로 받아들여야 할 것이다.

둘째, 게슈탈트 상담기법의 적용은 언제, 누구에게, 어떤 상황에서 등과 같은 대상과 문제에 따라 달라진다. 혼란되고 충동적인 사람보다 지나치게 사회화되어 있고, 차분하고, 억압되어 있는 사람들에게 효과적이다.

셋째, 철학적으로 '나는 나의 일을 하고, 너는 너의 일을 한다'라고 하는 생활 자세는 정말 위험하게 받아들여진다. 이것은 사람이 자기만을 위하여 살며, 동료 간에 대해서는 아무런 의무도 없다는 몰인정한 이론으로 흐를 위험이 있다.

넷째, 이 접근은 실제로 기술만 습득하여 기술로서만 다루고, 상담자 자신은 성장하지 않으면 더욱더 위험해질 수 있다. 그러므로 상담자 자신이 현재 지금의 느낌을 솔직하게 개방함으로써 내담자에게 영향을 미치고 상담자 자신의 성숙도 함께 이루어져야 한다.

CHAPTER

08

교류분석 상담

개요

교류분석 상담은 번에 의해 소개된 상담이론이자 심리치료 기법이다. 교류분석은 인간관계가 존재하는 모든 장면에 적용할 수 있는 이론이며 기법이다. 교류분석은 본래 의학적 치료에서 출범했으나, 이론이 평이하고 적용 가능성이 높기 때문에 빠른 속도로 대중에게 알려지기 시작해서 현재는 인간관계를 주제로 하는 거의 모든 영역으로 파급되었다. 본 장에서는 교류분석 상담에 대해 논의하고자 한다.

학습목표

- 교류분석 상담에 대한 이해
- 교류분석 상담의 핵심개념 파악
- 번에 대한 관심

학습내용

1. 교류분석 상담의 개요
2. 번의 생애
3. 인간관
4. 주요 개념과 특성
5. 교류분석 상담의 과정
6. 교류분석 상담의 기법
7. 교류분석 상담에 대한 평가

1. 교류분석 상담의 개요

교류분석Transactional Analysis: TA은 1958년 캐나다 출신의 미국 정신과 전문의 번Eric Berne에 의해 소개된 상담이론이자 심리치료 기법이다. 교류분석은 한마디로 인간관계가 존재하는 모든 장면에 적용할 수 있는 이론이며 기법이다. 이는 임상심리학에 기초를 둔 인간행동에 관한 분석체계 또는 이론체계로서 '정신분석학의 안티테제'antithese 또는 '정신분석학의 구어판'이라고도 불린다. 국제교류분석협회ITTA에서는 교류분석을 하나의 성격 이론인 동시에, 성장과 변화를 위한 체계적인 심리치료라고 정의한다. 교류분석은 개인의 성장과 변화를 위한 체계적 심리치료법으로서, 성격이론, 의사소통이론, 아동발달이론, 병리학이론을 포함하고 있다(Johnes & Stewart, 2012). 교류분석에 대한 최초의 이론적 체계는 번(Berne, 1958)의 논문「교류분석: 새로운 효과적 집단치료법(Transactional analysis: A new and effective method of group therapy)」이다.

교류분석은 본래 의학적 치료에서 출범했으나, 이론이 평이하고 적용 가능성이 높기 때문에 빠른 속도로 대중에게 알려지기 시작해서 현재는 인간관계를 주제로 하는 거의 모든 영역으로 파급되었다. 교류분석은 번에 의해 창시되었지만, 번의 사후 여러 학자들에 의해 다양한 도구들과 적용 방법 등이 개발되어 체계적이고 구체적인 치료 접근으로 발전하였다.

교류분석은 질병 또는 행동에 대한 이론체계이며 그것을 응용한 심리치료법이다. 처음 교류분석은 집단치료에 이용되었으나, 점차 상담이나 심리치료에도 응용할 수 있게 되어 앞으로도 발전하고 있는 치료법 중의 하나이다. '의사거래분석'은 인간의 의사소통 과정에는 자신의 자아와 삶의 태도가 반영되어 있다는 것을 의미한다. 즉, 내담자가 갖는 자아상태를 바탕으로 의사소통의 교류를 이해하고 분석하는 것이 교류분석이라고 할 수 있다. 이러한 교류분석을 통해 개인 간, 개인 내 상호작용을 분석하게 되고, 내담자가 스스로 삶의 과정을 바꿀 수 있도록 해주는 것이다(한미희, 2013: 193).

교류분석은 인본주의적 가치 위에 행동주의적 명료성과 정신분석적 깊이를 더한 개인의 정신내적 및 대인 관계적 심리학인 동시에 심리치료 이론이다. 교류분석은 이론의 깊이에 있어서나 활용할 수 있는 범위에 있어서 그 어떤 심리학적 접근 방법들 보다 깊고 넓다.

교류분석 상담은 현재의 행동과 생활에 장애를 가져온 초기 결정에 대한 재결정을 통해서 현재의 행동과 생활의 변화를 가져오도록 돕는 것이다. 교류분석 상담의 핵심은 조작적 게임 수행 및 자기 패배적인 생활각본의 특징적인 생활방식을 버리고 인식, 자발성, 친밀감으로 특징 지워지는 자율적 생활양식을 가지게 되며, 자신의 생활각본을 쓰게 하는 것이다(Corey, 2008).

교류분석 상담의 목표는 자율성의 성취와 통합된 어른 자아의 확립으로 설명할 수 있다. 자율성의 성취는 각성, 자발성, 친밀성이 중요하고 통합된 어른 자아의 확립은 어른 자아가 통합이나 배타에서 해방되어 자유로이 가능하도록, 즉 선택의 자유를 경험하도록 하는 것이다(Berne, 1972).

결론적으로 교류분석 상담이란 내담자로 하여금 유보되고 포기된 자율성을 증대시키며, 현재 행동과 삶의 방향에 대한 새로운 결정을 내리는 것을 돕는 상담자의 조력 과정이다.

교류분석의 주요 특징을 살펴보면 다음과 같다(Joines & Stewart, 2012).

첫째, 교류분석은 하나의 성격 이론으로서 구조적 자아상태 모델을 통해 성격이 어떻게 형성되는지 보여 주며, 또한 기능적 자아상태 모델을 통해 성격이 대인관계에서 어떻게 행동으로 표현되는지 보여준다.

둘째, 교류분석은 커뮤니케이션 이론으로서 인간의 커뮤니케이션뿐만 아니라, 체계와 조직 내에서의 커뮤니케이션 과정을 분석하여 효율적으로 커뮤니케이션할 수 있는 방안을 제시해 준다.

셋째, 교류분석은 아동발달이론으로서 인생각본이라는 개념을 통해 어린 시절부터 형성된 현재의 삶의 유형을 잘 설명해 준다. 또한, 아동기에 사용했던 전략이 자기 패배적이고 고통스러움에도 불구하고 성장한 뒤에도 현재의 삶에서 재연하는 이유를 잘 설명해 주기 때문에 정신병리학 이론이라고도 할 수 있다.

넷째, 교류분석은 상담 및 심리치료 이론으로서 일상적인 생활 문제에서부터 심각한 정신장애에 이르기까지 어떤 유형의 심리적 장애에도 적용할 수 있다. 교류분석은 개인뿐 아니라, 집단, 부부 및 가족 상담에도 적용할 수 있다. 나아가 교류분석은 임상 장면 외에도 교육적 상황, 경영과 커뮤니케이션 훈련 및 조직개발에도 탁월한 도구로 사용할 수 있다.

2. 번의 생애

번Eric Berne, 1910~1970은 1910년 캐나다 퀘벡Quebec 주 몬트리올Montreal 시에서 의사인 아버지와 전문 작가인 어머니 사이에서 번스타인Eric Leonard Bernstein이라는 이름으로 태어났다. 번은 아버지를 존경했고 아버지의 왕진을 따라다니며 행복한 어린 시절을 보냈으나, 9세 때 아버지와 사별했다. 번은 어머니의 권유로 맥길대학

에릭 번

교McGill University 의과대학에 들어가 1935년 의사가 되었다. 의사가 된 직후 미국으로 건너가 예일대학교에서 정신과 전문의 수련을 받았다. 이 시기에 시민권을 취득하고는 에릭 번Eric Berne으로 개명하였다. 1940년 병원 업무와 함께 개인상담소를 시작했고, 루스Ruth와 첫 번째 결혼을 하고 두 자녀를 두었다. 1941년부터 본격적으로 정신분석가Psychoanalyst로서의 훈련을 받기 시작했고, 제2차 세계대전이 발발하자 1943년 군의관으로 참전하였다. 이 기간 동안에 집단치료를 실시하면서 정신분석에 대한 흥미를 잃고, 훗날 교류분석의 토대를 이룰 정신의학과 정신분석에 대한 비판적 노트를 수집하기 시작했다.

1946년 군 제대 후, 카멜Camel, CA로 이주한 번은 에릭슨E. Erikson의 수련감독을 받으며, 다시 정신분석을 연구하기 시작했다. 1947년 정신분석에 대한 첫 번째 저서인 『행동 중인 정신(*Mind in action*)』을 출판했다. 1956년에 정신분석연구소에 가입하려다 거부당하자, 심리치료에 대한 새로운 접근 방법을 개척하기 시작했다. 그해 말, 직관에 관한 논문을 썼는데, 여기서 처음으로 구조분석이란 이름으로 세 가지 자아상태 개념을 소개했다. 이 논문은 1957년에 출판되었다. 번은 1957년 11월 미국 집단심리치료협회에 발표한 그의 논문 「교류분석: 새롭고 효율적인 집단치료(*Transactional analysis: A new and effective method of group therapy*)」에서, 세 가지 자아상태를 다시 소개하면서 게임과 인생각본에 대한 개념도 제시했다. 이때 교류분석이론의 기본적인 토대가 구축되었다.

번은 1950년대 초부터 동료들과 정기적인 임상 세미나를 열어 오다, 1958년에는 샌프란시스코 사회정신의학 세미나(San Francisco Social Psychiatry Seminars, SFSPS)를 결성하였는데, 이 세미나가 교류분석이론 발달의 산실이 되었다.

번은 1961년 교류분석에 대한 첫 번째 저서 『교류분석과 심리치료(*Transactional*

analysis in psychotherapy)』, 1963년에는 『조직과 집단의 구조와 역동성(*The structure and dynamics of organizations and group)*』을 출판했다.

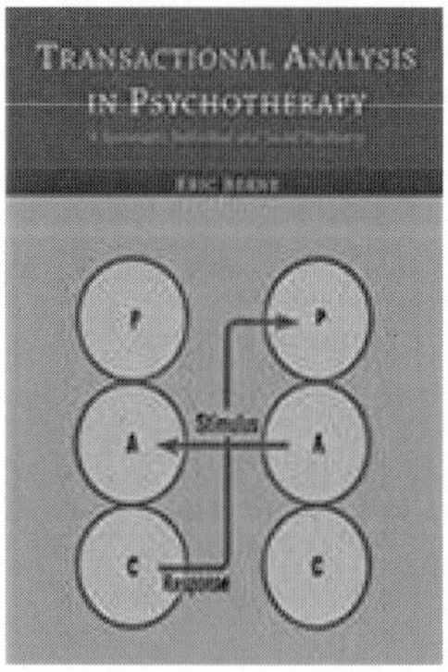

교류분석과 심리치료
(2015년 출판)

번은 1964년 심리게임을 출판하여 교류분석 발달에 있어서 획기적인 한 해를 맞이하였다. 이 책은 비교적 소수의 전문가들을 위해 집필되었는데도 베스트셀러가 됨으로써 교류분석이 전 세계로 확산되는 계기가 되었다. 번은 교류분석이론 정립에 심혈을 기울여, 1970년 『인간 사랑의 섹스(*Sex in human loving)*』, 1972년 『인사할 때 말하는 것(*What do you say after you say hello)*』이라는 두 책의 원고를 완성했지만, 그 빛을 보지 못하고 심장발작으로 1970년 7월 15일 사망했다.

3. 인간관

인간이 자신의 행동유형에서 벗어나서 새로운 목표와 행동을 선택할 수 있다고 믿는다. 즉, 인간을 자율적이고 가변적인 존재로 본다. 그러나 이것은 인간이 사회적 힘의 영향력에서 벗어날 수 있다든가, 전적으로 자신의 힘으로 삶의 중요한 결정을 내릴 수 있다는 의미는 아니며, 인간은 어느 정도 중요한 타인(특히, 부모)의 기대나 요구에 의해 영향을 받는다는 의미를 내포하고 있다. 또한, 인간은 합리적 존재로서 스스로 새로운 결정을 내릴 수 있고, 과거에 구속되지 않는다. 어린 시절의 결정(초기 결정)은 전적으로 타인에 의존할 수밖에 없지만, 이러한 결정이 더 이상 적합하지 않은 것으로 판명되면 새로운 결정(재결정)을 내릴 수 있으므로 인생 초기의 결정은 수정이 가능한 것으로 본다. 즉, 인간의 모든 것은 어릴 때 결정되나, 이는 이후에 변화될 수 있다. 인간은 자신이 내린 과거의 결정을 이해하고, 이에 대하여 다시 결정을 내릴 수 있는 능력이 있다(오만록, 2017: 221).

교류분석 상담은 인간의 긍정성OK-ness을 인정하는 가치체계에 기초를 두고 있다. 이는 모든 인간이 사고, 감정, 행동이라는 세 가지 차원을 조화롭게 통합할 수 있으며, 자신의 사고, 감정, 행동 등에 대해 책임을 져야 하고, 책임질 수 있는 능력이 있다는 가치체계 및 신념체계에 근거를 두고 있다. 그러므로 의사교류분석적 상담에서는 치료자와 내담자의 능력을 동등하게 취급하며, 내담자 스스로가 자신의 어떤 부분을 변화시킬 것인지에 대해 결정을 내리게 하고, 변화를 일으키기 위해 치료과정에 능동적으로 참여하게 하는데, 여기에서는 실제로 그런 능력을 지니고 있다고 본다. 즉, 내담자는 자신의 인생의 방향을 평가하고, 초기의 결정을 이해하게 되며, 자기 삶의 방향을 결정하는 데 있어서 주도권을 갖고 있다고 본다. 따라서, 교류분석적 상담에서는 개인이 자신을 신뢰하고, 스스로 생각하여 결정하며, 감정을 표현할 수 있다고 인정한다(정서영 외, 2018: 323).

번이 교류분석의 인간관을 별도로 제시한 것은 찾아보기 힘들지만 번 이후에 교류분석을 실제 사용하거나 연구한 사람들에 근거하여 살펴보면, 교류분석의 인간관은 인간의 모든 것은 어릴 때 결정되나 변화 가능한 것으로 보는 반결정론적인 철학적 관점을 가지고 있다. 따라서, 인간은 스스로를 결정하고, 자신을 변화시켜 가며, 자신의 생활을 돌볼 수 있는 존재라고 본다.

그러므로 교류분석의 위와 같이 인간의 자율성, 자유, 선택과 의사결정 능력, 책임감에 초점을 두고 있음을 알 수 있다.

이와 같이 교류분석에서의 인간을 보는 관점은 자율과 자유, 선택과 책임을 강조하고 있다. 그러나 교류분석 역시 어린 시절의 영향을 받기 때문에 자신의 삶에 대한 검토와 새롭게 삶을 변화시키고 재구성한다는 것을 전제로 하고 있으며, 인간에 대한 존중을 기반으로 전개되고 있다.

교류분석의 인간관은 다음과 같다(장혁표, 2000: 84-85).

첫째, 인간은 자율성을 지닌 존재이다. 즉, 인간은 현실 세계에 대한 인식, 게임을 하지 않고도 정서를 표현할 수 있는 자발성, 다른 사람과 사랑을 나누고 친숙한 관계를 맺을 수 있는 친밀성을 가진 존재라는 것이다.

둘째, 인간은 자유로운 존재이다. 인간은 다른 무엇에 의해 결정되지 않는 존재이다. 이는 사회의 영향에서 완전히 벗어날 수 있음을 의미하는 것은 아니며, 그렇다고 완전히 사회나 어릴 때 경험으로 결정됨을 의미하는 것도 아니다. 즉, 완전한 자유는 아닐지라도 인간은 많은 자유를 가진 존재인 것이다.

셋째, 인간은 선택할 수 있는 존재이다. 인간이 자율적이고 자유롭다는 것은 여러 대안 중에서 선택하고 결정할 수 있다는 것을 의미하기도 한다. 인간이 자유로우며 선택하고 결정할 수 있다고는 하지만, 다른 사람을 포함한 사회적 영향 즉 부모와 같은 한 개인에게 크게 의미 있는 사람의 기대나 욕구에 영향을 받는 것도 사실이다. 또한 어릴 적 선택이나 결정을 가지고 평생을 살아가는 것이 아니라, 만약 그것이 적절하지 않다면 다른 대안을 선택하여 새로운 결정을 할 수 있는 존재인 것이다.

넷째, 인간은 책임을 질 수 있는 존재이다. 인간이 자신을 결정할 수 있고 자율적일 수 있다는 것은 자기 자신에 책임을 질 수 있는 존재라는 의미를 내포한다.

4. 주요 개념과 특성

1) 자아상태

사람은 성격의 중요한 측면을 포함하는 세 가지 역동적인 자아상태ego states, 즉 어버이 자아상태Parent ego-state: P, 어른 자아상태Adult ego-state: A, 어린이 자아상태Child ego-state: C에서 움직인다. 이 세 개의 인격은 각각 분리되어 있으며, 특이한 행동의 원칙이 된다. 이 자아상태는 교류분석 상담에서 두드러진 특징이고 본질적인 것이다. 교류분석에 의하면, 사람은 세 가지 자아상태 중 하나로부터 다른 하나로 끊임없이 이동하며 어느 한순간의 행동은 항상 그 순간의 자아상태와 관련되어 있다. 이러한 자아상태는 일관성이 있고 예언 가능한 순서로 발달한다. 제임스와 존게워드(James & Jongeward, 1971)에 의하면, P, A, C 중 가장 먼저 발달하는 자아상태는 C이다. 이 C는 인간이 출생할 때부터 자신의 긴급한 쾌·불쾌를 중심으로 자각운동을 시작하는데 이 과정에서 만족하고 유쾌한 경험에 감각적 반응을 보이면서 C가 발달한다. 그다음에 C와 마찬가지로 어릴 때부터의 경험에 근거하여 P가 발달하는데, 부모의 행동과 모습을 모방함으로써 일종의 인격의 복사판을 형성하게 된다. 마지막으로 발달하는 것이 A인데, 자기 세계의 의미를 탐색하고, 판단력과 조정력을 발휘하려면 C와 P의 관계를 거쳐야 한다.

(1) 어버이 자아상태

어버이 자아상태는 프로이트의 초자아superego에 대응될 수 있는 개념으로서, 기본적으로 부모로부터 차입된 자아상태를 가리키는 것으로 부모가 전수해준 가치, 믿음, 전통 등으로 구성된다. 즉, 부모뿐만 아니라, 정서적으로 중요한 인물, 형제 및 이와 비슷한 사람들의 행동이나 태도로부터 영향을 받아서 형성되는 것이다. 그러니까 이가 그들이 말하고 행동하는 것을 보고 들을 뿐 아니라, 모방하고 학습하면서 그 내용이 아이의 마음속에 내면화되는 결과를 나타내는 것이 곧 어버이 자아인 것이다. 이런 맥락에서 어버이 자아상태는 학습된 생활개념이라고 할 수 있다(정성화 외, 2016: 192).

어버이 자아상태는 그 기능에 따라 다시 두 가지로 나눠지는데, 그것은 양육적 어버이자아nurturing parent: NP와 비평적 또는 통제적 어버이 자아critical or controlling parent: CP이다. NP는 타인을 보살피고 관심을 가지며 보호하고, 수용하고, 이해하고, 격려하는 방식으로 기능하는데 때때로 '과보호적'이거나 '익애적'이 될 수도 있다. 반면에, CP는 주장적이며, 처벌적이고, 통제적이며 완고한 방식으로 기능한다.

(2) 어른 자아상태

프로이트의 자아ego에 대응될 수 있는 개념으로, 생애 초기에 유아의 언어능력이 향상됨에 따라 어른 자아상태의 요소들도 발달하기 시작하는데 이런 능력은 사춘기 직후까지 계속 발달한다. 이 어른 자아는 객관적으로 현실을 파악하고자 하는 것으로 외계는 물론 개체의 내적 세계와 다른 자아상태P와 C의 모든 원천으로부터 정보를 수집하여 저장하고 확률을 추정하는 것과 관련이 있다. 현실적이고 논리적이며 자신과 환경에 관련된 정보를 분석·저장·인출하는 인위적 기능을 담당하는 자아상태이다. 감정과 정서를 배제하고 사실을 사실 그대로 보는 반응을 나타낸다. 따라서, 어른 자아는 자료수집과 자료정리 과정에 기초한 사고적 생활개념을 발달시킨다고 할 수 있다.

(3) 어린이 자아상태

어린이 자아는 프로이트의 원초아id에 대응시킬 수 있는 것으로, 우리의 어린 시절의 흔적을 저장해 놓은 곳이다. 언제나 고태적이고 퇴행적인 자아상태를 가리킨다. 과거의 발달단계에서는 적합한 경험과 감정이었으나, 현재의 발달단계에서는 부적합한 감정이나 경험을 나타낸다. 출생 후 5세경까지의 외적 사태들(주로 부모와 관련된)에 대한 감정적 반응으로서, 외적 사태에 대한 어린아이의 감정적 반응체제가 내면화된 것으로 감정적이고 순진한 반응을 나타낸다. 그러므로 어린이 자아는 일종의 감정적 생활개념이라 할 수 있다.

어린이 자아상태는 그 기능에 따라서, 크게 세 가지로 구분될 수 있다. 즉, '순응하는 어린이'Adapted Child: AC, 자연적 또는 자유스러운 어린이Natural or Free Child: NC/FC, 어린 교수Little Professor: LP이다. AC는 아이가 부모나 주위의 어른들로부터 관심과 주위를 끌기 위하여 눈치 보는 행동을 취할 때 기능하는 어린이 자아이다. 순종하고, 의존하고, 맹종하며, 반항하거나 원망하고 자학한다. 그리고 FC는 타인을 의식하지 않고 자유롭게 기능하는 어린이 자아로서 자기중심적이거나 쾌락을 추구하는 그리고 억제하지 않고 감정을 자유로이 표출하는 반응을 보인다. LP는 일종의 어른 자아상태의 축소판으로서 창조적이고 탐구적이며 조정적인 기능을 지닌 선천적 지혜라고 할 수 있다.

(4) 자아기능 그래프

자아상태 내의 에너지의 기능과 양을 막대 그림 형태로 나타낸 것이다. 이 그래프는 성격 구조에 대한 전반적인 이해를 증진시키고, 개인으로 하여금 자신의 성격 구조를 의미 있는 방식으로 볼 수 있도록 돕는 목적으로도 쓰인다. 막대그래프가 높을수록 그 자아상태에 투자한 에너지와 시간의 양이 그만큼 많고, 낮을수록 투자한 에너지와 시간의 양이 그만큼 적다. 자아기능 그래프는 항상성을 가정하고 있으므로 어떤 하나의 자아상태의 에너지가 증가하면 다른 자아상태는 그만큼 감소하는 특징을 갖는다.

2) 인간행동의 동기

인간은 두 가지 원천적인 욕구를 지닌 채 이 땅에 태어난다. 하나는 생리적 부양욕구로서 아이에게 생존에 필요한 물리적 요소들, 가령 물이나 음식 등을 제공함으로써 충족된다. 다른 하나는 심리적 부양욕구로서 아이를 편안하게 함으로써 충족된다. 여기서 중요한 점은 이러한 기본적인 욕구 중 어느 하나를 만족시키려면, 아이는 다른 사람과 관계를 맺고 상호작용해야 한다는 것이다. 이러한 과정에서 성격이 발달하기 시작한다. 교류분석 이론가들은 이러한 기본적인 생존욕구를 넘어서, 자극의 욕구(스트로크 지향), 구조의 욕구(철수, 의식, 소일, 활동, 게임, 친밀성 등을 지향), 자세의 욕구(생활자세, 생활각본, 반대각본 등을 지향) 등에서 나타나는 개인의 동기적인 힘에 관해서 설명한다. 인간행동의 동기는 다음과 같다.

(1) 자극의 욕구

인간은 자극의 욕구를 지닌다. 이것은 일종의 인정 욕구로 번(Berne, 1964)은 이것을 일차적 욕구로 여겼으며, 이 욕구의 충족은 스트로크Strokes: 인정자극를 통하여 이루어진다. 항상 심리적 수준에서 이루어진다.

(2) 스트로크

인간은 본질적으로 타인의 관심과 인정을 추구한다. 교류분석에서는 상대방의 현존을 인정하는 행위를 '스트로크'Stroke라 한다. 번(Berne, 1964)에 따르면, 인간은 태어나면서부터 타인과의 상호작용을 통해 자극을 받으려는 자극-기아stimulus-hunger를 느끼고 있다고 한다. 스트로크를 어떻게 주고받는가에 따라 인간관계가 결정된다. 특히, 부모와 자녀가 어떻게 스트로크를 주고받는가에 따라 자녀의 성격 형성과 발달, 그리고 앞으로 고찰하게 될 인생각본 및 생활자세 형성에 지대한 영향을 미친다.

스트로크의 종류로는 언어적 스트로크와 신체적 스트로크, 긍정적 스트로크와 부정적 스트로크, 조건적 스트로크와 무조건적 스트로크로 나눌 수 있다. 따뜻한 관심과 애정, 칭찬, 지지, 격려와 같은 긍정적 스트로크는 'I'm OK, You're OK' 생활자세를 발달시키며 가치와 존중감을 발달시켜 준다. 상대방의 행동을 변화시키기 위해 부정적 스트로크가 필요할 때도 있지만, 부정적 스트로크를 비효율적으로 사용하면 가치와 존중감을 손상시키고 수치심을 심어 준다. 그러나 꾸중이나 비난과 같은 부정적 스트로크라 하더라도 스트로크를 받지 못하는 것보다는 낫다. 따라서, 따뜻한 관심과 애정을 얻지 못하면, 잘못된 행동을 함으로써 부정적 스트로크라도 받으려고 한다. 이와 같이 어릴 때부터 스트로크를 추구하는 전략은 어른이 되어서도 재연된다(Stewart, 2007).

(3) 구조의 욕구

구조의 욕구란 인간이 스트로크를 극대화할 수 있는 방향으로 자신의 시간을 조직하거나 구조화하려는 욕구이다. 인간은 스트로크를 받기 위해서 자신의 생활을 구조화하며 아동기에 기대했던 종류의 인정자극을 생의 후반기에도 계속 추구하게 된다. 결국, 구조의 욕구란 자극의 욕구의 연장선상에서 생각할 수 있다.

구조의 욕구는 다음과 같은 형태로 표현된다.

① 철수withdrawal: 철수는 신체적 또는 심리적으로 자신을 타인으로부터 멀리함으로써 스트로크를 얻는 방법이다. 즉, 신체적으로는 대인관계의 장면을 떠나서 혼자서 시간을 보내는 것이다. 신체적 도피, 정신적 도피, 환상 등으로 나타난다.

② 의식ritual: 의식은 상호 간의 교류가 고정된 상황에서 예측 가능한 일정한 방식으로 스트로크를 교환하는 시간 구조이다. 고도로 구조화되고 사회적으로 인정되고 있는 시간 이용방식이라 할 수 있다. 어떤 행사나 집회 모임 등을 들 수 있다.

③ 소일pastime: 특별한 목적이 없고 무의미하며 느낌이 없는 화제들에 대해 잡담을 하며 시간을 보내는 것이다. 날씨 얘기를 한다든지, 사회적 사건들에 대해 이야기를 한다든지 하는 것이다.

④ 활동activity: 활동은 뚜렷한 계획에 의하여 시간을 조직하는, 일반적이고 편리하며 안전하고 실용성 있는 방법으로 확실한 목표가 있는 사람들에게서 흔히 볼 수 있는 시간 구조이다.

⑤ 게임game: 겉으로 드러나 보이는 행동과는 달리 숨은 의도와 동기를 갖고서 상호교류하는 사람들에게서 볼 수 있는 시간 구조의 한 방법이다.

⑥ 친밀성intimacy: 서로 신뢰하고, 애정 어리고 수용적인 관계 속에서 솔직하고 개방적인 태도로 자신의 생각, 감정, 경험 등에 대해서 자유롭게 함께 나누어 가질 수 있는 구조화의 한 방법이다.

(4) 자세의 욕구

교류분석이론의 특징이자 뛰어난 점 중의 하나는 실존적인 생활 자세life position의 개념이다. 자세의 욕구란 개인이 전 생애를 통하여 어떤 확고한 삶의 자세를 갖고자 하는 욕구로, 아래와 같은 네 가지의 생활 자세를 제시하고 있는데, 이 생활 자세에서 기초하여 생활 각본life scripts이라는 개인 생활방식의 가장 기본적인 청사진이 구성된다.

	타인 긍정(You're OK)		
자기 긍정 (I'm OK)	자기경시·자기희생 대인공포 열등감·콤플렉스 교류의 회피	자타의 조회·공존·상호교류 참다운 인간 존중 및 수용 협력관계·신뢰성·개방성 평화주의 참다운 자아실현	**자기 부정 (I'm not OK)**
	기본적 불신감 허무주의 포기·절망·자살 정신병 거절·폐쇄·철수(회피)	배타주의 자기우월성 강한 자기애 독선·방해·비난 비행·범죄	
	타인 부정(You're not OK)		

그림 8-1. 생활태도에 따른 생활 자세
자료: 오만록(2017: 334)

① 자기부정-타인긍정자세I'm not OK-You're OK

초기 어린 시절의 일반적인 자세이며, 스스로 낮은 자아개념을 가지고 타인에 대해서는 자신이 갖고 있지 않은 그 무엇을 가지고 있다고 생각하는 태도이다. 이 자세를 계속 견지하게 되면 타인과 친밀한 관계를 맺기 어렵고 열등감이나 죄의식이 심하여 우울증에 걸리기 쉬우므로 우울증적 자세라고도 한다. 실패에 대한 두려움이 있고 무엇을 참으로 원하는지 자신도 잘 모른다. 문제나 책임으로부터 회피하고, 도피하며 낙담한다.

② 자기부정-타인부정자세I'm not OK—You're not OK

이 자세는 생후 1년을 전후한 시기에 나타나는 자세로 스스로도 열등하지만, 타인들도 부족하고 불완전할 뿐만 아니라, 나쁘기까지 하다고 여기는 태도이다. 타인을 신뢰하지 않으며 타인에게 공격적이다. 인생에 대한 목표가 없고 될 대로 되라는 식이다. 네 가지 생활 자세 가운데 가장 바람직하지 않은 자세로서, 이러한 자세를 가진 사람들은 정신병원이나 교도소 등에서 일생을 보낼 확률이 높다.

③ 자기긍정-타인부정자세I'm OK-You're not OK

자기만이 옳고 타인은 모두 그르다는 자세가 계속 심화되면 지배감과 우월감에 젖어서 양심 부재가 되기 쉬울 뿐만 아니라, 타인에 대한 극단적인 불신, 비난, 증오 등의 행동 특징들을 보인다. 흑과 백이 명백하지 않으면 마음이 편하지 않아 경직된 인생 경향을 갖고 있다. 이 자세를 범죄형적 생활 자세 또는 편집증적 생활 자세라고도 부른다.

④ 자기긍정-타인긍정자세I'm OK-You're OK

가장 건강한 생활 자세로 낙관적이고 건전한 인생관을 가지며 자기 자신과 타인을 존중하고 소중하게 생각한다. 누구와도 사이좋게 모든 일을 잘 해낸다. 현실적 이유로 분노를 표시해야 할 때는 자유롭게 표출한다. '지금-여기'에 살며 성공을 목표로 하는 승자의 생활 자세이다. 자유롭게 자기를 바꾸려고 노력한다. 어른 자아가 기능하기 시작하면서 주로 어버이 자아상태와 어린이 자아상태의 자료에 기초하여 무의식적으로 형성되었던 앞의 세 가지 자세가 자기 긍정-타인 긍정의 건강한 자세로 변화될 수 있다.

3) 의사교류

의사교류란 두 사람 또는 그 이상의 사람들의 관계상황에서 일어나는 사회적 상호교섭social intercourse의 한 단위이며, 두 사람의 특정 자아상태가 자극과 반응이 되어 두 사람 간에 스트로크가 상호 교환되는 것이라고 할 수 있다.

사람들은 만나면 즉시 말을 하거나 아니면 어떤 다른 형태로라도 다른 사람을 존재로 인정하는 어떤 의사표시를 하게 되는데 이와 같이 의사교류가 되는 것을 의사교류자극Transactional Stimulus: TS이라고 하고, 이러한 자극에 관련하여 다른 사람이 어떤 반응이나 동작을 보이면 이것을 의사교류반응Transactional Response: TR이라고 한다.

의사교류는 두 사람 사이에서 이루어지는데 이때 각자의 어버이 자아상태, 어른 자아상태, 어린이 자아상태 중 어느 상태에서 기능하느냐에 따라 의사교류의 형태가 달라진다. 그리고 각 자아상태로부터의 자극과 반응이 어떻게 교류하느냐에 따라 의사교류는 다음과 같이 분류된다(장혁표, 2000: 92-95).

(1) 상보적 의사교류

상보적 의사교류Complementary Transaction는 자극이 지향하는 그 자아상태로부터 반응이 나오며 자극을 보냈던 자아상태로 반응이 다시 보내어진다. 자극과 반응이 동일한 자아상태에서 이루어지는 의사교류이다. 즉, '평행적 교류'이며 '무갈등교류'라 할 수 있는데, 이 교류는 계속적 상호작용이 가능하다. 이를 의사소통의 '제1규칙'이라고 할 수 있다.

상보적 의사교류의 예는 다음 그림과 같다.

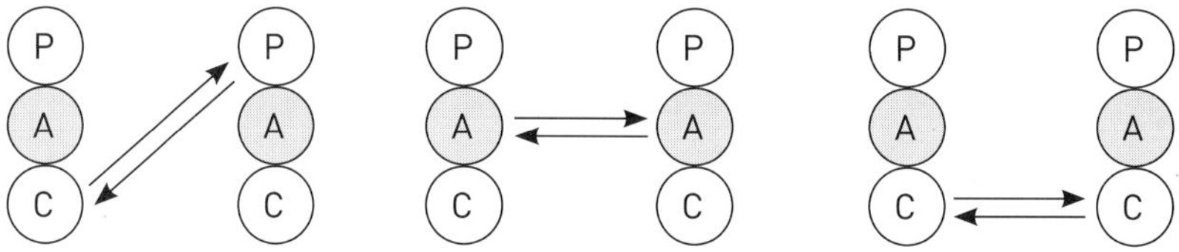

아내: 요즘 세상은 무서워요.
남편: 그렇지? 그럴수록 정신 바짝 차려야지.

이선생: 지금 몇 시죠?
김선생: 8시 40분입니다.

신사1: 이게 얼마만이야. 20년만에 만났지만 자네는 여전하구나.
신사2: 야. 그러는 자네는 어떻고? 아무튼반갑다. 그치?

그림 8-2. 상보적 의사교류
자료: 장혁표(2000: 93)

(2) 교차적 의사교류

교차적 의사교류Crossed Transaction는 의사소통의 방향이 평행이 아니고 서로 어긋날 때, 즉 교차될 때 이루어지는 교류를 말한다. 자극을 주는 자아와 반응을 보이는 자아가 서로 차이가 있는 의사교류이다. 교차적 의사교류에서는 세 개 또는 네 개의 자아상태가 관련되며 교류가 서로 어긋나는 현상 때문에 '갈등교류'라고 할 수 있다. 일상적 대화에서 의사관계의 단절을 가져온다. 이러한 교차적 의사교류를 의사소통의 '제2규칙'이라고 한다.

교차적 의사교류의 예는 다음 그림과 같다.

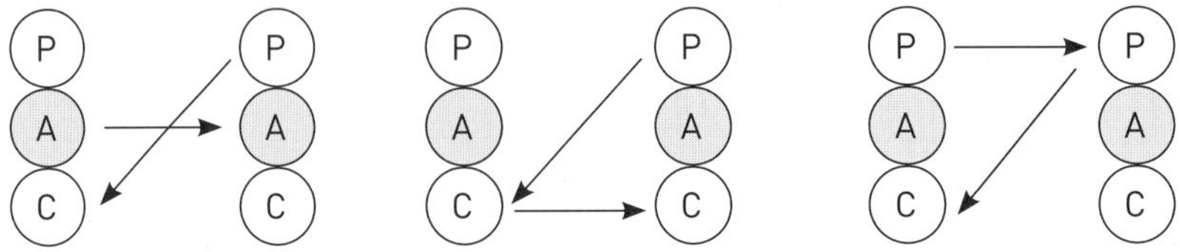

김선생: 지금 몇 시지?

최선생: 김선생은 퇴근시간 만 기다리시는군요.

친구1: 야, 우리 좀 놀다하자.

친구2: 이 친구야! 놀 것 다 놀고 언제 이 일을 다 끝마칠래?

부하: 과장님. 이번에 새로 오신 부장님은 너무 이기적인 것 같아요.

과장: 상사에 대해서 그런 말 하면 안 돼요!

그림 8-3. 교차적 의사교류
자료: 장혁표(2000: 94)

(3) 암시적 의사교류

암시적 의사교류Ulterior Transaction는 의사교류에 관계된 자아 중 겉으로 직접 나타나는 사회적 자아 또는 현실적 자아와 실제로 기능하는 심리적 자아상태가 서로 다른 의사교류를 말한다. 현실적으로 드러난 의사교류에서 보이지 않는 암시가 작용한다. 그러므로 실제 기능하는 자아와 현실적으로 드러나는 자아는 불일치하게 되어 상당히 복잡한 형태를 갖는다. 따라서, 이 교류에서는 두 가지 수준의 교류가 동시에 일어난다. 이를 의사소통의 '제3규칙'이라고 한다.

암시적 의사교류의 예는 다음 그림과 같다.

4) 생활각본

생활각본life scripts이란 생의 초기에 개인이 경험하는 외적 사태들에 대한 자신의 해석을 바탕으로 하여 형성되고 결정된 환경에 대한 반응행동 양식이다. 선택한 생활 자세에 바탕을 두고 자신이 어떻게 생활할 것인가에 대한 계획이라 할 수 있다.

학생1: (A→A: 사회적 수준)	학생1: (A→A: 사회적 수준)	교사: (A→A)	교사: (A→A)
점심시간이 되려면 아직 멀었니?	응. 아직 30분 남았어.	등교시간은 7시까지야.	예, 잘 알고 있습니다.
(C→C:심리적 수준) 아 배고파. 빨리 점심 먹고 싶은데.	(C→C:심리적 수준) 빨리 마쳤으면 좋겠는데….	(P→C) 넌 또 지각이구나. 넌 항상 늦는구나.	(P→C) 한번만 용서해 주세요. 다신 늦지 않을 거에요.

그림 8-4. 암시적 의사교류
자료: 장혁표(2000: 95)

생활계획 속에는 자신에게 필요한 욕구를 충족할 수 있는 방법이 포함되어 있다. 또한 자신이 선택한 생활 자세가 계속 이루어질 수 있도록 강화한다.

생활각본은 심리적·신체적 생존을 위해 우리가 어떻게 해야 한다는 것을 배우는 인생 초기에 형성되는 것인지도 모른다. 생활각본은 우리가 통합한 부모적인 메시지와 그런 명령에 부응해서 만든 초기 결정들, 초기 결정을 지속시키기 위해 하는 게임들, 우리의 결정을 정당화시키기 위해 경험하는 불쾌하고 쓰린 감정들, 그리고 우리의 극본이 어떻게 전개되고 어떻게 끝나야 하는지에 대한 우리의 기대 등을 포함하여 형성되며, 형성된 각본에 따라 개인의 생활양식이 나타나게 된다Berne, 1972.

이러한 각본들을 상세히 분류하면 다음과 같다.

① 문화적 각본cultural script

이것은 한 사회 안에서 대다수의 사람이 기대하고 있고 수용하고 있는 어떤 행동의 모형을 개체가 받아들여 그것을 자기의 것으로 도식화하는 것을 말한다. 이러한 것들은 가치관이나 생활태도는 물론 사람의 몸가짐이나 몸짓에까지 영향을 준다. 이러한 문화적 각본들은 주로 아동기에 부모가 갖고 있던 자아상태에 따라 도식화됨으로 성인이 되어서도 그대로 반복하게 된다.

② 하위문화적 각본subcultural scripts

같은 문화권에 공생하고 있다고 하더라도 그 문화권이 광대하다고 보면, 그 문화권 내에 다시 소단위의 하위문화가 존재하게 된다. 이것은 지역이나 인종적, 종교적 배경 등에서 특히 현저히 나타나는데, 이러한 하위문화의 각본이 어떻게 도식화되느냐에 의하여 언어습관, 음식, 관습 등이 달라질 수 있다.

③ 가족각본family scripts

전통적인 하위문화와 그 가족원들이 그 사람에게 기대하고 있는 기대치에 따라서, 영향을 받는다. 특히, 부모의 자아상태가 다시 전승됨으로써 지속되는 것이다.

④ 개인의 심리적 각본psychological scripts of an individual

개인의 생활에도 강박적이고 도식적인 어떤 행위가 반복되고 있는 경우가 있다. 행동 양식의 특수한 형태가 있다든지 사고방식 중 특수한 것들이 꼭 반복되는 것이 이러한 분류에 속한다.

5) 게임

게임game, 쌍방 간 은폐된 감정 대립은 사람이 상대방의 좋지 못한 행동이나 생활자세not-OK를 지적하기 위해 명백히 희생이 예견되는 방식으로, 상호 간에 교환되는 일련의 이중적 의사교류(상보적 의사교류·암시적 의사교류)를 말한다. 따라서, 여기에서는 당사자 두 사람 모두 또는 최소한 한 사람이 좋지 않은 감정을 갖게 되고, 끝내는 일련의 의사교류에 의해 친밀감이 형성되는 것이 방해되거나 이미 형성된 친밀감이 감소되고, 더 나아가 부정적 감정이 더욱 강하게 형성된다(오만록, 2017:

330).

게임은 초기 결정을 지지할 목적에서 이루어지며 유쾌한 감정을 가장하고 인생각본을 추진시키기 위한 교류로서 시간을 구조화하는 하나의 방법이다. 게임은 명료하고 예측 가능한 결과를 향해 나아가는 일련의 이면적 교류이고, 숨겨진 동기를 수반하고, 반복적이며 표면상으로 올가미나 속임수를 내장한 일련의 흥정이다.

전형적인 게임의 특징을 보면, 게임은 반복적으로 진행되고, 어른 자아가 모르는 사이에 진행되며, 항상 게임을 하는 사람으로 하여금 라켓racket 감정을 체험하게 하는 것으로 종결된다. 또한 게임에 개입하는 약자들 사이에서 이면교류를 교환하는 것이 필연적이며, 게임은 항상 놀라움이나 혼돈의 순간을 포함하고 있다. 게임을 하는 이유는 그것이 스트로크를 얻기 위한 수단이고, 그러기 위해 시간을 구조화하는 방법의 하나이기 때문이다. 아울러 게임은 각자의 기본적 감정을 지키기 위해, 그리고 자신의 기본적 각본을 지키기 위해 연출된다(김춘경 외, 2016: 400).

이러한 게임의 이점은 자기의 각본을 정당화하며 기본적인 심리적 기아를 충족시켜 준다는 것이다. 그리고 친밀intimacy해지기 싫어서 게임을 하는 경향이 있는데, 친밀해지면 자기의 취약점을 드러낼 가능성이 있으니 오히려 게임을 통하여 부정적 스트로크를 얻고자 하게 된다. 게임은 보통 보호받을 만한 환경이 되지 못할 때 나타난다. 게임의 종류로는 생활게임life game, 결혼게임marital game, 파티게임party game, 섹스게임sexual game, 범죄자게임underworld game, 진찰실게임consulting room game 등 다양한 범주의 게임이 있다.

어떤 게임은 정상적인 사회 조건에서 평생 지속할 수밖에 없는 기회를 더 많이 제공하며 죄 없는 사람 주변 사람들을 끌어들이게 되는데, 이런 종류의 게임을 '인생게임'이라고 한다. 예를 들어, 수업 시작 시간보다 늦게 강의실에 들어온 학생에게 교수가 "지금 몇 시죠?"라고 물었을 때 학생이 9시 20분인데요."라고 대답하게 되면, 이는 상보적 의사교류라고 볼 수도 있다. 그러나 교수의 숨겨진 의도(숨겨진 비언어적 메시지)에는 "또 지각했군."이라는 의미를 담고 있으며, 역시 학생의 숨겨진 반응에는 "늘 비꼬는군."이라는 의미가 암시되어 있다. 결국, 교수와 학생 모두 이 숨은 감정을 말하지 않지만, 그들은 이 숨은 메시지를 완전히 파악하고 불쾌 감정을 경험하는 결말을 얻게 될 것이다. 이러한 결과는 두 사람 간의 관계를 악화시키게 된다. 결국, 상호 간에 이러한 감정이 누적되어 이는 라켓으로 발달하게 된다.

6) 라켓 감정

라켓racket은 초기 결정을 확증하기 위하여 다른 사람을 조작하는 과정을 말하며, 이를 위한 수단으로 자신도 모르게 벌이는 일련의 '각본에 따른 행동'scripty behavior을 말한다. 이러한 조작적이고 파괴적인 행동과 연관된 감정을 '라켓 감정'racket feeling, 만성적 불쾌 감정이라 한다. 라켓 감정은 스트레스 상황에서 자주 경험하는 정서로서 어린 시절에 학습되고 주위로부터 지지받았으며, 성인에게는 부적합한 문제해결 방식으로 자신에게 매우 친근한 정서를 뜻하는, 자기 의사와 다르게 표현되는 감정이다. 사람은 주의를 끌기 위해 불쾌하고 쓰라린 감정, 위장된 죄의식 또는 위장된 우울 감정을 발달시킬 수 있다. 이러한 위장된 감정은 불쾌하고 쓰라린 감정을 지속시켜 주는 상황(게임)을 개인이 스스로 선택하게 함으로써 계속 유지되며, 개인의 지속적인 감정유형이 된다. 그리고 이러한 감정 유형은 전형적인 행동방식을 만들어 내게 된다(Berne, 1972).

5. 교류분석 상담의 과정

교류분석의 상담 과정은 일반적으로 다음과 같은 여섯 단계를 거친다.

1) 1단계: 계약

대부분의 상담에서와 마찬가지로 교류분석 상담에서도 상담을 시작하는 초기에 상담자와 내담자 사이의 라포 형성과 상담 구조화, 그리고 상담목표를 세우고 달성하기 위한 상담 계약이 이루어진다. 상담 계약은 상담 과정 후 내담자 자신의 변화를 위한 재결단이 이루어지는 데 도움이 된다.

계약의 내용에는 상담자와 내담자 모두가 수용 가능한 상담목표 설정, 상담자의 노력에 상응하는 내담자의 노력 투입, 상담자와 내담자의 능력과 한계를 분명히 설정하는 것, 상담자와 내담자의 제한점과 책임사항이 포함되는 것이 바람직할 것이다. 이러한 계약은 적법하고 상담자의 윤리에 어긋나지 않아야 한다.

2) 2단계: 구조분석

내담자로 하여금 현재 자신의 자아상태가 균형 있게 기능하지 못하는 원인을 찾아 그것을 수정하기 위하여 이루어지는 단계다. 즉 개인으로 하여금 자신의 자아상태 구조를 스스로 분석하도록 돕는 과정을 말하는데, 이 과정을 통해서 내담자는 자신이 갖고 있는 자아상태의 구조를 직접 파악할 수 있다(오만록, 2017: 338).

여기에서 상담자는 내담자에게 구조분석의 의미와 세 가지 자아상태와 기능을 이해시키고, 내담자의 행동 특징, 자아기능 그래프 등을 근거로 내담자 자아상태의 혼합contamination이나 배타exclusion 현상을 확인하게 된다. 혼합은 하나의 자아상태의 내용이 또 하나의 자아상태와 혼합될 때 존재한다.

3) 3단계: 교류분석

이 단계에서는 내담자가 어떤 유형의 의사교류를 하고 있는지를 알아보고, 그런 의사교류가 인간관계의 과정에서 발생시키는 문제가 무엇인지 확인하여 내담자의 문제해결을 돕고자 한다. 그러기 위해 먼저 내담자에게 의사교류의 의미와 유형을 이해시키고 내담자와 관계있는 사람들과의 의사교류를 분석해 보도록 한다. 이러한 분석을 통해 내담자의 현재 문제와 관련 있는 의사교류를 찾아낸다.

교류분석은 구조분석을 기초로 하여 집단원 각 개인이 집단지도자나 다른 집단원과의 관계에서 행하고 있는 상호교류 또는 의사소통의 일상과 성질을 파악하는 방법이다. 즉, 각 집단원들이 행하고 있는 상호교류의 과정에서 어떤 자아상태가 관여하고 있으며 또한 어떤 유형의 상호교류를 하고 있는가를 확인한다. 상호교류가 의사소통이나 인간관계의 과정에서 어떤 문제점들을 지니고 있는가를 분석·확인하여 그 문제점들을 해결할 수 있도록 돕는 과정이다. 즉, 이 단계는 교류분석의 기본이라고 할 수 있는데, 어버이 자아, 어른 자아, 아이 자아의 세 가지 자아상태에 관한 지식을 응용하여 우리가 교환하는 데에는 말뿐만이 아니고, 소리의 억양, 표정, 시선 등도 고려하여야 한다. 앞에서 언급했듯이, 타인과의 관계에서 이루어지는 의사교류의 유형에는 상보적 의사교류(평행적 의사교류), 교차적 의사교류, 암시적 의사교류(이면적 의사교류, 자의적 의사교류)의 세 가지가 있다.

4) 4단계: 게임분석

이 단계에서는 상담자가 내담자에게 게임의 의미와 그 유형을 이해시키고 내담자의 암시적 의사교류가 어떻게 형성·유지되는지를 내담자와 찾아본다. 또 내담자가 사용하는 게임의 유형을 확인하고 그것이 주는 스탬프stamp는 무엇인지와 어떤 경로로 게임이 형성되는지를 게임의 공식에 대입하여 알아본다. 아울러 그러한 게임의 결과로 갖게 되는 부정적인 감정을 찾는 것도 이 단계에서 이루어진다.

게임분석은 암시적 의사교류를 구체적인 게임의 종류 및 만성 부정 감정 유형과 관련시켜 분석하는 것이다. 게임은 숨겨진 동기를 가진 암시적 의사교류로 의사교류에 관여하는 두 사람 모두 또는 적어도 한 사람에게 불쾌한 감정을 유발하는 의사교류의 형태인데, 게임은 친밀감을 저해한다.

아울러 게임 후에 경험하는 불쾌하고 쓰라린 감정을 라켓racket, 즉 만성 부정 감정이라 부른다. 게임은 참된 동기나 목적이 깊숙한 곳에 숨겨져 있으며 게임을 하고 있는 사람은 자신이 게임을 하고 있다는 것을 거의 알지 못한다. 만약 그것을 의식한다면 이는 게임이 아니고 계략인 것이다. 게임은 의사소통을 방해하고 신뢰 있는 의사소통과 대인관계의 저해요소가 된다. 게임이 분석되면 상담자는 내담자로 하여금 게임에서 얻은 것이 무엇인가를 내담자가 이해하도록 도와주어야 한다. 결국, 게임을 통해서는 얻는 것이 없기 때문에 게임을 중단하도록 해야 한다(이현림, 2011: 145).

5) 5단계: 각본분석

개인의 인생계획이라 할 수 있는 각본은 어린 시절 자신이 경험한 일들에 대한 해석을 통해 내리는 결단에 의해 형성된다. 이 단계에서는 내담자에게 각본의 의미와 종류에 대해 이해시키고 내담자가 가지고 있는 각본을 찾아보고, 특히 내담자의 문제행동과 관련 각본을 확인시키며 이런 각본이 어떻게 형성되었나를 분석해 본다.

각본분석은 대체로 상담자의 직접적인 조력이 없이 내담자에 의해서 행해진다. 개인이 갖고 있는 생활태도와 생활각본에는 대부분 중심주제가 있게 되는데, 이는 개인의 삶의 선택과 문제를 자각하는 데 지대한 영향을 미치게 된다. 상담자는 내담자로 하여금 자신의 생활태도와 인생각본을 어떻게 형성했는지를 인식하도록 하고, 삶의 역할(기본적인 심리 자세)을 좀 더 명확히 이해할 수 있게 도와주어야 한다. 이로써 내담자는 자신의 생활태도와 생활각본이 자신을 어떻게 연기하도록 강요받고 있는지를 인식함으로써 결국 대안적인 생활태도와 인생각본을 취할 수 있게 된다.

각본분석은 내담자가 초기결정을 변경할 수 있는 가능성을 확보해주는 데 목적이 있다. 상담자는 내담자로 하여금 자신의 생활태도와 생활각본의 줄거리가 적합한지, 이야기들이 현재 생활 경험과 적합한지 깨닫도록 하기 위해서는 아동기의 경험들, 즉 가장 좋아했던 이야기나 좋지 않았던 기억 등을 회상하도록 하며, 그 일부분에 대해서는 연기를 직접 해보도록 요구할 필요도 있다. 이러한 과정을 통해 내담자는 자신의 생활에 대한 이해를 공고히 할 수 있게 되고, 자신의 생활에 대하여 적절한 새로운 결정(재결정)을 내릴 수 있게 된다.

6) 6단계: 재결정

재결정Redecision이란 내담자가 지금까지 문제 있는 각본이나 의사교류, 게임, 배타와 혼합 등으로부터 탈피하여 자율적이고 정상적인 자아상태를 회복하고 긍정적인 생활 자세로 돌아오기 위한 과정이다. 이는 내담자는 새로운 생활각본을 형성하고 자율적인 인간으로 변화할 수가 있다. 즉, 내담자 현재의 생활이 어린 시절의 초기 결단에 의해 이루어지듯이 내담자는 재결정을 통해 새로운 삶을 살 수가 있다. 구체적으로 내담자는 자아상태가 강화됨으로써 정상적인 자아를 회복하고 긍정적인 생활 자세(자기 긍정-타인 긍정)를 취하게 된다.

재결정 과정은 초기 결단을 내린 어릴 때의 장면으로 내담자가 되돌아가도록 한다. 게슈탈트 상담기법이나 심리극 등을 활용할 수 있다. 그리고 내담자의 어린이 자아상태로부터 재결정을 내릴 수 있도록 하기 위해 어릴 때 장면이 활용된다. 단순히 지적으로 결정을 다시 하는 것만으로 어릴 때의 조건형성된 것을 해제하기에는 충분하지 않다. 그래서 내담자가 지적, 정서적으로 재결정을 하기 위해 초기 결단을 내린 장면에 대해 정서적으로 또다시 경험하도록 해야 한다.

그러므로 내담자 중에는 재결정 후 지금까지와는 다른 방식으로 생각하고 행동하고 느끼는 경우가 있는데, 이것이 상담의 목표가 모두 달성된 것은 아니다. 따라서, 상담자는 내담자가 재결단한 그대로 살아가도록 지속적인 도움을 주어야 한다.

6. 교류분석 상담의 기법

1) 상담분위기 조성기법

(1) 허용

대부분 내담자들은 부모의 많은 금지령에 따라서 행동하고 있는 것이다. 상담자는 내담자로 하여금 부모가 지금까지 하지 말라고 했던 일들을 허용해야 한다. 내담자는 허용을 받을수록 긍정적인 생활 자세와 생활각본을 선택할 수 있다. 또한 상담자는 내담자로 하여금 자신의 모든 자아상태를 경험하도록 하고, 게임을 하지 않아도 될 수 있는 분위기를 허용해야 한다.

(2) 보호

내담자가 부모의 금지령을 버리고 어른 자아를 활용하도록 허용을 받게 되면 자신 속에 있는 어린이 자아가 놀라는 경험을 할 수가 있다. 그동안 부모의 금지령에 억눌려 있던 내담자의 어린이 자아가 자유롭게 기능을 함으로써 스스로 당황하게 될 수 있는 것이다. 상담자가 내담자의 그러한 반응에 대해 안심시켜 주고 지지함으로써 내담자는 더욱 안전하게 새로운 자아를 경험할 수 있다.

(3) 잠재력

잠재력은 적당한 시기에 적절한 상담기법을 사용할 수 있는 상담자의 능력이다. 상담자는 자아상태, 의사 교류, 게임, 각본 등과 관련된 내용을 분석하고 바람직하게 이들을 변화시킬 수 있는 상담기술을 소지하고 있어야 한다.

2) 조작기법

조작기법이란 구체적인 상담자의 행동, 즉 상담기법을 말하는 데 모두 여덟 가지가 있다. 이들을 살펴보면 다음과 같다.

(1) 질문

많은 내담자들은 어른 자아를 사용하는 데 어려움을 갖는다. 상담자는 내담자의 행동에서 어른 자아가 기능하지 못하면 내담자가 어른 자아로 반응할 때까지 그에게 질문interrogation을 해야 한다. 질문은 강압적인 측면이 있으므로 심한 질문 공세는 피하는 것이 바람직하고 신중을 기해야 한다. 교류분석 상담에서는 상담자가 필요한 질문을 하여 내담자가 응답하도록 하여, 어른 자아의 기능을 촉진시켜야 한다.

(2) 세분화

세분화specification는 내담자가 자신의 특별한 행동의 원인에 대해서 어떤 반응을 했을 때, 그 반응에 대해 상담자가 동의함으로써 내담자로 하여금 그 반응을 보다 분명하게 해주기 위해 사용하는 기법이다. 이는 특히 내담자가 세 가지 자아상태의 기능을 완전히 이해할 수 있도록 돕는 데 활용된다.

내담자의 특정 행동에 있어 상담자와 내담자의 어른 자아가 서로 일치하는 경우가 있다. 예를 들어, 여러 상황에서 내담자가 늘 과격해 있다는 사실에 대해 상담자와 내담자는 의견의 일치를 보일 수 있다. 이때 상담자는 "그래서 당신은 늘 자신을 과격하다고 여기고 있군요."라고 내담자에게 반응을 보인다. 이와 같이 내담자의 반응이나 상황에 대하여 상담자가 자세하고 명확하게 설명해 주는 기법으로 '상술화'라고도 한다.

(3) 직면

직면confrontation, 맞닥뜨리기는 상담자가 내담자의 모순 또는 일관성이 없는 행동이나 말을 지적함으로써 내담자가 이를 인식하게 하여 고치도록 하는 것을 말한다. 이런 과정에서 상담자는 내담자의 어린이 자아, 부모 자아, 혼합된 어른 자아를 자유롭게 해준다. 또한 부정적인 생활자세, 생활각본, 게임에 대해 각성하고 이들에게서 벗어날 수 있게 한다.

(4) 설명

상담자가 어른 자아 대 어른 자아의 입장에서 내담자에게 가르치는 기법이다. 설명explanation은 내담자가 현재 그렇게 행동하고 있는 이유에 대해 상담자와 내담자의 어른 자아 간의 의사 교류에 의해 이루어진다. 설명은 특별히 내담자가 현실을 잘 직면하지 못할 때 효과적이다.

(5) 예시

예시illustration는 상담자가 내담자에게 긴장을 풀고 뭔가를 가르쳐 주는 방법이다. 즉, 상담 과정에서의 효과를 높이기 위해 상담자가 관련 실례를 제시하는 것을 말한다. 주로 직면 다음에 사용되는 기법으로서 일화 또는 비교 등의 방법을 많이 사용한다. 이 기법은 유머를 담고 있기 때문에 내담자의 어린이 자아를 즐겁게 해주는 반면에 어른 자아는 새로운 통찰을 얻도록 해준다. 이는 내담자의 어른 자아 기능을 정상 상태로 안착시키기 위한 것이다. 따라서, 이 기술은 긴장을 완화하는 측면과 가르치는 측면을 동시에 가지고 있다.

(6) 확립

확립confirmation은 직면으로 사라졌던 내담자의 행동이 원래의 행동으로 재발할 때 상담자가 내담자에게 과거 행동을 아직도 완전히 버리지 못했으니 더욱 열심히 노력하라고 지적해 주는 기법이다. 즉, 내담자의 어떤 행동은 상담에 의해 일시적으로 달라졌다가 곧 원래의 행동으로 되돌아가 버리는 경우가 많다. 확증은 일단 교정된 내담자의 행동이 원래의 행동으로 되돌아간다는 점을 깨달아 이를 막을 수 있도록 돕는 기법이다. 여기에서 상담자는 아직까지 내담자가 그러한 원래의 행동을 실제로 포기하지 않고 있다는 점과 그러한 행동으로부터 벗어나기 위해서는 더 열심히 노력해야 한다는 점을 지적해주어야 한다.

(7) 해석

해석interpretation은 상담자가 내담자의 행동 속에 숨겨져 있는 의미를 내담자가 인식할 수 있도록 하는 방법을 말한다. 이 기법은 전통적인 정신분석적 상담의 과정과 비슷하다. 이를 위해서는 상담자와 내담자의 어른 자아 간에 의사 교류가 이루어져야 한다.

(8) 구체적 종결

구체적 종결crystallization이란 상담자는 내담자가 목표를 성취해 나가는 과정에서 보여 주는 특정의 행동에 대하여 그때그때 마무리를 지어가는 것을 말한다. 즉, 상담자가 내담자의 생활자세를 어른 자아 대 어른 자아의 입장에서 명료화할 때 사용되는데 내담자가 인정 자극을 얻기 위하여 게임을 더 이상 하지 않고 정상적으로 행동할 수 있음을 설명해 주는 것이다. 상담자가 내담자에게 그가 인정 자극을 받기 위해 사용해왔던 게임을 포기하도록 설명했을 때 내담자가 그에 대한 방법을 인식하면 이때 상담자는 "이제 당신은 당신이 원하는 인정 자극을 얻을 수 있는 더 좋은 방법을 가지게 되었습니다."라고 그에게 말해주어야 한다.

이 외에 게슈탈트 상담 및 심리극에서 사용되는 빈 의자 기법을 사용한다. 이 기법은 특히 구조분석에 유용하게 활용된다. 만약 내담자가 직장의 상사(부모 자아상태)와 곤란을 겪고 있다면 그 상사가 자기 앞에 있는 빈 의자에 앉아 있다고 생각하고 대화를 하도록 할 수 있다. 이때 내담자는 현재 자신의 자아상태가 가진 생각, 감정, 태도를 표출할 수 있게 된다. 이 빈 의자 기법을 통해 내담자는 자신의 자아상태를 보다 깊이 각성하게 된다. 이 기법은 내적 갈등 때문에 고민하는 사람에게 도움이 된다. 빈 의자 기법의 변형으로 두 의자 기법이 활용되기도 한다. 두 의자 기법은 과거에 부모 또는 다른 사람들과 가졌던 갈등을 해소하는 데 특히 도움이 된다.

7. 교류분석 상담에 대한 평가

교류분석은 종종 상담에서 놓칠 수 있는 인지적 기초를 제공한다. 이 접근의 주장은 내담자가 스스로 희생자처럼 생각하는 자세를 없애고, 초기 결정에 속박되어서는 안 된다는 것을 깨닫도록 하는 것이다. 특히, 재결정 치료는 어떻게 이들 초기 결단이 만들어지는지, 또 어떻게 초기 결정이 현재의 자기 패배적 생활 자세와 관련되어 있는지, 게임이 어떻게 나쁜 감정들을 영속화시키는지, 우리 삶이 잘못 이해된 계획과 각본에 의해 어떻게 지배되는지를 이해하는 데 유용한 개념적 기초를 제공해준다. 즉, 개념적으로 재결정 치료는 구성원이 오래되고 낡은 생활각본으로부터 그들 자신을 자유롭게 하고 성공적이고 의미 있는 삶을 사는 데 필요한 도구를 제공해준다.

1) 공헌

교류분석의 공헌은 다음과 같다(김형태, 2006: 154).

첫째, 대인관계에 있어 의사소통의 질을 개선할 수 있는 구체적인 방안을 제시, 즉 의사소통 게임의 문제점을 지적하고 중지, 개선할 수 있는 친밀관계 형성의 방안을 제시한다.

둘째, 효율적인 부모가 될 수 있는 길을 제시, 즉 인정자극과 자녀의 어른 자아상대로 이야기하는 것의 중요성, 자녀와의 대화에서 금지령의 문제점과 그에 따른 초기 결단이 평생 미치는 악영향, 암시적 의사거래의 문제점을 분명히 제시한다.

셋째, 상담자와의 형식적인 상담을 제시하지 않고 내담자 스스로 자신을 변화시킬 수 있는 방법을 제시, 즉 구체적 이론 제공으로 자신을 이해하고 분석하여 보다 자율적인 인간이 될 수 있는 방안을 제시한다.

넷째, 상담자 내담자의 계약을 중요시, 즉 서로의 자유와 책임을 분명히 해준다.

다섯째, 자신의 상담기술만을 고집하지 않고 다른 상담기술(예, 게슈탈트 상담기술) 등을 빌려 상담목적을 달성할 수도 있음을 제시한다.

2) 한계와 비판

교류분석에 대한 한계와 비판은 다음과 같다(장혁표, 2000: 110-111).

첫째, 교류분석은 그 이론과 절차가 적절한 실험적 타당성을 가지지 못했다는 배경적인 측면에서 비평받을 수 있다.

둘째, 교류분석은 상담자가 내담자와의 순수한 접촉을 피하거나 자신의 반응을 드러내는 것을 금하는 상담전문가가 전문용어를 사용할 때의 방법과 관련해 있다.

셋째, 교류분석은 그 자체보다 교류분석이 잘못 사용될 가능성에 문제점이 있다.

넷째, 교류분석은 단순하고 피상적이며 단지 증상만 완화하는 것으로 비판받을 수 있다.

다섯째, 교류분석은 내담자가 자신의 행동을 이해하고 재결정하기만 하면 치료계약이 성취된 것으로 생각할 수 있으므로, 현실 세계에서의 교류분석 실행 방법을 자칫 간과할 수 있다는 것이다.

여섯째, 교류분석은 주요 개념들을 포함한 많은 개념이 인지적이기 때문에 지적능력이 낮은 내담자들에게는 부적절할 수 있다.

일곱째, 교류분석의 개념이 창의적인 면도 있기는 하지만 추상적이어서 이를 실제로 적용하는 데 어려움이 많다는 점이다.

제3부

상담의 실제

9장 가족상담 **10장** 단기상담 **11장** 노인상담
12장 집단상담 **13장** 진로상담

CHAPTER

09

가족상담

개요

가족상담 및 치료는 가족원 간의 관계구조와 상호작용을 변화시켜 대인관계 기술과 적응능력을 향상시킴으로써, 개인과 가족이 건강하고 기능적인 생활을 하도록 전문적인 도움을 주는 활동이다. 본 장에서는 가족상담에 대해 논의하고자 한다.

학습목표

- 가족에 대한 이해
- 가족문제의 발생요인 파악
- 가족상담의 기법 숙지

학습내용

1. 가족상담의 개념
2. 가족상담자의 자질과 역할
3. 가족상담의 접근방법
4. 가족상담의 과정
5. 가족상담의 기법

1. 가족상담의 개념

1) 가족상담의 정의

우리 주위를 둘러보면 가족원 간에 불화와 갈등이 자주 발생하고 가족원의 일탈행동, 별거, 이혼 등의 가족해체 현상도 증가하며, 알코올중독, 가족폭력 같은 병리적 현상과 사업 파산, 실직, 사별 등의 위기 문제들이 증가하고 있다. 이런 가족의 문제들을 가족원만의 힘으로 해결하기 어려울 때 전문가의 도움을 받아야 하는데, 주로 가족 내 인간관계의 문제와 부적응 문제의 해결을 돕는 분야가 가족상담 및 치료이다. 따라서, 가족상담이란 가족원 개인의 부적응과 대인관계 문제를 해결하기 위하여 개인을 둘러싼 환경요소 중에서도, 특히 가족을 매개로 사용하여 가족관계의 역동성에 초점을 두어 치료하는 과정이다.

가족상담Family Counseling 또는 가족치료Family Therapy라는 용어는 우리나라의 경우 혼용되어 사용되고 있으나, 굳이 구별하고자 한다면, 가족치료는 "정신치료 및 가족체계의 이론과 기술을 신경정신적 장애의 치료목적을 위해 개인, 부부, 가족에 적용하는 전문적 서비스"라고 할 수 있다. 다시 말해서 가족상담과 가족치료를 혼용하는 입장은 실제 가족갈등과 생활문제가 신경정신장애와 연관된 경우가 많고, 임상에서 적용되는 이론과 기법들이 공통적이기 때문에 개인문제나 가족문제 해결을 위해 하나의 체계로서 가족에 개입하는 상담 및 치료 활동을 의미하는 것으로 포괄적으로 정의하고 있다. 실제로 최근 대다수 학자들이 기본적으로 가족치료를 선호하고 있으나 가족상담과 가족치료를 혼용하는 것이 일반적임을 지적하고 있으므로 용어 구분은 의미가 없다는 것이다(최규련, 2012: 17).

가족상담이 이론적으로나 실천적으로 발달과정에 있어서 가족상담에 대한 정의, 구체적인 방법이나 기술에 대한 보편적인 정의는 아직 미흡하다. 많은 가족상담자들이 정신의학, 심리학, 그리고 사회복지 전공자들이다.

가족상담의 개념을 살펴보면 다음과 같다.

미국정신의학협회American Psychiatric Association, APA의 『정신의학 용어집』에는 가족상담을 "가족 중에 한 사람 이상을 한 회기에 동시에 상담하며 상담은 지지적, 지시적, 또는 해석적일 수 있다. 가족 중 한 사람의 정신장애는 다른 가족들에게도 존재할 수 있는 현실일 수 있으며 상호관계와 기능에 영향을 줄 수 있다"고 하였다.

골덴버그 부부(Goldenberg & Goldenberg, 2012)는 가족상담이란 "가족구성원들로 하여금 가족의 역기능적인 의사거래 유형을 개선할 수 있도록 도와줌으로써 현재 가족체계 내의 연동적인 정서적 문제를 찾아 개선하려는 일종의 심리상담기법"이라고 하였다.

로빈슨과 로덴(Rubinson & Rhoden, 1998)은 가족상담자의 임무는 "가족을 하나의 단위로 보고 가족구성원에게 증상을 유발하는 가족의 행동유형을 분리, 변화시켜서 개인으로 하여금 가족에게서 분리되고 독립되어 성숙해지며 자기 또래집단과 정서적 유대를 맺을 수 있도록 도와주는 것"이라고 말한다.

전통적인 심리상담에서는 인간의 정서적 문제나 이상행동을 개인의 문제로 생각하여 고통을 당하고 있는 개인만을 상담대상으로 보았다. 이와는 달리, 가족상담에서는 부적응이나 정서적 문제는 가족이라는 하나의 단위가 직면하는 장애로 생각한다. 한 마디로 가족상담은 가족구성원 개인이 나타내는 정신적 증상이나 문제행동은 가족을 구하기 위한 구조신호로 간주하여 가족 전체를 하나의 단위(가족체제)로 보고 가족 내의 상호작용의 양상에 개입해 가는 상담 수단의 총칭인 것이다. 가족구성원은 충동, 의식적 또는 무의식적인 행동, 금기 등에 의해서 서로 영향을 받으며 각각의 가족이 그 특유의 상호작용이나 갈등 해결의 유형을 형성해 나간다. 이러한 사실은 가족 중 어떤 구성원의 증상은 병의 원인이나 치료적인 관점에서 모든 가족 구성원에 크게 관련되어 있음을 증명하는 것이다(김헌수·김태호, 2006: 350-351).

가족상담자는 가족의 고통을 취급하는 데 있어서 가족 중 한 명의 구성원이 증상을 나타내는 고통을 가지고 있을 때는 가족 모두가 여러 가지 점에서 그러한 고통을 느끼고 있다고 본다. 그러므로 많은 상담자는 그러한 증상을 가지고 있는 구성원을 환자라는 표현 대신에 가족으로부터 '문제시되는 개인'Identified Patient, IP이라고 부르고 있다. 이것은 한 개인에게 나타난 증상은 엄밀하게 말하면 그 개인만의 문제가 아니라, 가족이나 사회의 문제이며 개인만을 상담해서는 무의미하거나 일시적인 치유에 지나지 않는 경우가 많다는 것을 의미한다. 단, 이러한 견해는 정신적인 질환이나 증상의 책임을 가족이나 사회에 전가하는 것이 아니라, 증상이 갖는 의미를 개인이나 가족, 그리고 사회와의 상호작용에서 파악하려는 노력이다(김형태, 2006: 395-396).

가족상담의 목표는 가족의 가치, 욕구를 바탕으로 가족의 역기능적인 문제(의사소통, 신화, 정서 분화)를 파악해 가족원들이 인식하도록 돕고, 가족의 생태변화와 구체적인 행동 변화를 통해서 가족원의 관계와 가족체계의 기능을 향상해 문제 증상이 완화되거나 해소되도록 돕는 것이다(김지영·박선영, 2017: 17).

결론적으로 가족상담 및 치료란 가족원 개인의 부적응과 대인관계 문제, 가족원 간의 갈등과 가족의 역기능 문제를 해결하기 위하여 가족체계를 변화시키는 데 초점을 두고 직접 개입하는 것이다. 즉, 가족상담 및 치료는 가족원 간의 관계구조와 상호작용을 변화시켜 대인관계 기술과 적응능력을 향상함으로써, 개인과 가족이 건강하고 기능적인 생활을 하도록 전문적인 도움을 주는 활동이라고 할 수 있다.

2) 가족상담의 필요성

가족의 건강성은 매우 중요한 개념이다. 그러나 가족이 건강함을 유지하지 못했을 경우에 발생하는 문제는 다양하다. 그 내용은 다음과 같다(곽라은 외, 2017: 65).

첫째, 인구사회학적인 구조적 가족문제로 결손가족이나 가족구성원상의 문제가 발생할 때에 구조적으로 가족의 문제가 발생할 수 있다.

둘째, 기능적인 시각에서 볼 때 부부체계, 부모자녀관계, 형제관계 등으로 인하여 가족의 문제가 발생할 수 있다.

셋째, 사회 환경적인 가족의 문제로는 신빈곤문제로 워킹푸어working poor 혹은 신빈곤의 문제가 일어날 수 있으며, 사회적 분위기에 따라 교육적 가치관의 문제로 인한 가족 내 갈등이 발생할 수도 있다. 특히, 이상성격이나 중독 및 경제적 문제는 가족의 해체와 연결될 수 있으므로, 이에 대한 세심한 가족치료학적인 개입이 필요하다.

넷째, 상호작용주의적 관점에서 볼 때에는 가족의 가치관적 접근이나 의사소통의 역기능적 순환으로 인하여 갈등과 부정적 거부감 등이 고착화될 수 있다.

우리나라는 급격한 산업화로 인하여 가부장적인 문화에서 여권신장의 문화로 이행하면서, 부부역할 등에 있어서 갈등이 발생할 가능성이 크다. 즉, 여성의 경제활동 참여의 증가와 도시화 이후의 개인주의적 관점은 전통적 가족역할과 상충하는 부분이 있어 각종 가족문제에 대한 이해가 필요하다. 현대사회에서 이혼 등으로 인한 결손가정의 증가에 따른 문제에 따른 가족구성원의 심리 및 정서적 소외문제 등이 발생하고 있다.

가족상담 또는 가족치료는 1950년대 중반 미국과 유럽에서 생겨난 것으로 가족 전체를 대상으로 한 상담 또는 심리치료이다. 이것은 개인의 다양한 증상이나 문제행동 또는 부부나 가족의 갈등을 어떻게 이해하고 치료하는가에 대해서 이제까지의 개인치료와는 다른 관점에서 접근하고 있다. 가족구성원 전체를 도움이 필요한 대상으로 보고 있으며, 때로는 그 가운데 한 사람만을 대상으로 상담을 하더라도 가족 전체를 염두에 두고 접근을 하는 면에서는 집단 전체를 대상으로 한 집단상담과도 유사한 점이 있다.

가족상담은 가족 시스템에 대한 이해와 이를 바탕으로 한 개입이 요구된다. 가족상담, 가족치료에는 현재 다양한 이론이나 기법이 소개되고 있으며, 각각의 특징에 따라 서로 다른 내용을 갖고 있지만, 시스템론을 중심으로 한 측면은 모든 이론에 있어 공통적이다.

가족상담의 탄생은 개인을 중심으로 심리치료를 해 온 의학의 정신과에서 다양한 시행착오에서 출발하고 있다. 오늘날 청소년들의 학교폭력, 집단따돌림, 등교거부 등의 문제가 사회적으로 이슈가 되고 있는데, 그 뒷면에는 가족문제가 얽혀 있는 경우가 많다. 그래서 미국의 아동정신과 의사들은 아동의 심리치료 장면에 가족을 참가시키고, 모자병행 상담의 형태로 접근하는 가운데, 아이나 어머니의 심리적 건강이 회복될 수 있다는 사실을 알게 되었다. 그러나 아버지가 심리적으로 문제가 있는 경우 환자가 건강을 되찾고 집으로 돌아왔지만, 문제가 재발하기도 하고 가족의 다른 구성원에게 문제가 발생하기도 한다는 사실이 밝혀졌다. 이 때문에 가족 전체를 대상으로 상담을 실시해야 한다는 인식을 갖게 되었다.

당시 정신분석적 접근이 강했던 미국의 정신과 세계에서는 가족 전원을 대상으로 한 심리치료에 대해서는 부정적인 견해가 강했다. 정신분석의 대상은 현재의 가족이 아니라, 내담자의 내적 세계에 존재하는 가족이어야만 한다는 논리가 강했기 때문이다. 가족치료에서는 이런 관점을 버리고 가족구성원 전체를 대상으로 상담한 결과, 생각지도 않았던 치료효과를 발견하게 된 것이다. 이것이 바로 가족 시스템이라고 하는 특성의 효과라고 할 수 있다(현정환 외, 2019: 116-117).

3) 가족상담의 발달

가족상담의 역사적 흐름을 살펴보면 미국에서 1940년대 후반부터 1950년대 사이에 시작되었는데 초기에는 조현병(정신분열증) 환자와 그 가족의 연구를 출발점으로 하여 그 후 다양한 정신질환까지 확대 적용되었으며, 결혼 상담과 아동지도 분야에서도 개인보다는 가족관계를 중요시하게 되었다. 그러나 초기의 가족상담은 정신분석적 입장에 입각한 가족으로의 접근이 대부분이었으나, 1970년대에 들어서 가족상담은 이론이나 기법에서 급속한 발전을 하게 되었다. 그것은 생물, 또는 인간을 포함한 유기체는 상호의존적인 작은 부분으로 되어 있으며 그 속에는 자기조절 능력이 있으며 환경과의 상호순환적인 활동을 하고 있다고 주장한 독일의 이론 생물학자인 버탈란피Ludwig von Bertalanfy의 일반체계이론general system theory과 인간과 그것을 둘러싼 환경과의 상호작용을 중시한 영구 태생 미국 문화 인류학자인 베이트슨Gregory Bateson의 생태학적 인식론에 영향을 받은 체계론적 접근이 주류를 이루면서 부터이다. 이렇게 40여 년간 가족상담의 발전을 회고해 보면 이론적으로는 4개의 이론이 순서대로 덧붙여졌음을 알 수 있다. 처음으로 발달적 입장을 중시하는 정신분석적 대상관계이론, 다음으로 세대 간의 상호작용적 입장을 중시하는 의사소통에 관한 이론, 그리고 체계이론과 행동상담이론으로 이어져 현재도 가족상담의 대표적 학파를 형성하고 있다. 그러나 현재는 모든 이론이 체계론적 이론을 강조하고 있다는 인상을 받게 된다(김형태, 2006; 396-397).

우리나라에서 가족상담 및 치료의 발달과정은 주로 미국에서 발달한 이론을 소개하고 보급하는 정도였다. 1980년 초부터 사회복지와 가족학 분야의 대학원 과정에서 이론을 중심으로 가족치료에 관심을 가지기 시작하였다. 실제로 가족치료가 임상에서 사용되기 시작한 것은 1980년대 후반 미국의 가족치료자들을 초청하여 워크숍을 개최하면서이다. 이러한 관심은 시대 상황 속에서 가족문제가 심각한 사회문제로 대두되어 총체적 위기를 극복하기 위한 자구책이라고 볼 수 있다. 1990년대 초부터 민간 차원에서 가족상담 전문기관이 세워지고 현재 가족치료가 보급되고 확대되고 있다. 최근 들어 한국가족상담협회가 결성되면서 정신과, 사회사업과, 심리학, 간호학 등의 관련 분야에서 관심을 가진 많은 전문가가 한국에서의 가족상담의 정착에 큰 노력을 기울이고 있으므로 앞으로의 활약에 기대를 모으고 있다. 또 최근에 기독교윤리실천운동 부설 기독가족상담소에서도 각종 세미나와 직접 상담 활동을 펼치고 있다(배경희·한영란, 2015: 63-64).

2. 가족상담자의 자질과 역할

1) 자질

가족원의 상담 참여도와 상담효과에 영향을 미치는 것은 가족원들이 상담자를 어떻게 보느냐에 달려 있다(Bischoff & McBride, 1996). 즉 상담자의 대인관계기술과 의사소통기술, 특성이 상담 효과와 매우 밀접한 관계를 보인다. 예를 들어, 상담실에 온 가족원들은 상담자에게 긴장을 풀어줄 수 있는 온화함과 수용, 신뢰감, 안전감, 진실성, 가족의 감정표현을 격려하고 촉진하는 능력, 치료적 분위기 등이 어느 정도 있는지에 대해 느끼게 된다. 이것은 상담과정 중에 가족의 중도탈락을 방지하는 데도 매우 중요한 역할을 하는 것으로 나타났다.

상담자와 관련된 특성으로 적극적인 상담자가 소극적인 상담자보다 내담자들의 중도 탈락률이 낮았다. 치료 도중 증상의 악화 현상이 나타나는 것은 상담자 요인과 가족과 상담자 사이의 관계요인에 더 크게 기인한다(Gurman & Kniskern, 1981). 이에는 상담자가 가족과의 치료적 관계형성기술이 부족할 때, 상담 초기단계에서 상담의 구조화가 결여되고 안내자 역할이 미흡할 때, 가족의 방어기제를 너무 일찍 공격할 때, 상담 장면에서 가족원 간의 갈등과 충돌을 조정하는 능력이 부족할 때, 변화해 가는 가족원을 지지해 주지 않을 때 등이 작용한다.

그러므로 가족상담자는 대인관계기술과 의사소통기술, 그리고 내담자와의 치료적 관계형성기술 및 지지기술에 숙달하도록 노력해야 할 것이다. 유능한 가족상담자의 특성으로 전문적인 지적 능력, 건강한 자존감, 정서적 공감능력, 융통성, 자신감 및 유머 등이 보고된다(Skovhott & Ronnestad, 1992).

아울러 가족상담자가 되기 위해서는 상담자 자신의 가족체계와 자신의 능력, 갈등 영역에 대해 잘 인식하고 있어야 한다. 이로써 상담자 자신의 인격과 전인적인 반응이 상담의 도구로 작용할 수 있고, 효과적 상담을 방해할 수 있는 자신의 미해결된 문제를 파악하며 내담자와 자신의 욕구를 구별할 수 있게 된다.

2) 역할

(1) 객관적인 지각자 역할

상담과정에서 가족에게 객관적인 지각을 제공하는 것으로 가족이 그들의 관계체계 내에서 일어나고 있는 것을 보다 명확하게 보도록 한다. 상담자는 상담 장면에서 나타나는 가족원 간의 상호작용 역동을 관찰하고 가족이 상황을 객관적으로 인식하도록 돕는다. 그 결과 가족이 가족체계의 문제와 문제해결을 위한 목표를 동일하게 인식하고 변화 동기가 촉진된다.

(2) 교사로서의 역할

상담자는 교사와 마찬가지로 정보를 제공하고 새로운 행동방식을 학습할 수 있는 적절한 시기를 잘 조정한다. 상담자는 가족이 정서적·인지적인 면에서 자신의 가족체계와 문제가 되는 행동방식에 대해 자각하여 새로운 기능적인 행동방식으로 변화할 수 있도록 교육하는 기능을 한다. 경우에 따라서는 상담자가 모델이 되어 의사소통 방법을 가르치는 역할을 하기도 한다.

(3) 환경조정자로서의 역할

상담자는 변화가 허용될 수 있는 안전한 환경과 분위기를 만들어 주고 이를 촉진하고 지속시키는 일을 맡는다. 변화가 일어날 수 있는 안전한 환경이란 사람들이 새로운 행동을 시도하는 모험을 할 수 있고 이제까지 표현할 수 없었던 생각과 감정을 표현할 수 있는 환경이다. 상담자는 상담 장면에서 상담자와 가족이 하나의 기능적인 체계로 작용하도록 함으로써 가족원들이 새로운 태도와 의사소통방식을 시도하고 기능적인 관계를 유지하는 방법을 행동화하도록 돕는다. 그 결과, 가족들은 상담 장면에서의 새로운 경험을 통하여 이후 일상생활에서 변화를 계속 유지할 수 있게 된다.

(4) 안내자 또는 지도자 역할

상담자는 여러 이론과 기법을 적용하여 가족원의 역기능적인 행동이 새로운 기능적인 행동방식으로 바뀌도록 돕고 변화를 촉진시키며, 이러한 변화를 가족단위 속에 통합하는 일을 통해 가족의 변화를 위한 안내자와 지도자 역할을 하게 된다.

3. 가족상담의 접근방법

가족상담의 접근방법은 다음과 같다(현정환, 2016: 131-134).

1) 다세대적 접근

이 접근은 개인이나 가족의 문제를 3세대 이상에 걸친 확대가족의 역사라는 틀 안에서 생각하고, 상담에서 가족을 시스템으로 이해함과 동시에 개인의 정신 과정을 중요하게 생각한다. 또한 가족구성원이 어느 정도 자신의 부모나 이전 세대로부터 자기분화Differentiation of self를 하였는지, 즉 어느 정도 자율적이면서 정서적으로 성숙한지를 진단한다. 그러므로 자녀가 IPindentified Patient일지라도 치료과정에는 부모를 포함하게 되며 부모의 원가족과의 관계에 대해서도 관심을 갖는다. 다세대적 접근에서의 특징적 기법에는 삼각관계화, 충성심, 그리고 심리적 가계도genogram 작성이 있다.

먼저 '삼각관계화'Trianguiation란 가족 내의 두 사람 관계에 불안이나 긴장이 강해졌을 때, 제3자의 개입을 통해 안정을 회복하려고 하는 메커니즘이다. 한 예로, 부부싸움으로 인해 마음의 상처를 받은 아내가 심리적 안정을 얻기 위해 친정으로 가버리는 경우를 생각해 볼 수 있다. 그러나 삼각관계화에 의해 문제가 해결되었다고 할지라도 이것은 일시적이며, 또한 만일 이 상태가 고착되어 버리면 새로운 문제가 발생하기도 하여 몇 세대에 걸쳐 문제가 확장 또는 반복되기도 한다.

'충성심'Loyalty이란 가족에 대한 소속감을 의미하며 의식적 또는 무의식적 마음의 연결고리를 말한다. 여기에는 수직적 충성심과 수평적 충성심이 있다. 먼저, '수직적 충성심'Vertical loyalty은 부모나 조부모 또는 그 이전의 세대, 그리고 다음 세대로 이어지는 마음의 연결고리를 말한다. '수평적 충성심'Horizontal loyalty은 동일 세대

간, 배우자나 형제와의 마음의 연결고리를 말한다. 종종 발생하기 쉬운 문제는 두 개의 충성심의 균형을 어떻게 유지하는가 하는 것이다. 특히, 부모에 대한 수직적 충성심은 강하지만 배우자에 대한 수평적 충성심이 약한 경우 종종 심각한 부부갈등을 일으켜 자녀의 심리적 성장을 방해하기도 한다. 그리고 부모에 대한 불만이나 적대감정을 갖고 있는 사람도 행동 레벨에서는 부모와 동일한 행동을 하는 경우를 볼 수 있다. 예를 들어, 부모에게 학대받으며 자란 사람이 부모를 증오하면서도 한편으로는 자기 자녀를 학대하는 경우가 있다. 이것은 부모에 대해 해결되지 않은 죄악감이나 의존, 증오심이 마음속 깊은 곳에 있으며, 눈에 보이지 않는 충성심invisible loyalty이라고 하는 마음의 연결고리를 갖고 있기 때문이다.

다세대적 접근에서 가장 특징적인 기법은 심리적 가계도Genogmm의 작성이다. '심리적 가계도'란 3세대 이상의 가족구성원에 관한 다양한 정보나 가족구조, 가족의 인간관계를 담은 가계도를 말한다. 심리적 가계도 작성을 통해 가족이 어떤 역사를 거쳐 왔는지, 어떠한 인간관계의 패턴이 보이는지, 과거의 미해결 문제는 무엇인지, 그리고 이러한 문제가 현재의 기족문제와 어떤 관련이 있는지를 시각적으로 이해할 수 있다. 다세대적 접근은 물리적으로는 핵가족일지라도 심리적 또는 무의식적으로는 자신의 부모와 연결고리가 강하다고 할 수 있다. 이런 접근은 개체의 확립이 불충분한 우리 사회의 가족문제를 생각할 때, 상담 장면에서 유용하게 활용할 수 있다. 또한 개인상담에서 내담자의 가족문제를 이해하는 데도 큰 도움이 된다.

2) 구조적 접근

구조적 가족치료에서는 가족구조를 중요하게 생각한다. 구조란 구성, 조직, 체계 등을 의미하며, 가족구성원 간의 상호작용이 '경계', '제휴', '세력'의 세 가지 측면에 의해 규정되어 있다.

‘경계bounds’란 특정의 상호작용 형태나 가족관계 전체에 가족구성원 중 누가 포함되어 있고, 누가 포함되어 있지 않는냐고 하는 문제를 말한다. 가족구성원 사이의 경계가 애매모호한 상태로 관계가 뒤얽혀 있는 일도 있고, 반대로 가족구성원들 사이의 경계가 견고하고 경직된 상태도 있다.

‘제휴alliance’에는 두 명 또는 그 이상의 가족 회원이 다른 한 사람 또는 그 이상의 가족구성원에 대항하여 결속하는 연합과, 두 명 또는 그 이상의 가족구성원이 다른 구성원과는 관계없이 독립적으로 결속하는 동맹이 있다.

‘세력power’이란 각각의 가족구성원이 상호작용 과정을 통해 다른 구성원에게 미치는 영향이 있는가에 대한 것이다.

‘기능이 마비된 가족’이란 세대 간의 경계가 혼란하고 어머니가 아버지를 배제하고 자녀와 연합하거나, 부모가 자신들의 부부갈등을 부정하고 자녀를 문제아로 몰아붙여 연합해 있거나, 자녀가 가정 내에서 부모 이상으로 세력을 갖고 있는 등, 가족의 구조 그 자체가 기능적 역할을 하지 못하는 상태를 의미한다. 그러므로 구조적 접근에서는 가족의 경계, 제휴, 세력을 조정하여 가족의 시스템을 재구조화하게 된다.

구조적 접근에는 치료적 변화로 이어질 수 있는 가족구성원 간의 교류를 치료사가 만드는 교류의 창조(예: 각본을 만들어 가정에서 일어날 수 있는 문제 장면을 실제 연기하도록 하여 문제를 끄집어낸다), 치료사가 가족 시스템의 교류에 참여하는 교류의 합류, 그리고 가족구성원 간의 교류 형태를 변화시켜 IP의 문제가 필요하지 않는 기능적 가족구조를 만들기 위한 교류의 개조 등이 있다.

이 기법에서는 다세대적 접근처럼 장기간의 가족과정을 중요시하는 것은 아니지만, 심리치료사는 가족의 현재 생애주기life cycle에서는 가족의 어떤 기능적 구조가 필요한지를 생각하면서 보다 기능적인 가족구조로 변화시키기 위해 가족 시스템에 적극적으로 개입한다.

3) 커뮤니케이션적 접근

이 접근은, 특히 가족구성원 간의 커뮤니케이션에 주목한다. 다세대적 접근이나 구조적 접근처럼 가족 시스템으로서의 성장, 가족구조의 변화, 가족구성원 한 사람 한 사람의 자기분화라고 하는 것보다는, 치료목표가 가족이 현재 힘들어 하는 문제가 무엇인지를 파악하여 이에 대한 지원을 하는 데 초점이 맞춰져 있다. 또한 이 접근에서는 가족이 안고 있는 문제는 그것을 해결하려고 하는 가족구성원 간의 잘못된 커뮤니케이션으로 오히려 유지·강화되거나 악화하는 악순환에 빠지게 되는 것에 착안하여, 이 악순환을 타파하기 위해서 역설적인 개입도 필요하다고 본다.

가족은 IP의 문제행동이나 증상을 부정적인 것으로 간주하고 있지만, 가족치료사는 오히려 여기에는 긍정적인 의미가 있으며, 가족으로서도 의미가 있다. 이런 관점에서 문제를 바라보면, 가족의 문제를 이해하는 방식과 치료법은 달라진다. 여기서는 문제로 간주하고 있는 부분을 바꾸지 않고, 그 의미부여를 새롭게 하는 것이다. 심리학적으로 말하면, 그림 그 자체는 바꾸지 않고, 배경이라고 하는 부분을 완전히 다르게 함으로써 전체를 변화시키는 접근법이라고 할 수 있다.

증상처방prescribing the symptom은 IP에 대해 문제행동이나 증상을 의도적으로 일으키도록 하거나 다른 가족구성원도 그것을 도와주도록 지시함으로써 증상이나 문제행동이 갖고 있는 의미를 수정하고 가족 시스템의 균형을 깨트려서 치료적 변화를 일으키도록 하는 것이다. 이 접근에서는 특히 문제를 단기간에 해결하는 것을 중요하게 생각하고 있으며, 통상 10회 정도의 치료과정으로도 해결되지 않으면 실패로 간주한다. 또한 가족이 안고 있는 문제에 대해 가장 관심을 갖고 있는 사람이 있다면 그 사람만을 대상으로 상담을 통해 변화시킴으로써 그것이 가족 전체에 영향을 미칠 수 있도록 유도한다.

4. 가족상담의 과정

가족에 대한 사정이 종료되면 상담자는 앞으로 상담과정을 어떻게 진행할 것인가에 대한 나름대로 계획을 세워야 한다. 상담과정은 상담자마다 개입방법의 차이가 있을 뿐 아니라, 상담자가 지향하는 관점과 이론이 다르지만 그러나 전체적인 진행과정에는 어느 정도 일반화된 진행방법이 있다. 가족상담을 시작할 때 언제, 어떻게, 어떤 방법으로 진행할 것인지, 또 회기는 몇 회 정도, 어떤 이론적 모델로 접근할 것인지 등 전체적으로 상담을 구조화하는 것이 필요하다. 상담과정을 전체적으로 구조화시키고 나면 상담을 하면서 느끼는 상담자의 불안이 감소하여 보다 구체적이고 체계적인 전략으로 상담에 대해 느끼는 부담감을 줄일 수 있고 효과적인 치료개입이 이루어질 수 있다(배경희·한영란, 2015: 247).

가족상담은 상담의 시작부터 종결까지 상담자와 내담 가족이 여러 번의 만남을 갖는 과정이다. 간혹 한두 번의 짧은 면담으로 상담이 종결될 수도 있지만, 보통은 그 이상의 만남이 요구되며 상담 횟수는 가족이 처한 상황에 따라 달라질 수 있다. 여기에서는 가족상담의 과정, 초기 상담에서부터 종결까지의 내용을 살펴보고자 한다. 가족상담의 과정은 다음과 같다(최규련, 2012: 273-289).

1) 가족상담 초기과정

먼저, 가족상담을 시작하기 전에 상담실이 쾌적하고 편안하면서 비밀유지가 되도록 분위기를 마련하고 기록지와 상담에 활용할 평가도구 등을 준비한다. 면접상담에서 녹음이나 녹화를 하는 경우에는 내담자의 동의를 받기 위한 서류를 준비한다.

초기단계에서 접수상담, 치료적 관계 형성, 상담의 구조화, 가족사정, 상담목표 합의, 상담계약 등이 진행된다.

(1) 접수상담

가족상담의 접수는 대부분 가족원 한 사람이 전화로 상담에 대한 문의를 하는 것으로 시작한다. 또는 가족 중 한두 명이 직접 방문하거나 다른 사람이나 기관에서 의뢰되어 상담을 접수하기도 한다. 가족상담에서 초기의 전화접수는 가능한 훈련받은 전문가가 담당하는 것이 바람직한데 이는 상담의 방향과 구조를 정하고 상담 참가자를 정해야 하기 때문이다.

접수상담을 하는 경우, 다음과 같은 내용을 파악하는 것이 바람직하다. 즉, 상담을 의뢰한 사람의 이름, 주소, 연락처를 알아보고, 그 사람이 인식하는 가족문제가 무엇인지, 문제의 성격과 지속기간, 가족의 대처방법 등을 확인한다. 그리고 상담자는 가족에 관한 정보를 수집하면서 문제와 관련되는 가족원과 주위 사람의 영향력, 그리고 가족체계 특성과 문제와의 관련성을 관찰하고, 가족원의 상담동기와 상담에 참여 가능성이 큰 사람들을 파악하는 것이 중요하다. 전에 상담이나 치료경험이 있는지, 있다면 어떤 문제로 상담을 받았고 효과가 어느 정도 있었는지를 파악한다. 이후에 첫 면접 상담에 참가할 사람과 날짜, 시간, 장소를 정한다(김유숙, 2015: 283).

과거에는 최소한 가족상담 첫 회기에 전체 가족이 참여하는 것을 권장하였다. 그러나 구조적 가족상담모델을 제외한 대부분의 가족상담 모델에서는 전체 가족이 상담에 참여하는 것을 요구하기보다는 상담자가 판단해서 문제에 따라 참가하는 가족원과 시기를 융통성 있게 정하는 경향이고, 단기가족치료의 경우에는 문제해결에 관련된 가족원이나 상담 동기가 높은 가족원이 참가하는 것을 권한다.

그러나 부부관계 문제나 자녀 문제에서 남편과 아버지가 상담에 참여하는 것이 상담 효과를 높이기 때문에 가능한 남편이나 아버지가 상담에 참여하도록 독려하여야 한다(Nichols & Everett, 1986). 만약 가정에 폭력이 발생하였거나 자살이나 이혼 위기에 있는 경우, 또는 가정불화가 심각하여 상담실에서도 싸움이 발생할 가능성이 큰 경우, 가족원이 따로 상담을 받기 원하는 경우 등에는 가족원을 따로 만나는 것이 좋다. 그리고 상담 외의 개입 방법이 필요한 경우나 상담자의 능력을 벗어나는 문제들에 대해서는 타 기관이나 적절한 전문가를 소개하는 것이 원칙이다.

(2) 치료적 관계 형성

면접상담 첫 회기는 이후 상담의 방향과 성공 여부를 결정짓는 중요한 단계이다. 상담자가 첫 회기에 제일 먼저 할 일은 가족원들과 치료적 관계를 형성하는 일이다. 치료적 관계가 형성되면 가족원들이 상담자로부터 진심으로 이해받고 존중받는 느낌이 들게 되고 상담자를 전문가로서 신뢰하게 된다.

상담실에 온 가족원들은 개인적으로 힘든 문제를 가져오고 상담자에 대한 막연한 기대만 갖고 있으므로 불안하다. 상담자는 가족원들이 긴장하지 않고 편안한 마음을 가지도록 도와야 한다. 그 방법으로 상담자는 환영 인사를 하고 자기소개를 한 다음 가족 구성원 한 사람씩 인사를 하고 이름과 나이, 직업, 결혼 여부, 동거 여부 같은 배경 정보를 확인하면서 관심사를 같이 나누거나 가벼운 대화를 나누는 것이 필요하다.

가족상담자는 개인 상담의 라포 형성기법과 같이 다음 기법들을 사용하여 가족원들과 치료적 관계를 형성한다. 즉, 가족원 개개인을 수용하고 존중하고, 경청과 공감적 이해, 요약하기 등을 잘하여야 하며 겸손하고 솔직한 태도를 보여야 한다. 그리고 상담자 자신은 편안하고 차분한 자세를 지니면서 온화한 표정으로 대하여야 하며 가족원들의 생각과 감정은 물론 자신의 감정변화에도 민감해야 한다. 이와 동시에 개개인을 포괄하는 가족체계를 관찰하면서 자연스럽게 그 안에 합류하여 가족원들과 친밀감과 유대감을 형성하는 것이 중요하다.

가족에 합류하기 위해 그들의 상호작용을 적극적으로 지지하고 개개인의 특성과 장점, 잠재력을 인정하며 진심으로 도우려는 태도를 보여준다. 경우에 따라 가족원이 사용하는 표현을 따라하기도 한다.

이와 같은 치료적 관계 형성은 첫 회기는 물론 초기 2~3회기까지 계속되어야 하고, 온화함과 전문성을 균형 있게 갖춤으로써 가족원과 협력적인 관계를 발전시켜야 한다(Nichols & Schwartz, 2016).

(3) 상담의 구조화

상담의 구조화란 치료적 관계를 바람직한 방향으로 안정시키기 위하여 상담에서 성취 가능한 범위와 제한점에 관해 가족을 교육하는 것이다. 일반적으로 상담자와 가족이 서로 편안하도록 제한점은 최소한도로 줄이고 면담 시간, 가족의 행동규범 등에 관해서는 구체적으로 정하는 것이 좋다.

상담자 역할의 구조화로서 상담자 역할의 범위와 한계를 설명한다. 상담자는 가족상담이 어떤 과정으로 진행되고 상담목표가 무엇인지를 설명해주어야 가족이 긴장과 불안에서 벗어나 편안해질 수 있고 상담에 현실적 기대를 하고 협조적으로 되게 할 수 있다. 특히, 가족원 중 증상을 보이는 IP 한 사람이 문제이고 다른 사람은 문제가 없다고 주장하는 가족에게는 설득하거나 그들의 생각을 고치려고 하기보다는 IP의 문제해결을 위해 가족원의 적극적인 도움이 필요하다고 말한다. 그리고 가족상담은 문제에 대해 가족이 함께 해결방안을 찾자는 것이지 한 사람에게 책임을 전가하는 것이 아니며, 다른 사람의 변화를 요구하기보다 가족원 각자의 변화 노력과 상호지지가 필요하다는 점을 이해시킨다. 그리고 상담자는 누구 편도 아니고 해결사도 아니며, 가족이 문제해결을 함께 의논하도록 돕는 사람이라는 것을 알린다(최규련, 2012: 276).

상담의 구조화 작업을 하는 상담자가 유의할 점은 치료적 관계의 형성과 가족사정 등의 상담진행 과정에 적절하게 해야 한다는 것이다. 만약 치료적 관계가 형성되기 전에 지나치게 구조화를 시도하면 상담 분위기는 경직되기 쉽고, 반면 상담의 구조화가 불충분하면 혼란이 발생하여 순조로운 상담의 진행과 상담목표 달성이 어려워질 수 있다. 그러므로 상담자는 적절한 시기에 가족에게 기본 규칙을 설명하고 질문과 논의하는 시간을 가지면서 규칙의 내용과 필요성을 충분히 이해하도록 안내하여야 한다. 시간을 절약하는 방법으로 이에 관한 서류 양식을 미리 준비하여 참가자들에게 읽고 서명하게 할 수도 있다.

(4) 문제의 명료화와 상담목표 합의

가족상담의 목표는 대부분 문제를 해결하기 위한 것이므로, 먼저 상담자가 가족 문제의 본질과 맥락을 잘 파악하여야 한다. 즉, 문제와 관련된 가족원의 사고, 감정, 행동과 호소증상을 파악하고, 문제를 둘러싼 가족원 및 주변 사람과의 상호작용 패턴, 문제 발생과 유지에 이바지하는 사건, 가족의 대처기술, 강점과 자원 등을 탐색하는 것이 필요하다. 그리고 가족이 포괄적으로 말하는 문제를 구체적이고 해결 가능한 문제로 바꾸고 가족이 바라는 대안과 이를 성취하기 위한 변화나 기술들을 구체화하고 명료화한다.

첫 회기가 끝날 무렵 상담자는 문제가 무엇인지를 명료화하고 전문적인 관점에서 문제를 재구성reframe하며 가족의 강점과 자원을 말해줌으로써, 가족의 저항을 줄이고 가족이 새로운 방향으로 문제를 보게 한다. 그리고 상담자는 가족원 각자가 바라는 것과 상담을 통해 얻기를 원하는 것이 무엇인지를 분명히 한다.

상담목표를 설정할 때는 문제에 대한 탐색과 가족사정 결과를 바탕으로 잠정적 가설을 세우고, 가족의 문제해결에 중요하면서 가족이 원하는 것들을 가족과 합의하여 최종 목표를 정하며, 또 이를 위해 수행하는 회기별 목표를 설정한다. 이때 바람직하지 않은 '행동을 하지 않는 것'Don't do it보다는 성공적이거나 긍정적 행동을 증가시키는 것이어야 한다. 특히, 가족상담 치료에서는 구체적이고 분명하게 측정할 수 있는 행동용어로 기술돼야 하고 현실적이어야 한다. 상담목표를 명확하게 설정함으로써 가족과 상담자 모두 바람직하고 효과적인 변화가 무엇이고 이를 수행하는 데 기간이 얼마나 소요되는지를 분명하게 이해하게 된다.

일반적으로 가족상담의 최종 목표는 가족관계의 기능과 자율성을 증진하는 것이고, 결과목표는 제시된 문제를 해결하는 것이며, 과정목표는 의사소통 촉진, 역할의 융통성 증진, 기능적 대처방식의 습득, 감정표현 등이 있다. 가족이 제시한 문제와 상담자의 접근모델에 따라 상담목표는 다르게 설정된다. 가족과 상담자가 상담목표 설정에 합의하면 상담계약이 이루어진다.

만일 가족이 바라는 도움이 상담자의 능력을 벗어나거나 기관의 원칙에 어긋나는 경우에는, 가족에게 그 사실을 밝히고 다른 전문가에게 의뢰해야 한다.

(5) 상담계약

상담계약은 상담목표를 정하고 가족원이 지속해서 상담에 오도록 구체적 사항에 대하여 계약을 맺는 것이다. 이는 흔히 첫 회기 상담을 종결하기 전에 이루어지는데 상담목표, 상담형태와 시간, 상담간격, 상담비, 참가자 등에 대해 상담자와 가족이 약속하는 것이고 계약서를 작성하여 서명하기도 한다. 상담자는 가족에게 실현이 가능한 것이 무엇이고 목표에 도달하기 위해 어떤 형태의 상담을 진행하며 기간이 얼마나 걸리는지를 설명해주며 계약이 변경될 수 있다는 것에 대해 말해준다.

상담자는 상담계획을 세울 때 문제 상황과 가족의 특성, 상담목표에 따라 가족 전체를 상담할 것인가, 아니면 부모상담과 자녀상담을 병행할 것인가, 부부상담만 할 것인가, 또는 개인상담이나 집단상담을 할 것인가를 고려하여 적합한 상담 형태를 제안하여야 한다(Nelson, 1983).

가족원들에게 첫 상담회기의 마무리 부분에서 상담자는 가족과 다음 상담회기 약속을 정하고 과제를 주기도 한다. 초기 면접 상담을 종료할 때 가족은 다음에 무슨 일이 일어나고 무엇을 하는지를 알아야 하고 상담에 참여하는 가족원이 누구인지를 알아야 한다.

초기과정에서 흔히 나타나는 가족의 상담에 대한 저항과 상담 동기의 저하에 상담자는 잘 대처할 수 있어야 한다. 또 초기 상담과정 중 정신건강문제나 폭력문제, 자살시도 문제가 발견되는 경우에는 정신과 의사, 피해자 보호기관, 교정기관, 다른 전문기관 등에 의뢰하는 등의 필요한 조치를 취해야 한다. 상담 초기과정에서 다루어야 할 내용은 다음과 같다(고성혜 외, 2015: 255).

① 상담자와 가족 간의 신뢰를 구축한다.

② 가족이 원하는 바, 기대하는 바, 변화시켜 얻고자 하는 바를 명료화한다.

③ 가족 스스로 목표 세우기, 상담에 부가적으로 바라는 점 등을 분명히 한다.

④ 가족상담에 대한 동기를 부여한다.

⑤ 비밀유지, 녹음, 관찰, 상담료 등 상담 진행을 위한 기본 조건을 다루고, 상담자로서 해야 할 역할을 분명히 하고, 어떤 과정을 밟아 나갈 것인지에 대해 안내를 한다.

2) 가족상담 중기과정

이 단계는 변화를 위한 주된 작업이 이루어지는 실행단계로서 가족상담의 핵심부분이다. 가족의 특성과 문제의 성격, 상담자의 능력과 전문적인 판단에 따라 설정된 상담목표 달성을 위해 적절한 이론과 기법을 선택하고 적용하게 된다.

이때 가족은 문제에 대한 자각이 늘어나고 표면적인 문제행동이 완화되며, 문제해결을 위한 동기가 커지고, 다른 사람을 수용하며 기능적인 방식의 상호작용이 증가하게 된다. 상담자는 변화를 촉진하는 역할을 담당하여 가족이 긍정적인 변화를 자각하고 자율적인 문제해결 능력을 습득하도록 돕는다. 때때로 가족에게 퇴행 현상이나 변화에 대한 저항도 나타날 수 있다. 상담자는 이를 잘 대처하여 긍정적인 변화에 초점을 두고 상담을 이끄는 것이 바람직하다. 이 시기에 고려할 사항은 다음과 같다.

(1) 가족사정과 개입방향 검토

가족상담이 진행되면서 가족사정은 계속해서 이루어진다. 이 단계에서는 가족원 간의 상호작용이 활발해지고 상호 이해하는 부분이 증가하므로, 상담자는 개입의 효과를 확인하기 위해 가족사정을 한다. 사정결과 가족에게 변화가 나타나지 않거나 개선이 없으면 상담자는 다음 사항을 점검하고 선배나 동료의 지도·감독을 받는 것이 바람직하다(Thomas, 1992).

① 전이와 역전이

② 상담자의 중립성 유지 문제

③ 상담자의 지나친 주도성

④ 상담자의 저항

⑤ 가족의 저항

(2) 공통적 개입 방법

중기단계에서 가족상담자는 다음의 개입 방법을 공통으로 적용하여 가족원과 가족을 변화시키도록 노력한다.

① 주변적인 가족원 참여시키기

② 가족원들을 적절하게 연결하게 하기

③ 계약과 교환관계 향상하기

④ 가족체계 내의 특정 변화 강조하기

⑤ 가족원의 새로운 행동 강화하기

⑥ 변화 가능성에 대해 낙관적 태도 유지하기

⑦ 가족을 적절한 외부체계와 연결하게 하기

⑧ 과정에 초점 두기

⑨ 적절할 때에 유머 사용하기

⑩ 가족 내에서 변화 단서 찾기

(3) 공동상담자

대부분의 가족상담은 상담자 혼자서 진행하지만, 상담모델에 따라 공동상담자 co-therapist와 함께 진행하기도 한다. 공동상담자가 같이 상담을 진행하면 차이점을 개방적으로 다룰 수 있고, 바람직한 의사소통 모델이 될 수 있으며, 상담의 균형 유지나 역할보완에 도움이 될 수 있다는 점이 긍정적인 면이다. 그러나 공동상담자 사이에 역할분담이 모호하거나 분열이 일어날 가능성이 있고, 상담 전후로 협의가 필요한 점들이 제한점으로 지적된다.

공동치료를 성공적으로 하기 위해서는 상담자 간에 이해가 충분히 되어야 하고 상담에 관하여 의논하고 검토하고 계획을 세우는 시간을 가져야 하며, 상호보완적 특성을 존중하고 개발을 격려할 수 있어야 한다. 전략적 모델과 단기치료모델을 적용하는 경우 공동상담자를 활용하는 팀 상담team consultation이 주류를 이루고 있다. 이외에도 상담자를 훈련하기 위한 목적으로 팀 상담을 하기도 한다.

(4) 다른 치료 방법이나 다른 기관과 병행하여 상담하는 문제

문제에 따라 정신과적 치료나 집단치료, 개별 행동치료, 개별상담 등을 가족상담과 병행해야 하는 경우도 있고 복합적인 문제를 가진 가족의 경우 복지관이나 보호기관, 병원, 학교 등의 기관과 연계하여 개입하는 것이 효과적일 수 있다. 이 경우 상담자나 기관들 사이에 원활한 의사소통이 이루어져서 협력적 관계가 되는 것이 바람직하며, 폭력 문제 등을 외부에 보고하여야 하는 경우가 있다. 이때 상담내용에 대한 비밀보장의 원칙보다 인권 보호라는 상위원칙에 따르고 감독자와 협의를 거쳐서 보고가 이루어져야 한다.

3) 가족상담 종결과정

이 단계는 상담을 마무리 짓고 통합하는 시기이다. 종결 시기를 판단하는 기준, 종결을 위한 준비, 종결과정에 대해 살펴보기로 하겠다.

(1) 종결 시기를 판단하는 기준

가족상담자는 상담을 종결해야 할 적절한 시기가 언제인지를 판단할 수 있어야 한다. 종결단계는 상담 활동의 전 과정을 마무리하는 단계이다. 종결은 처음 시작하는 것만큼이나 중요하다. 만일 상담자가 이 단계를 충분히 다루지 못한다면 내담자 가족은 그들이 배운 것을 실천할 수 있는 기회를 얻지 못하거나, 가족 문제를 해결하지 못한 채 상담을 종결하게 된다(고성혜 외, 2015: 273).

이 시기에 도달하면 다음의 구체적인 단서나 변화가 나타나게 된다(Glick & Kessler, 1994).

① 제시된 문제가 해결되고 증상이 완화되거나 소멸한 경우

② 초기에 설정한 상담목표가 이루어진 경우

③ 가족원들이 상담을 통하여 새롭게 습득한 대처 방법이나 행동방식을 계속 유지하는 경우

④ 가족원 간의 의사소통에서 비생산적인 다툼이나 갈등이 감소하고 의사 표현이 솔직하고 갈등을 협상할 수 있는 능력을 갖추게 된 경우

⑤ 가족의 구조와 규칙이 융통성 있고 기능적으로 되는 경우

⑥ 가족원의 가족 내외의 상호작용이 긍정적이고 관계가 개선된 경우

⑦ 가족의 발달단계에 적합하게 가족원의 역할과 기능이 수행되는 경우

⑧ 미래에 비슷한 문제가 발생하더라도 잘 처리할 자신감을 보여주고 자발적인 활동이 증가하는 경우

⑨ 상담의 진행이 부진하거나 가족원이 상담에 소극적으로 된 경우

(2) 종결과정에서 가족사정

종결과정에서는 가족문제의 해결 정도를 파악하여 상담목표 달성 여부를 확인하는 것이 가족사정의 주를 이룬다. 이때 상담 효과가 나타나면 성공적인 종결이 되나, 개선이 되지 않고 변화가 지지부진하면 상담을 조기 종결하고 다른 전문가에게 의뢰할 수도 있다. 이 단계에서 가족사정에 포함될 내용은 다음과 같다(Nelson, 1983).

① 제시된 문제의 해결 정도

② 가족 상호작용의 개선 정도

③ 가족원의 정서 만족

④ 미래에 대한 자신감

(3) 종결준비와 종결과정

상담자는 중기과정 후반부터 상담목표에 근접하는 변화가 보이면 미리 종결계획을 세운다. 이때 상담자는 종결에 대한 자신의 감정(성취감, 실패감, 시원함, 아쉬움, 허탈감, 분노, 불안 등)에 직면하고, 가족들이 종결할 준비가 되어있는지를 평가하며, 그들의 반응을 예측하고 종결 방법을 계획한다. 다음과 같은 단계로 종결한다(Nelson, 1983).

① 도입단계

종결을 3회기 앞두고 종결을 할 예정이라고 말한다. 그리고 회기 간격을 1주일에

서 2주일, 3주일 정도 연장하면서 상담회기의 빈도를 줄이는 방법으로 종결을 준비한다.

② 변화 확인단계

상담자는 가족과 함께 상담 초기와 현재의 상태에 대하여 비교하고 그동안의 상담과정을 되돌아보면서 상담목표에 얼마나 근접해 있는지 이야기를 나눈다. 그리고 종결 시기에 대해 가족과 합의하고, 남은 시간 동안 달성해야 할 목표를 설정하며 가족의 종결에 대한 감정표현을 수용하고 인정해 준다.

③ 종결단계

종결 시점에서 가족이 상담 과정에서 노력하고 변화된 것들에 대한 평가작업을 함으로써 가족이 성취감과 자신감을 느끼게 한다. 이 단계에서 상담자는 상담 종결이 가족의 참여와 노력의 결과이며 자기이해와 성장의 시작임을 말한다. 그리고 가족으로 하여금 후 가족에게 예상되는 어려움과 그에 대한 대처 방법을 생각하고, 또 현재의 변화를 계속 유지하기 위한 장기적 목표를 세워 과제를 수행하도록 격려한다. 그리고 추수 면접을 하는 이유와 일정을 예고하고 작별 인사를 나눈다.

④ 추수 면접단계

상담이 종결된 후 1개월이나 3개월, 6개월 또는 1년 후에 상담자는 가족과 추수면접을 하여 가족이 계속 변화를 유지하고 있는지를 확인하게 된다. 이때 면접은 보통 상담보다 짧게 이루어지는데 이는 전화나 편지, 이메일을 통해서 확인할 수 있다. 상담자는 가족의 근황을 듣고 그들의 성공적 대처와 노력을 축하해주고 격려해 준다. 상담의 재개는 가족이 요구할 때 한시적으로 가능하다.

상담이 종결된 후에 가족이나 상담자의 전화 연락은 추수 목적으로는 가능하나 미해결된 감정에 의한 전화 연락은 종결의 의미가 없어지므로 바람직하지 않다.

(4) 조기 종결

가족상담을 하다 보면 상담이 성공적으로 종결되지 못하고 도중에 중단되거나 조기 종결되는 경우가 종종 있다. 상담자는 상담의 종결을 고려하지 않는데도 가족이 중단을 제안하거나 조기 종결의 조짐을 보여주면 당황하지 말고 그 의도와 이유를 파악하고 가족이 가장 바람직한 방향으로 가도록 상담자가 줄 수 있는 도움을 주어야 한다(Nelson, 1983). 대체로 가족이 조기 종결을 제안하는 이유는 상담자와의 신뢰 관계 미흡, 시간이나 비용부담, 기대했던 성과에 미흡, 감정적 부담, 상담을 방해하는 사건이나 주위 사람 등 때문이다. 때로는 가족이 이사를 해야 하거나 외국에 가야 하는 등의 정당한 이유로 종결을 원하기도 한다.

조기 종결로 가는 표시로는 내담자가 상담 시간에 자주 늦거나 연락 없이 상담에 불참하는 경우, 상담을 계속해야 하는지 질문할 때, 상담 시간을 자주 변경하는 경우 등이 있다. 조기 종결을 줄이기 위해서는 초기 단계부터 상담의 구조화 작업과 가족과의 신뢰적인 관계 형성이 잘 돼야 한다. 그리고 상담 기간을 계약하는 방법과 상담회기가 끝날 때마다 내담자의 현재 감정과 생각을 표현하게 하고, 그 회기 상담 목표의 달성 정도와 도움이 되는 정도를 피드백 받는 방법이 있다. 이외에 불분명한 문제점이 작용할 수도 있으므로, 상담자는 사례분석과 지도·감독을 받는 등 늘 배우는 자세로 자질향상과 자기 이해 노력을 하여야 한다.

만약 상담자의 능력을 벗어나는 문제였으면 가족에 필요한 것과 그들이 원하는 것이 무엇인지를 고려하여 적합한 다른 상담자를 소개하여야 한다. 가족이 조기 종결을 원하면 상담자는 그들의 의견을 존중하고 언제 어떤 이유로 종결하고자 하는 결정을 내렸는지 솔직히 이야기하게 한다. 그리고 가족이 제시한 이유를 인정해 주고 건설적인 방법으로 대처하여야 한다. 이러한 방식으로 상담을 조기종결하게 되면 상담자와 가족 사이에 미해결된 부분을 마무리 할 수 있고, 가족과 상담자 모두 성취한 것과 배운 것을 생각할 수 있으며, 상담자의 성장에 도움이 될 수 있다.

5. 가족상담의 기법

일반상담과 마찬가지로 가족상담 역시 바람직한 방향으로 상담을 이끌어 가고 긍정적인 결과를 얻기 위해 요구되는, 상담자가 갖추어야 할 기본적이면서도 필수적인 기법들이 있다. 대부분 기법들이 이미 개인 상담 영역에서 개발되고 활용되는 것들이어서 낯설지 않지만, 여기에서는 그중 기본이 되는 몇 가지를 간추려 보면 다음과 같다(송정애, 2017: 266-267 ; 강문희 외, 2011: 127-136 ; 김형태, 2006: 410-412).

1) 주의집중과 경청하기

상담이 원만하게 진행되려면 내담자가 상담이 안전하다는 신뢰감을 가지고 자신의 문제를 솔직하게 표현할 수 있도록 분위기를 조성해주는 것이 중요하다. 주의집중과 경청하기가 바로 그러한 분위기를 만드는 데 도움을 주는 기법중의 하나이다.

경청이란 내담자로 하여금 편안하게 그들의 감정이나 생각을 탐색해 보도록 하는 기본적인 기술이다. 이는 내담자가 전달하려는 언어적verbal·비언어적nonverbal 메시지들을 상담자가 잘 포착해서 이해하는 것이라고 볼 수 있다. 경청을 잘하려면 주의집중이 요구되는데, 상담자가 주의집중하고 있다는 것을 내담자가 인식하게 되면 상담자가 자신의 이야기를 듣기 원한다는 것을 알게 되고, 그로 인하여 자기의 생각이나 느낌을 말로 표현하려고 노력하게 된다.

주의집중을 하는 방법에는 보통 눈 마주치기, 고개 끄덕이기, 미소 띤 표정이나 필기하기 등의 비언어적인 행동으로 나타내기도 하고 또는 "아, 예" 등의 격려와 인정을 표현하는 짧은 말을 사용하거나 침묵을 통하여 내담자가 자신의 진술에 대하여 생각할 시간을 주는 것 등이 있다.

상담자는 다양한 방법으로 주의집중을 시도할 수 있지만 결국 자신에게 가장 편안하다고 생각되는 방법을 사용하는 것이 바람직하다. 내담자가 말하는 것을 주의 깊게 듣는 것은 내담자가 어떻게 생각하고 느끼는지를 알 수 있기 때문에 중요하다. 상담자는 내담자의 언어적 표현뿐 아니라, 비언어적인 행동, 즉 팔짱을 끼고 있는 자세, 시선의 위치 등에 대해서도 주목해야 한다. 내담자는 비언어적인 행동을 통해 상담에 대한 태도나 방어, 거부, 동의 등을 나타내기 때문이다.

상담자가 주의 집중해서 잘 경청할 때 내담자는 상담 상황에 대해 안정감과 편안함을 느끼고 자신의 문제에 대해 순조롭게 이야기할 수 있을 것이다. 그러나 상담자가 정보를 얻으려는 듯한 폐쇄적인 질문을 많이 하거나, 자신의 말을 많이 하고 경청하지 않으며, 충고를 자주 한다면 내담자는 자신의 문제가 이해되지 못하고 있다고 느끼게 된다. 이러한 경우 상담 관계의 필수 요건인 기본적인 신뢰 형성을 방해받게 된다.

가족상담에서 상담자는 가족 구성원 각 개인과 라포rapport를 형성하는 것이 바람직하며, 일단 라포가 형성되면 효과적으로 개입할 수 있으며, 상담 결과 또한 긍정적일 것이다. 미누친(Minuchin, 1974)은 가족상담에서 상담자와 가족 구성원들 간의 라포형성을 '합류'joining라고 하였다. 가족상담에서 상담자는 어느 특정인의 이야기만 경청하는 것이 아니라, 가족 모두의 이야기를 경청하고 이해해야 한다. 이 과정에서 가족 구성원 각 개인과 원만한 연합을 형성할 수 있고, 나아가 전체 가족체계나 가족 하위체계와도 연합할 수 있게 된다. 가족상담에서 참여가족 구성원 각각이 모두 존중받는다고 여겨지고 전체 가족체계와 동시에 하위체계도 마찬가지로 존중받는다는 느낌이 드는 것이 중요하다. 상담자는 경청하기를 통하여 상담 초기에 가족 규칙을 파악하고 가족이 나타내는 중요한 행동 양식을 존중해 주며 하위체계들을 잘 연결해 주어야 한다.

2) 비언어적 행동의 이해

많은 경우 사람들은 말보다는 비언어적 행동으로 자신을 표현하기도 한다. 상담실에 들어온 내담자가 상담자와 제대로 눈을 맞추지 못하거나 안절부절못한다면 우리는 그 내담자가 불안해하고 있다고 추측할 수 있다. 혹은 내담자가 의자 뒤로 몸을 기대어 앉거나 팔짱을 끼는 자세를 취한다면 방어적인 태도를 보이는 것으로 간주할 수 있으며, 반대로 상담자를 향해 몸을 앞으로 기울이고 활기차게 이야기한다면 그 내담자는 편안한 상태에 있다고 볼 수 있을 것이다. 그러나 이렇게 쉽게 이해될 수 있는 비언어적인 행동보다는 보통 말로 표현하려는 것과 다른 의미의 행동들을 나타내는 경우가 많다. 예를 들어, 고통스러운 경험을 이야기하면서도 웃는 표정을 짓고 있다든지 긍정적인 감정을 나타내면서도 주먹으로 책상을 치는 등의 모순되는 행동을 보이는 경우이다.

이러한 경우 상담자가 비언어적인 행동을 관찰하고 그 의미를 이해한다고 해도 실제로 나타나는 그 행동에 대하여 직접적으로 해석하지 않는 것이 중요하다. 오히려 나타난 행동을 그대로 묘사해 주는 것이 바람직하다. 즉, 슬픈 이야기인데도 웃고 있는 내담자에게 두 가지 메시지 중 어느 쪽을 내담자가 믿기를 원하는지를 물어보고 비언어적인 행동의 의미에 대해서 내담자가 직접 표현하도록 하는 것이 바람직하다.

상담자는 내담자들의 경험에 대하여 성급하게 가정하기보다는 내담자들이 스스로 비언어적 행동의 의미를 탐색하고 인식하도록 이끌어 가야 한다. 만약 비언어적인 메시지를 함부로 직면시키거나 무시하면 상담에 대한 신뢰가 떨어지게 된다. 상담자가 내담자의 비언어적인 행동을 잘 이해하려면 그 행동의 세부적인 것에 집착하기보다는 현재의 문제와 상황 등과 연관을 지어 주의 집중하는 것이 요구된다.

3) 재진술

재진술은 상담자가 내담자의 이야기 내용이나 의미를 반복하거나 바꾸어 말하는 것으로 내담자의 진술보다는 구체적이고 분명하다. 즉, 내담자가 말하는 것을 그대로 옮겨 말하는 것이 아니라, 가장 중요한 것에 초점을 두고 내담자가 말한 것보다 짧고 간결하게 말하는 것이다. 재진술을 통해서 내담자는 자신의 문제를 더 깊게 탐색할 수 있으며, 특히 내담자의 이야기가 두서없고 애매할 때 문제의 핵심을 알 수 있게 해준다.

내담자가 자신의 문제로 혼란하고 갈등을 느낄 때 재진술을 통하여 자신의 문제가 타인에게는 어떻게 이해되는지 알 수 있게 되며 자기 생각을 재평가할 수 있도록 해준다. 즉, 재진술을 통하여 내담자는 자신이 가장 불확실했던 부분이나 아직 탐색하지 못한 것, 이해하지 못한 것 등을 인식할 수 있게 된다.

이러한 과정을 거치면서 내담자는 이전에 생각해 보지 못했던 방향으로 자신의 문제를 새로운 관점에서 살펴볼 수 있게 된다. 그 예로, 상담의 매 회기마다 마무리 부분에 하는 요약이 일종의 재진술이라 할 수 있다. 요약을 통하여 상담자는 내담자의 이야기를 경청하고 있었음을 알려줄 수 있고, 내담자에겐 여러 가지 뒤섞인 지신의 생각들을 명백하게 정리할 수 있는 기회를 얻게 해준다.

상담자 역시 재진술을 통하여 자신이 들은 것이 정확한지를 검토해 볼 수 있는 기회를 얻게 된다. 재진술은 상담자가 내담자의 이야기를 충분히 이해해야 하고 내담자가 주는 메시지의 본질을 파악하여 진술해야 하기 때문에 쉽지 않은 기술 중의 하나이다. 재진술을 할 때 상담자는 내담자가 아직 탐색하지 못하고 있는 부분은 무엇인지 또는 불확실해야 하는 것은 무엇인지 등을 파악하도록 노력해야 한다. 상담자의 생각이나 다른 사람의 생각보다는 지금 말하고 있는 내담자의 생각을 강조하고 거기에 초점을 두도록 이끌어야 한다. 재진술의 목적은 결국 내담자가 자신의 문제에 집중하여 더 깊게 살펴볼 수 있도록 도와주는 데에 있는 것이므로, 상담자는 내담자에게 비판적이거나 이미 이해하고 있다는 식의 반응을 나타내서는 곤란하며, 내담자의 이야기를 주의 깊게 듣고 탐색을 도와주는 데 집중해야 한다.

4) 공감

공감이란 다른 사람의 주관적인 경험을 같이 느끼고 다른 사람의 눈을 통해 그들의 세계를 보고 이해하는 것을 말한다. 즉, 상담자가 마치 내담자의 상황에 있는 것처럼 내담자 관점에서 그를 이해하는 상담자의 능력이라 할 수 있다. 내담자들은 비판이나 판단 없이 상담자가 자신들의 문제에 공감하고 있다는 것을 인식할 때, 자신의 내면에 깊이 감추어진 갈등이나 문제를 드러내게 된다.

정확한 공감적 이해를 위해서 상담자는 내담자와 함께하며 그의 감정을 파악하고 그것에 정확히 반응해 주어야 한다. 이것은 표면적으로 드러난 내담자의 감정에 반응하는 것 이상으로 내담자의 마음속 깊은 곳에 자리하고 있는 감정도 알아챌 수 있어야 하는데, 상담자의 이러한 공감적 이해로 인하여 내담자는 자기 이해와 통찰력을 발달시킬 수 있다. 공감은 신뢰 있는 상담 관계를 만드는 데에 필요한 요소로 상담자는 공감을 방해하는 행동들, 즉 거침없이 말하기, 전혀 반응하지 않기, 부적절한 질문하기, 비판적인 판단을 하며 방어적으로 반응하기 등을 억제해야 한다. 공감은 내담자를 지지하고 있다는 것을 표현하는 중요한 방법이기 때문에 내담자는 자신의 문제에 대한 해답이나 조언을 받기보다는 오히려 상담자가 자신의 문제를 같이 이해하고 있다는 것을 알게 될 때 더 많은 위안을 얻을 수 있다.

5) 감정의 반영

감정의 반영이란 내담자의 감정을 명확하게 이해하여 말해주는 것으로 이것은 내담자의 이야기나 비언어적인 행동으로부터 추론될 수 있다. 상담자가 감정의 반영을 하는 목적은 보통 내담자가 자신의 감정을 보다 심도 있게 탐색하고 명확하게 이해하도록 하는 데에 있다. 또한 감정의 반영을 통하여 내담자가 정서적 정화를 하고 자기 통제를 잘할 수 있도록 하여 감정에 대처하는 법을 알 수 있도록 도와줄 수 있다. 결국, 감정의 반영은 내담자가 스스로 자신을 명료화하고 설명할 수 있도록 도와주는 것이다.

많은 내담자가 사실은 자신의 감정을 탐색하고 이해하고 받아들이는 데에 어려움을 갖는다. 감정을 경험하고 표현한다는 것은 말처럼 쉬운 일이 아니며 힘들고 고통스러울 수 있다. 상담자 역시 감정의 반영을 하려면 내담자를 이해하려는 적극적인 태도를 보여야 하며 상담자 관점에서 벗어나 내담자 관점에서 감정을 파악하도록 노력하여야 한다. 명확한 감정의 반영은 상담자와 내담자 간에 긍정적이고 신뢰를 주는 관계 형성에 도움을 준다.

상담자는 또한 내담자들이 다른 사람의 감정에 대해서도 지각할 수 있도록 도와주어야 하는데, 그러기 위해서는 상담자 자신이 내담자들의 감정을 잘 반영해주어야 한다. 언어화되어 있지 않은 부분들도 놓치지 않고 세심하게 그 의미를 파악하여 내담자에게 전달해 주어야 한다. 즉, 한숨 쉬는 행동이나 침 삼키는 동작 또는 얼굴 붉히기 등의 행동들이 내담자의 감추어진 감정을 대신하는 경우가 많으므로 주의 깊게 살펴보아야 한다. 가족상담의 경우에는 일반적인 상담에 비하여 가족구성원들 간에 정서적으로 복잡하게 얽혀 있는 관계이므로, 감정의 반영을 할 때는 좀 더 조심해야 한다. 보통 가족의 상호 역기능적인 상태를 바꾸는 데 필요하다고 판단될 때 감정의 반영을 사용한다.

6) 진실성과 자기노출

진실성이란 상담자가 내담자의 이야기를 내적으로 수용할 수 없으면서도 수용하는 척하지 않는 것을 말한다. 즉, 내담자의 이야기를 공감하고 있으며 이해하고 있다는 것을 인정받기 위하여 꾸민 듯한 행동을 하지 않는다는 것이다. 진실성은 자기노출과 긴밀한 관계를 갖고 있는데, 상담자는 자신을 내담자에게 드러내고 보여줌으로써 내담자들이 스스로 자신의 감추어진 문제들을 더 드러내놓고 표현할 수 있도록 이끌 수 있다.

자기노출이란 개방적인 행동은 상담자의 사적인 삶을 모두 공개하라는 의미가 아니라, 내담자들의 문제와 관련된 상담자 자기 생각이나 느낌을 내담자와 공유할 수 있다는 의미이다. 상담자가 진실하고 적절하게 자신을 방어하지 않고 노출한다면 내담자들도 그들의 문제와 갈등에 대하여 노출하고자 하는 열린 마음을 갖게 될 것이다. 상담자는 자신에 대한 사실을 개방함으로써 개방이란 수용될 수 있다는 본보기를 보여주는 것인데 지나친 개방은 비전문가로 보일 수 있으므로 주의해야 한다.

내담자의 문제를 탐색하는 단계에서 유용한 자기노출의 방법은 바로 감정의 개방이다. 상담자가 자신의 느낌을 노출함으로써 내담자에게 다른 사람들도 비슷한 감정을 갖고 있다는 것을 인식할 수 있게 해준다. 즉, 감정 노출은 내담자로 하여금 자신의 감정을 인식하고 표현하도록 자극하기 때문에 특히 죄책감이나 수치심 같은 감정을 두려워하는 내담자에게 도움이 될 수 있다. 대부분 사람들은 타인들도 자신과 비슷한 방식으로 느낀다는 것을 알면 위로가 되기 때문에 감정 노출은 내담자로 하여금 혼자만 부적절하다는 느낌에서 벗어나게 해줄 수 있다.

7) 개방형 질문

개방형 질문이란 내담자들의 대답이 "예, 아니오" 또는 한두 마디의 대답처럼 간단하게 끝나는 형태의 질문이 아니라, 내담자들이 갖고 있는 관심사를 드러나게 하고 명료하지 않은 생각들을 명확히 하도록 이끄는 질문 형태이다. 이 형태는 내담자로부터 명확한 답을 요구하는 것이 아니라, 내담자의 생각이나 느낌들을 분명하게 하고 탐색하도록 하기 위한 것이다. 즉, 내담자가 자신의 관심사를 개방하고 탐색하도록 돕기 위하여 사용되며, 특히 대화 내용이 산만하고 명료하지 않을 때 집중하도록 격려하고 자신의 부적절한 생각을 명확히 할 수 있도록 도와줄 수 있다.

개방형 형태의 질문은 보통 "그것에 대하여 어떻게 느끼는지 이야기해 주세요."와 같이 무엇인가를 더 이야기해 달라는 형식을 갖는다. 그러므로 개방형의 질문을 할 때 상담자는 심문하는 듯한 어조나 태도를 보여서는 안 되며 비판적이지 않게 격려하며 지지하는 태도를 보여야 한다. 개방형 질문을 효과적으로 하기 위해서는 먼저 상담자는 내담자에게 집중하여야 하며, 질문은 가능한 한 간단하고 명료하게 하여야 한다. 또한 내담자의 느낌이나 감정이 과거 사건에 대한 것을 나타내더라도 지금 현재에 초점을 두고 질문을 하여야 한다. 상담자는 보통 내담자가 어느 부분에 대하여 가장 많은 감정을 갖고 있는지 파악하여 그 부분에 집중하게 된다. 개방형 질문을 통하여 내담자의 내부에 있는 것들을 밖으로 표출하도록 할 수 있으며, 내담자가 무언가 말이 막히고 정리가 되지 않을 때 개방형 질문으로 도움을 줄 수 있다.

8) 직면

내담자에게 관심을 표현하는 방법 중의 하나인 직면하기는 내담자들의 말과 행동 사이의 불일치나 언어로 표현한 내용과 비언어적인 표현 간의 불일치를 살펴볼 수 있게 해준다. 직면하기를 통하여 내담자들은 지금까지 보지 않고 피하려 했던 자신들의 모습을 직접 대면할 수 있는 경험을 할 수 있으므로 내담자가 보다 자신의 문제를 통찰할 수 있게 된다. 직면하기에는 두 가지 유형이 있는데, 하나는 내담자가 표현하는 말이나 행동의 핵심적인 측면을 이야기해 주는 것이고, 다른 하나는 내담자 쪽의 모순이나 불일치, 즉 말과 행동 간의 불일치, 행동과 행동 간의 불일치, 내담자가 말한 두 가지 말 사이의 불일치, 언어적 행동과 비언어적 행동 사이의 불일치 등을 지적해 주는 것이다.

상담자가 보이는 관심 어린 직면은 직선적인 공격과는 달라서 상담 관계를 보다 신뢰하게 만들 수 있고, 오히려 고착된 상담 관계를 개선할 수 있다. 내담자들 또한 직면한 대상들에 대해 존중하면서 상담자들에게 부정적인 반응을 표현할 수 있게 된다. 즉, 상담자는 내담자들에게 직면하기를 통하여 직접적이면서도 세련되게 대화할 방법을 가르칠 수 있으며, 그에 따라 내담자들은 솔직하지만 배려하는 태도로 직면하기를 할 수 있게 된다.

9) 해석

해석이란 상담자가 내담자로 하여금 자신의 문제를 잘 살펴보고 이해할 수 있도록 새로운 참조체제를 제공하는 것이라 할 수 있다. 어떠한 상담이든지 효과적인 해석은 내담자가 자신의 문제를 파악하고 나아가 해결책을 찾도록 도와주는 데 중요한 역할을 한다. 즉, 해석을 통하여 내담자는 자신과 자신의 문제에 대하여 새로운 각도로 볼 수 있게 된다. 내담자가 이야기한 것이나 인식하고 있는 것을 뛰어넘어서 행동이나 감정에 새로운 의미를 갖게 하여, 표면적으로 연결되어 있지 않은 이야기들을 연결하고 내담자의 행동이나 감정을 이해하기 위하여 새로운 틀을 제공하는 것이라 할 수 있다. 따라서, 해석은 내담자를 통찰로 이끄는 기술로서 내담자가 자신의 동기에 대하여 더욱 잘 이해하도록 하고 감정이나 행동 뒤에 숨겨진 원인에 대해 인식하도록 하여 자신에 대해 새로운 이해를 할 수 있도록 도와주는 것이다.

상담 초기에는 주로 상담에 대한 잘못된 기대나 내담자의 불명확하고 미온적인 태도를 해석하게 되는데, 이때는 상담 과정에 대하여 명료하게 밝혀주고 내담자가 노력해야 할 부분에 대하여 제시해 준다. 상담이 진행될수록 내담자의 문제에 대한 생각, 느낌이나 방어기제에 대하여 해석해 주게 된다. 내담자가 자각하지 못하고 있는 것을 알게 해주어 문제에 대한 통찰을 하도록 도와줄 수 있다. 상담 종결 부분에서는 상담자가 하는 해석의 빈도를 줄이면서 내담자 스스로 해석할 수 있도록 격려해 줄 수 있다. 해석할 때 주의할 점은 해석이 내담자에게 위협적일 수 있다는 것이다. 내담자가 해석을 받아들이지 않을 때 저항이 일어날 수 있고 그로 인하여 자신에 대해 탐색하는 것을 멈출 수 있다. 따라서, 해석은 상담자와 내담자 간의 신뢰 관계가 확실히 성립되었을 때 실시하는 것이 바람직하다.

해석을 통하여 내담자는 자신의 문제에 대하여 새로운 이해를 하게 되며, 여러 가지 방법으로도 해결되지 않았던 문제나 갈등들이 해결될 수도 있는 새로운 문제로 다가오게 된다. 대부분의 내담자는 해석에 대하여 긍정적인 태도를 보이게 되는데, 그 이유는 상담자가 내린 적절한 해석은 상담자가 자신들의 문제를 잘 이해하고 있다는 의미이며, 나아가 그들의 문제가 해결될 수 있으리라는 희망을 품게 되기 때문이다.

CHAPTER

10

단기상담

개요

단기상담은 최근에 발전된 상담의 이론적 접근이다. 단기상담은 제한된 시간 내에 최고의 효율을 내고자 하는 목표 아래 인간 행동에 대한 변화의 원리를 새로운 관점에서 발견하고 새로운 방법으로 접근하려는 시도이다. 본 장에서는 단기상담에 대하여 논의하고자 한다.

학습목표

- 단기상담의 필요성
- 내담자의 유형에 따른 상담기법 숙지
- 단기상담의 효과에 대한 이해

학습내용

1. 단기상담의 개념
2. 내담자의 유형
3. 단기상담의 모델
4. 단기상담의 과정
5. 단기상담의 기법

1. 단기상담의 개념

1) 단기상담의 개념

단기상담은 최근에 발전된 상담의 이론적 접근이다. 단기상담은 제한된 시간 내에 최고의 효율을 내고자 하는 목표 아래 인간 행동에 대한 변화의 원리를 새로운 관점에서 발견하고 새로운 방법으로 접근하려는 시도이다. 상담기간이 짧은 단기상담은 장기상담과 대비되는 말로서, 영어로는 short-term counselingtherapy, brief therapy, time specified brief therapycounseling, time-limited counselingtherapy 등으로 불린다. 'short-term'이라는 용어에서는 상담기간이 짧다는 의미를, 'brief'라는 용어에서는 치료의 목적을 구체화하고 단순 명료하게 한다는 의미를, 'time-specified'나 'time-limited'라는 용어에서는 상담기간을 미리 지정한다는 의미를 각각 내포하고 있다. 표현은 다양하지만, 공통점은 기간이 짧다는 것이다. 따라서, 단기상담은 '비교적 짧은 기간에 간결하게 이루어지는 상담'이라고 정의할 수 있다(강갑원, 2015: 265).

1980년대 드 세이져Steve De Shazer에 의해 개발된 단기상담은 문제보다는 해결을 중시한다. 알토Palo Alto에서 전략적인 치료이론 MRIMental Research Institute를 기초로 발전하였으며 에릭슨Milton Erickson의 가치, 철학, 기술이나 전략들이 중심이 되어 발전하였다. 문제의 형태와 역기능보다는 상호 순화적인 과정과 피드백 고리에 초점을 두고, 시도되었던 문제해결책에 초점을 둔 상담이론이다. 문제란 어려움을 반복적으로 잘못 다룬 것으로 규정하며, 해결중심적인 치료목표를 설정하는 것이 중요하다. 그리고 가족의 기능과 역기능적 위계에 관심을 두지 않으며, 생각과 행동에 대한 자기 강화 패턴에 초점을 두었다. 내담자의 잘못된 것에 관심을 두기보다는 성공한 것과 성공하게 된 구체적인 방법을 발견하는 데 관심을 둔다.

첫 부분부터 단기상담은 "여기에 온 목적이 무엇입니까?"라고 시작한다. 또는 "여기에 더 이상 오지 않으려면 어떤 일이 일어나야 하지요."라고 질문하면서 구체적인 목표설정으로 들어간다. 상담에서 상담자는 질문과 경청, 공감적인 반영을 통하여 수용과 지지로 호소하는 문제들을 심층적인 공감(해결중심)으로 바꿔주면서 반영하는 능력이 필요하다. 해결을 위한 질문법으로는 기적질문과 가상질문, 예외질문, 대처질문, 척도질문, 관계성질문을 적절하게 사용하여 내담자의 인식 변화에 초점을 둔다. 해당 부분을 마치고 상담자는 내담자에게 메시지를 작성하여 피드백을 주며 과제를 부여한다(임상록 외, 2012: 174-175). 단기상담은 기존 상담이론과는 다른 차별성을 가진다(강갑원, 2006: 314).

첫째, 가장 실용적이고 경제적으로 개입하며 작은 변화가 전체에 파급 효과를 준다.

둘째, 내담자 간 지닌 강점과 잠재적 힘을 강조하며, 내담자의 호소 문제에 초점을 둔다.

셋째, 상담이 끝난 후에도 눈에 보이지 않지만, 상담의 효과는 계속된다고 본다.

넷째, 내담자가 상담에 얼마나 협조하느냐보다 현실 생활에 어떻게 적응할 수 있는가에 초점을 둔다. 따라서, 내담자의 현실 문제를 중요시한다.

2) 단기상담의 특징

최근 단기상담에 대한 관심이 매우 높아지고 있는데, 단기상담은 다음과 같은 특징이 있다.

첫째, 내담자들은 상담을 받고자 할 때 대개 상담이 장기간 진행될 것으로 생각하지 않는다. 몇 번 아니면 단 한 번의 상담만 받으면 될 것으로 믿는다. 그야말로 자신의 성격을 '정밀검사'하거나 '완전개조'하여 새사람이 되기 위해 오지는 않는다. 구체적인 문제를 빨리 해결하려고 상담자를 찾아오는 경우가 더 많다.

둘째, 상담자들은 본인이 원하든 그렇지 않든 간에 실제로 단기상담을 하게 된다. 상담자의 이론적 입장과 관계없이 내담자와 상담하는 회기 수는 평균적으로 6~8회 정도에 불과하다고 한다. 그러니까 단지 계획적인 단기상담을 하느냐, 아니면 계획에 없는 단기상담을 하느냐의 차이가 있다는 것이다.

셋째, 적용 범위와 관련해서 처음에는 단기상담에 적합한 문제의 범위를 아주 좁게 생각하였다. 내담자의 지적, 정서적, 동기적 수준은 높아야 하고, 그들이 가지고 오는 문제는 단순하고 구체적이어야 한다고 보았다. 그러나 연구 결과, 단기상담은 심각하고 만성적인 문제에도 상당히 효과적으로 적용될 수 있다는 것이 밝혀지고 있다.

넷째, 단기상담은 장기상담만큼이나 효과가 있는 것 같다. 물론 모든 내담자가 단기상담으로 효과를 보는 것은 아니고 효과를 보는 사람들도 그 정도가 똑같지는 않지만, 단기상담이 피상적인 해결책만을 제공한다는 견해는 잘못된 것으로 밝혀지고 있다.

다섯째, 비용문제를 들 수 있다. 유료 상담을 받으려면 돈이 꽤 많이 들어 상담비 지출이 부담스럽게 된다. 오랫동안 상담을 받는 것은 경제적으로도 어려운 일이다. 어떤 나라에서는 상담받을 때 신체적 질병의 경우처럼 의료보험이 적용되기도 하는데, 보험회사에서는 상담의 기간이나 횟수를 제한한다. 비싼 상담비를 무한정 대줄 수 없다는 것이다. 따라서, 자연스럽게 단기상담을 하게 되고, 상담자는 단기상담의 절차와 기법을 배우지 않을 수 없게 되었다.

3) 단기상담의 목표

단기상담의 목표는 상담자의 도움을 찾게 한 바로, 그 문제를 극복하도록 돕는 것이다. 상담자는 내담자가 가지고 온 상담목표를 존중하여야 한다. 상담자 자신이 원하는 다른 목표로 바꾸려 하지 않는 것이 중요하다. 즉, 내담자들이 가장 절실하게 느끼는 불편함을 없애고, 합리적이고 적절한 수준에서 기능하도록 돕는 것이 가장 주된 목표다. 성격 변화와 같은 지나치게 의욕적인 목표에 이르고자 애쓸 필요는 없다. 이에 관해 콜비(Colby, 1951)는 다음과 같이 말하였다.

> 심리치료자는 심리적 재탄생이나 내담자의 성격을 완전히 재조직하는 것에 해당하는 커다란 변화를 기대해서는 안 된다. … 심리치료는 수선작업이다.

콜비는 이 말을 단기상담에 국한해서 한 것이 아니라, 상담 일반에 대해서 한 것이다. 그러니까 단기상담은 더 말할 필요도 없다. 여기에 덧붙여, 내담자들이 미래의 문제들을 더 잘 다루고 또 가능하면 미리 예방할 수 있도록 대처기술들을 개발하게 하는 것도 단기상담의 주요 목표가 된다.

내담자가 이전보다 더 생산적인 방식으로 자신의 문제들을 극복하고, 미래의 어려움을 다룰 수 있도록 돕는 것이 단기상담의 우선적인 목표다. 이 목표를 짧은 시간 안에 달성하기 위해 단기상담은 정신분석 등의 장기상담에 비해 더 문제해결 중심적이고 지시적이라고 할 수 있다. 더 지시적이라는 말은 내담자가 자신의 문제를 드러내고 통찰할 때까지 오랜 시간을 기다릴 수는 없으므로 상담자가 더 적극적으로 상담의 과정을 이끌어 간다는 말이다.

단기상담이 가지고 있는 목표의 구체성, 상담자의 적극적인 역할, 상담 길이에 관한 기대 등이 모두 상담 과정을 촉진하고, 장기상담에서 일어날 수 있는 함정들을 피할 수 있도록 돕는다. 대체로 장기상담은 상담의 길이를 필요 이상으로 연장하고 상담자와 내담자 모두에게 바람직하지 못한 의존성을 불러일으키는 경향이 있는데, 단기상담은 이를 피할 수 있도록 도와준다.

2. 내담자의 유형

내담자가 스스로 또는 타의로 방문하였는지가 중요하다. 치료의 시작은 치료자와 내담자가 한 팀이 되어 서로 협조적이며, 신뢰와 믿음 안에서 출발하기 때문이다. 내담자와 치료자 간의 관계 질은 상담 진행 중에 변화할 수 있다.

치료자와 내담자의 관계 유형을 내담자의 다음의 상황에 따라 고객형Customer, 불평형Complainant, 방문형Vistor으로 분류하였다(De Shazer & Molaner, 1984).

유의점

① 내담자가 치료에 오게 된 목적이 어떤 것인지

② 누구에 의해서 오게 되었는지, 스스로 왔는지, 타인이 의뢰해서 왔는지

③ 현재 처한 어떤 절박한 상황을 두고 있는지

④ 왜 하필이면 지금 치료를 받기 위해 왔는지

⑤ 현재 문제에 대하여 내담자의 해결 동기가 얼마나 강한지

⑥ 문제에 대한 관련성의 정도를 어느 정도 인식하고 있는지 파악한다.

표 10-1 내담자의 유형

유형	내용
고객형 내담자	• 문제를 분명히 인식하고 있고, 변화를 위해 자발적인 동기와 적극성을 표현하며, 치료자와 협력적인 치료 관계로 쉽게 발전할 수 있고, 치료자가 원하는 이상적인 내담자이다. • 과제 부여가 가능함. • 상호 간의 협의로 목표 설정하기
불평형 내담자	• 문제의 내용은 잘 알지만, 문제를 자기 책임이 아니라, 남의 책임으로 돌리는 유형으로 문제 상황을 다른 관점에서 관찰하고 깊게 생각할 수 있게 해주는 것이 중요하다. • 심리적인 위로와 지지가 필요함, 해결 중심적 대화 필요, 예외상황 발견하기, 관찰형, 심사숙고형 과제 부여하기
방문형 내담자	• 누구에 의하여 보내진 내담자로 자신의 문제에 대한 의식이 없으므로 변화하고자 하는 동기가 매우 약한 편이며, 문제에 대한 인식을 스스로 알 수 있도록 협조해 주는 태도가 중요하다(폭력 가해자, 비행 청소년, 약물 중독자, 알코올 중독자). • 방문형 내담자로 변하는 것이 중요, 보낸 사람과의 관계와 방문목적 인식하기

자료: 정서영 외(2017b: 280) 재인용

위와 같은 여러 유형의 내담자가 있지만 모든 내담자가 단기상담에 적합한 것은 아니다. 장기상담이 적합한 내담자도 있다. 어떤 경우에는 상담으로는 아예 효과를 볼 수 없는 내담자도 있다. 단기상담에 적합한 내담자는 대체로 다음과 같은 조건에 있는 사람이라고 볼 수 있다. 그러나 이러한 기준도 절대적인 것은 아니며, 상담자의 역량에 따라서는 아래의 내용과 반대가 되더라도 효과를 볼 수 있고, 아무리 내담자의 문제가 분명하고 장래가 좋아 보여도 효과를 보지 못할 수도 있다. 그럼에도 불구하고, 일반적으로 단기상담에 적합한 내담자는 다음과 같이 정리할 수 있다(강갑원, 2006: 317-318).

첫째, 호소하는 문제가 비교적 구체적인 내담자가 적합하다. 예를 들어, 결혼하고 수년간 남편에게 폭행을 당한 부인이 이혼해야 할지 말아야 할지를 결정하고자 하는 것과 같은 경우에는 단기상담이 적합하다. 만약 이 부인이 남편에게 폭행을 당하지 않았으면서 이혼을 할 것인지 아닌지를 결정하려 한다면 단기상담으로는 효과를 얻기 어려울 것이다. 단기상담을 해야 하는 경우, 상담자는 내담자의 문제를 구체화하여 단기상담에 적합하도록 목표를 조정하기도 한다. 예를 들어, 대인관계, 학업, 가정생활 등으로 영역을 나누어 어느 하나를 선택하게 하고, 그 문제를 다시 구체화한다.

둘째, 중요한 호소 문제가 발달상의 문제일 때 적합하다. 사람은 성장해 가면서 많은 발달상의 어려움을 겪을 수 있다. 예를 들어, 이성교제, 혼전임신, 흡연, 음주, 부부문제, 직업선택문제, 진로문제와 같은 문제는 발달 과정상에 겪을 수 있는 문제이다. 이러한 문제는 단기상담에서 효과를 기대할 수 있다.

셋째, 호소 문제가 발생하기 이전에는 생활 기능이 정상적이었던 내담자에게 적합하다. 예를 들어, 이전에는 우울증도 없고, 대인관계나 모든 생활 기능에 아무런 문제가 없었으나 사랑하는 사람과 헤어지고 나서 우울증이 생긴 경우에는 단기상담의 효과를 기대해 볼 수 있다. 헤어짐이 우울증과 직접 연관된 것이라면 상담을 통해 헤어짐을 사실로 인정하고 그것으로 인해 생긴 상실감, 외로움, 후회 등을 다룰 수 있다. 그러나 사랑하는 사람과 헤어지기 전에 이미 우울증을 자주 경험하였고 애인 이외의 사람과도 불편한 대인관계를 해 왔다면 단기상담으로는 효과를 보기 어렵다. 이 경우에는 우울증 때문에 사랑하는 사람과 헤어진 것이 아닐 수 있기 때문이다.

넷째, 내담자에게 사회적으로 지지해 주는 사람이 있는 경우에 적합하다. 단기상담은 내담자의 문제가 완전히 해결되기 이전에 종결되는 경우가 많다. 상담 동안에는 상담자가 내담자를 지지해 주기 때문에 안고 있는 정서적 문제가 감소하지만, 상담이 종결되면 이러한 정서적 문제가 재발하거나 내담자가 용기를 잃어버릴 수도 있다. 이러할 때 내담자를 지지해 주고 조언해 주고, 편을 들어주는 사람이 있으면 상담자의 전문적 조력 없이도 어려움을 극복할 가능성이 있다. 단기상담자는 내담자에게 이러한 사회적 지지자가 있는지 확인하고, 지지받는 요령과 태도를 토론을 통해 내담자가 혼자가 아니라는 느낌이 들도록 할 필요가 있다.

다섯째, 과거든 현재든 상보적 인간관계를 가져 본 적이 있는 내담자에게 적합하다. 상보적 관계란 당사자끼리 서로 잘 해준다는 것을 의미한다. 이러한 관계를 맺은 경험이 있는 사람은 상담자와도 조기에 상보적 관계를 형성할 수 있다. 반대로 그러한 경험이 없는 사람은 상담자를 믿지 않거나, 그 반대로 의존적으로 될 가능성이 있다. 상보적 관계에 있었는지는 가족관계, 친구관계 등에 대하여 얘기하는 것을 통해서 알 수 있다.

여섯째, 성격 장애로 진단된 내담자는 단기상담으로 효과를 보기 어렵다. 예를 들어, 반사회적 성격 장애라든지 경계선 성격 장애 등의 경우에는 단기간에 고치기는 어렵다.

3. 단기상담의 모델

내담자가 안고 있는 문제의 성격과 내담자의 문제에 개입하는 상담자의 전략에 따라 다음과 같이 4가지 모델로 나눌 수 있다(강갑원, 2006: 319-322).

1) 교육적 단기상담

이 전략은 기본적으로 교육적 기능에 초점을 두는 것으로서 내담자가 한 가지 문제를 호소하고, 문제의 성격이 단순하고 문제 발생 기간이 비교적 짧은 경우에 적합하다. 이러한 경우에는 조언, 역할 연습, 시범, 모델 관찰, 격려 등의 방법이 효과적이다. 예를 들어, 대인관계기술이 부족한 내담자는 조언, 역할 연습이 효과가 있을 것이며, 숙제하지 않는 자녀를 둔 부모의 경우에는 숙제하게 하는 방법에서 비효율적 요소를 찾아내고 이에 대체할 수 있는 대안을 강화하는 방법과 대화하는 요령 등을 가르쳐 줄 수 있을 것이다. 또한 신혼부부 간에 갈등이 있는 경우에는 부부간의 의사소통 유형을 분석하여 역기능적 요소를 찾아내어 효과적 자기표현을 가르치고 실천하도록 격려할 수 있다. 이때에는 자기표현 훈련 등의 방법을 활용할 수 있다.

2) 역동적 단기상담

역동적 단기상담에서 주로 사용하는 방법으로는 전이와 저항의 해석, 감정의 명료화, 직면 등을 들 수 있다. 여기서 전이란 넓은 의미로서 내담자가 상담자 외의 사람에게 느끼는 감정과 행하는 행동방식을 상담자에게 반복적으로 나타내는 현상을 의미한다. 이러한 것은 무의식적으로 반복하게 되는데 상담자는 이것을 재빨리 알아차려서 치료 대상으로 부각하고 내담자의 동의를 얻어야 한다.

예를 들어, 만성적으로 화나 분노를 느끼는 내담자는 이러한 감정과 관련된 자신의 유형을 상담자와의 상호작용에서 반복하게 마련인데 이러한 것은 전이나 저항의 형태로 나타난다. 이때 상담자는 내담자가 상담자에게 느끼고 나타내는 감정과 행동유형, 즉 '지금-여기'에서의 자료를 활용하여 그것을 부각하고 치료실 밖에서 이러한 것을 반복하고 있는지 확인한다. 그러고 나서 이것을 다시 치료 상황으로 끌어들여 내담자의 내면 과정을 분석 검토하여 변화시켜야 할 요소를 확인한다. 이러한 치료 절차는 상담실 안(지금-여기)과 상담실 밖(그때-거기)을 넘나들어 시간과 공간을 융통성 있게 활용하는 방법이다. 전통적 역동적 방법과 다른 점은 '지금-여기'를 강조한다는 점과 상담 관계 초기부터 전이와 저항을 다룬다는 점이다.

3) 지지적 단기상담

전략은 기본적으로 내담자를 이해하고 공감해 주고, 격려해 주고 존중해 주는 것과 같이 지지해 주는 것을 특징으로 한다. 내담자를 지지해 주지 않는 상담이 없지만 여기서는 내담자를 정서적, 사회적, 인지적으로 더 적극적으로 지지해 준다는 점이 다르다. 통찰 치료 이외에는 모두 상담은 지지 치료라고 주장하는 학자도 있지만 여기서는 이보다는 협의로 사용한다.

가족이나 친구를 사별하고 우울, 외로움, 허무를 심하게 겪고 있는 내담자에게는 지지 요법이 타당하다. 이들에게는 자신의 감정을 상담자에게 자신의 감정을 토로하도록 도우면 된다. 어떤 사정 때문에 수용하기 어려운 감정을 표현하도록 기회를 주는 것이 중요할 것이다.

객관적으로 타당한 사유가 있어서 불안이나 공포를 심하게 겪는 내담자에게도 단기적 지지 요법을 사용할 수 있다. 시험 불안에 시달리는 수험생, 사업 실패를 두려워하는 사업가, 직장이나 학교에서 따돌림을 받는 내담자에게는 그들이 처한 상황, 그렇게 될 수밖에 없는 사정, 열등감 등을 경청해 주고 수용하고 공감을 적극적으로 전달하는 정서적 지지를 해주면 효과가 있을 것이다.

자살 위험성이 있거나 타인에게 심리적 상처를 입은 위기 상황에 있는 내담자에게도 이러한 접근을 할 수 있다. 상담자는 내담자에게 상처받은 느낌에 직면하도록 하고 그것을 인정하도록 도와주면서 상담자가 내담자와 함께 있다는 느낌, 내담자의 편에 서 있다는 느낌을 주도록 하고, 나아가서는 내담자가 그런 상처, 모욕, 상한 자존심, 열등감 등을 다른 시각에서 볼 수 있도록 하는 방법을 시도할 수 있다. 이러한 경우에 사용하는 기법이 긍정적 재구성 기법이다.

4) 해결중심 단기상담

이 전략은 내담자가 안고 있는 문제를 해결하는 데 초점을 두는 것으로 의사결정, 선택, 일시적 고충 등 명확한 문제를 안고 있는 사례에 적합하다. 진로 선택을 하려고 하거나 전직을 하려고 하거나, 결혼 상대자를 선택하려고 할 때가 여기에 해당한다. 이러한 문제를 가지고 있는 내담자에게 먼저 문제를 명확히 하도록 한다. 즉, 의사결정이나 선택의 상황에 부닥쳐 있을 때는 의사결정과 선택을 하여 합리적 결론을 내리면 목표가 달성된 것이며, 의사결정이나 선택은 내담자가 하는 것이라고 분명히 해준다. 그러고 나서 여러 대안을 열거하고, 명료화, 분석, 분류, 종합, 변경, 장단점 분석, 실행 가능성 분석 등을 통해 어떤 선택과 대안이 문제해결에 도움이 되며 실행 가능한지를 따져보도록 한다. 문제해결 방안을 찾고 그것을 실행에 옮기기 위해서는 내담자의 문제해결 동기가 높아야 하는데, 상담자의 지지를 받는 동안 오히려 동기가 떨어질 수도 있다. 따라서, 동기 수준을 지속시키고 상담을 통해 얻은 결론이나 상담자의 조언, 지시를 실천에 옮길 가능성을 높이도록 노력하여야 한다.

4. 단기상담의 과정

상담은 대체로 어떤 문제가 있기 때문에 성립된다고 말할 수 있다. 상담자는 내담자의 문제가 무엇인지, 그 문제가 왜 일어났다고 보는지, 그 문제 때문에 무엇이 불편한지, 그 문제를 어떻게 바로 잡고 싶은지 등과 같은 대화의 내용은 거의 문제에 관한 것이 된다. 상담의 목표가 문제의 해결에 있지만, 대화 대부분을 문제를 말하는데 소비하는 것은 어떤 상담 접근을 채택하든 마찬가지이다.

이러한 현상이 일어나는 이유는 대부분 내담자는 스스로 문제해결을 위하여 자발적으로 대화를 하지 않기 때문이다. 그러기 때문에 상담자는 계획과 의도를 가지고 내담자를 이끌어갈 수밖에 없다. 해결중심 상담에서는 이러한 점을 강조한다. 따라서, 해결중심 접근에서는 해결에 관한 대화에 많은 시간과 노력을 기울이며, 해결을 촉진하는 대화의 방법, 변화 동기를 촉진하는 방법, 문제보다는 해결에 초점을 맞추도록 유도하는 기술을 개발하려고 노력한다. 여기서는 해결중심 상담의 일반적 과정에 최초 김계현(2000)이 제시한 후, 강갑원(2006: 322-330)이 추가하여 이론화시킨 내용을 중심으로 살펴보기로 한다.

1) 면접상담 전 단계

이 단계에서는 가능한 많은 정보를 수집하는 데에 초점을 둔다. 첫 번째는, 상담신청서를 통하여 내담자에 관한 많은 정보 예를 들어 과거에 상담받은 경험, 상담받으려는 동기 등등 내담자의 역사에 대한 정보를 얻도록 한다. 상담신청서의 내용을 효과적으로 사용하면 상담시간이 절약된다. 두 번째는, 관찰을 통해 많은 정보를 수집한다. 신청실이나 대기실에서 내담자의 행동에 주목한다. 이때 내담자의 가족이나 부모 등이 있으면 더 풍부한 정보를 얻을 수 있다. 예를 들어, 누가 상담신청서를 작성하는지, 신청과정에서 누가 누구에게 물어보는지, 누가 어떻게 대답하는지, 이견이 생겼을 때 처리를 어떻게 하는지, 대기 중에 각자의 행동과 표정은 어떤지, 누가 더 상담에 적극적이고 소극적인지 등의 정보를 얻을 수 있다.

이러한 정보를 수집하는 것 이외에 상담 면접 전에 내담자에게 과제를 제시해 줄 수 있다. 내담자와 첫 회기를 갖기 전에 직접 만나보거나 전화를 하거나 전자메일을 통해 접촉할 수 있으며, 이때 과제를 내줄 수 있다. 상담을 받기 전에 상대방에서 기대하는 것이 무엇인지 생각해 오도록 하는 과제도 내어줄 수 있다. 가장 전형적 과제는 상담이 성공적으로 이루어진다면 내담자의 삶에서 무엇이 어떻게 달라지겠는지에 대하여 생각해 오도록 하는 것이다.

2) 첫 회기

해결중심 상담에서는 첫 회기를 가장 중요시한다. 첫 회기는 단순한 정보 수집에 그치지 않는다. 수집한 정보를 토대로 내담자를 평가하고 개입 방향을 정하며, 구체적 과제를 부여하기도 한다. 그러기 위해서 첫 회기에 상담자는 무엇 때문에 내담자의 문제가 지속하고 어디서, 어떻게 노력을 해도 문제가 해결되지 않는지, 무엇이 해결되어야 문제가 해결되며, 문제해결을 하기 위하여 상담자가 할 수 있는 것이 무엇인지 자문하여 정보를 수집해야 한다. 해결중심 접근에서 첫 회기의 상담시간은 보통 1시간 30분 정도를 예상한다. 첫 회기에서 달성해야 할 목표는 대체로 다음과 같다.

(1) 신속한 상담 관계 형성

상담자는 신속하게 상담 관계를 형성하여야 한다. 이러한 관계의 형성과 유지는 상호작용하는 것이므로 상담자는 내담자가 처음부터 상담에 적극적으로 참여하도록 해야 한다. 그 순서를 보면 다음과 같다.

첫째, 최초 몇 분간은 내담자와 친해지는 데에 시간을 사용한다. 그리고 상담신청서에 부족한 부분을 보충하는 데에 사용한다.

둘째, 상담에 대한 내담자의 기대를 검토하고, 내담자와 상담자가 무엇을 하는지, 상담의 시간, 상담료 등 상담의 구조화를 한다.

셋째, 상담자가 도울 방안을 물어본다. 또 상담자는 내담자를 조력하는 사람임을 상기시킨다. 상담이 성공하기 위해서 어떤 일이 일어나야 하는지 자연스럽게 물어본다.

넷째, 내담자의 호소 문제를 듣고 내담자가 사용하는 용어로 요약해 준다. 이것은 상담의 초점을 맞추는 데에 도움이 된다.

다섯째, 내담자의 긍정적이고 존경받아야 할 점을 발견한다.

(2) 개입 초점의 발견

상담의 초점이란 상담에서 하고자 하는 주요 대상 또는 목표를 의미한다. 초점발견은 진단이나 평가와도 관련이 있다. 그러나 단기상담에서의 진단은 정신의학적 진단체계에 따른 진단명을 부여하는 것 이상이 요구된다. 특히 중요한 것은, 내담자가 문제 상황에 대처하는 방식을 아는 것이다. 내담자가 문제에 대처하는 방식을 알기 위해서는 다음과 같은 질문이나 요령이 도움이 된다.

첫째, 내담자가 왜 '지금' 상담을 받으려고 하는지 물어본다.

둘째, 상담 예약을 하고 나서 문제해결에 진전이 있었는지 물어본다. 종종 상담 전에 문제해결에 향상이 있을 수 있다.

셋째, 상담이 성공했다면 무엇으로 알 수 있는지를 물어본다. 단기상담에서는 문제 발견에서 해결로 신속하게 전환하는 것이 중요한데 무엇으로 변화를 알 수 있는지를 안다는 것은 이런 전환을 촉진해 준다.

넷째, 다룰 문제를 정의할 때에는 구체적 증상이나 행동용어를 사용한다. 예를 들어, '불안'이라는 용어보다는 '남의 앞에 서면 심장이 두근거린다'라는 말이 초점발견에 도움이 된다.

다섯째, 내담자가 호소하는 것이 왜 문제가 되는지 알아본다. 문제 이유를 알게 되면 내담자가 문제를 정의하는 방식을 알게 되고, 문제의 의미를 분명하게 이해할 수 있다. 예를 들어, 부모가 자녀가 결석하는 것을 호소하는 이유는 여러 가지이다. 성적이 떨어지는 것 때문일 수도 있고, 결석하는 동안 나쁜 행동을 할까 봐 그럴 수도 있다.

여섯째, 호소 문제가 여러 개일 경우에는 중요하거나 시급히 해결하여야 할 순서를 정하도록 한다. 간혹 내담자는 순서를 정하지 못하는 예도 있는데, 이것을 저항으로 볼 필요는 없다.

(3) 성공적 상담 결과 논의

상담의 성공적 결과가 무엇인지 논의한다. 이것은 상담의 목표이다. 해결중심 상담은 문제 정의 단계에서 해결 단계로 신속하게 이동하므로, 이 과정이 쉽게 이루어지지는 않는다. 이 과정은 상담자와 내담자가 상담목표를 놓고 협상하는 것과 비슷하다. 그 요령은 다음과 같다.

첫째, 상담목표 즉 해결을 나타내는 말은 긍정적 단어로 이루어져야 한다. 예를 들어, '이제는 결석을 하지 않는다'보다는 '이제는 학교에 매일 출석하겠다'라는 식으로 표현하는 것이다. 그래야 변화의 초점이 분명해진다.

둘째, 변화의 목표는 구체적으로 표현한다. '행복한 생활을 한다'라고 목표를 정했으면 이것을 좀 더 구체적 단어로 바꾸어 보도록 한다. 예를 들어, '일주일에 한 번은 친구와 만난다'와 같이할 수 있다.

셋째, 내면적 상태보다 외적 상태에 초점을 두어 변화시킨다. 많은 문제는 내적 심리 상태를 나타내는 단어로 표현된다. 예를 들어, '자아존중감'Self-esteem을 높인다는 목표를 정하더라도 이것이 어떻게 달성 가능할지 내담자는 암담해 할지 모른다. 이런 경우를 생각해서 상담자는 문제를 외부적인 것으로 표현할 수 있어야 한다. 가장 전형적 방법은 대인관계 상황에서 찾는 것이다. 예를 들어, 누구 때문에 자아존중감이 낮아지는지 이야기하게 함으로써 문제의 외부 원인을 알게 되고 상담 목표의 초점을 구체화할 수 있다.

넷째, 목표를 달성 가능한 것으로 조정한다. 목표는 종종 이상적으로 설정되는 때도 있다. 예를 들어 선생님에게 증오심이 있는 학생에게 선생님을 복수하는 목표는 현실적으로 가능성이 없다. 그러나 선생님에게 부당한 대우를 바로잡아 줄 것을 요구하는 목표는 현실적으로 가능하다.

(4) 자발성 측면의 반영

모든 내담자가 자발적으로 상담에 임하는 것은 아니므로 모두가 변화할 준비가 되어있는 것은 아니다. 문제에 대하여 불평과 불만만 토로하는 내담자도 있다. 이러한 경우에는 내담자 자신보다 다른 사람이 바뀌어야 한다고 주장할 수 있다. 그러나 이러한 내담자의 경우에도 자발성의 측면을 찾을 수 있다. 내담자가 상담자에게 상담에 임한 것 자체가 최소한 자발성의 측면을 반영하는 것이다.

(5) 개입전략 선택

상담자는 내담자의 동기 수준에 따라 적합한 상담 전략을 선택하여야 한다. 동기 수준은 네 가지 수준으로 분류할 수 있다. 변화하려는 생각조차 없는 '최소 수준', 변화가 필요하다고 생각은 하지만 변화 장단점에 대한 논의에만 초점을 두는 '생각 수준', 변화를 할 의도는 있으나 시도는 하지 않고 있는 '준비단계 수준', 변화를 위해 다양한 시도를 해보는 '행동 단계 수준', 변화를 시도했고 완전한 변화로 굳히려고 하는 '유지 단계 수준'으로 구분할 수 있다. 자발성이 약한 내담자에게는 직접 행동 변화를 요구하지 말고 상황이 나아지려면 어떤 일이 일어나야 하는지, 문제의 원인이 무엇인지, 문제가 없었던 예외는 없었는지, 당장은 아니더라도 문제를 개선하는 데 도움이 될 만한 일은 없었는지 생각해 보도록 하거나, 변화한다는 것은 어렵고 불편한 일이라는 것을 공감해 볼 수 있다.

(6) 문제의 긍정적 재정의

문제를 개념화할 때에는 종전과 다르게 정의하여야 하는데, 이것을 재구성Re-framing이라고 한다. 문제의 재구성 또는 재정의는 그것이 해결할 수 있도록 방향이 맞추어져야 한다. 특히, 긍정적 재구성이 필요한데, 그러기 위해서는 문제행동의 이면에 존재하는 긍정적 의도 문제 증상의 정적 기능, 의도하지 않았지만, 결과적으로 발생한 긍정적 결과에 주목하여야 한다. 이렇게 함으로써 내담자와 상담자는 문제 상황을 다른 시각으로 볼 수 있게 된다. 예를 들어, 상담자가 반항하는 자녀를 둔 부모에게 "당신의 아들은 밖으로 나돌게 됨으로써 당신의 사랑을 알게 되는 모양입니다"라고 말해 줄 수 있다.

(7) 작은 변화의 시도

행동이나 증세의 변화 이전에 가장 먼저 변화를 시도할 수 있는 것이 시각의 변화이다. 이러한 변화를 도모하기 위해서는 먼저 문제가 누구의 문제인지 명료화시켜야 한다. 예를 들어, 수업 중에 엎드려 잠자는 동료에 대하여 불만이 있는 학생이 있다면, 그에게 먼저 그것이 자신에게 문제가 되는 이유를 물어봄으로써 그 문제에 대한 자신의 시각을 변화시킬 수 있다. 그리고 즉각적으로 시도가 가능한 개입방법을 생각해 본다. 역할 연습, 교육, 간단한 지시 등을 사용할 수 있을 것이다. 그다음에는 문제 상황에 대한 예외 사건의 의미를 재구성해 본다. 앞의 예에서 불평하는 학생에게 “다른 학생들은 그 학생이 수업 시간에 엎드려 자도 어떻게 그렇게 아무런 불평이 없는지 모르겠네.”라고 말해줌으로써 예외적 상황에 대하여 새로운 의미를 부여하도록 할 수 있다. 만약 내담자가 상담 전에 변화나 진전이 있다고 하면 이를 더 강화하도록 하고, 과거에 이와 똑같은 문제에 제대로 대처했던 경험이 있으면 그것을 활용해 보도록 한다.

(8) 과제 부여

과제는 회기 중에도 개입을 효과적으로 하는 한 방법으로 사용된다. 과제 부여는 내담자의 행동 실천에 초점을 두는 것이 좋다. 과제를 줄 때의 요령은 다음과 같다.

첫째, 과제가 내담자의 목표, 가치관, 능력, 흥미와 일치하여야 한다. 그러기 위해서는 과제를 상담자가 일방적으로 정하지 말고 내담자를 참여시키도록 하는 것이 좋다.

둘째, 과제가 내담자의 동기 수준에 맞아야 한다. 행동을 변화시키거나 새로운 행동을 하게 하는 과제는 적극적으로 참여하는 자발적 내담자에게 적합하고, 비자발적 내담자에게는 ‘생각해 보기’, ‘관찰하기’와 같은 소극적 과제가 적합하다.

셋째, 과제는 실행 가능할 정도로 작고 구체적이어야 한다. 다음 상담 회기까지 확인할 수 있는 작은 변화를 생각하고, 실천 가능한 작은 과제를 제시하여야 한다.

넷째, 과제 수행을 촉진하는 단서(장소, 시간)를 정해 본다. 예를 들어, 이 과제를 잊지 않고 기억하려면 어떻게 하면 될까를 생각해 보게 한다.

다섯째, 과제를 하는 데 방해가 될 요소는 무엇인지 생각해 보고 그것을 극복하는 데 도움이 될 만한 요소를 찾아 활용하도록 동기화시킨다.

(9) 질문과 평가

첫 회기를 마치기 전에 질문과 평가를 할 시간을 남겨둔다. 마치기 5분 또는 10분을 남겨두고 내담자에게 질문은 없는지, 하고 싶었던 이야기는 없는지 물어본다. 가장 흔한 질문은 과제에 대한 것이다.

3) 후속 회기

후속 회기는 융통성 있게 운영된다. 첫 회기를 가진지 하루나 이틀 뒤에 할 수도 있지만, 일주일 또는 2주 또는 4주 후에 회기를 잡을 수도 있다. 후속 회기를 첫 회기에 얼마나 근접시키느냐 하는 것은 문제의 위급성이나 내담자의 사정에 따라 달라진다. 회기 진행은 첫 회기와 기본적으로 유사하지만, 다음과 같은 점이 다르다.

첫째, 첫 회기나 전회기에 중점적으로 다루었던 문제에 대하여 내담자와 상담자가 상호 이해를 같이하고 있는지 검토한다.

둘째, 지난번 회기에 무엇이 나아졌고, 달라졌는지 물어본다. 그리고 그러한 변화나 진전이 어떻게 가능했는지 탐색한다. 이러한 질문은 무엇이 분명히 달라진 점이 있다는 것을 전제로 하여 묻는다. 비록 일시적 변화라 하더라도 과소평가하지 않는다. 문제가 여전히 존재한다는 것을 인정하면서도 진전과 변화에 더 주목한다.

셋째, 과제 수행 여부를 확인하고 수행에서 어려웠던 점을 즉시 확인한다. 그리고 과제를 수행한 것을 변화나 진전과 연결한다. 이것을 발견하기 어려울 때는 그 이유를 논의한다.

넷째, 내담자의 진보나 목표에 일관성이 있는 새로운 과제를 부여한다. 이때 전혀 새로운 과제보다는 앞에서 효과가 있었던 과제를 지속하는 것이 보통이다. 해결중심 상담에서는 먹혀들어 가는 것은 다시 사용한다는 원칙을 지킨다.

다섯째, 상담이 효과가 있는지 평가한다. 평가의 기준은 내담자가 원했던 것을 얻었는지가 기준이 된다. 평가는 복수의 관점을 가지고 한다. 내담자의 주관적 평가, 상담자의 평가, 제삼자의 평가, 검사 도구에 의한 평가가 그것이다.

4) 상담의 종결

단기상담에서 상담의 종결은 항상 잠정적이다. 완전한 종결을 가정하지 않는다. 왜냐하면, 완전한 변화나 학습은 없다고 보기 때문이다. 내담자가 상담을 받고 나서도 생활하다가 또 문제가 생기면 찾아온다. 단기상담을 하여 효과가 없으면 다른 접근을 하기도 하고 상담자를 교체해 보기도 한다. 경우에 따라서는 상담 이외의 방법을 생각할 때도 있다. 만약 내담자가 사전 연락 없이 상담에 오지 않으면 반드시 연락하여 상호 확인을 한다. 그래야 그 내담자의 상태를 정확하게 판단할 수 있기 때문이다. 상태가 좋아져서 오지 않는 내담자도 있고, 상담에 실망하여 다른 상담 기관으로 옮겨서 안 오는 수도 있다. 사후 확인 결과에 따라서 내담자에 대하여 기록하는 등 적절하게 마무리를 한다.

5. 단기상담의 기법

단기상담은 단기적이며 치료과정이 구조화되어 있다. 먼저, 문제에 대한 기본가정, 내담자와 목표설정, 적절한 시기에 질문기법 사용, 내담자 유형에 대한 개별적인 치료적 접근, 마지막으로 메시지와 과제 부여 등으로 치료과정이 체계적이다. 보통 면담시간은 전체적으로 1시간 정도이며 30~40분은 치료자와 내담자의 면담, 그리고 10분 정도 휴식시간에 치료자는 일방경 뒤에서 관찰하는 다른 치료자와 함께 메시지를 작성하고 치료에 관한 이야기를 나눈다. 그 후 치료자가 내담자 가족에게 10분 정도 작성한 메시지와 과제를 부여하고 치료를 종결한다.

단기상담 치료에서는 보통 치료자가 두 명씩 한 팀으로 일한다. 한 치료자가 내담자와 면담하는 동안 또 다른 치료자는 일방경을 통해 다른 방에서 인터폰으로 면담에 적절한 자문을 줄 수도 있다. 또한 면담에 대한 메시지 작성과 치료 방향을 함께 설정한다. 이런 방법은 치료자가 혼자인 것보다 내담자의 문제에 훨씬 객관적이고 다양한 관점으로 접근할 수 있는 장점이 있다.

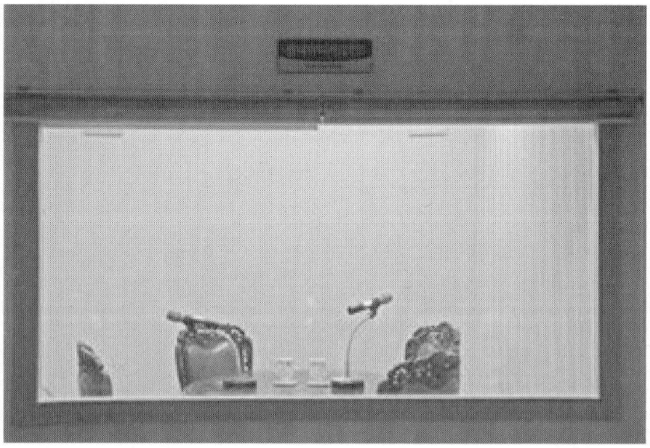

그림 10-1. 일방경이 설치된 상담센터

치료자가 혼자서 진행해도 치료과정은 똑같다. 중간에 치료자가 혼자서 가족에게 줄 메시지를 작성하고 과제를 줌으로 종결한다. 치료과정에 10분 정도의 휴식시간 동안 내담자가 스스로 면담내용을 한 번 더 생각할 기회를 주며 치료자가 어떤 반응을 보일지에 대하여 무척 궁금하게 한다. 많은 내담자는 자신들의 문제나 어떤 잘못에 대한 추궁이나 비난을 염려하기도 한다. 그러나 피드백 메시지는 이런 내담자에게 전문가의 관점에서 칭찬과 긍정적인 부분, 내담자의 장점이나 강점을 인정해 주기 때문에 강한 동기 부여와 문제해결에 대한 자신감을 부여할 수 있다. 치료자가 내담자에게 전달하는 메시지의 피드백은 그래서 아주 효과가 있고 진지하게 받아들인다. 이런 치료과정 또한 전략적인 해결중심이 추구하는 강한 강점이라고 본다(임상록 외, 2012: 180).

표 10-2 단기상담 5단계 치료과정

단 계	치료과정	내 용
제1단계	내담자에게 초점 맞추기	• 치료자와 내담자의 신뢰 관계 형성 • 내담자의 준거틀 내에서 작업 • 내담자의 문제에 대한 지각과 판단이 수용 받고 이해받을 때 해결중심적 대화 시도 • 내담자의 관계유형 파악
제2단계	치료목표 설정	• 내담자와 치료자의 협상에 의한 구체적이고 명확한 치료목표 세우기
제3단계	해결책 안으로 들어오기	• 해결중심으로 이끄는 다양한 질문법을 활용하기 (면담 전 변화에 대한 질문, 기적 질문, 척도 질문, 대처 질문, 관계성 질문)
제4단계	해결중심적 개입	• 치료자는 내담자에게 동료치료자와 함께 피드백으로 전달할 메시지를 작성하여 전달한다. 피드백은 칭찬, 연결과정, 과제 부여로 내담자의 장점을 인정해 주고 강한 동기와 자신감을 부여함.
제5단계	작은 변화 유지하기	• 내담자에게 일어난 작은 변화를 계속 유지하게 하기 • "무엇이 어떻게 달라졌어요?", "그것이 더 좋아진 것인가요?", "그때는 어떻게 가능했어요?" 등의 질문으로 변화에 대한 확장 인식하기

자료: 정서영 외(2017b: 293) 재인용

CHAPTER

11

노인상담

개요

노인상담이란 노인문제에 관한 전문적인 지식과 훈련을 받은 상담자가 노인들이 당면한 제반 문제를 의논하고, 그 해결점을 찾을 수 있도록 도와주는 과정이다. 노인상담은 전문적 훈련을 받은 상담자와 문제를 지닌 내담자 간에 이루어지는 전문적 협력관계라는 특징이 있다. 본 장에서는 노인상담을 학습하고자 한다.

학습목표

- 노인상담의 개념 파악
- 노인상담 실습
- 노인상담의 기술 습득

학습내용

1. 노인상담의 개념
2. 노인상담의 과정
3. 노인상담의 의사소통기술
4. 노인상담의 기법

1. 노인상담의 개념

1) 노인상담의 정의

노인상담에 대한 정의는 그 학문적 성과에도 불구하고 정의를 명확히 하기는 쉽지 않다. 그 이유는 노인을 바라보는 관점에 따라 조금씩 다르게 해석할 수 있기 때문이다.

노인상담은 심리학, 가족학, 사회복지학 등 다양한 학문 분야에서 사용하는 전문적인 임상적 개입방법이다. 그중에서도 사회복지학의 지식과 기술, 가치를 기반으로 하여 이루어지는 노인복지실천에서 노인상담은 매우 중요한 위치를 차지하고 있다(김인혁 외, 2015: 190). 노인복지실천에서 노인상담은 노인이 직면한 심리사회적 문제를 직접 해결하는 치료적 기능뿐만 아니라, 노인문제해결을 위한 다른 서비스나 원조의 매개체로서의 기능도 지니고 있다(McDonald et al., 1988).

노인상담이란 노인문제에 관한 전문적인 지식과 훈련을 받은 상담자가 노인들이 당면한 제반 문제를 의논하고, 그 해결점을 찾을 수 있도록 도와주는 과정이라 할 수 있다(이근홍, 2018: 171). 즉, 이것은 노인들이 당면하고 있는 여러 문제에 대해 전문적인 상담자가 문제해결을 위해 대안을 제시하거나 안내하는 절차를 말한다. 노인상담은 노인들에게 정서적 지지를 제공하며, 고립감과 문제에 대한 압박감을 감소시키고, 노인들로 하여금 문제를 스스로 해결할 수 있도록 동기를 부여하고 이를 조장하는 기능을 수행한다(Brindis et al., 1987). 노인상담은 이미 사회구조의 주변으로 밀려난 약자인 노인을 정서적으로 지지하여 변화한 사회에 적응할 수 있도록 하고, 노인과 관련해 어려움을 겪고 있는 가족구성원의 지지를 도모하는 총체적 보살핌의 역할을 의미한다(김희수·이은숙, 2014: 172).

노인상담은 주변 집단인 가족, 친척과 친지들에 의해 이루어지던 정서적 지지와 지원 및 문제해결과 예방의 역할과 태도를 객관적으로 대행하여, 사회로부터 격리되고 소외된 많은 노인에게 먼저 일차적 사회관계망의 역할을 해 준다. 또한 노인상담은 노인이 변화하는 현대사회에 기능적으로 잘 대처할 수 있도록 새로운 정보를 제공하여 복잡한 현대인의 생활양식에 잘 적응할 수 있도록 해 주는 정보 제공의 역할을 한다. 노인뿐만 아니라, 노인을 부양하는 가족원으로 하여금 노인에 대한 이해를 돕고 더불어 잘 지낼 수 있도록 하는 정서적 지지와 정보를 제공한다. 즉, 가족이 노인의 성공적인 노후 생활을 돕는 사회관계망의 역할을 잘 감당할 수 있도록 가족원을 돕는 역할을 한다. 그뿐만 아니라, 노인상담은 노인의 숨은 욕구와 필요에 대한 실증적 탐색을 가능하게 하는 데 그 의의가 있다(서혜경 외, 2017: 53).

일반상담과 비교해 볼 때, 일반적으로 상담은 대화와는 달리 전문적 훈련을 받은 상담자와 문제를 지닌 내담자 간에 이루어지는 전문적 협력관계라는 특징이 있다. 즉, 상담은 일상적인 대화나 일상적인 인간관계와는 다르며, 주로 직접적 대면을 통한 '전문적 조력관계'이다. 이러한 맥락에서 노인상담은 도움을 구하는 노인 및 가족과 상담자(노인상담심리사, 노인정신과의사, 노인사회복지사 등) 간의 전문적 대면 관계를 통하여 일상생활의 부적응문제를 해결 또는 예방하기 위한 조력과정이라고 말할 수 있다(이장호·김영경, 2015: 88).

이러한 기능을 수행하는 노인상담은 몇 가지 목적을 가지고 있다(Harbert & Ginsberg, 1990).

첫째, 정보를 제공하기 위한 것이다. 노인상담자는 가끔 노인 클라이언트에게 소속하고 있는 복지관의 조직을 설명한다. 예를 들어, 노인복지관의 노인집단 프로그램에 참여하는 데 관심 있는 노인은 입회비용, 활동내용, 활동방법, 회원들의 이름과 관심 사항 등과 같은 프로그램에 관련된 사실들을 알기를 원한다. 이때 노인상담자는 노인집단 프로그램에 대해서 노인에게 설명해 주고 아울러 노인복지관에 대해서도 설명을 해준다.

둘째, 정보를 파악하기 위한 것이다. 노인복지관은 노인에게 효과적으로 서비스하기 위해서 정보를 갖추고 있어야 한다. 예를 들면, 생활 보장 프로그램에서 노인상담자는 노인이 가진 재정적 자원과 사회적·경제적 요구조건에 대해서 알 필요가 있다. 정신건강 프로그램에서 상담은 노인이 직면한 정서적인 문제를 찾아내기 위해 이루어지며, 상담자는 '노인의 정서적인 문제는 무엇인가?', '그들 문제는 얼마나 지속하였는가?', '조직은 어떤 방법으로 노인이 정서적 문제를 극복하도록 도움을 줄 수 있는가?'와 같은 질문에 해답을 찾기를 원한다.

셋째, 문제를 해결하기 위한 것이다. 노인상담의 또 다른 목적은 노인이 그들의 사회적·정서적 문제들을 해결하도록 돕기 위한 것이다. 노인상담자는 노인이 배우자를 잃거나, 거주환경이 바뀐 후에 새로운 생활환경에 적응하도록 돕기 위해 노력한다. 때로 노인상담은 클라이언트의 생활을 돕거나 양로원이나 요양원에 입소 또는 노인집단 프로그램에 참여하는 것과 같은 생활대책을 찾도록 돕기 위해 이루어진다.

치료 상담 및 기타 변화 지향적 상담이 문제해결 범주에 속한다. 대부분의 상담은 정보를 제공하고, 정보를 파악하며, 문제를 해결하는 목적 중의 하나 또는 조합으로 이루어진다. 노인상담자는 자신의 상담 목적, 노인 클라이언트가 상담에 참여하려는 목적, 그리고 상담에 대한 기관의 목적과 상담의 기대효과를 이해하는 것이 중요하다(서혜경 외, 2017: 55).

노인상담의 특징은 다음과 같다(이장호·김영경, 2015: 88-89).

첫째, 노인 내담자는 신체적·사회심리적 노화 과정을 겪고 있는 사람이다. 따라서 더 큰 인내심과 기술, 그리고 내담자 중심의 이해력과 수용을 필요로 한다.

둘째, 사고 및 감정 배경의 탐색과 행동 변화의 추구보다는 '지금-여기'의 생활향상에 대한 지지 과정에 우선적 중점을 둔다.

셋째, 노인상담의 접근기법 면에서는 직면, 도전 등의 직접형 접근방법보다 경청, 명료화적 질문 및 해설식 언급 등의 완만한 간접형 접근법이 바람직하다.

넷째, 노인상담에서 권장되고 있는 '회상요법'life review therapy은 과거의 긍정적 자아상과 현재의 삶을 동일시 통합함으로써, 상실감, 우울, 죄책감 등을 감소시킬 수 있다.

다섯째, 타 연령층보다 임종 및 의료요양 시설에 입원하는 경우가 많으므로, 상담의 종결과정에서 변화에의 불안 완화 등 세심한 배려와 종결 후 추수 점검의 노력이 필요하다.

(1) 노인상담 시 고려해야 할 원칙

노인상담 시에 고려할 사항으로는 다음과 같다(양철수 외, 2019: 313 재인용).

첫째, 노인상담에서 상담자는 노인의 인권을 존중하고, 그들의 권리와 가치를 강화하는 데 큰 노력을 기울여야 한다. 노인들은 상대적으로 신체적·경제적·사회적 능력이 부족하고 사회적 약자로 취급될 수 있어서, 상담과정에서 인간으로서의 기본적 권리를 보장하고 존중해야 한다.

둘째, 노인이 편안하고 안락한 마음으로 상담을 받을 수 있도록 적절한 물리적 환경이 조성되어야 한다. 노인의 특성을 고려하여 편안한 의자, 적당한 온도와 조명, 이완된 분위기, 방음장치, 적절한 방의 크기와 실내장치, 비교적 짧은 상담시간 등이 제공되어야 한다.

셋째, 노인상담은 노인이 의존성을 줄이고 독립성을 증대시키며, 노인의 강점, 장점, 잠재능력 등을 강화하는 방향으로 이루어져야 한다. 노인상담은 주로 강점 관점과 권한부여 관점에서 이루어져야 하지만, 노인의 생활사도 고려하여 상담에 도움이 될 수 있도록 해야 한다.

넷째, 노인상담에서 상담자는 노인의 특성을 고려하여 사정해야 하며, 노인들 간의 개인차를 인정하고 상담자와 노인 간의 차이점도 고려해야 한다. 노인을 대상으로 상담에 필요한 자료를 수집하고 분석할 경우, 노인의 다양한 특성을 고려해야 하며, 노인상담의 기법과 상담자의 역할도 개별적으로 다르게 적용되어야 한다.

다섯째, 노인상담에 대한 노인들의 인식과 관심을 고려하여 상담이 활성화될 수 있도록 노인상담의 긍정적 효과를 증명하고, 적극적으로 홍보해야 한다. 노인들은 상담을 받는다는 것에 대해 자신의 약함과 부족함을 드러내는 것으로 보는 부정적 인식을 가질 수 있으므로, 노인들에게 상담을 통하여 긍정적 결과를 얻을 수 있다는 확신을 부여하며, 상담자는 상담과정에서 획득한 긍정적인 효과를 노인들에게 알리는 데 큰 노력을 기울여야 한다.

(2) 노인상담의 필요성

노인상담의 필요성은 다음과 같다(서혜경 외, 2017: 57).

첫째, 인간은 나이를 먹음에 따라 생물학적 노화를 겪게 된다. 이에 따른 노인의 신체적 기능의 변화와 상실은 노인의 활동성을 저하하고, 이는 노인의 심리와 성격의 변화에 영향을 미치게 된다. 즉, 신체적 기능이 저하되고, 외모가 변화하며, 만성질환 등의 질병에 걸릴 확률이 증가함에 따라, 노인은 질병과 죽음에 대한 두려움, 젊음을 잃었다는 구체적인 현실로 인한 상실감, 의존성 증가 등의 심리적·사회적 변화를 경험하게 된다. 그리고 노화에 따른 감각기관의 기능 쇠퇴는 노인으로 하여금 일상생활에 자신감을 잃게 하거나, 대인관계를 어렵게 하는 원인이 되기도 한다. 이때 노인상담을 통하여 노인 스스로가 이러한 사실에 대한 이해를 증진함으로써, 노인의 가족과 사회에 대한 적응과 통합에 도움을 줄 수 있다.

둘째, 생산과정이 기계화됨에 따라 생산 등에 필요한 노동력이 감소하고, 젊은 세대와의 경쟁에서 뒤처진 노인세대는 직업적 역할을 상실하게 된다. 이러한 역할 상실에 따른 노인의 사회적 고립문제가 발생하게 되는데, 이때 노인의 은퇴 전·후의 정신적 준비를 위해서도 상담이 필요하며, 은퇴 후의 휴식과 여가를 가장 잘 활용할 수 있는 방법과 경제적 문제 등 퇴직에 따른 다양한 변화에 대한 상담이 필요하다.

셋째, 상담을 통하여 노년기에 직면할 수 있는 다양한 문제에 대한 예방과 이에 대한 효과적인 해결을 원조하여 노인의 적응력을 향상하고 노인복지의 향상을 도모할 수 있다.

그러므로 노화와 더불어 발생하는 경제적 문제, 심리적·사회적 문제, 신체적 문제, 역할 및 기능 감소에 따른 문제, 성 문제 등 다양한 문제영역에서 노인상담이 필요하다.

2) 노인상담의 특성

다른 발달단계에 있는 사람들에 대한 상담처럼 노인상담 역시 몇 가지 면에서 차이를 갖는다. 이 차이는 노인의 특성이나 노인상담의 어려움과도 밀접한 관련이 있다. 노인상담의 주요 특성을 살펴보면 다음과 같다(양철수 외, 2019: 315-317 재인용).

첫째, 내담자의 경험 폭이 넓다.

내담자는 오랜 삶의 경험을 통하여 다양한 지식을 축적하고 있다. 그중 삶의 변화에 대한 과정과 결과에 대한 경험은 내담자가 상담에 임하는 자세와 상담과정에 중대한 영향을 미칠 수 있다. 이 영향력은 상담에 긍정적 영향을 미칠 수도 있고 부정적 영향을 미칠 수도 있다. 특히, 부정적 영향을 미치는 경우 내담자는 상담을 중지할 수도 있다. 따라서, 상담자는 상담과정 중에 유연함과 더불어 전문성을 발휘해야 한다.

둘째, 내담자의 저항이 강하다.

노인 내담자의 경우 인생을 살면서 많은 경험을 하였기 때문에 상담자의 상담 의도에 강한 저항을 보일 수 있다. 노인은 경험적으로 축적한 지식과 다양한 삶의 변수를 통제하고 조절하는 방법에 대한 개인적 신념이 강하다. 이 점은 상담에서 부정적 영향을 미칠 수 있다. 특히, 상담자의 나이가 어리면 내담자는 상담자를 통제하려고 하거나 자신의 경험에서 얻은 결과가 변하게 될 때 강하게 저항하기도 한다.

셋째, 내담자의 나이가 상담자의 나이보다 대체로 높다.

노인상담의 경우 내담자의 나이가 다른 내담자에 비해 상대적으로 높다. 이는 상담자의 나이가 내담자의 나이보다 적을 경우가 많다는 것이다. 내담자가 상담자보다 현격하게 연장자일 경우, 내담자와 상담자 사이에 여러 차원에서 역동과 저항이 일어날 수 있다. 이것은 곧 상담을 위한 라포rapport를 형성하는 데 문제가 된다. 라포를 형성하기 위해서는 상담자와 내담자 사이에 신뢰와 긴밀한 관계가 형성되어야 한다. 그러나 상담자보다 내담자의 나이가 많으면 상담자는 내담자에 대해 부담을 느낄 수 있다. 상담자는 내담자가 자신을 압도하거나 가르치려 할지도 모른다는 생각을 하게 되어 내담자에 대해 개방적 자세를 보이기 어렵게 된다. 반대로 내담자 역시 자신보다 나이가 어린 상담자에 대해 신뢰를 형성하기가 어렵다. 인생의 최고점과 최저점을 넘어선 노인 내담자로서는 상담자가 젊다는 것이 라포를 형성하는 데에서부터 상담 전 과정에 이르기까지 부담으로 작용할 수 있다.

넷째, 새로운 삶에 대한 의지와 변화 욕구가 상대적으로 약하다.

노년기에 겪게 되는 신체 노화, 경제적 제약 등은 노인의 새로운 도전을 방해하는 주요 요인으로 작용한다. 노인은 늙었다는 것 자체를 새로운 것, 도전적인 것과는 거리가 있는 것으로 생각하는 경향이 있다. "다 늙어서 뭘 하나."는 식의 말은 새로운 삶을 가꾸어 나가려는 의지가 많지 않다는 것을 입증하고 있다. 그대로 정체시키려는 경향으로 나타난다. 또 노인은 같은 이야기를 반복하는 경우가 많다. 이는 상담자를 지치게 하고 상담의 진행을 더디게 한다. 상담자는 노인이 가지는 특성을 상담 전에 충분히 파악하고 내담자가 변화를 기대하고 변할 수 있도록 동기를 부여해야 한다.

다섯째, 가족과 보호자의 의지가 약하다.

노인상담은 대개 노인 내담자 가족의 지원과는 무관하게 이루어지는 경우가 많다. 노인 내담자는 표면적으로 그 이유를 자신의 문제에 가족이 개입하기를 원하지 않기 때문이라고 말한다. 그러나 보다 깊은 차원에서 그것은 다른 가족구성원이 노인 내담자에게 진정한 관심을 두지 않기 때문이다. 즉, 자녀는 노인문제에 깊은 관심을 가지고 있지 않으며, 관심이 있다고 해도 가족적 차원에서 그 문제를 해결하려고 하지 않는다. 이는 가정 내에서 노인의 소외 정도는 가족의 지지와 반비례하는 것으로 보인다.

여섯째, 노인은 남은 삶에 의미를 부여하지 않으려 하고, 죽음과 연결 지으려는 경향이 있다.

노년기의 사람들은 삶을 되돌아보며 정리한다. 이 말은 삶에 대한 평가와 더불어 삶을 마감한다는 의미를 포함한다. 노인에게 죽음은 긴박한 문제이며, 노인상담에서는 이 죽음의 문제가 중요한 상담내용이 되고 있다. 죽음에 대한 공포나 죽음준비를 위한 상담을 제외하고도 노인은 상담 시 죽음에 대해 강한 관심을 보인다. 노인 내담자는 죽음에 대해 각기 다른 태도와 평가를 보여 주므로, 상담자는 상담 중인 노인 내담자의 특성을 잘 파악하게 되는 기회를 얻기도 한다. 그러나 죽음에 대한 노인의 의식적·무의식적 태도나 공포는 내담자가 가지고 있는 현재의 문제를 위한 해결과 진전을 방해할 수 있다.

이러한 노인의 특성을 고려할 때, 노인상담에서 특별히 강조되어야 할 사항은 다음과 같다(정상수 외, 2018: 284-285).

첫째, 비심판적 태도와 수용이며, 그 방법으로는 적극적 경청이다. 노인은 생의 마무리 단계에 와 있으며, 지금 돌이켜서 다시 무엇을 해볼 수 있는 시간적 여유를 가질 수 없는 사람들이다. 또한 노인은 삶의 경험을 말하고 싶어 하고 그렇지 못할 때, 불만과 소외감을 느끼므로 적극적인 경청을 통해 심리적 지지를 제공하고, 이로써 노인의 상황을 더 잘 이해할 수 있다.

둘째, 자기 결정의 원리로 노인의 자기 결정능력을 최대한 활용하도록 격려해 주어야 할 것이다. 노인과의 상담에서는 노인이 최대한 주도권과 결정권을 갖도록 하여 통제력과 독립성을 유지할 수 있도록 돕는다. 노인과의 상담이나 노인 문제에 대한 개입은 노인의 관점에서 최대한 노인의 의견이 존중되어야 한다.

셋째, 노인과의 상담에서는 격려와 지지가 이들의 심리적 안정에 무엇보다도 큰 힘이 된다. 노인은 후손과의 관계에서 만족감을 얻으려는 욕구가 강하고 가족의 관심과 지지는 자존감 회복에 중요하므로 가족 간의 관계 강화를 돕는다. 이러한 격려와 지지를 통해서 노인이 지닌 능력과 특성 및 장점을 최대한 활용할 수 있도록 돕는다.

넷째, 초기면접에 더욱 많은 시간을 투자하면서 노인의 구체적인 욕구를 명확하게 파악한다. 노인들은 체통을 중시하고 가족주의 의식이 강한 문화적 특성으로 인해 자녀에게 폐가 된다는 생각에 외부에 도움을 요청하지 않고 감추거나 상담을 피하는 경향이 있어서, 욕구파악은 노인의 삶의 질 향상과 상담 효과를 위해서 중요하다.

다섯째, 노인의 언어적·비언어적 메시지를 명확하게 이해하고 상담자의 메시지는 간단하고 반복적으로 가까운 거리에서 전달하는 것이 유익하다. 특히, 나이가 들면 음에 대한 민감성이 떨어지고, 고음을 잘 듣지 못하며 복잡한 소음 속에서는 소리를 잘 구별하지 못하는 노인성 난청으로 인해 낮은 목소리로 크게 말할 필요가 있다.

여섯째, 우리나라는 정신적 학대나 방임 등 외형적으로 드러나지 않는 유형의 학대가 많고, 학대에 대해 노인 스스로 체념이나 가정문제라는 인식 때문에 피학대 사실이 알려지지 않는 경우가 않으므로 노인상담자는 학대 발생 가능성에도 유의해야 한다.

3) 노인상담의 방법

노인상담의 방법은 다음과 같다(이근홍, 2015: 173-174; 이장호·김영경, 2015: 103-104).

(1) 면접상담

면접상담은 노인이 직접 상담자와 대면하여 상담하는 것이다. 이것은 상담자 측면에서 볼 때, 내담자의 언어적 의사소통은 물론, 비언어적 의사소통까지 직접적인 질문과 관찰을 통해 상담하기 때문에, 상담의 효과성·효율성 및 정확성을 높일 수 있다. 그러나 노인이 자신의 문제를 상담하기 위해 스스로 찾아오기가 쉽지 않기 때문에 자발적으로 상담에 참여하려는 의지가 있어야 가능한 방법이다. 따라서, 노인 자신의 문제를 해결하기 위해 상담자를 스스로 찾아갈 수 있도록 동기를 부여해야 하며, 상담 장소에 쉽게 찾아올 수 있도록 교통편의를 제공하는 등 접근성을 강화해야 한다. 또한 노인상담의 중요성에 대한 적극적인 홍보가 있어야 하며, 노인상담에 대한 인식을 높여야 할 것이다.

(2) 전화상담

전화상담은 전화를 활용하여 상담자와 내담자와의 언어적 의사소통을 통해 상담하는 것이다. 전화상담은 노인 체면을 신경 쓰지 않아도 되는 개방통로이고 거동이 불편한 노인에게 적합하며 노인 수발 부양자(가족)에게 즉각적 정보 제공에 편리하다. 전화상담이 익명성, 편리성, 즉시성의 장점이 있지만, 전화로 자기 개인문제를 말하는 노인이 얼굴을 대하지 않는 전화상담자와 친밀감, 신뢰감의 상담 관계를 경험하기는 쉽지 않다(현정환, 2019: 310).

전화상담은 이것은 상담 장소가 멀어 접근하기 어렵거나, 거동이 불편하여 직접 찾아가기 어렵거나, 직접 대면하여 자신의 문제를 밝히기를 주저하는 노인에게 적합한 상담의 유형이다. 전화상담은 접근의 용이성, 익명성, 편리성, 즉시성, 개방성 등의 특성을 가지고 있다. 즉, 이것은 공간적으로 떨어져 있는 상담자와 내담자의 물리적인 거리를 연결해 상담에 대한 접근을 가능하게 하며, 자신의 신상이나 문제를 드러내 놓지 않더라도 문제해결을 위한 도움을 받을 수 있으며, 상담과 관련된 복잡한 절차를 거치거나 순서를 기다리지 않고서도 편리하게 상담을 받을 수 있다. 전화상담은 직접 상담 장소를 방문하지 않더라도 언제든지 즉시 상담을 받을 수 있으며, 노인을 대상으로 하는 것만이 아니라, 노인과 관련된 가족, 친척, 친구 등과 같은 비공식 지원체계와도 노인의 문제를 상담할 수 있는 개방적인 통로가 될 수 있다.

더 나아가 정기적 전화 문안 등을 통해 노인들의 가정적·사회적 단절과 소외를 해소하고, 필요한 전화상담 서비스로 연결할 수 있다. 또한 유사시 위기상황을 관리할 수 있게 한다.

(3) 사이버상담

사이버상담은 상담이 필요한 노인이 사이버 공간에서 컴퓨터를 매개로 훈련된 상담사와의 교류를 통하여 자신의 문제를 해결하거나 문제에 대한 보다 바람직한 결과를 얻는 것을 말한다. 이것은 내담자가 자신의 문제를 호소하고 글을 쓰는 과정에서 자신의 문제를 정리하는 시간을 제공하며, 상담자의 답변이 오기까지 기다리면서 문제에 대한 대안을 생각하고 관심을 지속할 수 있다는 장점이 있지만, 면접상담보다 자신의 문제를 정확히 표현하거나 상담자가 내담자의 문제를 보다 정확하게 사정하기 어렵다는 단점이 있다.

사이버상담은 편리성, 익명성, 효율성, 융통성, 심리적 안정성, 접근의 용이성 등의 특징을 가지고 있다. 이것은 사이버 공간에서 상담이 이루어지기 때문에 상담실을 직접 방문하지 않고도 어디에서나 언제나 인터넷을 통해 전문상담자와 상담을 할 수 있으며, 내담자가 원한다면 자신의 실명이나 신분을 밝히지 않고서도 상담을 받을 수 있다. 사이버상담은 자신이 필요한 시간에 큰 비용을 지불하지 않고서도 상담을 받을 수 있으며, 상담자와 직접 대면하기를 부담스러워 하는 내담자가 편안한 마음으로 상담을 받을 수 있고, 사이버상에서 상담이 이루어지므로 접근이 쉽다.

(4) 시설거주 노인과의 상담

시설거주 노인은 일반 노인보다 사회적·경제적 상태와 건강 수준이 나쁜 편이고 생활 만족도도 낮다. 일반가정 노인, 생활 보장대상 재가노인, 기관이용 노인 등과 차등화된 지침에 따른 상담 접근이 필요하다.

시설노인의 공격적 행동 및 부적응적 성격특성을 감소시키려는 상담에서는 노인 자신의 변화와 환경조건의 변화조정 중 어느 쪽에 비중을 둘 것인지를 고려해야 할 것이다. 또한 시설노인 인구 중 2/3 이상이 고령 여성 노인들인데, 이들은 대개 배우자 없는 빈곤, 상실감, 비교적 높은 유병률과 자녀의존도, 우울 성향 등을 가지고 있음에 유의할 필요가 있다.

2. 노인상담의 과정

노인상담의 과정은 다음과 같다(이근홍, 2018: 179-182; 서혜경 외, 2017: 157-193; 이은희·박양숙, 2018: 206-207).

1) 초기과정

초기과정은 애착의 단계로 클라이언트에 대한 깊은 이해를 전제로 한 상담의 준비단계이며, 다음 과정을 위한 토대를 닦는 과정이다.

이 과정은 상담 관계의 형성 시기라고 말할 수 있다. 성공적인 노인상담은 클라이언트가 상담자와 만나 이야기하면서 편안함을 느낄 수 있는 촉진적인 관계에 달려 있다. 이러한 클라이언트와의 관계 형성을 통해 적절한 상담 분위기를 만드는 동시에 클라이언트의 위기의 주요 원인과 문제를 지속시키는 환경이 무엇인지에 관해 많은 정보를 파악하며, 이를 통해 노인 클라이언트를 명확하게 이해할 수 있게 된다. 노인상담의 초기과정에서 수집된 정보는 상담의 목표, 개입전략을 구성하는 데 도움을 준다(서혜경 외, 2017: 157).

노인상담을 시작하기 전에 상담실이 쾌적하고 안락하며 비밀유지가 되도록 분위기를 조성하고, 기록에 필요한 도구 준비와 녹음이나 녹화가 필요할 때는 내담자의 동의를 받기 위한 서류를 준비해야 한다. 초기과정에서는 상담의 신청과 접수, 내담자와의 관계 형성과 구조화, 상담목표의 합의 및 계약이 진행된다.

노인상담은 내담자 본인이 상담기관에 직접 찾아와 상담 신청을 하기도 하지만, 가족이나 의사, 간호사, 사회복지사 등 전문가가 의뢰하여 이루어지기도 한다. 상담의 신청은 직접 방문하여 신청하거나 전화로 신청할 수 있다. 접수 시에는 성명, 주소, 전화번호, 가족관계, 당면한 문제 등의 기본적인 사항 및 문제의 특성, 지속기간, 대처능력, 해결방안 등도 확인한다. 접수 이후에는 내담자에 대한 상담자의 이해, 수용, 존중, 배려, 신뢰, 경청 등을 통한 신뢰 관계의 형성이 무엇보다도 중요하며, 상담을 보다 안정적이면서도 체계적으로 실시하기 위해 해결 가능한 범위와 제한점을 교육하는 구조화가 필요하다. 그다음에는 내담자의 문제를 명료화하고 내담자와 상담자 상호 간에 합의를 통하여 상담목표를 설정하며 계약하는 것이다(이근홍, 2018: 179-180).

2) 사정과정

사정과정은 노인의 문제와 관련된 자료를 수집하고 분석하며, 문제의 규정, 문제의 심각성, 문제로 인한 결과 등도 검토하며, 문제해결에 필요한 노인의 강점, 장점, 잠재능력, 제한점 등을 파악하고 구체적이면서도 체계적인 개입계획을 수립하는 것이다. 사정과정에서는 노인의 신체적·심리적·사회적 기능이 전반적으로 고려되어야 한다.

사정과정에서 구체적으로 파악할 사항은 노인의 건강상태, 일상생활 기능 수준, 성격특성, 인지기능, 정서기능, 문제해결능력, 치매 여부, 가족관계, 재정상태, 사회활동 참여수준, 주거환경, 공식·비공식 지원체계 등이다. 초기과정에서 문제의 명료화와 내담자와 상담자와의 합의에 따라 설정된 상담목표를 바탕으로 하위목표를 설정하고 우선순위를 결정하며, 사정과정에서 수집하여 분석한 자료를 통하여 상담에서 제기된 문제를 해결하기 위한 개입계획을 수립해야 한다(이근홍, 2018: 180).

사정단계를 거치면 노인과 그 가족의 문제해결 욕구를 분석하고, 클라이언트의 참여를 기반으로 한 개입계획을 수립하여야 한다. 이때 단기치료 접근법에 대한 검토가 필요하다(이은희·박양숙, 2018: 207).

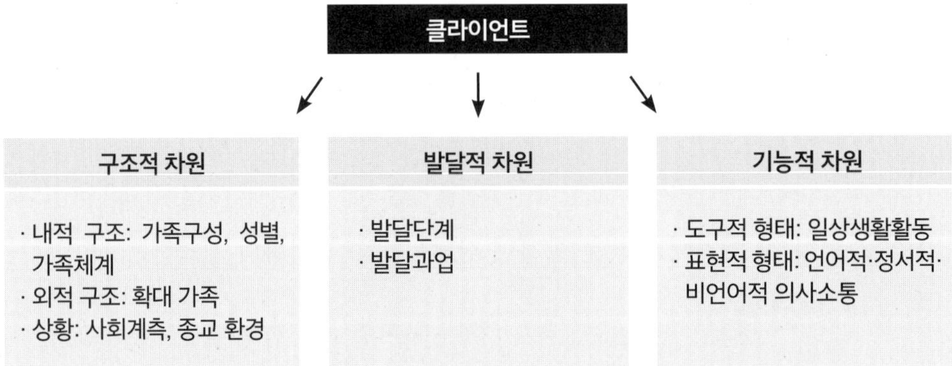

그림 12-1. 노인상담의 클라이언트 사정모형
출처 : 서혜경 외(2017, 164)

3) 개입과정

개입과정은 몰입의 단계로 상담자가 가진 경험과 기술을 총동원하여 클라이언트의 문제에 개입하는 단계로서, 초기와 종결단계보다 매우 감정적인 단계이며, 문제의 변화를 시도하는 단계다. 상담의 개입과정은 상담 초기 단계에서 상담자와 클라이언트 사이에 라포를 형성하고, 상담의 목표를 무엇으로 할 것인지를 결정한 후 결정된 상담목표를 실제로 성취하고자 노력하는 실행단계다. 상담과정은 고정된 것이기보다는 끊임없이 변화되고 행동을 평가하는 것이 요구되는 유동적인 과정이므로 상담자는 초기 단계에서 설정된 목표를 재검토해야 한다(서혜경 외, 2017: 165).

사정을 통해 분석된 문제를 기반으로 개입목표가 설정되었으므로, 문제해결을 위한 목적과 목표가 달성되기 위해서 클라이언트의 참여를 유도하고, 효과적·효율적 목표 달성을 위해 의도적 개입이 유지되어야 한다. 계획된 목표가 달성되었거나, 새로운 문제나 욕구가 발생하였을 때는 목적과 목표가 변경될 수도 있어야 한다(이은희·박양숙, 2018: 207).

개입과정은 문제해결을 위해 수립한 개입계획을 구체적으로 실천하며, 내담자의 문제해결을 위해 상담자가 적절한 정보, 이론, 기법 등을 선택하고 적용하는 단계이다. 개입과정에서 적절하고 효과적인 개입을 위해 상담자는 궁극적으로 달성하고자 하는 목표와 관련된 지식, 경험 및 기술을 소유하고 있어야 하며, 노인의 입장을 고려하여 친절하고 우호적인 분위기를 조성하여, 노인의 변화 동기를 고취하는 방향으로 문제해결 노력을 기울여야 한다.

개입과정에서는 내담자가 자신의 문제를 자각할 수 있도록 돕고, 문제해결을 위한 동기부여가 되도록 하며, 긍정적인 변화를 자각하고 자율적인 문제해결 능력을 습득하도록 돕는 것이다. 만일 상담자가 해결하기 어려운 문제가 발생하면 문제에 따라 전문적인 다른 기관에 의뢰하여 해결하는 것도 효과적일 것이다(이근홍, 2018: 181).

4) 종결과정

종결과정은 개입에 대한 결과를 평가하고 상담자와 내담자인 노인 간의 전문적 원조 관계를 종결하며 사후관리를 하는 단계이다. 평가란 개입과정 동안에 이루어진 활동의 결과를 연구하고 측정하는 것이다. 이러한 활동의 핵심은 특정 지표를 이용하여 목적성취 정도를 분석하는 것이다. 종결이란 사회복지사와 클라이언트 간의 상담 관계가 끝나는 것을 의미한다. 이 단계에서는 종결의 이유를 명확히 하고 종결에 대한 계획을 세우며 진전상황을 평가하게 된다(모선희 외, 2018: 207).

개입과정에서 종결단계가 어느 시점에서 있을 것을 내담자에게 알려 주어 종결을 준비하도록 한다. 종결단계에서 나타나는 불안감을 감소시키고, 종결을 준비하도록 하여 부정적인 정서 반응도 다루는 과정이 필요하다. 종결단계에서는 상담목표의 달성을 다루고, 추후 다룰 문제에 대해 다루는 평가도 실시하여야 한다(이은희·박양숙, 2018: 207).

종결과정에서는 개입목표의 달성, 노인의 변화와 만족, 서비스의 효율성 등에 대해 종합적으로 평가하며, 상담자의 전문적인 판단에 근거하여 상담을 종결하고 종결에 따른 노인의 정서적인 문제를 해결한다. 종결 이후, 노인과의 지속적인 의사소통을 통해 관계를 지속하고 정서적 지지를 제공하며, 필요할 때에 서비스에 쉽게 접근하여 이용할 수 있도록 한다.

노인이 상담자의 도움 없이도 스스로 자신의 문제를 해결할 수 있을까 하는 걱정과 의구심이 생기고 관계의 종결에 대한 불안감이 나타날 수 있으므로, 개입과정에서 일어난 변화를 재음미하고 요약하는 과정을 통해 종결에 대한 노인의 불안을 비롯한 부정적 정서 반응을 최소화할 수 있도록 하는 것이 필요하다. 그와 동시에 노인의 자율적 판단과 결정을 허용하고 격려하는 상담자의 태도와 자세가 중요하다. 이러한 과정을 통해 노인이 상담자의 도움이 없이도 독자적으로 자신의 문제를 해결하고, 만족스러운 삶을 영위할 수 있게 될 것이다(이근홍, 2018: 180-181).

상담 관계를 종결하는 과정에서는 종결의 시기, 이별의 슬픔, 의뢰, 종결 후의 방문, 추후지도의 문제 등에 대해 생각해 보아야 한다. 이와 관련하여 각 문제에 대해 다음과 같이 유용한 지침을 제시한다(McDonald et al., 1988).

첫째, 종결의 시기와 관련하여 클라이언트와 사회복지사가 상호 합의된 상태에서 관계를 종결하기로 결정했더라도 클라이언트에게 추가 회기를 권유하는 것이 필요하다. 문제가 해결됐을 때 관계를 종결하는 것이 사회복지사로서는 합리적이지만 클라이언트의 입장에서는 차갑고 무관심하다고 느낄 수 있기 때문이다.

둘째, 사회복지사는 종결과 관련된 클라이언트의 슬픔을 다루기 위해 클라이언트의 분노, 슬픔, 죄의식, 버려졌다는 두려움, 새로운 과정을 시작하는 데서 오는 흥분 등의 감정을 탐색해 볼 필요가 있다. 이러한 감정을 드러내 놓고 논의하는 과정에서 클라이언트가 사회복지사만큼 친근하게 이야기할 대상이 없다고 느낀다면, 클라이언트가 적어도 한 명의 친한 사람과 지원망을 개발할 수 있도록 추가 회기를 갖는다.

셋째, 클라이언트를 다른 기관이나 전문가에게 의뢰할 경우에는 다음과 같은 활동이 필요하다. ① 필요한 기관이나 서비스에 대한 정보를 글로 써서 클라이언트에게 전달한다. ② 의뢰할 기관에 클라이언트의 욕구에 대해 개괄적으로 정리한 글을 보낸다. ③ 클라이언트가 떠나기 전에 의뢰기관에 연락하여 클라이언트와 만날 약속 시간을 정한다. ④ 클라이언트가 의뢰기관에 가기를 거부하거나 스트레스 상황에 있을 때, 또는 거동이 불편할 때는 클라이언트와 함께 의뢰기관에 동행한다. ⑤ 의뢰기관에 대해 객관적인 정보를 제공하여 비현실적인 기대를 하지 않도록 한다.

넷째, 상담이 효과적으로 진행되고 적절하게 종결되었다면 새로운 문제가 발생해도 클라이언트는 문제를 다룰 자원과 자신감을 가질 수 있다. 하지만 클라이언트가 여전히 사회복지사나 기관이 자신을 지지해 주기 바란다면 향후 상담할 일이 있을 때 방문하도록 권유한다.

다섯째, 추후지도를 실시하는 것이 중요하다. 추후지도란 클라이언트와의 상담을 종결하고 어느 정도 시간이 흐른 후 클라이언트가 잘 지내고 있는가를 알아보기 위해 접촉하는 것이다. 신중한 추후지도를 통해 사회복지사는 자신이 클라이언트에게 관심이 있다는 것을 보여 줄 수 있다.

3. 노인상담의 의사소통기술

상담이 효과적으로 진행되는 데 필요한 의사소통은 말을 통해 이루어지기도 하고 비언어적인 행동을 통해 이루어지기도 한다. 상담 관계에서는 두 요소 모두 중요하게 고려되어야 한다.

1) 비언어적nonverbal 의사소통기술

모든 메시지의 55%는 비언어적인 행동을 통해서 전달된다. 노인의 목소리 톤이나 얼굴 표정 같은 비언어적인 행동은 노인이 전달하는 메시지를 파악하는 데 중요한 힌트가 될 수 있다(김인혁 외, 2015: 194-195). 목소리 톤은 노인의 감정파악에 중요하다. 크고 힘 있는 목소리 톤은 공격성, 통제, 힘을 나타내고, 약하고 잘 들리지 않는 목소리 톤은 철회나 두려움, 약함을 나타낸다. 얼굴 표정을 통해서는 노인의 주의집중 정도와 감정을 파악할 수 있다. 슬픔, 행복, 불안, 걱정, 혼동과 같은 감정도 표정을 통해 쉽게 나타난다(Kirst-Ashman & Hull, Jr., 2011).

2) 언어적verbal 의사소통기술

언어적 의사소통기술에는 '적극적인 질문'과 '경청'의 두 차원이 중요하다. 해결 중심 단기치료의 다양한 질문기술들(초점질문, 해결 중심 질문, 순환질문, 기적질문, 대처질문 등)을 노인상담에 적용한 것이다. 이러한 질문을 통해, 노인의 문제와 감정 및 자원에 대해 파악할 수 있다(모선희 외, 2018: 190).

상담과정에서 노인과 효과적으로 의사소통하기 위해서 사회복지사는 적극적으로 질문할 뿐만 아니라, 노인이 전달하고자 하는 메시지를 적극적으로 들어야 한다. 즉, 경청해야 한다. 경청의 기술에는 지지적 언어반응, 언어의 재구성, 지지적 반응, 명료화, 비언어적 단서탐색, 도전, 자기노출 등이 있다(Kirst-Ashman & Hull, Jr., 2011). 지지적 언어반응이란 "아, 예.", "알겠어요." 등과 같은 단순한 말 한마디로 노인의 말에 동의하거나 노인의 말을 이해하고 있다는 것을 전달하여 노인이 계속 이야기하도록 격려하는 것이다.

언어의 재구성이란 노인이 말한 것을 다른 단어를 사용하여 재구성하는 기법이다. 노인의 의도를 파악하고 노인에게 자신이 한 말에 대해 잠시 생각해 볼 수 있는 시간을 주며 노인이 말하는 것을 경청하고 있다는 것을 보여 주기 위해 사용한다. 지지적 반응은 "~는 정상적입니다."와 같은 반응을 통해 수용과 격려를 보여 주기 위해 사용한다.

명료화란 노인의 말 중에서 모호한 점에 대해 좀 더 자세히 설명해 달라고 요구하는 것으로 노인에게 자신이 말한 것을 좀 더 분명하게 인식시키고 동시에 사회복지사 자신의 이해를 분명하게 하려고 사용된다.

비언어적 단서탐색이란 비언어적인 단서의 의미에 관해 묻는 것으로 "제가 보기에는 ~는" 또는 "제가 듣기에는"과 같이 표현된다.

도전이란 노인이 한 ① 말들 간의 불일치 ② 말과 행동 간의 불일치 ③ 언어적인 행동과 비언어적 행동 간의 불일치 ④ 둘 이상의 사람들 간의 불일치에 대해 직접 지적하는 것이다. 따라서, 도전은 상대방에게 부정적이거나 적대적인 반응을 일으킬 수 있다. 하지만 도전을 통해 주요 문제와 노인의 욕구 및 강점 그리고 현재의 감정에 대해 탐색하고 명확히 할 수 있다.

그러므로 사회복지사의 자기노출이란 사회복지사 자신의 개인적인 관찰, 경험, 생각을 노인과 함께 이야기하는 것으로 노인의 상황에 적합하고 짧고 간결하며 노인에게 도움이 되어야 한다(김인혁 외, 2015: 195-196).

4. 노인상담의 기법

상담의 상황은 내담자의 나이와 특징, 학력, 인지력, 정서상태, 경제상태 등에 따라 달라진다. 상담기법 역시 내담자의 특성과 문제의 특성에 따라 달리 사용되어야 한다. 상담 초반에 형성된 내담자와 상담자 간의 라포, 즉 신뢰 관계는 상담 과정에 들어와 다양한 기법을 사용하는 데 기초가 된다. 여기에서는 상담기법의 중복을 방지하기 위해 몇 가지 기법은 제외한다. 노인상담의 기법은 다음과 같다.

1) 질문

질문은 노인의 문제를 이야기하도록 노인에게 물어서 스스로 밝히도록 하는 것으로 가장 빈번히 사용되는 상담의 방법이다. 이것은 노인이 그의 문제를 이야기하도록 격려하는 데 사용되어야 하며, 문제해결의 사고와 감정을 북돋우기 위해 사용되어야 한다. 질문은 개방적 질문과 폐쇄적 질문, 직접질문과 간접질문, 이중질문과 단일질문 등으로 구분할 수 있으며, 문제의 특성에 따라, 노인의 인지적·심리적 상태에 따라 적절한 질문의 형태를 활용해야 한다(이근홍, 2018: 177).

면접의 주요기법은 질문을 통한 탐색이라고 생각하기 쉽다. 그러나 중요한 것은 어떤 질문을 어떻게 하느냐이고, 질문의 유용성에는 한계가 있다는 점이다. 질문과

그림 12-2. 노인상담 안내
자료: 군산부모님요양원(2019)

답변 형식이나 많은 질문의 상담은 상담과 상담 관계에 대한 오해를 불러일으켜 내담자의 문제해결에 도움이 되지 않는다.

바람직한 질문방법의 유의사항은 다음과 같다(이장호·김영경, 2015: 109-110).

① 개방적 질문은 바람직한 촉진 관계를 열어 놓는다.

② 간접질문은 내담자에게 위협을 주지 않는다.

③ 이중질문은 내담자를 혼란스럽게 한다.

④ 질문 공세는 문제의 검토에 도움이 되지 않는다.

⑤ 내담자가 질문하면 질문 이면의 생각이나 감정을 이해하고 말머리를 내담자에게 돌린다.

⑥ '왜'라는 질문은 비난으로 받아들일 수 있으므로 가능한 한 피해야 한다.

2) 경청

경청하기는 내담자의 이야기를 진지하게 듣고 상담자가 내담자와 내담자의 문제에 관심이 있다는 것을 보여 주는 것이다. 이는 내담자의 내적·외적인 문제에 대한 구체적인 분석을 위해 필요하다. 노인상담에서 경청하기가 중요한 것은 내담자가 같은 내용을 자주 반복하게 되고, 인생사를 지내면서 겪은 많은 일이 상담시간 동안 복잡하게 나타나게 되어 상담자가 자칫 새로운 정보를 놓치거나 중요한 진술을 간과하기 쉽기 때문이다(정상수 외, 2018: 289).

경청은 노인이 말하는 것에 능동적으로 세심하게 주의를 기울이는 것으로서 노인에게 이야기할 기회를 많이 주고 감수성이 예민한 노인의 마음속을 파악해 나가는 것이다. 즉, 경청은 단순한 신체적 과정인 청취가 아닌 정신적·정서적 과정으로서 훌륭한 상담자는 곧 훌륭한 경청자라고 말할 수 있을 정도로 상담의 중요한 방법의 하나이다. 내담자는 상담자가 자신의 문제에 관해 관심을 가지고 수용해주며 자신의 말을 잘 들어주기를 바라고, 이러한 경청은 문제를 해결하는 중요한 요소가 된다(이근홍, 2018: 177).

기본적인 경청기술은 다음과 같다(김희수·이은숙, 2014: 133-134).

(1) 소극적 경청(침묵)

상담자가 말을 많이 하면 내담자가 말하기 어렵다. 효율적 상담자는 내담자와 보내는 대부분 시간을 침묵하고 있다. 소극적 경청을 하면 감정을 상담자에게 내보이며, 처음에 드러냈던 문제보다 더 깊고 근본적인 문제에 접근할 수 있도록 도와주는 역할을 한다.

(2) 인정하는 반응

말이 잠시 끊어질 때는 상담자가 잘 경청하고 있다는 것을 알리는 언어적·비언어적 신호를 보내는 것이 필요하다. 고개 끄덕임, 열심히 경청하고 있다는 뜻으로 앞으로 약간 수그리기, 미소, 찌푸리기 등의 몸동작을 적절히 사용하면 상담자가 잘 듣고 있다는 것을 내담자에게 알릴 수 있다. “음음.”, “오.”, “그래.”와 같은 ‘감정이입의 중얼거림’이라고 부르는 언어적 신호를 보낼 수도 있다.

(3) 마음의 문을 여는 데 도움을 주는 언어

내담자가 자신의 감정과 문제에 관해 이야기하려 할 때 격려가 필요할 경우가 있다. 특히, 첫 단계에서 그러하다. 효율적 상담자는 다음과 같이 마음의 문을 여는 데 도움을 주는 언어로 말을 시작한다. 예컨대, “그것에 대해 말하고 싶니?”, “그것에 대한 너의 생각이 난 관심이 있단다.”, “그것에 관해 뭔가 느끼는 게 있는 것 같구나.”, “저것에 관해 좀 더 말하고 싶니?” 등이다.

(4) 반영적 경청

가장 효율적인 경청기술이다. 내가 하고 싶은 말을 하지 않고 다만 내담자가 말한 메시지를 반영해 주거나 다시 내담자의 말을 확인하는 종류의 언어적 반응이다. 이것을 반영적 경청이라고 한다. 이것은 상담자가 내담자에게 들은 것을 다시 확인함으로써 내담자의 말을 이해하고 있고 또 내담자의 말을 경청하였음을 적극적으로 나타내어 준다. 상담자의 반응은 단순히 내담자가 호소해 온 말을 다시 되풀이해 주는 것이지만, 경청하는 내담자 입장에서는 상담자를 신뢰하게 되는 계기가 된다.

3) 명료화

명료화는 노인이 말하고자 하는 의미가 무엇인지 분명하게 하도록 하는 것이다. 즉, 이것은 노인의 진술 중에서 모호하거나 이해가 되지 않은 점을 노인이 스스로 확실히 하도록 상담자가 촉구하거나 격려하는 방법이다. 명료화는 내담자와 신뢰관계를 형성하는 데 필수적이며, 내담자의 문제를 이해하기를 원한다는 것을 전달하고 오해와 편견을 최소화하는 데 기여할 수 있다. 이것은 대개 내담자의 말을 상담자가 완전하게 듣지 못했거나, 그가 말하고자 하는 의미를 제대로 이해하지 못했거나, 그가 모호하거나 익숙하지 않은 용어를 사용할 때 활용해야 한다(Hepworth et al., 2016). 명료화는 내담자가 자신의 의사를 분명하게 표현할 수 있도록 하며, 상담자가 그의 이야기를 주의 깊게 경청하고 있으며, 이야기에 대해 중요성을 부여하고 있음을 보여 줄 수 있는 장점이 있다.

명료화 기술이 효율적으로 사용되려면 다음과 같은 점에 유의하여야 한다(김희수·이은숙, 2014: 135).

첫째, 내담자가 언어적·비언어적으로 표현한 실제 메시지의 내용을 확인한다.

둘째, 청취한 메시지 중에서 애매한 부분, 혼란스러운 부분, 더 확인할 부분을 찾아낸다.

셋째, 명료화해야 할 내용을 적당한 말로 표현한다. 대개 의문형으로 표현하는 것이 무난하다.

넷째, 내담자의 반응을 듣고 관찰함으로써 명료화의 효과를 평가한다.

그러므로 상담자는 명료화 기술을 사용하되 상담의 흐름이 단절되지 않도록 하고, 내담자가 지나치다고 느끼지 않을 정도로 빈도를 적절히 조절할 필요가 있다.

4) 해석

해석은 내담자의 말에 대해 상담자가 자신의 판단을 섞어 반응하는 대화기술이다. 내담자의 대화를 들으면서 상담자는 나름대로 내담자, 내담자의 문제 상황, 내담자의 행동 등을 보는 틀이 생기기 마련인데, 이런 틀을 내담자에게 이야기해줌으로써 내담자를 통찰 또는 새로운 깨달음으로 인도하려는 시도가 해석이다. 해석은 일종의 검증되지 않은 가설과 비슷한 성격이 있는데, 이 가설이 내담자의 동의를 얻으면 상담을 급진전시키는 힘을 발휘할 수 있다.

해석은 사태를 지각하고 이해하는 상담자의 준거 체제를 드러내놓는 행위이다. 이 해석행위를 통해서 내담자의 준거 체제는 일종의 도전을 받는다. 지금까지 주관에 사로잡혀 객관화시키지 못했던 여러 사태가 상담자의 해석행위를 통해 새롭게 조명됨으로써, 해결의 새로운 돌파구를 찾는 계기가 될 수 있다(김희수·이은숙, 2014: 145).

노인상담에서 해석은 노인이 자신의 문제를 새로운 각도에서 이해하도록 상담자가 노인문제의 의미를 설명하는 것이다. 즉, 이것은 노인이 상담자의 설명을 통해 자신의 문제나 상황을 더욱 잘 이해하고 환경에 능동적으로 대처할 수 있도록 하기 위한 것이다. 성공적인 상담을 수행하기 위해서는 상담자가 여러 수준의 의미와 다양한 표현으로 노인의 문제를 해석할 수 있어야 한다. 이러한 해석은 노인문제를 해결할 수 있는 요소가 된다(이근홍, 2018: 178).

5) 요약

요약은 상담자가 그동안 상담해 온 문제를 간단하게 재검토하여 의사소통의 범위를 확대하고, 내담자가 말하는 요점을 잡아주며, 다루지 못한 부분을 지적하고, 상담의 방향을 제시하고 상담의 현재 위치를 파악하고자 하는 것이다. 효과적인 요약을 위해서는 노인의 말 중에서 중요한 내용, 말할 때의 감정, 말의 목적, 말한 시기 등에 대해 주의를 기울여야 한다(이근홍, 2018: 178).

상담자는 요약기술을 통해 몇 가지 효과를 얻을 수 있다(김희수·이은숙, 2014: 138).

첫째, 요약은 내담자의 메시지에 들어 있는 다양한 요소들을 한 데 묶는 역할을 한다.

둘째, 내담자의 지루한 이야기 전개를 중지시키는 방법으로 활용될 수도 있다. 요약기술을 통해 대화의 초점을 되살리는 방법이다.

셋째, 요약은 대화의 속도를 조절하고 지금까지 면담에서 성취한 바를 확인하는 방법으로 쓰일 수도 있다. 상담 대화의 중간중간 매듭을 지어 놓음으로써 한숨을 돌리고 대화를 정리하는 기회를 얻는 것이다.

CHAPTER

12

집단상담

개요

집단상담은 전문적 훈련을 받는 집단지도자로서 상담자(들)와 조력을 필요로 하는 2명 이상의 집단구성원들이 집단상담 활동의 공동 주체로서 집단역동의 이해 및 적용을 바탕으로 집단구성원들의 자기자각 확장을 통해 문제예방, 발달과 성장, 문제해결을 달성함으로써 그들의 삶의 질을 향상하기 위해 함께 노력하는 집단과정이다. 본 장에서는 집단상담에 대하여 논의하고자 한다.

학습목표

- 집단상담자의 기본적 자세 숙지
- 집단상담기법에 대한 임상
- 주변 상황 속에서의 집단상황 예시

학습내용

1. 집단상담의 개념
2. 집단상담자의 자질과 역할
3. 집단상담의 목표
4. 집단상담의 과정
5. 집단상담의 기법
6. 집단상담에 대한 평가

1. 집단상담의 개념

1) 노인상담의 정의

산업혁명 이후 과학기술이 인간 생활을 지배하게 됨에 따라 비인간화와 소외현상이 사회적 문제로 대두되었다. 경제발달을 통한 문명의 폭발적 진보로 생활은 편리해졌지만, 이에 반하여 현대인은 긴장감, 불안, 소외 등의 정서적 문제를 떠안게 된 것이다. 따라서, 이제는 여러 가지 사회적인 문제, 즉 가정의 기능 상실, 세대 간의 격차, 학교 내 문제, 가치관 갈등 등과 같은 현상에 대한 해결방안을 모색해야 한다. 사회문제를 해결하기 위한 대안의 하나로 집단상담이 대두되고 있다.

집단상담이 상담절차로 인식된 역사는 길지만, 보편화한 것은 최근의 일이다. 집단상담은 심각한 심리적 문제로 도움을 찾는 사람이나 이혼과 같은 상황적 위기를 경험하는 사람, 자기인식을 확대하고 대인관계 기술을 높이려고 하는 건강한 사람들 모두에게 적용할 수 있다(이현림, 2015: 13).

2) 집단상담의 정의

인간은 태어나면서 가족이라는 집단에 소속된다. 개인심리학을 개발한 아들러(A.

Adler, 1870-1937)에 따르면, 인간은 사회적 존재로서, 사회라는 집단에 소속되어 사회적 이익을 위해 헌신적 노력을 기울여야 한다. 사람들의 적응을 돕기 위한 상담은 상담에 참여한 내담자 수에 따라 개인상담과 집단상담으로 나눌 수 있다. 집단상담자는 내담자의 수가 최소 2명 이상으로 구성된 집단에 참여하여 집단상담을 수행할 수 있다.

집단상담Group Counseling이란 용어가 널리 알려지고, 실제 상황에서 다양하게 정의되고 있지만, 학자에 따라 용어가 각기 다르게 쓰이고 있다. 집단상담이란 용어의 어원은 다소 애매하지만, 일반적으로 학생들을 집단으로 지도하는 방식인 집단생활지도와 유사한 것으로 사용되었다. 즉 집단상담이란 용어는 1931년 앨런R. D. Allen이 그의 논문 「고등학교에서 집단생활지도 과정(A Group Guidance Curriculum in the Senior High School)」에서 집단생활지도라는 의미로 사용한 것이 처음이었다. 지금은 집단심리치료와 집단상담이라는 용어가 개인들의 적응을 돕는 데 다소 중복적으로 사용된다. 하지만 집단심리치료는 내담자들이 가진 심리적 문제를 치료하는 데 중점을 두어 사용되지만, 집단상담은 예방, 발달과 성장, 치료를 모두 포괄하는 의미로 사용된다(노안영, 2016: 21).

가즈다 외(Gazda et al., 1967)에 따르면, 집단상담은 의식적 사고에 초점을 두는, 그리고 허용, 현실 지향, 정화, 상호신뢰, 돌봄, 이해, 수용, 지지의 치료기능을 수반하는 역동적 대인관계 과정이다. 치료기능은 내담자의 동료들과 상담자(들)의 사적 문제들의 공유를 통해 작은 집단에서 창조되고 양성된다. 집단에 참여한 내담자들은 포괄적 성격 변화를 요구할 정도로 심각하지 않은 다양한 문제를 가진, 비교적 정상적인 개인들이다. 집단의 내담자들은 가치와 목표의 이해와 수용을 증가시키고 어떤 태도와 행동을 학습하거나 잘못된 학습을 바꾸기 위해 집단 상호작용을 활용한다. 이 정의는 오늘날 가장 보편적으로 받아들이고 있다.

마흘러(Mahler, 1969)에 따르면, 집단상담이란 자기 이해와 자기수용을 보다 효과적으로 하기 위하여 집단의 상호작용을 적용하는 과정이라고 정의하고 있다. 여기에는 상호 존중을 해야 하며, 각 개인은 행동의 의미와 새로운 행동방식을 탐구하게 되는 것이다. 또한 집단상담에서 다루어지는 문제는 병리적인 장애나 현실적인 문제보다 구성원의 발달과업에 초점을 맞춘 것이라고 하였다.

딩크마이어와 머로(Dinkmeyer & Muro, 1979)에 따르면, 집단상담은 전문적 훈련을 받은 상담자가 이끌고 전형적인 발달적 문제들에 적응해 가는 개인들과 함께 생성하는 대인관계과정이다.

이장호 외(2009: 336)에 따르면, 집단상담은 정상인이 그들의 '문제'가 더 심각해지기 전에 발견하고 해결할 수 있도록 도와주는 상담의 집단적 접근이라고 할 수 있다. 따라서, 상담의 3대 역할(예방, 교정, 발달 촉진 등) 가운데, 특히 예방적인 역할이 강조된다고 할 수 있다. 학교상담의 경우 통상적 문제의 인식 및 해결뿐만 아니라, 정서적 발달을 촉진하기 위해 자신과 주변 사람들을 더욱 잘 이해할 수 있는 성숙의 기회를 마련해 주는 것이 집단상담이라고 할 수 있다.

이상과 같은 집단상담의 정의를 종합하면 다음과 같은 공통점을 발견할 수 있다(서혜석 외, 2019: 13-14).

첫째, 집단상담은 비교적 정상적인 범위의 적응 수준에 속하는 소수의 사람을 대상으로 한다.

둘째, 집단상담의 목표는 개인의 태도와 행동의 변화 혹은 생활 과정에서 발생하는 문제해결을 통한 개인적 성장과 인간관 능력의 발달에 있다.

셋째, 집단상담의 지도자는 전문적인 훈련을 받은 한두 명의 상담자가 맡는다.

넷째, 집단상담은 하나의 역동적인 대인관계의 과정이다.

다섯째, 집단상담은 신뢰할 만하고 수용적인 분위기 속에서 이루어져야 한다.

결론적으로 집단상담은 전문적 훈련을 받는 집단지도자로서 상담자(들)와 조력을 해야 하는 2명 이상의 집단구성원들group participants이 집단상담 활동의 공동 주체로서 집단역동의 이해 및 적용을 바탕으로 집단구성원들의 자기자각 확장을 통해 문제 예방, 발달과 성장, 문제해결을 달성함으로써 그들의 삶의 질을 향상하기 위해 함께 노력하는 집단과정이다.

3) 집단상담의 특성

과학기술이 인간생활을 지배하게 됨에 따라 우리 사회의 어디에서든 '가족적 분위기'가 사라지면서 점차 비인간화되고 있다. 산업경제의 발달을 통한 문명의 이기로 생활은 편리해졌지만, 현대인이 겪게 되는 긴장감, 불안, 소외감 등의 정서적인 문제는 증가하게 되었다. 예컨대, 교육기관과 직장에서의 인간적 대화의 결핍, 세대 간의 가치관 갈등, 부부 사이나 자녀와의 갈등 등은 집단상담이 필요한 시대적 배경이 되고 있다. 전문의를 찾아야 할 만큼 심각한 상태는 아니라 해도, 누군가의 도움이 필요한 수많은 사람을 위해서도 집단상담은 필요하다. 특히, 의사소통, 대인 불안, 사회적 행동학습 등의 측면에서 집단상담의 효과는 여러 문헌을 통해 입증되고 있다(이장호 외, 2009: 336).

집단상담은 개인상담과는 달리 집단 특유의 기능이나 특성을 활용한 상담이며, 최근 집단의 이런 효과를 활용한 상담이 널리 행해지고 있다. 처음으로 오늘날의 집단상담이나 집단심리치료에 가장 가까운 형태로 집단을 활용한 사람은 미국의 내과 의사인 프래트J. H. Pratt였다. 그는 결핵 환자들에 대한 위생강연을 통해서 환자들이 단지 이야기를 듣는 것만으로도 건강회복에 긍정적인 효과가 있다는 사실을 발견하였다. 이 효과는 마치 연극을 보거나 음악을 듣거나 할 때 느낄 수 있는 일종의 카타르시스Katharsis와 비슷하며, 의사와 직접 이야기를 하지 않아도 같은 병이나 고민으로 힘들어하는 사람들끼리 함께 하는 그 자체만으로도 치료나 심리적 건강에 도움이 된다는 사실을 알게 된 것이다.

한편, 정신분석가들 가운데 정신분석적 심리치료를 집단으로 실시하는 것에 대해 의미를 발견한 사람도 있다. 자유연상을 집단으로 실시하면 다른 사람의 이야기를 듣는 가운데 자신의 갈등을 직시하게 되면서 자신을 발견하게 되고 이제까지 힘들었던 자유연상을 더욱 쉽게 할 수 있다는 사실을 발견하게 된다. 이것이 바로 집단의 특성이 가진 독자적인 의미와 효과라고 할 수 있다. 그러나 정신분석적 심리치료는 그 초점이 어디까지나 개인에게 있으며, 개인의 심리치료나 성장을 위해 집단을 수단으로 활용한 것에 지나지 않는다.

그러나 집단에 대한 연구가 본격적으로 이루어지면서 집단은 집단으로서의 고유 특성을 갖고 있으며 또한 집단은 개인이 모인 단순한 집합체가 아니라는 사실이 밝혀지고 있다. 즉, 집단 자체가 개인의 집합을 초월한 독자적 효력을 갖고 있으며, 집단 그 자체가 집단으로서의 기능과 성장으로 인해 치료적 효과를 만들어 내고 있다고 보는 것이다. 이런 관점은 가족치료의 기본적 생각과 맥락을 같이하고 있다. 집단을 집단구성원의 상호작용 총체로서 이해하고, 집단의 이런 기능과 특성을 활용한 심리치료에 대해서 관심이 점점 커지고 있다. 인간은 세상에 태어나서 죽을 때까지 타인과의 상호작용의 틀 안에서 살아가는 존재이기 때문에 집단에 대한 분석이나 집단 그 자체를 치료대상으로 삼는 것이 더욱 현실적인 접근이라고 할 수 있다. 집단상담에서 상담사나 심리치료사는 집단구성원 간의 관계를 조정해 나가기 때문에 합창부의 지휘자 역할과도 같다고 할 수 있다. 한편, 상담이나 심리치료에 있어 개인이나 집단 중 어느 쪽에 초점을 맞출지라도 각각의 장단점은 있으므로 어느 것이 더욱 효과적이라고 하는 판단은 쉽지 않다. 어쨌든 자연스럽게 생성되는 집단의 프로세스를 중요시하는 방법과 집단 프로세스 그 자체를 치료적으로 이용하려고 하는 방법은 현재 집단치료 또는 상담에 있어 큰 흐름을 형성하고 있으며 그 통합적 접근 또한 이루어지고 있다(현정환, 2019: 327-328).

4) 집단상담의 구조와 조건

(1) 집단의 구조

① 장소

집단은 좋은 분위기를 형성할 수 있는 장소에서 이루어져야 한다. 집단의 장은 집단원들에게 편안하고 사생활이 존중되는 느낌을 높임으로써 그들이 집단을 일상의 단회적 상호작용과는 다른 특별한 공간으로 경험할 수 있도록 해야 한다. 집단상담 장소는 집단원 전체가 들어가도 좁지 않을 정도로 적당히 넓어야 하고, 외부 소음이 차단되는 것이 이상적이다. 그리고 긴급한 경우를 제외하고는 전화나 다른 사람들 때문에 방해받지 않는 곳이어야 한다.

② 집단 크기 및 시간

집단상담의 구조는 대개 집단이 평균 6~7명으로 구성되며, 여기에는 촉진자facilitator 또는 심리치료사therapist로 불리는 진행요원이 한 명 또는 두 명이 있다. 이들은 개인의 심리적 역동, 즉 마음의 갈등이나 균형의 과정을 이해할 수 있어야 하며, 동시에 집단역할, 즉 집단 내외의 상호작용 과정이나 집단 전체를 이해하는 능력이 필요하다. 물론 이를 위해 이론학습과 기법의 습득이 불가결하다. 진행은 대개 한 섹션에 90분 정도 이야기를 나누게 되며 구성원들의 상호작용이나 이야기를 통해 자기이해, 타인이해, 인간관계의 이해, 치료 등이 이루어지게 된다.

집단은 유사한 문제나 고민이 있는 사람의 모임인 경우가 많으므로 타인과 같은 고민을 함께 나누는 가운데 자신의 모습을 재발견하게 되고 타인과의 마음의 접촉이나 깊은 인간적, 인격적 만남을 체험할 수 있는 장이 되기도 한다. 물론 집단구성원들은 처음에는 타인과의 관계 형성에 대한 어려움을 경험하게 되지만 서로에게 도움을 주는 과정을 통해 1:1 상담에서 얻을 수 없는 다이내믹한 인간관계를 체험하게 된다. 이러한 집단상담은 외국의 경우를 보면 대학의 상담실이나 병원의 정신과 등에서 이루어지고 있다. 집단상담은 대개 다양한 멤버로 집단이 구성되어 있으며, 같은 증상을 가진 사람들로 집단을 구성하여 치료적 접근을 하는 경우도 많다. 한편, 한 명의 내담자가 개인상담(치료)과 집단상담(치료)을 병행해서 받는 예도 있으며, 그 치료적 효과를 인정받고 있다(현정환, 2019: 329).

(2) 집단의 조건

2인 이상 사람들의 모임이 건설적이고 의미 있는 집단이 되려면 다음 다섯 가지 조건이 충족되어야 한다(강진령, 2013b: 15-18).

① 심리적 유의성

집단의 첫 번째 조건은 심리적 유의성이다. 집단의 조건으로서의 심리적 유의성 psychological significance이란 집단이 구성원 개개인에게 심리적으로 의미 있게 작용해야 함을 말한다. 이러한 특성이 여기서 말하는 집단과 사회적 집단이 차별화되는 점이다. 집단의 구성원들은 심리적 유의성을 기반으로 각자의 목표를 달성하기 위해 집단 작업에 임하게 된다. 또한 집단규범group norms의 틀 안에서 가치관을 비교해 보거나, 그동안 당연시하던 신념과 습관적 행동에 대해 새로운 각도에서 조망해 보게 된다. 집단원들은 피드백을 기반으로 한 상호작용을 통해 새로운 통찰을 얻게 되면서 생산적인 변화를 시도하기도 한다. 집단이 심리적 유의성을 갖기 위해서는 적어도 자기지도 능력을 갖춘 사람들로 구성되어야 한다. 여기서 자기지도Self-guidance란 자율적이고, 독립적인 생활을 영위할 수 있을 정도의 지적 수준과 정신상태 mental status, 그리고 기본적인 위생관리를 스스로 할 수 있는 역량을 갖춘 상태를 의미한다.

② 직접적 의사소통

집단의 두 번째 조건은 구성원들이 서로 직접적으로 의사소통해야 한다는 것이다. 효과적인 의사소통은 무엇보다도 직접적인 방식으로 이루어진다. 여기서 직접적 의사소통Direct Communication이란 집단 내에서 리더를 비롯한 다른 사람(들)을 통하지 않고 당사자들 간에 면대면face-to-face 상태에서 언어적 행동verbal behaviors과 비언어적 행동nonverbal behaviors으로 서로의 솔직한 감정과 생각을 주고받는 것을 말한다. 이는 집단에서 구성원들 간에 귓속말이나 분위기를 해치는 여타의 잡담은 지양해야 함을 의미한다. 의사소통은 일반적으로 제한된 시간에 이루어지며, 의사소통은 동시에 구성원들에게 심리적 의미를 부여하는 기능이 있다.

주어진 시간과 공간 내에서 구성원들이 직접적이고 생산적인 대화를 나눌 수 있도록 돕는 것은 집단리더의 중요한 임무에 속한다. 왜냐하면, 효과적인 의사소통은 촉진적 인간관계의 토대가 되고, 또한 지속적인 성장과 발달로 이어지기 때문이다. 이처럼 자신의 의사를 분명하게 전달할 수 있는 능력은 인간관계 형성과 유지에 직접적인 영향을 준다. 반면, 의사소통을 효과적으로 할 수 없다는 것은 다른 사람들과의 원만한 인간관계 형성은 물론 개인의 인간적 성장을 저해하는 요소다.

③ 유의한 상호작용

집단의 세 번째 조건은 일정한 사회체제를 갖춘 구성원들 사이에 유의한 상호작용이 있어야 한다는 것이다. 여기서 유의한 상호작용significant inter-action이란 2인 이상의 사람들이 의미 있는 방식으로 서로 영향을 주기도 하고 받기도 하면서 상호 교류하는 것을 말한다. 심리적 상호작용은 구성원들 사이에 '공유된 정체감'Shared Identity, 즉 '우리라는 의식'we-ness이 있어서 구성원들이 어떤 구분된 전체에 속해 있다는 느낌이 들 때 가능해진다. 우리라는 의식을 갖는다는 것은 구성원 개개인이 자기를 집단의 구성원력하는 것을 말한다.

집단의식은 구성원들이 공통으로 가지고 있는 문제들을 해결하기 위해서만이 아니라, 개인의 욕구를 충족시키는 데 필요한 요소이기도 하다. 따라서, 집단참여에 관심이 있는 사람은 사전에 자신의 욕구가 집단의 목적과 일치하는가를 확인으로 규정짓고, 다른 구성원들에게 인정받으며, 집단규칙에 따르기 위해 노력해야 한다.

이러한 점에서 집단은 구성원 각자가 그 집단의 목적에 관한 공통된 태도와 가치관을 충분히 발전시킬 때까지 지속하여야 한다. 이 기간에 구성원들은 생산적인 집단이 될 수 있도록 자신에게 적합한 임무를 수행하면서 유의한 상호작용을 계속한다.

④ 역동적 상호관계

집단의 네 번째 조건은 2인 이상 사람들의 집합체가 서로 역동적 상호관계를 형성해야 한다는 것이다. 역동적 상호관계dynamic interrelations란 구성원들 사이에 교류되는 힘과 에너지가 형성되어 서로 영향을 주고받는 상태를 의미한다. 이러한 힘과 에너지는 보통 구성원들 사이에서 일어나는 갈등과 이를 해소하는 과정에서 강력해진다. 이 과정에서 형성되는 역동적 상호관계는 구성원들의 참여 수준에 직간접적으로 영향을 미친다. 건강하고 생산적인 집단일수록 구성원들은 자발적이고 적극적인 태도로 집단에 참여한다.

이러한 집단의 구성원들은 신뢰를 바탕으로 역동적 상호관계를 형성한다. 역동적 상호관계는 또한 집단원 개개인이 자신이 속한 집단 내에서의 위치와 역할에 대한 명확한 인식을 기반으로 구축된다. 그뿐만 아니라, 구성원 개개인의 행동을 조절하는 일련의 가치관이나 규범이 설정된 집단 구조에서 견고해진다. 이렇게 구축된 역동적 상호관계는 구성원들의 참여 의욕 고취는 물론 집단의 목표 성취에 강력한 드라이브를 거는 원동력이 된다.

⑤ 생산적 상호의존

집단의 다섯 번째 조건은 2인 이상의 상호 독립적인 구성원들이 생산적인 방식으로 서로 의존해야 한다는 것이다. 생산적 상호의존productive interdependence이란 집단참여를 통해 의사결정, 문제해결, 잠재력 개발 또는 변화, 성장 등과 같은 생산적인 산물 또는 성과가 있어야 함을 의미한다. 상호의존성Interdependency은 성숙한 사람들의 특징이면서 독립성이 발달하기 전에 습득해야 하는 필수 과업이다. 다른 사람에게 도움을 제공할 줄 알고, 도움을 받을 줄도 아는 것은 원만하고 성숙한 대인

관계의 필수요소다. 따라서, 사람들의 모임이 의미 있는 집단이 되기 위해서는 구성원들이 집단 내에서 서로 의존하는 관계 속에서 공통 목적을 가지고 지속해서 생산적인 변화를 꾀하는 활동을 수행해야 한다.

2. 집단상담자의 자질과 역할

집단상담에서는 개인상담과 달리 내담자의 변화가 상담자에 의해서가 아니라, 주로 다른 내담자들과의 '상호작용'에 의해서 초래된다. 상담자의 역할은 마치 바둑을 두는 사람이 처음에 포석을 잘하고 나중에 끝내기를 잘하면 다른 것에는 비교적 덜 신경 쓰고도 승부를 겨룰 수 있는 것에 비유될 수 있다. 즉, 집단상담에서의 상담자는 처음부터 내담자 개개인의 문제를 다루려 하지 않고 '바람직한 집단 풍토'가 조성되도록 하면, 그러한 풍토나 분위기가 집단상담의 목표 달성을 촉진해 준다고 말할 수 있다(이장호 외, 2010: 362).

집단을 이끄는 지도자로서 집단상담자는 효과적으로 집단구성원들을 조력하는 데 필요한 인간적 자질과 전문가로서 수행해야 할 역할이 있다. 여기에서는 이러한 집단상담자의 인간적 자질과 전문가로서 전문적 역할을 구분하여 살펴보고자 한다.

1) 자질

집단상담자의 자질은 다음과 같다(노안영, 2016: 21).

(1) 호기심

호기심curiosity은 탐구와 연구를 위한 과학자의 동기를 일으키는 초심이다. 집단상담자에게 상담자 훈련모델로서 강조되어 온 과학자-실천가의 모델에 근거해서 조력을 위한 연구와 실천을 위해 무엇보다 필요한 것이 호기심이다. 세계적인 물리학자인 호킹Steven Hawking은 과학자로서 자신을 있게 한 것이 자연현상에 대한 호기심 때문이라고 지적하였다. 이처럼 집단상담자에게 호기심은 집단과정에서 표현된 내담자들의 행동에 대해 의구심을 갖고 탐구하려는 강한 동기로 과학자의 기본자세다. 개인 구성개념 이론에 근거하여 고정역할치료를 개발한 켈리George Kelly는 '과학자로서 인간'을 강조하였다. 집단상담자는 내담자의 언어적 표현 또는 비언어적 행동을 호기심을 가지고 진지하게 관찰하고, 의문을 던지고, 탐구할 때 그 의미를 정확히 파악하고 이해할 수 있게 된다.

(2) 용기

용기courage는 개인이 어려운 상황에서 자신과 타인의 이익을 지향해서 행동하도록 하는, 개인 내부와 외부에서 비롯된 창조적 생명력이다. 삶의 과정에서 정말 어렵고 힘든 상황에 부닥치곤 하는데, 용기는 어렵고 힘든 상황에서 포기하거나 좌절하지 않고 삶을 슬기롭게 지속하도록 만드는 삶의 원동력이다. 또한 개인이 자신의 삶에 대한 모든 책임을 지고 자신감을 느끼게 하는 동력이기도 하다. 아들러식 상담자인 드레이커스Rudolf Dreikurs는 '불완전할 용기'courage to be imperfect를 강조하였다. 불완전할 용기는 인간 본연의 모습을 회복하는 데 가장 필요한 요인이다. 많은 인본주의자에 따르면, 진정한 변화는 있는 그대로 내가 되려고 할 때 일어난다. 즉, 불완전할 용기는 있는 그대로 내가 되는 것을 의미한다. 특히, 이 집단상담자는 '자기 격려'Self-encouragement를 통해 끊임없이 자신에게 용기를 불어넣으면서 자연스럽게 타인을 격려할 수 있는 습관을 형성하는 것이 필요하다.

(3) 긍정적 변화에 대한 믿음

삶 자체는 끊임없이 변화한다. 모든 상담자에게 무엇보다 중요한 것이 '정적 변화에 대한 믿음'belief in positive change이다.

상담자들은 변화모델인 다양한 상담이론에 근거하여 내담자들을 조력하여 왔다. 집단상담자는 집단역동에 대한 이해를 바탕으로 내담자들을 지금보다 더 나은 상태로 바꾸는 긍정적 변화를 이룰 수 있다는 확고한 신념을 가지고 집단을 이끌어야 한다. 집단상담자는 구성원들의 변화에 대한 그의 믿음이 그들에게 자연스럽게 전달되어 변화의 원동력이 된다는 점을 명심해야 한다. 현재 심리학의 주제로 강조되는 긍정심리학처럼, 집단상담자는 인간의 긍정적 변화에 대한 믿음을 바탕으로 구성원들의 부정적인 변화나 불변에 대한 믿음을 바꾸는 노력을 기울이는 게 필요하다.

(4) 자기자각의 확장

성숙한 숙련된 집단상담자가 되기 위해서는 자신의 장단점을 정확히 이해하는 것이 필요하다. 정신분석적인 입장에서 보면 집단상담자의 '자기자각의 확장'extension of self-awareness은 집단과정에서 집단구성원들에게 개입하는 데 있어 나타날 수 있는 그의 역전이를 이해하게 도울 것이다. 사람들은 흔히 자신의 단점이나 열등감을 보지 못하거나 의도적으로 보지 않으려는 경향이 있다. 우리가 있는 그대로 정확히 우리 자신을 이해하는 일이 쉽지는 않다. 그 때문에 철학자 소크라테스Socrates는 "너 자신을 알라."고 강조하였다. 집단상담의 정의에서 내담자의 자기자각의 확장을 넓은 의미에서 집단상담의 일차적 목표로 설명하였다. 이처럼 집단상담자의 자기자각 확장은 효과적인 상담 성과를 거두는 데 중요한 요소다.

(5) 본보기 행동 솔선하기

흔히 '백 번 듣는 것보다 한 번 보는 것이 낫다'라고 말한다. 사람들은 타인이 하는 행동을 관찰함으로써 배운다. 집단상담자는 집단에 참여한 구성원들이 따라 배울 수 있는 행동을 솔선해서 하는 본보기 역할을 수행하는 것이 필요하다. 따라서, 집단상담자는 '본보기 행동 솔선하기'를 통해 집단구성원들을 지도한다는 것을 명심해야 한다. 즉 집단상담자는 그가 하는 모든 행동이 구성원들에게 본보기가 된다는 점을 명심하고 매사에 본보기 행동을 솔선하는 것이 요구된다. 반두라(Bandura, 1997)는 자기효능감 신념의 네 가지 원천으로 '자기주도적인 성취경험'enactive mastery experiences, '대리적 경험'vicarious experiences, '언어적 설득verbal persuasion, 그리고 '생리적 및 정서적 상태'physiological and affective states를 제안하였다. 그가 지적한 것처럼 집단구성원들은 집단상담자가 보이는 다양한 행동을 모방함으로써 새로운 행동을 학습할 뿐만 아니라, 다른 구성원들이 하는 행동을 관찰함으로써 자기효능감을 높일 수 있게 된다. 예를 들어, 집단상담자가 흔히 주요하게 사용하는 기법인 역할연기를 통해 구성원들이 새로운 행동을 학습하게 할 수 있다. 이 경우에 집단상담자는 본보기 행동을 솔선수범해서 수행함으로써 구성원들이 그를 본받게 한다.

2) 역할

초기의 집단상담에서는 바람직한 집단 기준이 형성되도록 상담자가 노력하는 것이 중요하다. 이를 위해서 상담자는 일종의 '수위 역할'을 통해 심리적 탈락자나 지각자 등을 막으면서 집단상담의 목표와 일치하는 집단 분위기를 형성하는 '산파 역할'을 하는 것이다. 다음에는 참여자들 간의 대화가 충분히 그리고 골고루 이뤄지도록 일종의 '교통순경 역할'을 하면서, 참여자-상담자, 참여자-참여자 간의 바람직한 상호작용이 일어나도록 집단 내 대화에 생산적으로 참여하는 '시범자 역할'을 한다.

집단상담자의 역할은 다음과 같다(이현림, 2015: 44-49 ; 김청자·정진선, 2006: 286-288).

(1) 정서적 자극

집단상담자는 자신의 감정, 태도 그리고 의견을 표현하고 참가자를 격려하여야 한다. 또한 상담자는 집단의 관심을 자신에게 집중시킬 수 있는 능력도 갖추고 있어야 한다. 상담자는 역할모델로 미리 모범을 보여 참가자들이 집단에서 무엇을 어떻게 해야 하는지에 관한 것을 시범적으로 보여 줄 수 있어야 한다. 이러한 시범을 통해 집단상담자는 상대방에게 좋은 인상을 주려는 자기 제시 욕구와 집단구성원에게 최소한의 도움으로 적극적 참여 행동을 일으키려는 집단상담자의 소망을 충족시킬 수 있게 된다.

개인적으로 우수한 능력과 권위를 지닌 상담자는 집단원들에게 자신을 더 많이 강하게 노출하려는 경향이 있다. 강도 높은 정서적 자극을 가지고 작업을 하는 집단상담자는 집단원들의 불안과 습관화된 행동 양식을 떨쳐버리는 것을 학습의 전제조건으로 여긴다.

대부분 정서자극을 가지고 작업하는 집단상담자를 집단원들은 카리스마적이고 직관의 능력을 지녔다고 평가한다. 집단상담자가 집단원들의 태도를 좀 더 많이 이해하고 태도 변화의 노력에 별로 도움을 주지 않는다든지, 참가자들의 자원들을 집단작업에서 적절하게 끄집어내어 활용하지 않는다면, 집단문제를 일으킬 수 있다. 이와 같은 집단지도 양식은 지도자라는 중심이 되는 인물을 너무 강조하고 집단이 가지고 있는 중요한 가능성을 무시하는 것이다. 매우 권위적인 집단상담자는 매우 불안한 집단상담자로 풍자되기도 한다.

정서적 자극은 어떤 상황이나 어떤 일정한 집단원들에게 매우 유익할 수도 있지만, 상황에 따라 잘못 판단될 수도 있다. 특별히 공격적 느낌을 표현하는 데 있어서,

집단상담자는 어느 정도까지 집단이나 참가자가 공격적인 감정을 발산하고 표현하도록 허용해야 할지를 스스로 자문해 봐야 한다.

(2) 개인적 가치평가의 표현

집단상담자는 집단원에게 애정 어린 감정을 표현하면서도 행동에 있어서 인정과 지지, 수용과 격려를 표현해 주어야 한다. 상담자의 기본적인 행동은 인간적인 따뜻함, 집단원을 있는 그대로 수용하는 것, 인간에 대한 진지한 관심이라고 할 수 있다.

인간적 가치를 참가자들에게 표현하는 집단상담자는 선하고 이해심 깊고, 동정적이고, 따뜻하고, 열려 있고, 친절하다는 인상을 준다. 집단상담의 기술적인 면을 강하게 추구하는 집단상담자는 그와 반대로 엄격하고, 단호하고, 전문적인 권위가 있어 보인다. 개인적인 가치평가를 하는 것은 의심의 여지 없이 상담자들에게 있어서는 가장 중요한 차원의 작업이다. 그들은 소속되고, 인정받고, 존중받고 싶어 하는 참가자의 기본적인 욕구를 충족시켜 주어야 하기 때문이다.

유감스럽게 현장의 많은 지도자는 이 차원을 흉내 내고, 자신이 깊이 느끼지 않으면서도 이해한 것 같이 표현하고, 친절한 척하는 태도를 보인다. 이런 상담자들은 대개가 인간중심 상담의 기법을 피상적으로 교육을 받았거나 인간의 행동 차원을 기법적으로 사용하려 하거나, 그들이 공감과 우정을 느끼지 않았기 때문에 그런 식으로 행동한다. 그런 식의 가식적 평가는 집단상담자와 집단원들 간의 인간적인 상호 교류의 실제를 제한하고 위협하게 된다.

(3) 설명 제시

집단상담자가 집단원들에게 개념과 기능적인 연계성을 설명한다면 그들은 자기 자신의 행동과 집단과정에 대해서 더욱더 잘 이해할 수 있게 된다. 상담자는 집단원들에게 인성발달과 학습, 상호작용, 집단발달의 과정들에 대한 정확한 기본체계를 제시하여야 한다. 어떤 상담자들은 자신의 해석을 전체 집단에 강하게 적용한다. 그들은 집단의 과정과 사회적 상호작용을 강조하고 집단에게 순간적인 집단의 상황을 깊이 생각하게 하고, 집단결과의 분석을 실행하도록 촉구한다. 다른 지도자들은 참가자 각자가 자신의 상황을 반영하고, 자신의 감정과 가치 태도, 상호작용 양식 등을 이해하는 것에 주로 관심을 보인다. 거기서 그들은 적절한 심리적 모델과 개념들을 끄집어내어서 참가자들이 자신의 삶의 질서를 스스로 잡아 나갈 수 있도록 도와주고자 한다.

개인적인 태도와 집단의 태도를 서로 잘 연결해서 조화시키는 지도자가 가장 실제적이고 효율적인 지도자가 될 수 있다. 집단상담자는 부모와 교사와 같은 기능을 해야 할 때도 많다. 능력 있는 집단상담자는 집단원이 방어적인 행동을 유발하지 않도록 하고, 자기 자신의 중요한 점과 가능성에 대해 많은 생각을 하도록 잘 지도해야 한다. 또한 집단상담자가 설명을 많이 하다 보면 상호작용과 집단원들의 자발성을 제거할 수도 있는데, 그렇게 되면 집단은 학문적 세미나 집단으로 변질할 수도 있다.

(4) 강화자

전문적 지식을 갖춘 상담자는 자신이 바람직하다고 생각되는 방향으로 집단을 이끌어 나가는 데 여러 가지 지도력을 발휘한다. 이 중에는 다양한 기법의 활용도 물론 포함된다. 특히, 자부심이 강한 상담자는 자신을 집단에서의 사회적 강화자로 고려하고 싶지 않더라도 무의식적으로 영향력을 발휘한다. 모든 형태의 심리상담은 상담자가 사회적 강화자가 되는 조작적 조건화에 의한 학습과정이라고 볼 수 있다. 즉, 상담자의 반응이 집단원의 성숙한 행동을 강화하고 미성숙한 행동은 제지하는 상·벌의 단서로 작용하는 사회적 자극이 된다. 자기의 사회적 영향력을 의식하는 상담자는 집단과정에 있어 더욱더 효과적이고 일관성 있는 영향력을 발휘하려 노력할 것이다. 그리고 경험이 많은 상담자는 이런 원칙에 신축적으로 또는 직관적으로 대응할 것이다.

(5) 구조화

집단상담자는 집단의 목표를 실행시키기 위해서 한계를 설정하며 집단의 규율을 제안하고, 집단규범과 여러 활동의 순서를 정할 뿐 아니라, 작업양식을 설정하는 등의 일을 다루게 된다. 집단상담자는 구조화 작업을 함으로써 집단이 어떻게 진행되어 나아갈 수 있는지 그리고 언제 어떤 작업으로 집단을 종료할 것인지의 문제들을 조절해 나가게 된다. 여기에는 집단원들에게 어떤 활동이나 실험을 제시해야 하는지, 언제 어떤 결정을 내려야 하는지 등의 과제들도 포함된다.

집단을 구조화하는 집단상담자들은 흔히 자기 자신이 시범을 보이기보다는 조언을 더 많이 한다. 그런 상담자들은 어떤 일을 지시하고 정지시키는 감독자와 같은 인상을 준다. 거기다가 그들은 참가자의 학습목표 방향을 상담자가 정하는 경향을 지니고 있다. 그들은 매우 구조화된 실험을 제시하기도 하는데, 이런 방식들은 모두 집단상담을 잘못 운영하는 경우이다.

(6) 모델링

집단상담자는 집단구성원이 새로운 행동 변화를 시도해 나갈 수 있는 환경적 분위기를 만들어 주기 위해 상담자 자신이 집단과정에서 모델링이 된다. 상담자는 집단원들의 장·단점을 인정하고 무비판적인 수용의 자세를 취함으로써 바람직한 집단 분위기의 형성을 촉진할 수 있다. 즉, 상담자는 구성원들의 자기 노출을 유도하되, 구성원들이 가지고 있는 현재의 욕구 수준을 고려하면서 대체로 집단의 발달단계에 부합되는 행동을 보여야 한다. 상담자가 완전해지고자 하는 욕구가 너무 강하면 자신의 지도력 및 그 효과에 집착하게 됨으로써 집단의 자발성을 방해하는 결과를 초래한다. 따라서, 상담자는 자기가 개입해야 할 시기와 방법에 유의하면서 동시에 집단구성원들에게 모범이 될 수 있는 반응을 하는 것이 중요하다.

3. 집단상담의 목표

집단상담은 예방적, 발달적, 교정적 목적을 동시에 가지고 있다. 일반적으로 집단상담은 구체적 초점을 가지고 있는데 이들 초점은 주로 교육적, 직업적, 사회적, 개인적인 것들이다. 집단상담의 구체적인 목표는 집단 참가자들에 의해 결정되는 것이 이상적이다. 집단 참가자들이 일반적으로 공유하는 목표로 다음과 같은 것을 들 수 있다(장혁표, 2000: 17-18).

① 자신과 타인을 신뢰하는 것을 배운다.

② 자신에 대한 지식을 증가시키고 자신의 독특한 정체감을 발달시킨다.

③ 참가자들의 욕구와 문제의 공통성을 인식하고, 욕구와 문제의 보편성을 발달시킨다.

④ 자신에 대한 새로운 관점을 가지기 위하여 자기수용, 자기 확신 및 자기존중을 증가시킨다.

⑤ 정상적인 발달 문제를 다루고 갈등을 해결할 수 있는 대안적인 방법을 찾는다.

⑥ 자기 방향성, 자율성 및 자신과 타인에 대한 책임을 증가시킨다.

⑦ 선택은 본인이 한다는 사실을 깨닫고 현명하게 선택한다.

⑧ 행동을 변화시키기 위한 구체적 계획을 수립하고 그 계획에 전념한다.

⑨ 좀 더 효과적인 사회활동 기술을 습득한다.

⑩ 다른 사람들의 요구와 감정에 좀 더 민감해진다.

⑪ 애정을 가지고 정직하고 솔직하게, 그리고 직접 타인을 직면하는 방법을 배

운다.

⑫ 단순히 타인의 기대를 충족시키려는 것에서 벗어나 자신의 기대대로 살아가는 것을 배운다.

⑬ 자신의 가치를 명료화하고 이것을 변화시킬 것인지, 변화시킨다면 어떻게 변화시킬 것인지를 결정한다.

4. 집단상담의 과정

집단상담의 과정은 탐색기Exploratory Stage, 과도기Transition Stage, 활동기Action Stage, 종결기Terminaton Stage 등 4단계가 있다(Gazda, 1971).

1) 탐색기

탐색의 단계에서 상담자는 다음과 같은 역할을 수행해야 한다.

① 참여자들을 원형으로 둥그렇게 마주 보며 앉게 한다.

② 집단상담의 특성과 목적을 집단원들에게 설명한다.

③ '왜 이 집단에 들어왔는가(집단의 목표)'를 명쾌하게 설명한다.

④ 친화의 분위기, 상호신뢰와 수용의 집단분위기 조성을 위하여 노력한다.

⑤ 모든 참여자의 적극적 참여와 정직한 사고, 자유로운 의견 교환을 독려한다.

⑥ 참여자 스스로 집단의 규범을 지키고, 상호협력적인 자세를 갖도록 한다.

⑦ 토의하고 싶은 문제가 있으면, 이에 대한 설명을 한다.

⑧ 이야기할 때는 자발성을 원칙으로 한다는 점을 참여자들에게 밝혀야 한다.

⑨ 집단과정에서 진행된 이야기들을 밖에까지 끌고 가지 않도록 사전에 주의를

시킬 필요가 있다.

2) 과도기

과도기 단계에서 상담자는 다음과 같은 역할을 수행해야 한다.

① 집단과정에 참여할 때, 불안과 주저, 방관과 저항, 방어적인 행동을 하는 경우가 있는데, 이럴 때는 그들 성원으로 하여금 그 같은 현상을 자각하고 직면하도록 도와주어야 한다.

② 특정 참가자가 집단에서 소외 또는 고립되는 것을 방지하기 위하여 지도자는 집단(성원)이 그를 이해하고 받아들이도록 한다.

③ 각 참가자가 '자기소개'를 할 때, 이야기의 방향을 잡아준다. 성장 과정에서 특기할 사항, 즉 성공담, 실패담, 일화, 가장 영향을 많이 주었던 사람과의 관계 등을 부각하도록 강조한다.

④ 하고 싶은 이야기가 있으면 말을 하게 한다.

⑤ 상대방의 이야기를 관심 있게 들어주고(경청), 문제점의 해결을 위해 협조하도록 지도를 한다.

⑥ 상담자는 참여자들의 자기발표self disclosure와 자기개방을 격려하며, 그들 간의 진정한 느낌이 교환되도록 분위기 조성한다.

3) 활동기

활동기 단계에서 상담자는 다음과 같은 역할을 수행해야 한다.

① 참가자들이 대인관계를 분석하고 문제를 취급해 나가는 데 자신감과 적극성을 갖도록 도와주어야 한다.

② 집단(참가자)이 자신의 문제를 결정해 주기를 기다리는 참가자가 있다면, 자신의 행동을 먼저 결정·선택하도록 권장해야 한다.

③ 참가자들에게 용기를 북돋아 주고, 특정 개인이 직면한 문제를 다른 동료가 이해하고 공감해 주며 공동으로 문제해결을 하려고 노력해야 한다.

④ 행동수정을 격려·보상해 주고 그 방향을 제시한다.

⑤ 각 참가자로 하여금 '여기-지금'here and now의 느낌을 나누도록 해야 한다.

⑥ 각 참가자가 결정하거나 행동해야 할 상황을 직면시키도록 유도해야 한다.

4) 종결기

종결의 단계에서 상담자는 다음과 같은 역할을 수행해야 한다.

① 참가자들의 진전과 성숙을 강화해 주어야 한다.

② 집단상담의 종결에 따른 각자의 느낌을 발표하도록 유도한다.

③ 대다수의 참가자가 계속해서 자기들끼리만 모이기를 바란다면 지도자는 집단에 대한 각자의 책임에 대해서 사전에 재교육시켜 주는 것이 좋다.

④ 상담의 전 과정이 끝나는 순간부터 참가자들 간의 유대관계가 와해될 가능성이 크다면 유대관계의 지속을 위한 재교육이 필요하다.

5. 집단상담의 기법

1) 상담자의 기법

집단 내 의사소통과 감정교류의 시범자 역할을 하면서, 상담자는 적절한 수준의 분석적 해석 등을 기법으로 활용한다. 상담자가 할 수 있는 '해석'의 대상은 대체로 집단 내 대인관계와 전체 집단의 흐름의 두 가지로 나누어 생각할 수 있다. 대인관계 해석의 주 대상은 전치(예: 갑에 대한 분노를 을에 표출), 투사(예: 자기 자신의 속성을 타인에게서 발견한 양 반응하는 것), 병렬적 왜곡(예: 갑을 예전에 잘 알던 을인 것처럼 반응하는 것), 습관성 부적응적 언행 등이다. 요컨대, 대인관계 해석에서는 집단 내 의사소통의 초점이 되는 내담자의 흥미, 정감, 참여 정도 등에 주목하고 대인관계에서의 느낌 및 비현실적 기대를 명료화한다. 전체 집단 해석의 목적은 집단 내 흐름(과정)의 장애를 제거하는 것이다(이장호 외, 2009: 363).

여기서 말하는 장애는 주로 회피, '대화를 위한 대화'로 나타나는 불안, 자기 노출을 강요하는 '순서대로 말하기'식이나 '더 솔직히 말하도록 할 수 없나?'라는 식의 바람직하지 않은 집단 분위기다. 상담자의 주요기법은 집단에 흐르고 있는 이러한 집단적 불안과 '반상담적 분위기'를 지적·해석하며, 그렇지 않은 긍정적(생산적) 분위기와 흐름을 격려·강화하는 것이다.

2) 상담자의 해석 지침

첫째, 해석은 단정적, 교리적으로 하지 말고, 시사적, 가설적으로 하여 내담자의 의향을 묻는 형식을 취하는 것이 바람직하다(예: "당신이 아까부터 그 이야기만 하고 있는데 왜 그런지 궁금하군요.", "~해서 그럴지도 모르겠지만, 다른 사람들은 어떻게 생각해요?").

둘째, 일반적으로 좁은 대인관계 문제보다는 전체 집단의 문제를 우선적으로 다룬다.

셋째, 내담자가 무엇을 원하는가(요구하는 관계), 무엇을 회피하는가(후퇴하는 관계), 무엇을 두려워하는가(두려워하는 관계)를 중점적으로 해석한다.

넷째, 일반적으로 판단·주장보다는 느낌을, 과거나 미래보다는 '지금과 여기', '사람들' 또는 '우리'보다는 '나와 너'를, 간접적인 것보다는 직접적인 것을, 일반적인 것보다는 구체적인 것을, 추측이나 가정보다는 스스로의 탐색(확인)을, 방어보다는 자기개방 등을 권장하는 지적과 해석이 필요하다.

3) 문제 내담자의 처리

어느 집단상담이고 다루기 어렵고 집단과정에 방해가 될 수 있는 '문제 내담자'가 있게 마련이다. 여기에서는 가장 대표적인 몇몇 유형을 살펴본다.

(1) 화제 독점형

집단 내에서 끊임없이 이야기를 계속하는 사람인데, 화제 독점은 자신의 불안을 방어하는 수단인 경우가 많다. 표면상으로는 심문자, 해설자, 유도자 역할을 하는 것 같다. 또한 히스테리 성향의 참여자는 집단 내의 위기를 조성함으로써 주의집중을 받기도 한다. 화제 독점자는 지루한 감을 일으키고 집단의 흐름을 혼란시킨다.

(2) 도사형

스스로 옳다고 생각하는 도덕군자다. 옳고 그른 것에 집착하며 타인의 잘못을 들추어내려고 한다. 외관상으로는 근엄하고 우월한 태도를 보이며, 타인들로부터의 인기 여부에는 관심이 없다. 이러한 참여자는 수치심과 분노의 소지자이며, 자기의 수치와 분노에 대한 방어기제로 그와 같은 행동을 하는 경우가 많아 다른 내담자들은 처음에는 그런 행동을 인내하지만, 차츰 분노하고 무시한다.

(3) 상담자 조수형

스스로 상담자나 의사와 같은 역할을 하는 사람이다. 자기의 우수성을 과시하려 들고 지도자 역할을 하려는 유형이다. 이런 참여자는 상담자와 다른 참여자들의 인정을 얻기 위해 이와 같은 행동을 하는 수가 많다. 처음에는 집단 내의 교류를 촉진하기도 하나 곧 다른 참여자들의 비난 표적이 된다.

4) 문제 참여자의 처리기법

이러한 문제 참여자를 다루는 기본 원칙은, 문제행동이나 그런 참여자의 인격 자체를 거부하거나 일방적으로 침묵하지 않고 집단에게 어떤 영향을 주고 있는가를 발견하게 하는 것이다. 즉, 그러한 행동을 하도록 만드는 심리적 갈등을 이해, 공감해 주고, 타인의 반응을 통해 자기가 어떤 위치에 있는지 알아차리게 해 준다. 결과적으로 생산적인 집단과정에 참여하도록 재초대하는 형식으로 다루는 셈이다. 여기서 중요한 것은 다른 내담자들의 공통된 반응이며, 그러한 태도의 비효율성을 스스로 인식하도록 하는 것이다. 이렇게 하여도 그 언행을 바꾸지 않고 계속 문제행동을 한다면 개인면담을 통해 해결하거나, 예외적이지만 집단에서 탈퇴하도록 권유할 수도 있다(이장호 외, 2009: 365).

6. 집단상담에 대한 평가

집단상담은 많은 장점을 갖고 있지만, 모든 참가자에게 적용할 수 있는 것은 아니다. 집단상담의 장점은 무엇인가? 어떤 경우에 집단상담이 가장 효과적인 치료방법이 될 수 있는가? 집단상담의 제한점은 무엇인가? 개인상담보다 집단상담을 더 권하는 경우는 언제인가? 이런 질문들은 상담자나 이론가들에 의해 항상 제기되어 온 것들이다. 여기서는 이러한 질문에 대한 의견을 종합하고, 집단상담을 상담전략으로 사용하는 데 관련된 지침을 제시하고자 한다(김청자·정진선, 2006: 289-290).

1) 장점

첫째, 개인상담과는 달리 동시에 여러 명의 내담자로 하므로 집단상담은 개인상담에 비해 경제적으로 더 효과적이다. 시간, 자원, 비용과 같은 현실적인 문제들을 고려해 볼 때 이것은 상당한 장점이 될 수 있다. 따라서, 집단상담은 특히 학교나 지역사회기관과 같이 많은 사람들에게 서비스를 제공해야 하는 기관에 적합하다고 할 수 있다.

둘째, 집단상담은 안전한 분위기 속에서 내담자들이 자신들의 관심사를 나눌 수 있고, 새로운 행동을 연습해 볼 수 있으며, 서로를 지지해 줄 수 있는 사회적 상황을 제공해 준다. 집단상담에서 서로의 생각을 교환하고, 자신들과 타인들에 대한 가정을 검증해 보고, 자신들의 견해와 타인들의 견해를 비교해 볼 수 있는 기회를 가지게 된다. 개인상담은 이러한 다양한 경험의 교환을 위한 기회를 제공해 주지 않는다.

셋째, 집단에서 자신들의 관심사를 동료들과 나눔으로써, 자신들의 관심사에 대한 다른 사람들의 견해뿐만 아니라, 공통 관심사도 알 수 있게 되며, 이러한 과정을 통해 집단 참가자는 자신과 타인을 더 잘 이해할 수 있게 된다.

넷째, 집단상담은 경청과 학습을 촉진한다. 집단구성원들이 받아들일 수 있는 수준으로, 동료들을 이해하고 공감하기 위해서는 참가자들은 효과적인 경청기술을 개발해야 한다. 참가자들의 경청기술을 향상하는 데 도움이 되는 서비스는 어떤 것이라도 학습과정에 유익하다.

다섯째, 대부분의 집단은 다양한 구성원들로 구성되어 있는데, 이 다양성은 참가자들에게 일상생활에서는 어려운 풍부한 피드백을 제공해 주며, 참여자들은 이러한 피드백을 통해 다양한 사람들의 시각을 통해 자신을 볼 수 있는 기회를 가질 수 있다.

여섯째, 집단상담은 개인상담에 비해 덜 강렬하고 덜 위협적이다. 개인상담에서는 내담자가 때때로 상담자에 의해 압도되며, 다른 사람의 지지 없이 개인적 관심사를 나누는 것에 대해 어려움을 느낀다.

2) 단점

첫째, 집단상담은 개인상담보다 더 복잡하므로 효과적인 집단상담은 상당한 수준의 기술이 필요하다.

둘째, 집단상담자는 집단의 방향을 계속 관찰해야 하고, 모든 집단구성원을 동등하게 대해 주어야 하며, 효과적인 관계를 설정해야 하는 등 여러 가지 역할을 수행해야 하기 때문에 집단 실시에는 상당한 에너지가 요구된다. 따라서, 한 상담자가 여러 집단을 운영하기가 어렵다.

셋째, 집단상담은 어떤 사람에게는 적절하지 않거나 효과가 없을 수 있다. 예를 들어, 제한된 지적 능력을 갖춘 사람이나 심각한 정서 또는 행동 장애가 있는 사람은 집단상담에 적합하지 않다. 다시 말해서 모든 사람이 집단상담의 혜택을 볼 수 있는 것은 아니다.

CHAPTER

13

진로상담

개요

진로상담은 학생들의 진학과 직업선택에 관한 다양한 진로 정보를 제공하고, 진로계획과 의사결정 능력을 돕는 체계적인 활동이다. 진로상담에는 진로지도와 진로교육이 중요하다.

학습목표

- 내담자의 신상 파악
- 내담자의 주변상황 고려
- 상담자와 내담자의 교감 및 상호 인정

학습내용

1. 진로상담의 개념
2. 진로상담의 목표
3. 진로상담의 유형
4. 진로상담의 과정
5. 진로상담의 기법

1. 진로상담의 개념

1) 진로상담의 정의

진로를 뜻하는 'career'의 어원은 라틴어 *carro*에서 유래한 것으로, '수레가 다니는 길을 따라간다'To roll along on wheels는 뜻이다. career는 여러 가지 의미로 다양하게 사용되고 있는데, 일반적으로 '한 개인의 생애의 전 과정'이라고 정의하고 있다.

호이트(Hoyt, 1974)는 진로란 인간이 일생을 통하여서 하는 일을 총칭하는 말로써, 그것은 삶의 중핵이며 인간이 목표를 이루는 길이기도 하다. 진로는 임금을 받는 직업에만 국한되지 않으며, 유년기에서 시작하여 나이가 들어 직장에서 은퇴한 후에도 계속되는 모든 활동을 포함한다.

맥다니엘(McDaniel, l978)은 진로를 개인의 직업 또는 직무 이상의 개념으로, 자신의 인생 전반에서 수행하게 되는 연속적인 일이나 여가 모두를 포함하는 '생활방식'이라 정의하고 있다.

한센과 카이어레버(Hansen & Keierleber, 1978)에 따르면, 진로란 역할 통합에 영향을 주는 상호관계적인 현상으로써 개인이 자신의 가족, 일, 교육과 관련되는 선택을 할 때 그 개인을 도와주는 모든 행위의 개념이라 정의한다.

레이노어와 엔틴(Raynor & Entin, 1982)은 진로란 지각적 개념과 행동적 개념 둘

다를 포함하는 것이며, 한 개인이 가지는 사회적 환경, 즉 미래에 대한 계획, 과거의 성공과 실패 그리고 현재의 적성 또는 재능으로써 자기 자신을 어떻게 보느냐로 정의하고 있다.

결국, 진로란 자아와 직업 세계에 대한 이해를 통하여 개인의 일생을 체계적으로 선택해 나가는 일의 개념으로 볼 수 있다.

진로상담Career Counseling은 학생들이 자신의 진로를 개척하기 위한 계획을 수립하여 생애 문제를 합리적으로 해결해 나가도록 돕는 활동이다. 즉, 학생들이 진로발달과정에서 자기를 이해하고 잠재력을 발견하고 계발할 수 있도록 상담자가 그들이 진로의 탐색과 개발에 필요한 제반 의사결정을 도와주는 적극적이고 종합적인 활동이라 할 수 있다.

브라운과 브룩스(Brown & Brooks, 1985)는 진로상담이란 개인이 직업을 탐색·선택하고 그것을 달성하도록 준비하고, 그 직무를 효과적으로 수행할 수 있도록 도와주는 활동으로서, 전 생애에 걸쳐 진로선택과 관련된 모든 상담 활동을 지칭하는 것이라고 주장하였다.

서퍼(Super, 1972)는 일의 세계에서 적절히 융화된 자신의 역할상과 자아상을 발전시키고 수용하여 현실 속에서 자신의 모습을 검토해 보고, 검토한 결과 그 자체에서 자신에 대한 만족 그리고 사회에 이익이 되는 현실로 전환하도록 개인을 도와주는 과정이라 하였다.

미국의 진로발달협회National Career Development Association, NCDA에 따르면, 진로상담은 내담자가 가장 적절한 진로 결정을 하기 위해 자신과 환경의 이해를 종합하고 응용하도록 돕는 목적을 가진 상담자와 내담자 사이의 개인과 또는 개인과 소집단의 관계이다.

이러한 정의에 비추어 볼 때, 진로상담은 진로교육career education 및 진로지도career guidance와 의미상으로 관련된다고 할 수 있다. 먼저, 진로교육은 개인의 진로선택, 적응, 발달에 초점을 둔 교육으로서, 각 개인이 자기 자신과 일의 세계를 인식 및 탐색하여 자기 자신에게 적합한 일을 선택하고, 선택한 일을 잘 수행할 수 있도록 취학 전부터 시작하여 평생 학교, 가정, 사회에서 가르치고 지도하며, 도와주는 활동을 총칭한다. 그리고 진로지도란 사람들이 활동하는 생애 동안 그들의 진로발달을 자극하고 촉진하기 위해서 교사나 전문상담자 등과 같은 전문인이 다양한 장면에서 수행하는 활동으로서, 진로에 관한 의사결정과 계획수립, 적응문제 해결 등을 도와주는 활동이라고 할 수 있다.

결론적으로 '진로교육'이 가장 포괄적인 의미를 가지며, 다음으로 '진로지도'이다. 그리고 '진로상담'은 진로에 관한 교육 및 지도 활동을 구체적으로 실천하는 가장 대표적인 방법이라고 규정할 수 있다. 한편, 학교상담의 영역에서 보면 진로상담은 그 원리나 방법 자체는 일반상담과 크게 다를 바 없으나, 진로상담이 상급학교 진학과 직업의 탐색·선택·준비 등의 측면을 개인의 적성과 정서와 관련하여 구체적으로 다룬다는 점에서는 다르다고 할 수 있다.

진로상담은 학생들의 진학과 직업선택에 관한 다양한 진로 정보를 제공하고, 진로계획과 의사결정 능력을 돕는 체계적인 활동으로서 다음과 같은 주요 개념을 포함한다(오만록, 2017: 434).

첫째, 진로상담은 학생의 진로발달을 도와주는 일련의 과정으로서, 한순간의 진학학교 선택이나 직업의 선택만을 위한 활동이 아니라, 과거, 현재, 미래를 총괄하는 연속적인 과정이며 개인의 진로문제 해결과 적응을 단계적으로 도와주는 과정이다.

둘째, 학생이 당면하는 진로목표나 진로문제의 해결과 적응을 도와 그가 원만한 인격적 통합을 이룰 수 있도록 한다.

셋째, 진로상담은 상담자와 내담자 사이에 형성되는 인간관계를 강조한다. 상담자와 내담자 사이에 형성되는 인간관계는 진로목표의 설정과 문제해결을 위한 필수적인 조건이 된다.

2) 진로상담의 기능

진로상담의 기능은 여러 가지가 있을 수 있다.

첫 번째 기능은, 내담자가 이미 잠정적으로 선택한 진로 결정을 확고하게 해 주는 것으로 가장 흔한 경우이다. 내담자들은 흔히 부모, 교사들과의 접촉을 통해 이미 자기의 능력과 주어진 기회를 평가하고, 이를 바탕으로 잠정적인 선택을 해놓고 있다.

두 번째 기능은, 직업 목적을 명료하게 해 주는 것이다. 사람들은 진로와 자기의 성격에 대한 정보를 끊임없이 수집하고 있으나, 정보의 의미를 올바르게 해석하지 못하고 적절한 진로선택에 연결하지 못하고 있는 경우가 많다. 이때 상담자는 내담자에게 문제를 더욱 명확히 볼 수 있도록 도와줄 수 있다.

세 번째 기능은, 내담자가 자기 자신과 직업 세계에 대해 지금까지 알지 못했던 사실을 발견하도록 도와주는 것이다. 진로상담에서는 진로계획을 인생 전체 중 일부로 간주하고 올바른 진로계획의 수립을 돕는다.

3) 진로상담의 원인과 필요성

진로상담의 필요성은 크게 학생들의 고민문제, 불합리한 진로 결정의 현실, 진로상담의 여건 미비 등의 측면이 있다.

(1) 고민문제

청소년들은 학업성적과 진학, 진로문제 등으로 가장 많이 고민을 하는 것으로 나타나 있다(김보기 외, 2016: 88).

학생들이 가장 고민하는 문제는 표면상으로 학업성적과 같은 공부와 관련된 것이다. 그러나 성적을 걱정하는 근본적인 이유는 성적이 상급학교 진학이나 앞으로의 취업과 같은 진로와 연관되어 있기 때문으로 추측된다. 만일 성적과 관계없이 대학에 진학할 수 있다면 공부와 성적으로 고민하는 학생들은 그렇게 많지 않을 것이다. 따라서, 학생들이 궁극적으로 고민하고 걱정하는 것은 진로 및 진학 문제라고 할 수 있다.

이렇게 학생들이 학업성적이나 진로 및 진학 문제로 가장 많이 고민하고 있지만, 실제 고민문제가 발생했을 때 도움을 청하고 의논하는 대상을 보면, 진로 및 진학 상담교사와 상의하는 경우는 극히 미미한 실정이다. 이는 학생들이 고민하는 문제에 대해서 가장 조언을 잘해줄 수 있는 진로 및 진학 문제가 가장 많고, 다음으로 혼자 해결하려 하거나, 부모·형제 등과 상의하는데, 반 진학 상담교사가 부재하거나, 있다고 하더라도 인력과 시간이 부족한 실정이다. 결과적으로 학생들이 필요로 하는 도움을 제대로 받지 못하고 있다는 사실을 입증하는 것이다.

이러한 현상은 진로상담을 받는 기회 없이 진로를 결정하는 결과를 초래하게 된다. 이유야 어떻든 진로상담의 부재 현상을 초래하고 있다. 이러한 중·고등학교에서의 진로상담 부재 현상은 대학 선택과 전공학과에 대한 불만으로 이어지고 있다. 대학에서도 사정은 마찬가지이다. 학생들이 주로 학업 문제와 진로문제로 고민을 가장 많이 하고 있지만, 지도교수와 상담 신청하거나, 학생생활상담소에 상담을 요청해도 진로상담을 받기란 어려운 일이다. 대학에서는 학생들의 졸업 후 취업에는 관심이 있지만, 진로계획이나 진로 결정과 같은 진로지도나 상담에 관해서는 별로 관심이 없고 진로상담 전문상담원이 없으므로 체계적인 활동도 거의 전혀 없는 실정이다.

학생들이 진로문제를 고민하는 것도 문제이지만, 이러한 문제를 가지고 가장 전문적인 조언을 해 줄 수 있는 진로 및 진학 상담전문가의 부족으로 적절한 전문적인 도움을 받지 못하고 있는 것이 더 심각한 문제라고 할 수 있다. 그나마 다행스러운 것은 최근에는 진로 및 진학 상담교사가 대부분 일선 학교에 배치되어 있다는 사실이다. 그럼에도 불구하고, 우려될 만한 것은 그들이 과연 진로 및 진학 상담을 능수능란하게 수행하여 청소년들의 등대가 될 수 있는 역량을 갖추었는지 의문이 가는 점은 여전히 남아있다. 그것은 진로상담이론, 진로심리검사, 직업정보론, 노동시장론, 직업카드를 활용한 진로상담 정도의 과목은 배워야 할 것이며, 또한 그들이 역량을 갖추기 위해서는 진로상담 전문가 수련을 통하여 자격증을 취득할 수 있어야 한다.

인간은 누구나 행복한 삶을 살기를 원한다. 행복한 삶을 사는 방법은 여러 가지가 있을 수 있으나 가장 확실한 방법은 자신이 하는 일에 대해서 만족하고 의미와 보람을 가지고 사는 삶이라고 할 수 있다. 이는 바로 자신이 만족할 수 있는 진로를 선택하는 것을 의미한다. 진로선택이야말로 개인의 행복을 좌우하는 척도라고 할 수 있다.

그러므로 개인의 생애를 통해서 가장 중요한 과업은 바로 자신에게 맞는 진로를 선택하는 일이라고 할 수 있다. 이렇게 진로선택이 개인의 일생을 좌우할 만큼 중요하지만, 많은 부분에서 청소년들의 진로 결정은 불합리하게 이루어지고 있는 현실이다.

(2) 불합리한 진로 결정의 현실

청소년들은 대체로 다음과 같은 이유로 불합리한 진로 결정을 하고 있다. 그것은 입시 위주의 진로지도, 부모 위주의 진로 결정, 자신에 대한 이해 부족, 왜곡된 직업의식, 일의 세계에 대한 이해 부족 등이 있다.

① 입시 위주의 진로지도

사회에서 인정받는 길이 되어버렸다. 따라서, 누구나 자신의 형편은 생각하지 않고 무리하게 대학에 진학하려 한다. 학생의 적성이나 취미를 고려해서 전공을 정하기보다는 성적으로 합격할 수 있는 대학과 학과를 선택하게 된다.

이러한 과열된 입시경쟁의 상황이 학교나 가정에서 정상적인 진로지도와 진로상담을 수행할 수 없게 하고 있다. 학교에서는 자연스럽게 진로상담을 진학상담으로 전환하고 있고 그것도 대학의 합격선만을 고려한 입시상담으로 제한하고 있다. 따라서, 학생 자신의 특성을 발견해서 이해시키고 또 일의 세계에 대해서 필요한 정보를 학생들에게 제공하는 진정한 의미의 진로상담은 이루어지지 않고 있다.

② 부모 위주의 진로 결정

학부모들은 자녀의 능력이나 적성, 흥미보다는 부모의 가치 기준에 의해서 자녀의 진로를 결정하려는 경우가 발생하고 있다. 부모가 지나치게 자녀의 일에 대해서 간섭하고 다음과 같은 경향을 강하게 보이고 있다.

첫째, 권위주의적인 양육 형태이다.

둘째, 과잉 보호적인 양육 형태이다.

셋째, 자녀에 대한 지나친 기대이다.

넷째, 부모의 투사행위이다.

이상과 같은 이유로 인해서 부모는 자녀를 객관적으로 평가하지 못하고, 부모의 가치기준에 의해서 평가하기 때문에 객관적이고 합리적인 결정을 도출해내는 데 어려움이 있다.

③ 자신에 대한 이해 부족

자신에게 적합한 진로를 계획하기 위해서는 무엇보다도 자기 자신을 알아야 한다. 자신에 대한 이해는 첫째, 자신이 가지고 있는 여러 가지 특성과 자신도 미처 깨닫지 못하고 있는 잠재력을 이해하는 것, 둘째, 나의 행동이나 판단의 기준이 되는 가치관의 정립이라고 할 수 있다. 오늘날 대부분의 사람은 이 두 가지가 다 부족한 형편이다. 특히, 청소년들은 너무나 자신을 모르고, 관심도 기울이지 않고 자신을 망각한 채 살아가고 있다. 가정이나 학교에서도 자신에 대해서 생각하고, 인식하고, 이해할 학습기회가 부족한 측면이 있다.

④ 왜곡된 직업의식

우리 사회에 팽배해 있는 부정적인 가치관들은 청소년들에게 그대로 유입되어 이기주의적, 개인주의적 성향과 요령 및 편법주의적 사고방식을 갖도록 하고 있다. 이러한 부정적 가치관은 직업관에까지 영향을 미쳐서 올바른 직업관 형성에 장애요인으로 작용하고 있다. 청소년들의 부정적인 왜곡된 직업관을 보면 다음과 같다.

첫째, 일을 목적으로 보기보다는 수단으로 여기는 경향이 강하다.

둘째, 일과 직업에 대한 편견이 심하다.

셋째, 성 역할에 대한 고정관념이 강하다.

⑤ 일의 세계에 대한 이해 부족

진로를 선택하려면 우선 자신에 대해서 알아야 하며, 그런 후 자신의 특성에 적합한 일, 즉 직업에는 어떤 것들이 있는가를 알아야 한다. 우선 직업의 종류가 어떤 것이 있고 또 직업에서 하는 일은 무엇이고, 그러한 직업을 가지려고 갖추어야 할 자질은 무엇이며, 앞으로의 전망은 어떠한가 등에 대해서 정확히 알아야 한다. 그래야 개인의 특성을 최대한으로 실현할 수 있는 직업을 택해서 능률적으로 즐거움을 느끼며 일을 할 수 있는 것이다. 그러나 이에 대한 정보가 미흡할 뿐만 아니라, 진로상담이 제대로 실시되고 있지 않아서 학생들이 일의 세계에 대해서 올바른 이해를 하지 못하고 있는 실정이다.

(3) 진로상담의 여건 미비

앞에서 제시한 여러 가지 상황이 진로상담의 적극적인 수행을 어렵게 하고 있다. 물론 진로상담만의 문제에 국한된 것은 아니지만 진로상담은 상담 중에서도 전문가들 사이에 관심을 덜 갖는 영역으로 취급되어 문제점을 더 가중시키고 있다고 할 수 있다.

① 진로상담에 대한 인식 결여

진로상담의 가장 근본적인 문제는 아직 우리 사회에 진로상담에 대한 인식이 제대로 되어 있지 않다는 점이다. 청소년, 학부모, 교사, 일반 대중, 심지어 상담전문가 사이에서도 진로상담에 대해서 잘못된 인식이 있는 경우가 많다.

우선, 도움이 필요할 때 상담자를 찾아가서 상담을 받는다는 것에 익숙해 있지 않다. 이는 물론 진로상담에 국한된 문제라기보다는 상담 전체에 해당하는 문제라고 할 수 있다. 그러나 특히 진로문제는 문제로 생각하지 않고 있으며, 상담의 대상이 된다고 생각지 않는 경향이 농후하다. 즉, 진로 결정은 부모가 알아서 정해주면 된다는 입장이다. 이러한 상담에 대한 인식의 결여가 우선 진로상담이 활성화되지 못하는 근본 원인이 되고 있다.

다음에 문제가 되는 것은 학생, 부모, 교사들이 대부분 입시 위주, 진학 위주의 사고를 하고 있고, 직업 세계에 대해서 매우 제한된 정보를 가지고 있고, 직업에 대해서 심한 편견을 가지고 있다는 점이다. 이러한 일과 진로에 대한 잘못된 의식과 제한된 정보는 진로상담을 제대로 활성화하기 어렵게 하고 있다. 또 문제가 되는 것은 소위 전문상담자들이 가지고 있는 진로상담에 대한 편견이다. 즉, 진로상담은 다른 정신질환을 다루는 상담에 비해서 덜 전문적이고 많은 직업정보를 다루기 때문에 심리적인 상담이 아니라고 생각하는 상담자들이 많이 있다. 이러한 편견으로 인해서 상담자들이 진로상담을 피하는 경향이 있다.

이러한 진로상담에 대한 근본적인 인식의 결여가 청년 백수, 실업자를 양산하는 근본적인 문제라고 할 수 있다.

② 진로상담 활동 부진

진로상담의 또 하나의 문제점은 진로상담 활동 자체가 활발하게 이루어지지 않고 있는 점이다. 즉, 학생이나 학부모, 교사들이 언제, 어디에서나 필요한 때에 필요한 도움을 쉽게 받을 수 있게 진로상담 활동이 적극적으로 전개되지 못하고 있다. 진로상담은 초·중·고등학교 위주의 진학상담이나 적성검사 시행 정도에 머무르고 있으며, 진로 및 진학상담 교사 또한 전문적인 진로상담 훈련을 받지 못한 상태이기 때문에 학생들에게 필요한 도움을 제공하는데 많은 제한을 받고 있다.

진로상담을 담당할 전문상담자는 턱없이 부족하고, 일선에 배치된 대부분 진로 및 진학상담 교사들은 상담은 물론, 진로상담에 대해서 전문적인 지식이 부족하고 학교에서 혼자서 근무하기 때문에 양질의 진로상담을 제공하기 어려운 실정이다.

③ 전문인력의 부족

직업 세계는 급속도로 전문화, 세분화, 정보화하고 있으므로 어느 분야보다도 전문적 상담이 필요한 영역이다. 즉, 전문적 자질을 갖춘 상담자가 필요하나 이러한 진로상담전문가가 부족한 실정이다. 진로상담에 필요한 프로그램의 개발이나 정보의 수집 및 보관, 관리 등의 기능을 제대로 수행할 수 있는 전문인력이 부족하므로 진로상담이 제대로 실효를 거두기 어렵다. 아울러 진로 및 진학 상담교사, 진로상담자 등의 질적인 관리를 위해 자격증 제도도 미흡한 실정이다.

④ 진로정보체계의 미흡

진로상담은 심리상담과 달리 진로정보를 많이 활용해야 한다. 그러나 우리나라의 현실은 진로정보가 너무 부족하다. 학교에서 진로지도나 진로상담을 수행할 때 가장 많이 직면하는 문제는 바로 진로정보의 한계이다. 진학상담을 하더라도 수능점수 분포에 따른 대학학과의 배치 정도가 얻을 수 있는 정보이다. 특정 학교의 성격이나 취업 분야와 장래 취업 전망 등에 대한 정보는 거의 없고 진로진학 상담교사나 상담을 받는 학생들도 정보를 활용하는 데 익숙지 않다.

⑤ 진로상담의 모형 미비

우리나라의 현실에 적합한 진로상담에 대한 접근과 구체적인 상담기법들이 부재한 것이 현실이다. 진로상담을 정보 제공이나 직업소개 등으로 그치거나 그렇지 않으면 일반상담으로 유도하는 경우가 비일비재하다. 이는 진로상담에 대한 한국형 상담 접근과 방법이 제시되어 있지 않기 때문이다. 물론 외국의 모형을 빌릴 수는 있으나, 우리 사회의 직업의식과 문화적 차이 등은 우리 나름의 독특한 상담모형이 필요하다. 이러한 상담모형의 부재가 진로상담을 활성화하지 못하는 요인 중의 하나라고 할 수 있다. 진로상담은 심리상담과 달리 진로정보를 많이 활용해야 한다.

⑥ 관련법과 제도의 미비

진로상담을 강화하기 위한 법과 제도적인 뒷받침과 행정적·재정적인 자원이 부족하다. 진로상담교사의 자격과 양성과정에 관한 것, 이들의 기능과 지위, 대우 등 명확하게 법규로 명시되어 있지 않다. 그리고 학교마다 학생 수에 비례해서 일정 수의 진로 및 진학 상담교사를 배치하도록 되어 있어 진로상담을 어렵게 하고 있지 않지만, 진로 및 진학 상담교사가 직업카드, 진로심리검사 등의 도구를 갖추는데 필요한 재정적인 지원의 부족으로 인하여 진로상담을 어렵게 하고 있다.

(4) 진로상담의 필요성

위와 같은 여러 가지 이유로 인하여 다음과 같은 진로상담의 필요성이 발생한다(이현림, 2011: 237).

첫째, 진로상담에 대한 요구가 심리치료에 대한 요구보다 더 많다. 진로상담은 인간의 내적 세계와 외적 세계 모두를 다루고 있음에 반해, 심리치료는 내적 세계를 주로 다룬다. 내담자들은 진로에 대한 전반적인 적응이 이루어진 후에 개인적 변화를 원한다. 심리치료와 진로상담 양자를 제대로 훈련받아 이 둘을 모두 제공할 수 있다면, 내담자들이 원하는 바에 대해 더 잘 알 수 있을 것이다.

둘째, 진로상담은 치료적일 수 있다. 진로상담은 진로와 개인적 적응 간의 정적 상관관계가 있는 직업심리학의 근거에서 향상된 진로적응은 개인 적응을 향상하는 데 바로 직결된다는 것이다.

셋째, 진로상담은 심리치료와 연결되어 진행되어야 한다. 이상적으로, 심리치료자들은 심리치료만큼이나 진로상담에 대해서도 유능해야 한다. 즉, 최소한 그들은 심리치료와 진로상담 사이에는 필연적인 관계가 있다는 것을 인식해야 한다.

넷째, 진로상담이 심리치료보다 더 효과적이다. 진로상담의 성공률이 심리치료의 성공률보다 최소한 25%는 더 높다(75% 대 50%)고 한다. 다른 모든 여건이 같다면 심리치료보다 진로상담에서 더 큰 효과를 기대할 수 있다는 것이다.

다섯째, 진로상담은 심리치료보다 더 어렵다.

이처럼 심리치료자는 내담자의 개인적·사회적 문제해결을 돕기 위해 직업 세계에 대해 알아야 할 필요가 없는 반면에, 진로상담자는 이러한 문제들과 직업 세계 간의 상호관련성에 관해 이해해야만 한다.

2. 진로상담의 목표

진로상담의 목표는 다음과 같다(오만록, 2017: 437).

1) 자신에 대한 정확한 이해 증진

파슨스(Parsons, 1909)에 의해 올바른 진로선택을 위한 첫 번째 요체로 상정되어 온 것은, 바로 '자기 자신에 관한 올바른 이해'이다. 여기에서 올바른 이해란 더욱 정확한 이해, 객관적인 이해를 의미한다. 오늘날 학교에서의 진로지도가 제대로 대응하지 못하고 있는 문제점의 하나는 일과 직업 세계에 관련된 올바른 자기인식능력을 길러주지 못하고 있다는 것이다.

현대사회는 과학기술의 발전으로 산업이 고도로 분화되고 발전하고 있다. 이에 따라 직업의 종류도 수없이 많아지고, 계속해서 전문화되는 추세이며, 일의 내용도 복잡해지고 있다.

이처럼 복잡한 직업 세계에서 자기에게 가장 적합한 직업을 선택하고 성공적인 직업생활을 영위한다는 것은 결코 쉬운 일이 아니다. 다시 말해서, 직업의 종류에 따라 요구되는 능력과 적성, 기능, 역할이 다양하므로 자기에게 맞는 일과 직업을 선택하기 위해서는 무엇보다도 자신의 가치관, 능력, 성격, 적성, 흥미, 신체적 특성 등에 대하여 올바르게 이해하는 일이 필수적이다. 따라서, 진로지도는 이러한 자기 이해를 중요한 목적의 하나로 삼아야 한다.

2) 일과 직업 세계에 대한 이해 증진

진로상담의 또 다른 목적은 현대사회에 존재하는 복잡하고 다양한 일과 직업의 종류 및 본질에 대한 객관적 이해가 절대적으로 요청되고 있다는 점에서 찾아볼 수 있다. 산업혁명 이래 세계는 급속하게 산업화하였다. 이에 따라 직업의 세분화, 전문화, 고도화가 급속하게 진전되어 왔다. 현재 직업의 종류는 2~3만 가지로 추정되고 있으며, 미래학자들의 예측에 의하면 2000년대 중반이 되면 현존하는 직업의 50% 정도는 없어지고, 새로운 직종이 생겨나며, 현재 직종도 일의 성격이 많이 바뀔 것으로 전망된다.

이러한 상황에서 장래성 있고 자기에게 맞는 직업을 선택한다는 것은 아주 힘든 일이다. 일과 직업의 세계에 대한 객관적인 정보와 이에 관한 체계적인 탐구 없이 진로 또는 직업을 선택하는 것은 좋지 않다. 상담사례를 분석해 보면, 청소년들은 일과 직업 세계에 대해 제대로 알지 못하며, 설령 알고 있다고 해도 매우 피상적이고 단편적인 측면만을 알고 있는 것으로 밝혀졌다. 따라서, 일과 직업 세계의 다양한 측면과 변화양상 등을 올바르게 이해할 수 있도록 하는 일은 진로상담의 중요한 목표가 된다.

3) 합리적인 의사결정능력 증진

진로상담의 최종 결과는 그것이 크든 작든 간에 어떤 '결정'이라는 형태로 나타난다. 자신에 대한 정보, 직업 세계에 대한 정보 등을 가지고 최종적으로 진로를 선택하게 되는 의사결정을 해야 하는데, 이러한 결정을 합리적으로 잘하느냐, 그렇지 않으냐에 따라 자기에게 적합한 진로를 선택할 수도 있고 그렇지 못할 수도 있다. 아무리 훌륭한 능력과 정보를 가지고 있더라도 이를 적절히 활용해서 제일 나은 선택을 할 수 있는 의사결정능력과 기술을 갖추고 있지 않으면 올바른 진로 결정을 하기 어렵다.

진로를 결정하는 일은 개인의 일생을 통해서 성취해야 할 가장 중요한 과업 중 하나이다. 개인은 자신의 진로선택 결과에 따라 생활 대부분이 영향을 받는다. 즉, 역량 발휘의 기회, 거주지역 및 가옥상태, 인간관계의 넓이와 폭을 포함한 대인관계양상, 사회·경제적 지위, 신체 및 정신건강, 가족 간의 관계양상 등 생활의 모든 측면에 영향을 받게 된다. 그럼에도 불구하고, 진로와 관련한 의사결정이 매우 불합리하게 이루어지는 경우도 많다. 즉, 자신과 일의 세계에 대한 정확한 이해 없이 사회적 편견이나 유행, 부모의 요구와 기대, 친구의 권유 등의 불합리한 외적 요인에 중점을 두고 의사결정이 내려지는 경우가 많다. 따라서, 아동과 청소년들이 올바른 진로 결정을 할 수 있도록 의사결정과 관련된 역량과 기술을 증진하도록 적극적으로 도와주어야 한다.

4) 정보탐색 및 활용능력 함양

현대사회를 일컬어 '정보화시대'라고 지칭한다. 이는 일상생활에 있어서 정보(지식)가 그만큼 중요한 역할을 하고 있으며, 고부가가치를 창출한다는 의미일 것이다. 이미 우리는 정보화시대 속에 살고 있고, 앞으로 더욱 고도화된 정보화시대를 살아갈 아동 및 청소년들에게 정보를 탐색하고 활용하는 능력을 길러주는 활동을 결코 소홀히 할 수 없다. 정보화시대에 부응하면서, 개인 생활과 사회생활을 원만하게 영위해 나가도록 하기 위해서는 자신이 필요한 다양한 정보를 신속하고 정확하게 수집하고 분석하며, 적절히 가공하여 효율적으로 활용하는 능력을 갖추는 것은 무엇보다도 중요하다.

5) 일과 직업에 대한 긍정적인 가치관 및 태도 형성

진로상담의 중요한 목적 중 하나는 학생들이 일과 직업에 대한 긍정적인 가치관 및 태도를 보이도록 하는 것이다. 이러한 가치관과 태도는 성장하고 발달하면서 이미 어느 정도 형성되었겠지만, 잘못되거나 왜곡된 내용을 교정할 뿐만 아니라, 올바른 가치관과 태도를 더욱 형성하도록 촉진해야 한다. 현대사회에서 일은 부를 창출하는 원천이며, 직업은 생계의 수단으로서뿐만 아니라, 사회봉사와 자아실현의 수단으로서 그 중요성이 더욱 증대되고 있다. 당연히 일하는 것은 생계수단 이상의 의미가 있는 것으로, 이의 본래 의미를 깨닫고 올바른 직업관과 직업의식을 갖도록 하는 것이 진로상담의 중요한 목적 중 하나가 되어야 한다.

3. 진로상담의 유형

진로상담에는 다양한 유형이 있으며, 각 유형에 따라 초점의 폭이 다르다. 상담의 유형은 별개의 것이 아니라, 한 연결 선상에 있되 각 수준에 따라 상담의 방법과 기대가 다른 것으로 보는 것이 타당하다. 진로상담의 유형은 다음과 같다(김충기·강봉규, 2003: 413-414).

1) 제1유형 상담

이 상담은 필요한 정보를 제공해 주고 문제를 명료화시킴으로써 내담자가 특정의 결정을 내릴 수 있도록 도와주는 과정을 말한다. 현재 일선 학교에서 행해지고 있는 대부분의 상담이 바로 이 유형에 속한다.

이러한 상담은 당면한 문제의 결정에는 도움이 되지만 내담자가 재차 선택사항에 직면하면 다시 상담자의 도움을 청해야 하는 단점을 지니고 있다. 장기적인 효력이 없는 이 상담은 직업훈련을 받으려고 하는데, 여러 개의 프로그램 중 어떤 것을 택해야 할지 망설여질 때의 경우에 적합하다.

2) 제2유형 상담

제2유형 상담이란 내담자에게 당장 결정뿐만 아니라, 장래의 결정을 내릴 수 있는 능력을 길러주자는 목적으로 의사결정에 필요한 기술을 가르치는 데 중점을 두는 상담을 의미한다. 결정이란 단순히 적절하고 정확한 교육적·직업적 정보만으로 이루어지는 것이 아니다. 따라서, 이 상담에서는 내담자가 선택이나 의사결정에 포함되는 요인들을 이해할 수 있도록 도와주는 데 초점을 둔다.

의사결정 과정은 복잡하므로 제2유형 상담에서는 단순히 정보만을 제공하지 않고 의사결정 과정에 포함되는 주요 변인의 고려에 대한 지도에 중점을 둔다.

3) 제3유형 상담

이 유형의 상담에서는 적정성을 인정하고 진로발달 과정을 단일 직업선택이 아니라, 일련의 직업에 대한 선택으로 간주한다. 즉, 정확한 하나의 선택보다는 계속된 일련의 선택과정에 중점을 준다. 이 상담에서는 상담자와 내담자가 선택의 적정성을 계속 평가하고 그에 대해 새로운 선택을 해야 한다.

단순히 의사결정 그 자체가 아니라, 인간이 일생 동안 의사를 결정하는 데 필요한 발달적 태도나 변화에 대한 안목을 중시한다는 점에서 이 상담은 제2유형 상담과 차이가 있다.

4) 제4유형 상담

이 상담은 진로과정 상담이라고도 불린다. 진로과정이란 인간이 직업적인 성장을 위해 필요한 발달과업에 참여하는 계속된 과정을 의미한다.

진로과정 상담에서는 상담자가 내담자의 발달적 능력상의 부적합성을 밝히고, 더욱 나은 방향으로 이끌어 줄 수 있는 과업을 내담자 자신이 선택·추진해 나아가도록 도와주는 데 관심을 갖는다. 따라서, 이 상담에서는 개인의 일련의 선택을 할 수 있도록 할 뿐만 아니라, 자기가 결정한 목표를 성취하고 직접 경험을 통하여 이익을 획득하고 자기 발전을 위하여 자신의 강점을 활용할 수 있는 능력을 길러주는 데 주력한다. 제3유형 상담에서는 개인이 발달과정에 참여한다는 것은 인정하지만 상담의 주안점이 지적 의사결정을 통한 적응적 반응에 있지만, 제4유형의 상담에서는 개인이 발전과업에 참여하여 자신의 직업적 경험에 대해 반응할 뿐만 아니라, 이에 영향을 미치기도 하는 적극적인 대행임을 강조한다.

4. 진로상담의 과정

진로상담의 과정은 상담자와 내담자의 상황에 따라 다양한 과정으로 진행되고 있지만, 대표적인 과정을 소개하면 다음과 같다(한미희, 2013: 228-230).

1) 도입단계

스포캔(Spokane, 1991)의 진로상담 모델에 의하면, 상담은 도입, 활동, 완료의 단계로 이루어진다. 도입단계에서는 내담자와의 촉진적 관계를 유지하고 진로와 관련한 문제를 탐색한다.

진로문제를 명료화하기 위해 진로에 대한 내담자의 사고, 태도, 능력 등의 기대수준을 파악한다. 장래 희망, 자신이 잘한다고 생각하는 분야 또는 영역, 학업 과정에서 재미있는 과목이나 영역, 특정한 직업이나 전공을 선택하려는 이유, 진로와 관련해 부모가 바라거나 요구하는 것 등을 질문한다. 이를 바탕으로 진로불일치를 개인 내 차원 또는 환경 차원으로 구분한다.

개인 내 차원은 크게 발달수준을 고려할 때, 적정한 진로정체감이 형성되지 않아 진로의 방향을 설정하지 못한 경우, 설정한 진로에 대해 확신이 부족해 혼란을 경험하는 경우, 내담자의 능력보다 부모의 기대수준이 높은 경우이다.

2) 활동단계

도입단계의 진로문제를 구체적으로 검증 및 평가하는 활동을 한다. 심리검사, 대면상담을 통해 명료화된 문제를 평가하기 위한 과정이다. 주로 표준화된 심리검사를 사용하여 능력, 성격, 적성 측면에서의 특성을 파악하고 대면상담을 통해 내담자의 환경적, 심리, 정서적 특징을 파악한다.

이것은 내담자의 능력, 성격, 적성, 가정환경, 직업 관련 정보 등의 다양한 요소를 고려한 개인의 적합성을 찾기 위한 과정이다. 개인의 적합성은 내담자의 반응과 그것을 증명할 수 있는 증거가 제시되어야 한다(Swanson & Fouad, 2005). 따라서, 활동단계에서는 개인 내 차원, 환경 차원에서의 불일치를 개입하기 위한 구체적이고 실제적인 자료를 통합한다. 이것은 내담자의 통찰과 진로선택에 대한 변화를 촉진하기 위한 과정이다.

3) 완료단계

완료단계는 활동단계에서의 통합된 자료를 바탕으로 내담자는 자기 이해를 기반으로 한 통찰을 통해 진로를 선택 및 설정하는 과정이다. 활동단계에서의 능력, 성격, 적성 등의 다양한 요소를 통합한 자기 이해와 직업정보를 통한 구체적인 탐색을 거쳐 불일치를 조정한다. 이를 통해 내담자는 진로선택에 대해 철회를 하기도 하고 만족 또는 확신을 얻기도 한다. 상담자는 내담자가 불일치의 평가를 거친 후, 선택한 진로에 대해 구체적이고 실행 불일치의 평가를 거친 후, 선택한 진로에 대해 구체적이고 실행 가능한 목표를 수립할 수 있도록 도와준다.

5. 진로상담의 기법

1) 취업 정보의 활용

일반상담기법과 다른 점은 진로상담 과정에서 직업정보의 활용이 두드러지고 있다는 점을 명심해야 한다. 진로상담에 있어서 직업정보는 하나의 필수적 자료이다. 여기에서 직업정보를 어떻게 이용하는 것이 가장 효과적이냐 하는 문제가 제기된다. 상담에서 직업정보를 이용할 때에 적어도 다음과 같은 점을 고려하는 것은 대단히 유익하다(김충기·장선철, 2008: 258-259).

① 자기 자신에 대해 이해를 시킨 다음에 직업정보를 준다. 자기 자신의 직업적인 적합성을 충분히 이해하였다고 인정된 다음에 직업정보를 주는 것이 더 합리적이고 현실적인 결정을 내리게 하는 데 도움이 된다.

② 학생의 개인적인 능력의 차이를 고려하여 직업정보 이용에 필요한 여러 가지 도움을 준다.

③ 학생들의 자율적인 활동을 강조한다. 자율적인 활동을 강조하여 스스로 자기 자신의 문제를 해결해 나가는 경험을 가지게 하는 것이 바람직하다.

④ 넓은 직업 분야로부터 시작하여 그 범위를 점점 좁혀 간다.

2) 검사결과의 이해

진로상담에 있어서 각종 검사결과를 올바르게 해석하고 유익한 의미를 찾아내기 위하여 그 검사결과를 중심으로 해석하고 평가할 기회가 마련되어야 할 것이다. 검사결과를 사용하면서 교사나 상담자가 지켜야 할 몇 가지 유의사항이 있다.

① 검사결과를 토대로 하여 단순한 통계적인 예언을 해준다.

② 이와 같은 예언을 자기 자신에게 비추어서 평가해 오도록 한다.

③ 검사의 결과와 학생의 반응에 대하여 중립적인 태도를 보인다.

④ 설교적인 방법은 되도록 피한다.

⑤ 학생들의 객관적인 자기 평가를 촉진한다.

3) 상담의 기술

일반적인 상담과 직업상담의 공통점을 살펴보면 다음과 같다(김충기·강봉규, 2003: 419).

첫째는 도입단계이다. 상담 활동의 첫 단계는 그들 학생으로 하여금 동기를 불러일으키는 기술이다.

① 자연스럽게 불러들이는 방법: 학생들의 가정환경조사서 등 기록부를 근거로 단순한 호출이라는 인상을 주지 말고, 진정한 도움을 얻을 수 있는 곳임을 인식시켜 가면서 만나보는 것을 말한다.

② 평소에 바람직한 관계를 유지하는 방법: 상담실에는 풍부한 직업정보와 언제나 안심하고 내담할 수 있는 분위기가 조성되어 있어야 한다. 여러 가지 학생들의 모임이나 수업 활동 등에서 틈틈이 진로상담을 계몽하고 친절한 관계를 유지해 두어야 한다.

③ 상담 욕구를 불러일으키는 방법: 각종 생활지도 활동을 통하여 상담의 필요성을 인식시키는 것을 말한다.

둘째, 상담 장면의 구성이다. 구체적인 상담에 들어가기 전에는 상담자는 학생의 개인적 이해를 위한 충분한 친밀감을 형성시켜야 한다. 어느 정도의 라포rapport가

성립되면 일반적으로 문제의 상황구성에 들어가는데 이때 상담자는 피상담자에게 상담의 의의 및 기대수준 등을 미리 말해주는 것이 좋다.

① 치료에 대한 피상담자의 준비성을 알려고 노력하라.

② 피상담자가 그 자신과 문제에 관계되는 상황을 더욱 정확히 알도록 도와주어라.

③ 피상담자가 가장 관심이 있는 것에 민감하게 반응해서 발언의 핵심을 파악하라.

④ 피상담자가 자신을 과신할 기회를 주어라.

⑤ 피상담자의 장점, 경험, 그리고 믿음직한 태도를 이야기의 시발점으로 삼고 그가 알아들을 수 있는 말로 이야기하라.

⑥ 정서적·감정적인 요소가 포함된 암시를 피하라.

⑦ 긴장, 방어 자세, 지나친 보상행위 등에 주목하여 차츰 이를 풀어나가도록 하라.

⑧ 면접이 진전되는 동안에 핵심적인 문제로 접근하도록 제한적인 질문을 하여 피상담자를 인도하라.

⑨ 상담자 자신의 편견, 소망, 욕구불만 등을 표시하거나 아는 체하는 견해를 표시하는 것은 피하라.

⑩ 지킬 수 없는 약속은 하지 말라.

⑪ 사실을 객관적으로 보고 동정을 피하고 감정이입을 촉진하라.

⑫ 계획을 도와주고 문제해결의 열쇠가 되거나 설명이 될 수 있는 암시를 계속 추구하라.

⑬ 상담자는 사례에 대한 선입견이나 편견을 버리고 한두 가지 정보로부터 강한 인상을 받아 나머지 자료에까지 일반화하는 것에 조심하라.

⑭ 상담자는 여러 자료의 상대적인 정확성을 결정하도록 하라.

⑮ 자기보다도 다른 사람이나 기관으로부터 더 많은 도움을 받을 수 있는 피상담자라고 여겨지면 그를 위탁하도록 하라.

셋째, 상담의 종결장면이다. 종결장면에서 상담자가 유의해야 할 몇 가지 사항은 다음과 같다.

① 지나치게 시간을 의식하지 말라(보통 30~40분 정도).
② 피상담자가 어느 정도의 만족을 보이면 일단 종결시키는 것이 좋다.
③ 진행이 방해되지 않는 수준에서 면접의 요점은 정리, 기록되어야 한다.
④ 상담을 통해 얻은 결과를 피상담자 스스로가 정리하도록 노력하라.
⑤ 피상담자에게 차후 면접을 약속하되 강요하지 말라.
⑥ 상담자는 자기 만족적인 기분에 따라 쓸데없는 자기 자랑이나 충고를 하는 일은 피하라.

진로상담에서 특히 필요한 기술을 살펴보면, 지시적 상담과 비지시적 상담기술 중에서 어느 것이 더욱 직업상담으로서 적합한가를 생각해 보기로 한다.

중학생보다는 고등학교 학생에게 있어서 비지시적 상담기술이 더 효과적이며, 학생에게 있어서는 지시적 방법이 더 적합하다는 것은 우리가 다 알고 있는 일이다. 학생에게 있어서는 지시적 방법과 비지시적 방법을 병행해서 사용하는 것이 효과적이라고 생각된다. 비지시적 방법에 따라 상담을 시작하고, 각종 검사의 결과를 비롯하여 많은 직업정보를 검사하고 인용하는 과정에 이르러서는 지시적 태도를 보이고, 다시 비지시적 방법으로 상담의 종결을 맺는 것이 효과적일 것이다. 더욱이 이와 같은 병행방법은 상담시간을 적지 않게 단축해 주는 역할을 하기도 한다.

| 참고 문헌 |

1. 국내문헌

강갑원(2006). 『상담이론과 실제』. 서울: 교육과학사.

강갑원(2015). 『상담심리학』. 파주. 경기: 양서원.

강문희 외(2011). 『가족상담 및 심리치료』. 서울: 신정.

강진령(2013a). 『상담과 심리치료』. 파주. 경기: 양서원.

강진령(2013b). 『집단상담과 치료』. 서울: 학지사.

고성혜 외(2015). 『가족상담 및 치료』. 서울: 한국방송통신대학교출판문화원.

곽라은 외(2017). 『가족상담 및 가족치료』. 파주. 경기: 양성원.

곽미정 외(2018). 『상담이론과 실제』. 서울: 학지사.

구은미 외(2016). 『아동상담』. 파주. 경기: 양서원.

권석만(2018). 『현대 심리치료와 상담이론』. 서울: 학지사.

권육상(2007). 『노인복지론』. 서울: 유풍출판사.

권육상(2008). 『인간행동과 사회환경』. 서울: 유풍출판사.

권중돈(2014). 『인간행동과 사회환경』. 서울: 학지사.

김계현 외(2016). 『상담학개론』. 서울: 학지사.

김남일(2005). 『심리학』 대전: 신세계커뮤니케이션즈.

김남일 외(2015). 『심리학개론』. 파주. 경기: 동화기술.

김남희 외(2014). 『노인복지론』. 서울: 동문사.

김보기 외(2016). 『최신 사회문제론』. 파주. 경기: 양서원.

김보기 외(2017). 『인간행동이해를 위한 심리학』. 파주. 경기: 양서원.

김보기 외(2019a). 『사회복지실천론』. 파주. 경기: 양성원.

김보기 외(2019b). 『인간행동과 사회환경』. 파주. 경기: 양성원.

김보기 외(2020). 『사회복지기술론』. 서울: 교학사.

김유숙(2015). 『가족상담』. 서울: 학지사.

김지영·박선영(2017). 『가족상담 및 가족치료』. 파주. 경기: 양성원.

김청자·정진선(2006). 『상담의 이론과 실제』. 서울: 동문사.
김춘경 외(2016). 『상담의 이론과 실제』. 서울: 학지사
김충기·강봉규(2003). 『현대상담이론과 실제』. 서울: 교육과학사.
김충기·장선철(2008). 『진로상담』. 서울: 태영출판사.
김치영 외(2014). 『노인복지론』. 서울: 동문사.
김헌수·김태호(2006). 『상담의 이론과 실제』. 서울: 태영출판사.
김형태(2006). 『상담의 이론과 실제』. 서울: 동문사.
김홍규(2015). 『최신 상담심리학』. 파주. 경기: 양서원.
김희수 외(2014). 『노인상담의 이해』. 파주. 경기: 양서원.
김희수·이은숙(2014). 『노인상담의 이해』. 파주. 경기: 양서원.
노안영(2010). 『상담심리학의 이론과 실제』. 서울: 학지사.
노안영(2016). 『집단상담』. 서울: 학지사.
노안영·강영신(2011). 『성격심리학』. 서울: 학지사.
대학상담학회(1993). 『상담의 이론과 실제』. 서울: 중앙적성출판사.
박경애 외(2011). 『청소년 심리 및 상담』. 파주. 경기: 공동체
박근주 외(2016). 『영아 교사를 위한 부모상담 실제』. 파주. 경기: 양서원.
박성수 외(2017). 『상담심리학』. 서울: 한국방송통신대학교출판문화원.
박성희·이동렬(2005). 『상담의 실제』. 서울: 학지사.
박순길 외(2017). 『아동상담』. 파주. 경기: 양서원.
박윤수(1994). 『치유상담의 이론과 실제』. 서울: 경성기획.
배경희·한영란(2015). 『가족상담의 기초』. 파주. 경기: 정민사.
백지숙 외(2009). 『청소년상담』. 서울: 신정.
송정애(2017). 『가족상담의 이론과 실제』. 파주. 경기: 양서원.
서혜석 외(2019). 『집단상담』. 서울: 학지사.
신기원 외(2016). 『인간행동과 사회환경』. 고양. 경기: 공동체.
안범희(2011). 『성격심리학』. 서울: 하우.
양명숙 외(2013). 『상담이론과 실제』. 서울: 학지사.
에이원플러스편집부(2006). 『상담이론 및 실제』. 서울: 에이원플러스.
오만록(2017). 『생활지도·상담이론과 실제』. 파주. 경기: 정민사.
오창순 외(2015). 『인간행동과 사회환경』. 서울: 학지사.
유수현 외(2015). 『인간행동과 사회환경』. 파주. 경기: 양서원.

유영달(2017). 『상담의 이론과 실제』. 서울: 창지사.

유옥(2016). 『상담심리학』. 서울: 동문사.

윤가현 외(2016). 『심리학의 이해』. 서울: 학지사.

이광자 외(2009). 『현대심리학』. 서울: 아세아문화사.

이근홍(2015). 『인간행동과 사회환경』. 고양. 경기: 공동체.

이억범 외(2014). 『심리학개론』. 서울: 동문사.

이수연 외(2017). 『상담심리학』. 파주. 경기: 양성원.

이우언 외(2017). 인간행동과 사회환경』. 서울: 동문사.

이윤로(2006). 『인간행동과 사회환경』. 서울: 창지사.

이윤상(1995). 『심리학개론』. 서울: 기독교문서선교회.

이은희(2014). 『신노인복지론』. 서울: 학지사.

이은희(2016). 『인간행동과 사회환경』. 고양. 경기: 공동체.

이인정·최해경(2007). 『인간행동과 사회환경』. 서울: 나남.

이장호 외(2009). 『상담심리학의 기초』. 서울: 학지사.

이장호·김영경(2013). 『노인상담』. 서울: 시그마프레스.

이장호·최승애(2015). 『집단상담의 원리와 실제』. 서울: 법문사.

이종복·전남련(2011). 『인간행동과 사회환경』. 학현사.

이종성(1992). 『윤리학(Ⅱ)』. 서울: 대한기독교출판사.

이주희 외(2013). 『심리학의 이해』. 고양. 경기: 공동체.

이진향 외(2016). 『인간행동과 사회환경』. 서울: 창지사.

이현림 외(2015). 『집단상담: 이론과 실제』. 파주. 경기: 양서원.

이현림(2011). 『상담이론과 실제』. 파주. 경기: 양서원.

임상록 외(2012). 『상담의 이론과 실제』. 서울: 파란마음.

임은희(2010). 『인간행동과 사회환경』. 파주. 경기: 양서원.

장기수·송관재(2001). 『심리학의 이해』. 서울: 홍익대학교 출판부.

장미경 외(2007). 『아동상담의 이론과 실제』. 서울: 태영출판사.

장성화 외(2016). 『상담의 이론과 실제』. 파주. 경기: 양서원.

장성화(2016). 『상담의 이론과 실제』. 파주. 경기: 정인사.

장수복 외 (2014). 『인간행동과 사회환경』. 서울: 동문사.

장수한 외(2017). 『인간행동과 사회환경』. 고양. 경기: 공동체.

장혁표(2000). 『집단상담의 이론적 접근』. 서울: 중앙적성출판사.

정문자 외(2011). 『아동심리상담』. 파주. 경기: 양서원.
정미경 외(2015). 『심리학개론』. 파주. 경기: 양서원.
정서영 외(2017a). 『인간행동과 사회환경』. 파주. 경기: 양서원.
정서영 외(2017b). 『상담이론과 실제』. 파주. 경기: 양서원.
정서영 외(2018). 『상담심리학』. 파주. 경기: 양성원.
정순례 외(2015). 『청소년상담: 이론과 실제』. 서울: 학지사.
정원철(2016). 『사회복지상담』. 파주. 경기: 양서원.
정은(2014). 『인간행동과 사회환경(2판)』. 서울: 학지사.
정의석(2013). 『대학생을 위한 심리학』. 서울: 시그마프레스.
조성연 외(2012). 『청소년복지론』. 서울: 창지사.
조홍식 외(2010). 『인간행동과 사회환경』. 서울: 학지사.
천성문 외(2009). 『상담심리학의 이론과 실제』. 서울: 학지사.
최규련(2012). 『가족상담 및 치료』. 고양. 경기: 공동체.
최덕경 외(2014). 『인간행동과 사회환경』. 파주. 경기: 양서원.
최덕경·서의정(2013). 『인간행동과 사회환경』. 파주. 경기: 양서원.
최옥채 외(2015). 『인간행동과 사회환경』. 파주. 경기: 양서원.
표갑수 외(2016). 『인간행동과 사회환경』. 서울: 신정.
하정미 외(2017). 『인간행동과 사회환경』. 고양. 경기: 공동체.
한국교육심리학회(2000). 『교육심리학용어사전』. 서울: 학지사.
한국심리학회(2004). 『현대심리학의 이해』. 서울: 학문사.
한미희(2013). 『상담이론과 실제』. 천안. 충남: 남서울대학교출판국.
허정철 외(2017). 『인간행동과 사회환경』. 고양. 경기: 공동체.
현성용 외(2015). 『현대심리학의 이해』. 서울: 학지사.
현승일(2012). 『사회학』. 서울: 박영사.
현정환(2019). 『상담심리학』. 파주. 경기: 양서원.
홍기원 외(2016). 『알기쉬운 심리학』. 고양. 경기: 공동체.
홍봉선·남미애(2013). 『청소년복지론』. 고양. 경기: 공동체.

2. 외국문헌

Ader, R. & Cohen, N.(1984). Behavior and the immune system. *Handbook of behavior medicine.* New York: Academic Press.

Adler, A.(1907/1917). *A Study of Organ Inferiority and Its Psychical Compensation: A Contribution to Clinical Medicine.* New York: Nervous and Mental Disease Publishing Co.

Adler, A.(1927). *The Practice and Theory of Individual Psychology.* New York: Harcourt. Brace & World.

Adler, A.(1930). *The Pattern of Life.* New York: Holt, Rinehart, & Winston.

Adler, A.(1931, 2010). *What Life Should Mean to You.* Martino Fine Books.

Adler, A.(1938). *Social Interest: A Challenge to Mankind.* London: Faber and Faber.

Adler, A.(1956). The Individual Psychology of Alfred Adler: A Systematic Presentation in *Selections from His Writings.* H. L. Ansbacher & R. R. Ansbacher(Eds.). New York: Basic Books.

Adler, A.(1963). *The Problem Child: The Life Style of the Difficult Child as Analyzed in Specific Cases.* New York: Capricorn Books.

Adler, A.(1964a). *Superiority and Social Interest: A Collection of Later Writings.* H. L. Ansbacher & R. R. Ansbacher(Eds.). Evanston: Northwestern University Press.

Adler, A.(1964b). *Problems of Neurosis: A Book of Case Histories.* New York: Harper & Row.

Adler, A.(1965). Influence or Model's Reinforcement Contingencies on the Acquisition of Imitative Responses. *Journal of Personality and Social Psychology. 1* : 589-595.

Adler, A.(1969). *Principles of Behavior Modification.* New York: Holt. Rinehart & Winston.

Adler, A.(1971).(Ed.). *Psychological Modeling.* Chicago: Aldine-Atherton.

Adler, A.(1974). Behavior Theory and the Models of Man. *American Psychologist.* 29 : 859-869.

Adler, A.(1982). Self-Efficacy Mechanism in Human Agency. *American Psychologist.* 37 : 122-47.

Adler, A.(1986). *Social Foundations of Thought and Action: A Social Cognitive Theory.* Englewood Cliffs. N.J.: Prentice-Hall.

Adler, A.(1997). *Social Learning Theory.* Englewood Cliffs. N.J.: Prentice-Hall.

Ansbacher, H. L. & Ansbacher, R. R.(1982). *Alfred Adlers Individualpsychologie.* Reinhardt Miinchen/ Basel.

Ansbacher, H. L. & Ansbacher, R. R.(1992). Alfred Adler s concepts of community feeling, social interest and the relevance of community feeling for old age. *Individual Psychology.* 48(4) : 402-412.

Bandura, A. & Kupers, C.(1964). The Transmission of Self- reinforcement through Modeling. Journal of

Abnormal and Social Psychology. 69 : 1-9.

Bandura, A.& Walters, R.(1963). *Social Learning and Personality Development.* N.Y.: Holt, Rinehart and Winston.

Bandura, A.(1965a). Vicarious processes A case of no-trial learning. In L. Berkowitz (Ed.). *Advances in experimental social psychology.* Vol. 2. New York: Academic Press.

Bandura, A.(1965b). Influence of Model's Reinforcement Contingencies on the Acquisition of Imitative Responses. *Journal of Personality and Social Psychology.* 1 : 589-595.

Bandura, A.(1969). *Principles of Behavior Modification.* New York: Holt, Rinehart & Winston.

Bandura, A.(1971). P*sychological modeling: conflicting theories.* Chicago: Aldine·Atherton.

Bandura, A.(1973). *Aggression: a social learning analysis.* Englewood Cliffs. N.J.: Prentice-Hall.

Bandura, A.(1974). Behavior Theory and the Models of Man. *American Psychologist, 29* : 859-869.

Bandura, A.(1977). *Social Learning Theory.* Englewood Cliffs. N.J.: Prentice Hall.

Bandura, A.(1986). *Social Foundations of Thought and Action: A Social Cognitive Theory.* Englewood Cliffs. N.J.: Prentice-Hall.

Bandura, A.(1997). *Self-efficacy: the exercise of control.* New York: W.H. Freeman.

Bandura, A.(2015). *Moral Disengagement: How People Do Harm and Live with Themselves.* New York, N.Y.: Worth.

Beck, A. T. & Freeman, A.(1990). *Cognitive therapy of personality disorders.* New York: Guilford Press.

Beck, A. T. & Freeman, A.(1967). *Depression: Clinical Experimental and Theoretical Aspects.* New York Harper & Rcw.

Beck, A. T. & Freeman, A.(1972). *Depression: Causes and Treatment.* University of Pennsylvania Press.

Beck, A. T. & Freeman, A.(1973). *The Diagnosis and Management of Depression. University of Pennsylvania Press.*

Beck, A. T. & Freeman, A.(1976). *Cognitive Therapy and the Emotional Disorders.* New York: International University Press.

Beck, A. T. & Freeman, A.(1979). John Rush, Brain F. Shaw, and Gary Emery, *Cognitive Therapy of Depression.* The Guilford Press. 원호택 외 역(2008). 『우울증의 인지치료』. 서울: 학지사.

Beck, A. T. & Freeman, A.(1985). *Anxiety Disorders and Phobias: A Cognitive Perspective.* New York: Basic Books.

Beck, A. T. & Freeman, A.(1989). *Love Is Never Enough: How Couples Can Overcome Misunderstandings, Resolve Conflicts, and Solve.* Harper Paperbacks.

Berne, E.(1961, 1971). *Transactional Analysis in psychotherapy.* New York: Grove press.

Berne, E.(1964). *Games people play.* New York: Grove Press.

Berne, E.(1966). *Principles of group treatment.* New York: Oxford University Press.

Berne, E.(1970). *Sex in human living.* New York: Simon and Schuster

Berne, E.(1972). *What do you say after you say hello?* New York: Grove Press.

Bischoff, R. J. & McBride, A.(1996). Client perceptions of couples and family therapy. *American Journal of Family Therapy. 24* : 117-128.

Brammer, L. et al.(1960, 1989). *Therapeutic Psychology: Fundamentals of counseling and psychotherapy*(5th ed.). Prentice Hall College Div.

Brown, D. & Brooks, L.(1985). Career Counseling as a Mental Health Intervention. *Professional Psychology: Research and Practice. 6* : 860—867.

Chess, W. A. & Norlin, J. M.(1988). *Human Behavior and Social Environment.* A Social Systems Model, Boston: Allyn and Bacon.

Clark, D. M.(1986). *A cognitive approach to panic. Behavior Research and Therapy. 24* : 461-470.

Clarke, K. M. & Greenberg, L. S.(1986). Differential effects of the Gestalt two-chair intervention and problem solving in resolving decisional conflict. *Journal of Counseling* Psychology. *33* : 11-15.

Clarkson, P. & Mackewn, J.(1993). *Fritz Perls.* London: Sage.

Colby, K. M.(1951). *A Primer for Psychotherapists.* Ronald Press.

Collins, G. R. & Tulving, E.(1975). Depth of processing and the retention of words in episodic memory. J*ournal of Experimental Psychology:* Gener*al, 104* : 268-294.

Corey, G.(2007). *Student Manual for Corey's Theory and Practice of Group Counseling.* Brooks Cole.

Corey, G.(2008). *Theory and Practice of Counseling and Psychotherapy.* Brooks Cole. 조현춘·조현재 공역(2010). 『심리상담과 치료의 이론과 실제』. 서울: 시그마프레스.

Corey, G.(2016). *Theory and Practice of Group Counseling* (10 edition) Cengage Learning.

De Shazer, S. & Molaner, A.(1984). Rekursivitat. Die Praxis-Theorie Beziehung. *Zeitschrift fuer systemische Thempie. 1(3)* : 2-10.

De Shazer, S. et al.(1986). Brief Therapy Focused Solution Development. *Family Process. 25* : 207- 221.

De Shazer, S.(1991): *Putting difference to work.* New York: W. W. Norton & Company.

De Shazerr, S.(1988). *Clus: Investigating solutions in brief therapy.* New York: W. W. Norton & Company.

Dinkmeyer, D. & Speny, L.(2000). *Counseling and psychotherapy approach.* Englewood Cliffs. N.J.: Prentice-Hall.

Eggan, P. D. & Kauchak, D.(2010). *Education Psychology: Windows on Gassroom*(8th ed.). Boston: Allyn & Bacon Co.

Engler, B.(2013). *Personality Theories*(9th Edition). Wadsworth Publishing.

Erikson, E. H. & Erikson, J. M.(1982, 1997). *The Life Cycle Completed*(Extended Version). W. W. Norton & Company.

Erikson, E. H. & Robert Coles(2001). *The Erik Erikson Reader.* W. W. Norton & Company.

Erikson, E. H. and Coles R.(2001). *The Erik Erikson Reader.* W. W. Norton & Company.

Erikson, E. H. and Kakar, Sudhir(1993). *Identity and Adulthood.* Oxford University Press.

Erikson, E. H.(1950, 1993a). *Childhood and Society.* New York: W. W. Norton & Company.

Erikson, E. H.(1959, 1994a). *Identity and the Life Cycle.* New York: W. W. Norton & Company.

Erikson, E. H.(1962). Y*oung Man Luther.* Peter Smith Pub Inc.

Erikson, E. H.(1965, 1994b). *Identity: Youth and Crisis.* New York: W. W. Norton & Company.

Erikson, E. H.(1970, 1993b). *Gandhi's Truth: On the Origins of Militant Nonviolence.* New York: W. W. Norton & Company.

Erikson, E. H.(1974, 1979). *Dimensions of a New Identity.* New York: W. W. Norton & Company.

Erikson, E. H.(1978). *Adulthood.* New York: W. W. Norton & Co Inc.

Erikson, E. H.(1993c). *Young Man Luther: A Study in Psychoanalysis and History.* New York: W. W. Norton & Company.

Erikson, E. H., Joan, M. and Kivnick, Helen Q.(1994). *Vital Involvement in Old Age.* W. W. Norton & Company.

Erikson, H. H. (1975). *Life History and Historical Moment.* N.Y.: Norton.

Fiebert, M. S.(1983). *Ways of growth.* Lexington, M.A.: Ginn.

Flavell, J. H.(1985). *Cognitive Development*(2nd ed.). N.J.: Prentice-Hall.

Frankl, V. E.(1950). Paradoxical Intention: A Logotherapy Technique. *American Journal of Psychotherapy* : 1420-1435.

Frankl, V. E.(1967). *Psychotherapy and Existentialism: A Selected Papers on Logotherapy.* New York: Washington Square Press.

Frankl, V. E.(1970). *The Will to meaning: Foundation and Applications of Logotherapy.* New York: New American Library.

Freud, A. (1965). *Normality and Pathology in Childhood.* N.Y.: International Psychoanalytic press.

Freud, S.(1923, 2013), *The Ego and the Id.* CreateSpace Independent Publishing Platform.

Freud, S.(1927). *The Future of an Illusion.* Garden City. N.Y.: Doubleday Anchor Books.

Freud, S.(1960, 2013), *The Ego and the Id.* CreateSpace Independent Publishing Platform.

Freud, S.(1964). *Why War?* In J. Strachey(Ed.), Standard Edition of the Complete Psychological Works of Sigmund Freud(Vol. 22). London: Hogarth Press.

Freud, S.(1966). *Introductory Lectures on Psychoanalysis.* N.Y.: Norton.

Gazda, G. M.(1971). *Group counseling: A developmental approach.* Boston: Allyn & Bacom. Inc.

Gazda, G. M. et al.(1967). Counseling and group procedures: Report of a survey. *Counselor Education and Supervision. 6* : 305.

Glick, I. D. & Kessler, D. R.(1994). *Marital and family therapy.* N.Y.: Grune & Stratton.

Goldenberg, L. & Goldenberg, H.(2001). Family therapy: An overview(5th ed). Califonia Brooks/Cole Pub. Co. 김득성 외 역(2003). 『가족치료』. 서울: 시그마프레스.

Greenberg, J. R. & Mitchell, S. A.(1983). *Object relations in psychoanalytic theory.* N.Y.: Basic Books. 이재훈 역(1999). 『정신분석학적 대상관계 이론』. 서울: 한국심리치료연구소.

Goldenberg, H & Goldenberg, I.(2012). *Family Therapy: An Overview*(8th Edition). Brooks Cole.

Groddeck, N.(1987). Personenzentrierte Konzept im Bereich Schule und Lehrausbildung. In: G.w.G. *Rogers and Paedagogik.* Miienchen.

Gurman, A. S. & Kniskern, D. P.(1981). Family therapy out-come research: Knowns and unknowns. In A. S. Gurman & D. P. Kniskern(Eds.). *Handbook of family therapy.* N.Y.: Brunner / Mazel.

Hansen, L. S. & Keierleber, D. L.(1978). Born free: A collaborative consultation model for career development and sex-role stereotyping. *Personnel and Guidance Journal. 56(7)* : 395-399.

Henderson, D. A. & Thompson, C. L.(2011). *Counseling Children*(8th Ed.). Pacific Grove, C. A.: Brooks-Cole.

Henderson, D. A. & Thompson, C. L.(2015). *Counseling Children*(9th Ed.). C. A.: Brooks-Cole.

Heth, C. D. & Rescorla, R. A.(1973). Simultaneous and backward fear conditioning in the rat. *Journal of Comparative and Physical Psychology, 82* : 434-443.

Hjelle, L. A. & Ziegler, D. J.(1992). *Personality theories.* N.Y.: McGraw-Hill, INC.

Hoyt, K. B.(1974). An introduction to career education. U. S. Office of Education Policy Paper. Washington. D.C.: The Office.

Hull, C. L.(1943). *Principles of behavior.* New York: Appleton Century Crofts.

Hycner, R. & Jacobs, L.(1995). *The healing relationship in Gestalt therapy.* Highland, N.Y.: Gestalt Journal Press.

Jacobs, L.(1989). Dialogue in Gestalt theory and therapy. *The Gestalt Journal.* 12(1) : 25-67.

Jahoda, M.(1958). *Current concepts of positive mental health.* New York: Basic Books.

James, M. & Jongeward, D.(1971). *Born to win: transactional analysis with gestalt experiments.* Reading:

Addison-Wesley.

James, M.(1974). Self-reparenting: Theory and process. *Transactional Analysis Journal. 4(3)* : 32-39.

Johnes. V. & Stewart, I.(1912). TA: Today A New Introduction to Transactional Analysis(Second Edition). Vann Joines.

Johnes. V. & Stewart, I.(1987, 2012). *Ta Today: A New Introduction to Transactional Analysis*(2nd Edition). Lifespace Publishing. 제석봉 외 역(2010). 『현대의 교류분석』. 서울: 학지사.

Joyce, P. & Sills, C.(2001). *Skills in Gestalt counselling & psychotherapy.* London: Sage.

Jung, C. G.(1954). *Collected Works 17.* New York Princeton University Press : Pars 174-181.

Jung, C. G.(1960). The stage of life. in *The collected works of C. G.*(Vol. 8). London and Henley: Routledge & Kegan Paul.

Jung, C. G.(196l). *Memories, dreams, reflections.* New York: Pantheon.

Jung, C. G.(1973). *Man and His Symbols.* New York: Doubleday & Co.

Jung, G. W.(1988). *A Biography.* Shambhala Publications.

Kelley, H. H.(1967). *Attribution theory in social psychology.* University of Nebraska Press.

Kelley, H. H.(1971). *Attribution in social interaction.* Morristown. N.J.: General Learning Press.

Kwee, M. T. & Ellis, A.(1997). Can multimodal and rational emotive behavior therapy be reconciled? *Journal of Rational Emotive & Cognitive Behavior Therapy. 15* : 95-133.

LaFleur, N. K.(1979). Behavioral views of counseling. In H. M. Jr. Burks & B. Stefflre(Ed.). *Theories of counseling.* New York: McGraw-Hill.

Lazarus, A. A.(1989). *The practice of multimodel therapy.* Baltimore: John Hopkins University Press.

Long, L. L. & Young, M. E.(2006). *Counseling and Therapy for Couples.* Cengage Learning. 이정연 역(2005). 『부부상담과 치료』. 서울: 시그마프레스.

Mahler, C. A.(1969). *Group counseling in the schools.* Boston: Houghton Mifflin.

Maslow, A. H.(1943). A theory of human motivation. *Psychological Review, 50* : 370-396.

Maslow, A. H.(1943, 2013). *Motivation and Personality.* New York: Harper & Row.

Maslow, A. H.(1968). *Toward a Psychology of Being.* Princeton. N.J.: D. Van Nostrand Co.

Maslow, A. H.(1971). *The Farther Reaches of Human Nature.* New York: Viking.

Masters, W. H. et. al.(1985). *Human Sexuality*(3rd ed). Boston: Little, Brown, & Co.

McDaniel, C.(1978). The practice of career guidance and counseling. *Inform. 7(1)* : 1-8.

Minuchin, S. & Fishman, H. C.(19B1). *Family Therapy Technique.* Massachusetts: Harvard University Press.

Minuchin, S.(1974). *Families and Family Therapy.* Massachusetts Harvard University Press.

Mosak, H. H.(2013). Adlerian psychotherapy. In R. J. Corsini(Ed.), *Current psychotherapies*(10th ed.). Brooks Cole.

Nelson, J. C.(1983). *Family treatment: An interactive approach.* NJ: Prentice Hall. Inc.

Nelson-Jones, R.(2014). *Nelson-Jones'Theory and Practice of Counselling and Psychotherapy* (Sixth Edition). SAGE Publications Ltd.

Nelson, J. C.(1983). *Family treatment: An interactive approach.* NJ: Prentice Hall. Inc.

Neukrug, E. S.(2010). *Counseling Theory and Practice.* Brooks Cole.

Nichols, M. P. & Schwartz, R. C.(2016). *Family therapy: Concepts and methods*(11th Edition). Pearson. 김영애 외 역(2015). 『가족치료: 개념과 방법』. 서울: 시그마프레스.

Nichols, M. P.(1984). *Family therapy: Concepts and methods.* N.Y.: Gardner Press.

Nichols, W. C. & Everett, C. A.(1986). *Systemic family therapy: An integrative approach.* N.Y.: Guilford Press.

Nystul, M. S.(2006). *Introduction to counseling: An art and science perspective.* New York: Pearson.

Palmer, J. A.(ed.) et al.(2001). *Fifty Modern Thinkers on Education: From Piaget to the Present Day.* Routledge. 조현철·박혜숙(2009). 『50인의 현대 교육사상가: 피아제에서 현재까지』. 서울: 학지사.

Parsons, F.(1909). *Choosing a Vocation.* Boston: Houghton Mifflin Co.

Passons, W. R.(1975). *Gestalt approaches to counseling.* New York: Holt, Rinehart & Winston.

Pederson, P. B.(1991). Multiculturalism as a generic approach to counseling. *Journal of Counseling & Development. 70* : 6-19.

Perls, F. S et al.(1951). *Gestalt therapy: Excitement and growth in the human personality.* New York: The Julin-Verlasg.

Perls, F. S et al.(1977). *Gestalt therapy.* New York: Bantam Books.

Perls, F. S.(1942, 1969). *Ego, hunger and aggression.* New York: Vintage Books.

Perls, F. S.(1969a). *Gestalt therapy verbatim.* New York: Real People Press.

Perls, F. S.(1969b). *In and out the garbage pail.* New York: Bantam Books.

Perls, F. S.(1970). Four lectures. In J. Fagan & I. L. Shepherd(Eds.), *Gestalt therapy now: theory/techniques/ applications.* New York: Harper & Row.

Perls, F. S.(1973). *The gestalt approach and eye witness to therapy.* N.Y.: Science and Behavior Books.

Perls, F. S.(1985). Vier Vortraege. In H. Petzold(Herg.). *Gestalt, Wachstum, Integration.* Paderborn: Junfermann-Verlag : 89-118.

Pervin, L. A. & John, O. P.(2001). *Personality: Theory and research(8th ed.).* N.Y: John Wiley & Sons.

Peterson, J. V. & Nisenholz, B.(1999). *Orientation to counseling*(4th ed.). Needham Heights. M.A.: Allyn Sl

Bacon.

Piaget, J. & Inhelder, B.(1969). *The Psychology of the Child.* New York: Basic Books.

Piaget, J.(1956). *The Children's Conception of Space.* F. J. Langdon & J. L. Lunzey(trans.). London: Routledge & Kegan Paul.

Piaget, J.(1963). *The Origins of Intelligence in Children.* New York: Norton,

Piaget, J.(1973). *The Child and Reality: Problems of Genetic Psychology.* New York: Grossman Publishers.

Piaget, J.(1985). *The Equilibration of Cognitive Structures: The Central Problem of Intellectual Development.* Chicago: University of Chicago Press.

Polsgrove, L.(1979). Self-control Methods for child training. *Behavioral Disorders. 4(2)* : 116-130.

Polster, E. & Polster, M.(1974). *Gestalt therapy intergrated.* Toronto: Vintage Book Edition.

Polster, E. & Polster, M.(2006a). *Uncommon ground: Creating a system of lifetime guidance.* Phoenx: Zeig. Tucker & Theisen. Inc.

Polster, E. & Polster, M.(1987). *Every person's life is worth a novel.* New York: W. W. Norton Company.

Raynor, J. 0. & Entin, E. E.(1982). *Motivation, career striving, and aging.* New York: Hemisphere.

Rogers, C. R.(1951). *Client-Centered Therapy.* Boston: Houghton Mifflin.

Rogers, C. R.(1957). The Necessary and Sufficient Conditions of Therapeutic Personality Change. *Journal of Counseling Psychology. 21* : 95-103.

Rogers, C. R.(1959). A Theory of Personality and Interpersonal Relationships as Developed in the Client-centered Framework. In S. Koch(ed.), *Psychology, A Study of Science: Formulations of the Person and the Social Context*(Vol. 3). N.Y.: McGraw-Hill : 184-256.

Rogers, C. R.(1967). Autobiography. In E. Boring, & G. Lindzey(eds.). *A History of Psychology in Autobiography*(Vol. 5). N.Y.: Appleton-Cenairy-Crofts : 341-384.

Rogers, C. R.(1961). *On Becoming a person A therapist's view of psychotherapy.* Boston: Houghtin Minfflin.

Rogers, C. R.(1977). *Carl Rogers on Personal Power: Inner Strength and Its Revolutionary Impact.* N.Y.: Delacote.

Rogers, C. R.(1980). *A Way of Being.* Boston: Houghton Mifflin.

Rogers, C. R.(1983). *Freedom to Learn in the 80s.* Ohio: Merril.

Rubinson, B. E. & Rhoden, J. L.(1998). *Working with children of alcoholics: The Practitioner's handbook*(2nd ed). Thousand Oaks: Sage Publications.

Rusell, D. E. H.(1990). *Rape in Marriage.* Bloomington. Indiana University Press. Revised Edition.

Schaffer, L. F.(1936). *The Psychology of Adjustment.* Houghton Mifflin.

Schultz, D.(1977). *Growth Psychology: Models of the Healthy Personality.* New York: D. Van Nostrand Co. 정종

진 역(1990). 『건강한 성격의 소유자란』. 서울: 도서출판 그루.

Shaffer, D. R. & Katherine, K.(2002). *Developmental psychology childhood and adolescence*(8th ed.). Wadsworth. Cengage Learning.

Sheldon, B.(1995). *Cognitive-behavioral therapy.* N.Y.: Routledge.

Shertzer, B. & Stone, S. C.(1968). *Fundamentals of Counseling.* Boston: Houghton Mifflin Company.

Shertzer, B. & Stone, S. C.(1981). *Fundamentals of guidance.* Boston Houghton Mifflin.

Skinner, B. F.(1938). *The behavior of organisms.* New York: Appleton-Century.

Skinner, B. F.(1948). *Walden two.* New York: Macmillan.

Skinner, B. F.(1953). *Science and human behavior.* New York: Macmillan.

Skinner, B. F.(1954). The science of learning and the art of teaching. *Harvard Educational Review. 24* : 86-97.

Skinner, B. F.(1958a). *Teaching machines.* Science. 128 : 969-977.

Skinner, B. F.(1958b). Intellectual Self-Management in Old Age. *American Psychologist. 38* : 239-244.

Skinner, B. F.(1990). *Beyond Freedom and Dignity.* New York: Bantam Book.

Skovhott, T. M. & Ronnestad, M. H.(1992). Themes in therapist and counselor development. *Journal of Counseling & Development. 70.*

Sommers-Flanagan, J. & Sommers-Flanagan, R.(1993). *Foundations of therapeutic interviewing.* Boston: Allyn & Bacon.

Spokane, A. R.(1991). Career intervention. Pearson College Div.

Stewart, I.(2007). *Transactional analysis counseling in action.* London: SAGE.

Stewart, N. R. et. al.(1978). *Systematic counseling.* Englewood Cliffs, N. J.: Prentice-Hall.

Super, D. E.(1953). A theory of vocational development. *American Psychologist.* 8 : 185-190.

Super, D. E.(1957). *Computer-assisted counseling.* New York: Teachers College Press.

Super, D. E.(1972). Vocational development theory: Persons, positions, processes. In J. M. Whiteley & A. Resnikoff(Eds.). *Perspectives on vocational guidance.* Washington, D.C.: American Personnel and Guidance Association.

Super, D. E.(1990). A life-span, life-space approach to career development. In D. Brown, L. Brook & Associates. *Career choice and development.* San Francisco: Jossey Bass : 197- 261.

Super, D. E.(1994). A life span, life space perspective on convergence. In Saviskas, M. L., Lend, R. W.(Eds.), *Convergence in career development theories.* Palo Alto. C.A.: Consulting Psychologists Press : 63-67.

Swanson, J. L. & Fouad, N. A.(2014). *Career Theory and Practice: Learning Through Case Studies.* London: SAGE Publications.

Sweeny, T. J.(2015). *Adlerian counseling: A practical approach for a new decade*(5th ed.). Routledge. 노안영 외 역(2012). 『아들러 상담이론과 실제』. 서울: 학지사.

Thomas, M.(1992). *An introduction to marital and family therapy.* N.Y.: Merrill.

Walter, J. L. & Peller, J. E.(1996). *Loesungs-orientierte Kurzthempie.* Dortmund: Moderne Lemen.

Wolpe, J.(1964). *The conditioning therapies: The Challenge in Psychotherapy.* New York: Holt, Rinehart & Winston.

Wolpe, J.(1996). *The practice of behavior therapy*(4th ed.). New York: Pergamon.

Yates, A. J.(1958). *Symptoms and symptom substitution. Psychological Review, 65* : 371-.

Yontef, G. M.(1993). *Awareness, dialogue, and process.* Highlands, N.Y.: The Gestalt Journal Press. 김정규 외 역(2008). 『알아차림, 대화, 그리고 과정』. 서울: 학지사.

Yontef, G. M.(1995). Gestalt therapy. In A. S. Gurman & S. B. Meisser(Eds.). *Essential pychotherapies: Theory and practice.* New York: Guilford : 261-303.

Zinker, J.(1998). *Creative process in Gestalt therapy.* New York: Vintage Books.

찾아보기

••• ㄱ

가계도 301-302
가족각본 274
가족구도 96
가족상담 82, 292-298, 301, 305-306, 309-314, 317-319, 323
가족 분위기 179
가족치료 292-298, 302, 386
각본분석 279-280
간격강화 141
간헐적 강화 141
갈등교류 271
감정의 반영 323
감정전이 71-74, 77
강화 118, 124, 138, 140-141, 145-148, 156
강화계획 141-142
강화인 147, 161-162
강화인자 164
강화자 397
강화자극 162
개방성 191, 268, 364
개인심리학 80-81, 86-88, 382
개인의 심리적 각본 274
개인화 216
거세불안 60
게슈탈트 226-227, 230, 232-233, 236-239, 242, 245
게슈탈트 상담 226-230, 233, 237-240, 246, 251-253, 285
게슈탈트 치료 226-227, 229, 231-233, 235-236
게슈탈트 치료자 250
게임 109, 162, 234, 259, 262, 268, 274-275, 278-279, 285-286
격려 104, 106-107, 110, 266, 318, 338, 362, 402
격려하기 106, 113
격리 143, 148, 355
결혼게임 275
경계 194, 302-303
경청하기 318-319, 375
계기적 근사법 138
계속적 강화 141
계속적 접근 138
고객형 334
고객형 내담자 335
고전적 조건형성 117, 127-129, 131, 133-138, 145, 148, 155, 158
고차적 조건형성 132-133
고착 58-59, 60-61, 77, 295, 301, 326
공감 29, 33, 94, 98, 105, 149, 172, 177, 190, 199-200, 218, 322, 324, 331, 339, 346, 396, 402, 405
공감적 이해 28-29, 38, 106, 172, 190, 198, 200, 322
공동상담자 313
공동체감 93-94
공유된 정체감 389
공포층 241-243
과일반화 215-216
과잉교정 148
과잉보호 91, 93
과장 또는 축소 216
과장하기 248
교류분석 256-263, 266, 276, 278, 285-287

교차적 의사교류 271-272, 278
구강기 58
구조의 욕구 266-267
구조화 100, 207, 217, 267-268, 275, 305, 308, 349, 366, 398
구체적 종결 284
근접성 232
긍정성 262
긍정적 강화 140, 143, 161-163
긍정적 강화인 147
기관열등감 90-91
꼬리표 달기 216
꿈 42, 48-49, 52, 55, 63, 67, 71-72, 75-76, 86, 89, 100, 209, 250, 252
꿈 작업 250, 252

••• ㄴ

난국층 242
남근기 58, 60
남근선망 60
내담자 18-21, 23-38, 44-46, 67-77, 97-100, 104-113, 149-162, 172-180, 277-287, 318-327, 331-351, 359, 420-421, 428
내재적 민감법 161
내파법 159-160
내파층 242-243
노년기 359, 361
노인상담 354-363, 368, 371-375, 378, 382
놀이 92

••• ㄷ

단기치료모델 313
대상부재 58
대화 게임 247
도사형 404
동기수정체계 104
뜨거운 자리 249

••• ㄹ

라켓 64, 276, 279
라켓 감정 275-276
라포 277, 307, 319, 360, 368, 373, 430
리비도 43, 50, 58-61, 66, 232

••• ㅁ

마이더스 기법 110
막다른 골목 242-243
망상형 64
면대면 49, 389
면역억제 136
명료화 20, 252, 309, 311, 340, 357, 367, 372-373, 377-378, 427
모델링 165, 398
무갈등교류 270
무의식 42-43, 45-50, 52-53, 61-65, 67, 71-75, 81-83, 87, 89, 174, 183, 211
무조건 반응 127, 131, 134
무조건 자극 127-129, 131, 134-136
무조건적 긍정적 수용 198
무조건적 긍정적 존중 28, 190
문제해결단계 25-27
문화적 각본 273
미신적 행동 139-140

••• ㅂ

반대행동 247
반동 형성 64
반응대가 148
반응적 조건형성 133
반응적 행동 145
방문형 334

방문형 내담자 335
배타 257, 277
범죄자게임 275
변별 130, 132, 240
보상 60, 81, 85, 90, 92, 138-139, 142, 146, 161-162, 402
보호 34, 37, 51, 62, 72, 91, 186, 188, 281
본능 43, 48, 50-51, 122
부분강화 141
부정 22, 49, 51, 185, 198, 303
부정적 강화 140, 143, 161-163
부정적 강화인 147
부정적 처벌 143
불평형 335
비밀보장 35, 314
비언어적 19, 102, 105, 199, 244-245, 251, 318-320, 323, 325, 363, 371-373, 377
비언어적 행동 244, 318-319, 320, 323, 326, 371-373, 389, 392
비율강화 142
비지시적 189, 432
비지시적 상담 173
비지시적 상담자 189
비지시적 상담기술 432
빈 의자 249, 285
빈 젖꼭지 55
뿌리치료 44-45

ㅅ

사회적 관심 84, 89, 93-94, 97, 104, 108, 110
사회적 상호교섭 270
사회적 존재 78, 83, 88-89, 97, 383
사회형 93
삼각관계화 301
삼원구조이론 53
상담 18-38, 42, 80, 116, 204, 226, 256, 292, 330, 354
상담 종결 26-27, 37, 154, 316, 327
상담기법 25, 34, 71, 106, 153, 155, 158, 161, 165, 198, 373, 429
상담사 18-19, 21, 218-220, 386
상담실 153, 166-167, 195, 298, 305-307, 430
상담자 18, 20-21, 23-38, 67-74, 110-113, 281, 300, 333, 393, 425
상담자 조수형 405
상보적 의사교류 270-271, 274-275, 278
상표제도 164
상호의존성 390
상호제지 157
생명수 238
생산적 상호의존 390
생식기 58, 61
생애주기 303
생활각본 257, 266, 272-273, 279-281, 283
생활게임 275
생활방식 84, 103, 257, 268, 410
생활양식 81-83, 89-90, 92-93, 96, 99-100
생활자세 266, 283, 285
선택적 추론 215
성욕 43, 49-51, 89
세력 302-303
세분화 127, 150, 240, 282, 419, 422
섹스게임 275
소거 119, 127, 129-130, 134, 138-139, 141, 156
소일 226, 267
수월성 83
수치심 238, 267, 324, 404
스키너 상자 137-139, 143-144, 146-147
스탬프 278
스트로크 266-267, 270, 275
승화 66, 71
시범보이기 108
시 지각 227
신경증 42-43, 62, 70-72, 113
신뢰 24, 98, 176, 192, 198, 247, 317, 334

신프로이트학파 78
실존적인 삶 191
심리적 가계도 301-302
심리적 유의성 388
심리치료 19, 76, 80, 106, 172, 178, 227, 257, 333, 386
심리치료사 74, 303, 386-387
심층심리학 43

○

아동기 56, 85, 94, 182, 258, 280
아동상담 82
안내자 299-300
알아차림 229, 237-241, 244
암시적 의사교류 272-274, 278-279
양가감정 59
양육태만 91-92
억압 42-43, 46, 51, 62-67, 71-72, 134, 144, 242
언어적 56, 105, 125, 166, 199, 205, 266, 318, 363, 372
언어적 행동 125, 244, 389
언어적·비언어적 의사소통 199
언어표현 248, 250
에로스 48, 50
역동적 상호관계 390
역설적 의도 107
역전이 69, 77-78, 312, 393
역제지 157
역조건형성 136
역할 19, 29, 82, 108, 166, 250, 298-300, 384, 391, 394
역할놀이 108
역할연기 166, 242, 249
연기층 241
연속성 232
열등 콤플렉스 83
열등감 43, 61, 80-81, 83-85, 90-92, 95, 221, 269, 339, 393
예시 283
완결성 232
완전성 83
왜곡된 자아상 188
욕구위계이론 173
용기 29, 93, 104, 337, 392
용암법 148
우월감 92, 269
원초아 불안 57
유기체 89, 118, 124-125, 127, 130, 139-141, 146-147, 185-186, 226
유사성 132, 232
유아기 78, 182, 209
유의한 상호작용 389-390
의사결정 120, 340, 390, 411-412, 423
의사교류 270
의사교류반응 270-275, 278-279
의사교류자극 270
의사소통 모델 313
의식 43, 51-54, 63-64, 82, 267, 389
이분법적 사고 215
이상적 자아 184, 187
이완 훈련 156-158
이웃 사람 155
이중적 의사교류 274
이차적 강화 147, 161
이차적 강화물 141
이차적 강화인 161-162
인간관계 19, 61, 256, 302, 389, 423
인간중심 상담 149, 172-175, 177, 192-193, 197, 201
인간중심적 175, 201-202
인본주의 86, 89, 116, 172-173, 179, 183-184
인지 21, 198, 204, 208, 210
인지 오류 208, 214-215
인지도식 207-208, 211, 213
인지상담 19, 206-207, 218
인지주의 204, 211

인지치료 19, 204, 206-210, 217, 223
일반화된 강화물 141
일차적 강화 147, 161
일차적 강화물 141, 147
일차적 강화인 161
일치성 28, 38, 172, 190, 199

●●● ㅈ

자극 포만법 160
자극의 욕구 266-267
자극일반화 130, 132, 134
자기 20, 84, 97, 167-168, 172, 186-187
자기 지도 120, 126
자기 지시 166-167
자기 각성 246, 248-249
자기개념 175-176, 181, 186
자기부정-타인긍정자세 269
자기분화 301, 304
자기실현 경향성 174-175, 186-187
자기주장 훈련 156
자기지도 168, 388
자동적 사고 208, 211-214, 222
자발적 회복 129, 130, 138
자세의 욕구 266, 268
자아 43, 45, 53-58, 188, 271
자아개념 100, 175, 182, 184, 269
자아방어기제 62
자아상 182, 184-187
자아상태 257, 259, 262-265, 270-272, 281
자아실현 이론 172
자아존중감 345
자유감 192
자유연상 52, 71-72, 75, 386
자유연상법 42, 47, 67
자질 28, 298, 391
잠복기 58, 61
잠재능력 174, 358, 367
잠재력 92, 95, 174, 282, 390, 411
재결정 257, 280-281
재구성 197, 208, 245, 309, 340, 346, 372
재조건형성 139
재진술 321-322
저항 25, 69, 72-73, 75-76, 138, 338-339
전략적 모델 313
전문상담 28
전위 45, 65
전의식 43, 52-53
전체성 81, 182, 227
전체적 접근 83
절충형성 62
접촉 237-243, 248, 387
정보화시대 424
정서 심상법 160
정서자극 395
정신건강 82, 311, 356, 423
정신병 55, 93, 268
정신분석 이론 173, 207-208, 211
정신상태 388
정적 처벌 143
제거형 처벌 143
제시형 처벌 143
제휴 302-303
조건 반응 128
조건 자극 128-130, 132-134
조건강화 147
조건형성 128
조성 138
조작적 조건형성 117, 137-138, 140, 145-148, 161
조작적 행동 145
종족보존본능 43
주관적 존재 89
준거틀 173, 183, 351
즉시성 106, 364
증상처방 304
지각의 왜곡 185

지각자 299
지금-여기 82, 106, 194, 228, 233, 235, 238, 243, 269, 339, 357
지도자 300, 384, 391, 395-397
지배형 93
지식산업사회 22
지형학적 모형 51
직면 22, 249, 283, 325
직접적 의사소통 388
진로 410-420, 422, 427
진로교육 411-412
진로상담 410-432
진로지도 411-412, 414-416, 419, 421
진솔성 28, 172, 199
진실성 29, 198-199, 298, 324
진정성 199
진찰실게임 275
질문 282, 325, 347, 372
집단구성원들 385, 391, 393-394, 406
집단규범 388, 398
집단상담 82, 177, 231, 382-388
집행자 55, 57

●●● ㅊ

차별강화 138
차이심리학 80
참만남운동 179
창조적 존재 89
책임지기 248
처벌 56, 140, 143-145, 147
철수 266-268
체계적 둔감법 136, 157-160
초인종 누르기 109
초자아 불안 57
촉진자 387
총체적 존재 89
출생순위 96
충고하기 106
충분히 기능하는 사람 175, 191-192
충성심 301-302
친구 31, 36, 61, 85, 155, 339, 364
친밀성 77, 257, 262, 268

●●● ㅋ

카타르시스 47, 385
클라이언트 18, 112, 204, 206, 215, 356, 368-371

●●● ㅌ

타나토스 48, 50
토큰경제 148
통각도식 89
통찰력 101-102, 113, 322
통합성 81, 182, 227, 237
퇴행 59, 65-66, 76-77, 187
투사 33, 64, 67-68, 252, 403
투사연기 247
티칭머신 124
팀 상담 313

●●● ㅍ

파국적 사고 216
파티게임 275
평행적 교류 270
폐쇄공포증 136
포만 148
폭발층 242-243
표적행동 148
프리맥의 원리 148, 162
피상층 241, 243

●●● ㅎ

하위문화적 각본 274
학습된 강화물 141
학습이론 116-118, 127
합류 303, 307, 319
합리화 63-64, 234-235
항문기 59
항문적 보유 59
해석 67, 73-75, 81, 102, 284, 326-327
행동계약 167-168
행동연습 166
행동조성 148, 163
행동 변화 19, 67, 126, 149, 237, 357
행동수정 118, 120, 148, 150-151
행동수정체계 104
행동연쇄 148
행동조성 148, 163
행동주의 116-120, 125-127, 149
행동주의 상담 116-120, 126, 149, 153-155, 168
허용 161, 281, 300, 383
현상학 90, 174, 183-185, 230
현상학적 이론 172-173, 183
현실 불안 57-58
현실자아 184
혐오법 160
형태주의 113, 226-227, 232, 251-252
호기심 60, 392
혼합 277, 280
홍수법 159-160
화제 독점형 404
확립 284
환경조정자 300
환원적 접근 83
활동 268
회피형 93
획득형 93
훈습 67, 70, 78
훌륭한 삶 191

저자 소개

정서영

서울기독대학교 대학원 신학과 박사(조직신학 전공, Ph.D)
서울기독대학교 대학원 상담학과 박사(기독교상담학, Ph.D. cand.)
성화대학교 교수 / 목포과학대학교 교수
대한예수교장로회(합동개혁) 총회장
한국기독교심리상담협회 회장 / 국정저널 회장
세계한국인기독교총연합회 대표회장
한국교회연합 대표회장
<저서> 상담학개론, 인지치료, 위기상담, 상담이론과 실제, 기독교상담학, 인간행동과 사회환경 외 다수

김보기

성균관대학교 신문방송학과 학부, 석사, 박사과정(재적)
서울기독대 대학원 신학과 박사(조직신학 전공, Ph.D)
서울기독대 대학원 사회복지학과 박사(정책론 전공, Ph.D)
한국사회복지실천정책학회 회장 / 서울기독대학교 교수
서울한영대학교 평생교육원 외래교수 / 국제문화대학원대학교 교수
대한신학대학원대학교 교수 / 순복음대학원대학교 겸임교수
<저서> 인간행동이해를 위한 심리학, 상담이론과 실제, 사회복지실천론, 사회문제론, 인간행동과 사회환경, 사회복지실천기술론, 사회복지법제와 실천, 복지국가론 외 다수

박정화

서울한영대학교 기독교상담학 학사
국민대학교 정치대학원 석사
국민대정치전략연구소 비상임 연구위원 / 한국전문상담협회 푸른숲 지부 대표
한국학교폭력상담협회 푸른숲 지부 대표 / 키팻 한국심리 적성검사연구소 강사
국제상담학회 부회장 / 교육단체 설경 강사
<저서> 상담이론과 실제, 노인복지론

박종란

백석대학교 보건복지대학원 사회복지학과 석사
백석대학교 기독교전문대학원 사회복지학과 박사
국민대학교 정치대학원 겸임교수 / 대한신학대학원대학교 특임교수
명지대학교 사회교육원 교수 / 열린사이버대학교 교수
서울한영대학교 평생교육원 교수 / 경민대학교 교수
비영리단체 꿈나무 대표 / 한국사회복지윤리와 철학학회 홍보이사
한국사회갈등조정학회 부회장 / 한국사회복지연구소 연구위원
<저서> 상담학개론, 상담이론과 실제, 노인복지론, 학교폭력상담이론과 실제, 중독의 이해와 치료, 사회복지현장실습

이명옥

세종대학교 지리학과 졸업
한세대학교 치료상담대학원 석사과정 아동청소년학과 졸업
한세대학교 대학원 박사과정 상담학과 졸업
서울사회복지대학원대학교 주임교수
인구와미래정책연구원 인구교육강사 / 라움협동조합센터장
경기남부 스마트쉼센터 상담사 / 사티어부모역할훈련프로그램 강사
양성평등교육전문강사
<저서> 상담이론과 실제, 사회복지와 문화다양성

이영만

성균관대학교 졸업
대한신학대학원대학교 사회복지상담전공 석사(M.A)
대한신학대학원대학교 상담심리치료전공 박사(Ph.D)
키즈코리아 대표
<저서> 상담심리학, 상담이론과 실제, 노인복지론, 장애인복지론, 가족상담 및 가족치료

임후남

부산대학교 대학원 원예식물학과 석사
동국대학교 대학원 다도학과 석사
동아대학교 대학원 사회복지학과 석사
동아대학교 대학원 다문화학과 박사(Ph.D. cand.)
몽골대학교 대학원 교육학과 박사
서울기독대학교 대학원 사회복지학과 박사과정
한국사회복지실천정책학회 교수
<저서> 노인복지론, 상담이론과 실제, 사회복지실천기술론, 가족상담 및 치료, 정신건강론, 정신건강사회복지론, 의료사회복지론, 사회복지와 문화다양성

전경희

대한신학대학원대학교 상담심리치료학과 석, 박사
대한신학대학원대학교 목회학 석사(M.Div)
아가페심리상담센터 센터장 / 한국애니어그램 일반 강사
상담심리치료학회 총무이사겸 운영위원장
헬로스마일 심리상담 센터 전문상담사
성폭력, 가정폭력, 학교폭력 예방 강사 / (주)인싸이트 전문연수 강사
<저서> 상담이론과 실제, 가족상담 및 가족치료

한화진

백석대학교 보건복지대학원 사회복지학 석사
백석대학교 기독교전문대학원 사회복지학 박사
마음울림 상담센터 센터장 / 세계사이버대학 겸임교수
현대사이버평생교육원 교수 / 인천마약퇴치운동본부 강사
인구보건복지협회 인구교육강사 / 인천보호관찰소 가정폭력 강사
사랑의책나누기운동본부 독서코칭 강사 / 인천시아동폭력예방교육 강사
한국사회갈등조정학회 / 한국사회복지윤리와 철학학회 이사
<저서> 노인복지론, 상담학이론과 실제

상담이론과 실제 개정판

초판인쇄 2020년 02월 28일
초판발행 2020년 03월 10일

지 은 이 정서영·김보기·박정화·박종란·이명옥
이영만·임후남·전경희·한화진
펴 낸 이 소 정 영
펴 낸 곳 하나 醫學社

주 소 서울특별시 서대문구 거북골로 7-7(홍은동) 하나빌딩 1층
등록번호 제25100-2013-000061호(1988. 4. 1)
전 화 (02)730-2555, 2556
팩 스 (02)730-2557
홈페이지 www.hanampc.co.kr
E-mail hanampc1@naver.com

정가 22,000원

ISBN 979-11-85696-84-3 93370